성서 인물과 나의 고백으로 쓴
에니어그램

공동체문화원 에니어그램 시리즈 2

성서 인물과 나의 고백으로 쓴 에니어그램

2019년 2월 11일 초판 1쇄 인쇄
2019년 2월 18일 초판 1쇄 발행

엮은이 | 공동체문화원
글쓴이 | 윤명선 최정의팔 한국염 최재숙 외
펴낸이 | 김영호
펴낸곳 | 도서출판 동연
등   록 | 제1-1383호(1992년 6월 12일)
주   소 | (우 03967) 서울시 마포구 월드컵로 163-3
전   화 | (02) 335-2630
팩   스 | (02) 335-2640
이메일 | yh4321@gmail.com / h-4321@daum.net

Copyright ⓒ 공동체문화원 공동체문화원 2019

ISBN 978-89-6447-444-0 03300
ISBN 978-89-6447-350-4 03300(세트)

공동체문화원 에니어그램 시리즈 2

성서 인물과 나의 고백으로 쓴
에니어그램

공동체문화원 엮음

김미영 김영호 김은희 김종수 김헌래 박미례 박미성
박찬남 박해나 윤명선 윤미단 윤인중 이영진 이정섭
전규자 정태효 최경원 최재숙 최정의팔 최헌규 한국염 함께 씀

nneagram

동연

우리에게 에니어그램을 가르쳐주신

고(故) 김영운 목사님께

이 책을 드립니다.

머리말

    1992년 작은교회(기독교대한감리회)의 김영운 목사님은 미국 샌프란시스코에서 에니어그램을 배우고 돌아오면서 에니어그램이라는 영어책을 여러 권 사 왔다. 영어를 잘하는 목사님은 그 책으로 교인들에게 영어를 가르치면서 에니어그램 공부를 시작하였다.

    김영운 목사와 나는 1997년에 작은교회를 창립하였는데 교회의 설립 목적의 하나는 한국교회의 패러다임을 바꾸자는 것이었다. 첫 번째는 교회는 작아야 하고, 두 번째는 목사와 평신도, 여자와 남자가 함께 평등하게 교회를 만들자는 것이었다. 그렇게 하려면 하나님을 믿고 구원을 받은 사람들이 인격의 변화가 일어나야 하고, 사랑의 공동체를 만들어나가야 한다는 명제를 가지게 되었다. 그래서 김영운 목사가 개발한 공동체 성서연구와 영성수련회를 가지고 교인들은 물론, 목사들의 모임을 조직하여 전국을 돌아다니며 작은교회 운동을 하게 되었다. 그러나 아무리 기도와 성서연구를 열심히 해도 인격의 변화나 성화가 일어나지 않아 늘 답답하던 차에 에니어그램을 통해 이 일을 넓혀가자는데 이르렀다. 에니어그램은 보다 좀 더 상세하게 나의 죄에 대해서 알게 해 주고, 변화하는 방법까지 가르쳐주고 있기에 우리는 아주 열심히 에니어그램을 공부하면서 다른 사람에게도 알리기 시작하였다.

    작은교회를 시작하면서 하나님 나라를 펼치려면 교회 안에서만이 아니고 사회로 나가야 하기 때문에 교회 안에서의 설교나 성서연구는 주로 김 목사님이 맡고(공동체 성서 연구), 사회에 나가서 교육을 하거나 봉사를 하는 일(공동체문화원)은 내가 맡기로 하여 따로 또 같이 협동하는 목회를 해 나갔다.

에니어그램 공부는 공동체문화원에서 어린아이와 그 부모들을 대상으로 다솜학교에서 시작하였고, 나중에 공동체성서연구원 이름으로 수련회를 열어 오랫동안 연구와 교육을 진행하였다. 김영운 목사님은 2014년에 대한 에니어그램 영성학회의 회원들에게 에니어그램 영성 수련을 하시다가 쓰러졌는데 병원에 모시고 갔지만 두 달 후에 하늘나라로 돌아가셨다.

그 후 나는 김영운 목사님과 공동체 성서연구를 같이 하던 최정의 팔(공정무역 트립티 대표) 목사님 등과 함께 공동체문화원 안에 목회자반을 만들어 에니어그램 공부를 시작하였다. 공동체문화원의 여러 커리큘럼에 따라 내 유형을 살피면서 또한 다른 사람을 알아 가는 공부하다가, 김영운 목사님이 지은 책, 『에니어그램으로 보는 성서 인물 이야기』(2013, 삼인)를 가지고 성서 인물들을 탐구하면서 나를 찾아가는 공부를 하게 되었다.

우리 목회자반은 여러 교단에서 여러 형태로 목회를 하는 사람들이 중심으로 구성되어 있고, 주로 사회적 약자 편에 서서 그들과 함께 지내는 사람들이다. 한국에 와서 노동을 하는 사람들의 인권과 삶을 돕기 위해 그들의 입장을 대변하면서 직업을 가질 수 있도록 하는 이, 정신대 할머니들이나 노인들의 남은 생을 복되게 하는 노력을 하는 이, 불행한 처지에 놓여 있는 모자들을 보호하는 일, 한일관계에 얽혀있는 일의 해결을 위해 이리 뛰고 저리 뛰고 하는 이, 어린이 청소년들의 신앙과 교육, 건강, 환경문제와 에큐메니칼 운동을 위해 열정을 가지고 사는 사람들 등등이다. 이렇게 일을 하다 보니 여러 가지 문제에 부딪히면서 나의 인격이 부족한 점을 알게 되고, 성경과 기도로 정진해 나가면서 에니어그램도 공부하게 되었다. 이 공부를 통하여 에니어그램에 관한 이론을 알아 가는 것과 동시에 수련하는 일을 해야겠기에 『에니어그램으로 보는 성서 인물 이야기』 책을 같이 읽으며 나와 같은 유형의 인물을 보면서 '자기관찰'을 하는 글을 써 보았다. 이 책은 그런 과정에서 나온 것이다.

우리들의 고백이 에니어그램을 공부하는 사람들에게 작은 도움이 되기를 원한다. 에니어그램을 공부하면서 알게 된 것은 나 스스로가 나를 구원할 수 없듯이 나의 격정(죄)만 제대로 알고 하나님께 회개하면 성령이 도우셔서 각자의 덕목으로 갈 수 있다는 것이다. 성령이 맺어 주는 열매를 알게 된다.

요즈음에 한국교회가 회개해야 한다는 자성의 말이 많이 있는데 마침 에니어그램에서는 회개하는 방법에 대해서 정확하고도 자세히 가르쳐 주고 있다. 하나님 앞에서 나의 죄를 고백하여 자유함을 얻으면 다른 사람과의 관계가 원만해지고, 우리들의 교회 공동체는 저절로 건강해지는 것을 체험할 수 있다. 이 땅에서 하나님 나라가 확장되는 기쁨을 누릴 수 있는 것이다.

마침 우리 모임의 김영호 회원이 도서출판 동연 대표인 관계로 동연에서 이렇게 아름다운 책이 나올 수 있어서 너무나 감사하다. 또 편집위원인 한국염 목사, 최정의팔 목사, 최재숙 전도사의 수고에도 박수를 보낸다. 자기의 고백을 글로 써준 회원들에게 하나님의 임재를 늘상 느끼며 살아가는 복을 받기를 기도한다.

공동체문화원
원장 윤명선

차 례

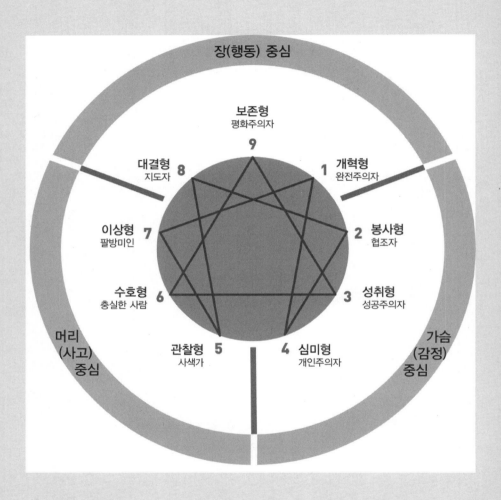

1부

영성과 에니어그램

Enneagram

성서 인물과 나의 고백으로 쓴
에니어그램

일러두기
이 책에 나오는 성경 말씀은 개역개정판(대한성서공회 간)을 기준으로 하였으나,
일부 뜻을 명확히 전달하기 위해 표준새번역판(대한성서공회 간)도 사용하였다.

어휘 설명
이 책에 반복하여 나오는 에니어그램 용어에 대한 기본적인 설명이다.

- **격정**: 단점이며 죄라고도 한다. 자기도 모르게 실수를 반복하게 하는 파괴적인
  힘이며, 위기에 몰렸을 때 자기도 모르게 튀어나오는 부정적인 힘이다.
- **기피**: 존재 가치가 없어질까 봐 두려워 자기도 모르게 어떤 것을 하지 않으려
  는 현상이다.
- **함정**: 지나치게 추구하고 지나치게 몰두하다가 걸려 넘어지는 것이다. 스스로
  를 괜찮은 사람으로 여기는 자기 의(義)이며 자기 구원의 방식이라고 할
  수 있다.
- **회개**: '그렇게 살고 있지 않음'을 받아들이는 것이다.
- **덕목**: 장점이며 회개하는 과정 속에서 성령으로 말미암아 겉사람이 변화된 속
  사람의 모습이다. 가장 건강한 모습이며 영성이 깊을 때 드러나는 모습이다.

영성과 에니어그램*

I. 성경과 에니어그램

1. 일인가, 존재인가?

칠십 인이 기뻐하며 돌아와 이르되 주여 주의 이름이면 귀신들도 우리에게 항복하더이다. 예수께서 이르시되 사탄이 하늘로부터 번개같이 떨어지는 것을 내가 보았노라. 내가 너희에게 뱀과 전갈을 밟으며 원수의 모든 능력을 제어할 권능을 주었으니 너희를 해칠 자가 결코 없으리라. 그러나 귀신들이 너희에게 항복하는 것으로 기뻐하지 말고 너희 이름이 하늘에 기록된 것으로 기뻐하라 하시니라(눅 10:17-20).

예수께서 사람들의 병을 고치시고, 귀신을 내쫓고 심지어는 죽은 사람까지도 살리는 것을 보며 이를 부러워하던 제자들이 자기네들

---

* 이 글은 『에니어그램 — 내 안의 보물찾기』(김영운), *The Wisdom of The Enneagram*(돈 리차드 리소와 러스 허드슨), 『내 안에 접힌 날개』(리차드 로어, 이화숙 역) 등을 참고하였으며 10년간 공동체문화원 수련의 경험이 반영되어 있다.

도 그런 일을 하게 되었으니 얼마나 기뻤을까? 선교하러 나갔다가 돌아와 선생님인 예수께 이를 보고하면서 신이 나서 떠드는 제자들에게 예수께서는 그들을 칭찬하기는커녕 찬물을 끼얹는 것 같은 말씀을 하신다.

일을 열심히 잘하는 것보다 제자들의 이름이 하늘에 기록된 것으로 기뻐하라는 것은 그들의 존재에 대해서 생각하라는 말이다. 제자들의 존재 자체가 땅에, 세상에 있는 것이 아니라 하늘에 있다는 말일 것이다. 사람들이 하나님의 영광을 위해서 일을 한다고는 하지만 그것이 과연 하나님 앞에서 얼마나 큰일이겠는가! 하나님은 우리가 얼마나 좋은 일을 많이 하느냐를 보는 것이 아니라 우리의 존재가 하나님에게 속해 있는가를 보신다는 말이다.

예수께서 일을 시작하시는 첫 말씀이 "회개하라, 천국이 가까이 왔느니라"(마 4:17)이다. 인류의 죄를 대신하여 십자가의 고난을 당하신 후 사흘 만에 부활하셨다는 것을 믿는 사람이면 모두 용서를 받아 구원을 얻는다는 것이 성경의 핵심이란 것을 안다. 그런데 우리의 죄를 용서 받기 위해서는 우리의 죄를 회개해야 된다는 전제가 따르는 것이다.

"나는 에니어그램 8번 유형이다. 욕심이 많고 무엇이든지 내 마음대로 하려는 경향이 많기 때문에 일이 잘 안되면 '버럭' 화를 내어 버린다. 그동안 98% 잘 해오다가 한 번의 화 때문에 다 수포로 돌아가 버리는 경험을 수없이 해오고 있었다. 일생동안 예수를 믿으며 회개를 해 오건만 그때뿐이었는데 에니어그램을 공부하고 보니 8번인 나는 다른 사람에게 '뜨거운 동정심'을 갖지 못했음을 돌아보게 되고, 일이 잘 되는 것보다 사람에 대한 사랑을 더 가져야 한다는 것을 알게 되었다. 그래서 매번 버럭 화내는 실수를 할 때마다 '주여! 저 사람이 저렇게 할 수밖에 없는 마음을 제게 알려 주옵소서'라고 기도하면서 그 사람에 대한 관심을 갖기 시작하였다. 그 후로 내가 화내는 일이 줄어들면서 마음의 평안이 생기고 나를 위해 수난 당하신 예수님과 더 가까이 살게 되었다." (어떤 8번의 이야기)

2. 회개

1) 먼저 죄를 인정하여야 한다 - 사도 바울의 고백

"내가 행하는 것을 내가 알지 못하노니 곧 내가 원하는 것은 행하지 아니하고 도리어 미워하는 것을 행함이라. 만일 내가 원하지 아니하는 그것을 행하면 내가 이로써 율법이 선한 것을 시인하노니 이제는 그것을 행하는 자가 내가 아니요 내 속에 거하는 죄니라. 내 속 곧 내 육신에 선한 것이 거하지 아니하는 줄을 아노니 원함은 내게 있으나 선을 행하는 것은 없노라. 내가 원하는 바 선은 행하지 아니하고 도리어 원하지 아니하는 바 악을 행하는도다. 만일 내가 원하지 아니하는 그것을 하면 이를 행하는 자는 내가 아니요 내 속에 거하는 죄니라. 그러므로 내가 한 법을 깨달았노니 곧 선을 행하기 원하는 나에게 악이 함께 있는 것이로다. 내 속사람으로는 하나님의 법을 즐거워하되 내 지체 속에서 한 다른 법이 내 마음의 법과 싸워 내 지체 속에 있는 죄의 법으로 나를 사로잡는 것을 보는도다. 오호라 나는 곤고한 사람이로다. 이 사망의 몸에서 누가 나를 건져내랴. 우리 주 예수 그리스도로 말미암아 하나님께 감사하리로다. 그런즉 내 자신이 마음으로는 하나님의 법을 육신으로는 죄의 법을 섬기노라"(로마서 7:15-25).

예수 다음으로 의인으로 보는 사도 바울의 고백이다. 로마서를 쓸 때의 바울은 젊었을 때가 아니라 나이가 많이 든 때이다. 이런 바울도 자기 속에 있는 죄 때문에 이렇게 고민하는데 평범한 우리는 어떻겠는가! 자기가 하고 싶은 착한 행실은 하지 않게 되고, 하지 않으려는 나쁜 일들이 자기를 끌고 가는 것을 느낄 때 괴로움이 생긴다. 이러한 격정을 다스리지 않고 살아간다면 자기 마음이 원하는 대로 살아가지 못하고 죄의 노예가 되어 살아간다. 자신이 원하는 행복한 삶을 살아가지 못할 뿐만 아니라 다른 사람에게도 폐를 끼치게 된다.

이렇게 사도 바울처럼 자기의 죄를 인정하는 사람은 성숙한 단계에 들어갈 수 있다. 대부분의 사람들은 자기가 무슨 말을 하고 사는지, 어떤 단점이 있는지를 잘 모르고 살아가면서 자기는 그렇지 않다고 말한다.

2) 죄를 회개한다

우리는 흔히 죄를 회개한다고 하면, "어제 누구를 미워한 것을 용서해 주세요", "거짓을 회개합니다"라고 하며 자범죄를 반성하든가 아니면 감정으로 지은 죄를 뉘우치면서 여러 가지 영역으로 왔다 갔다 하곤 한다. 자꾸 회개를 한다고는 하지만 반성에 지나지 않을 때가 많다. 회개란 버전을 바꾸는 것(conversion)이라고 한다. 성경 말씀을 보면서 좀 더 깊이, 바른 회개를 하는 데에 에니어그램이 큰 도움을 주고 있다.

죄를 회개하면 감정, 생각, 행동 사이에서 균형이 이루어져 자기 자신을 다스릴 수 있게 된다. 생각 없이 늘 습관적으로 하던 행동에 제동을 걸 수 있고 변화와 성숙의 길로 가게 된다. 긍정적인 에너지를 발휘하게 되어 의식과 생각이 열리게 된다. 또한 다른 사람과의 관계도 유연해져서 자기도 행복하고 다른 사람도 행복하게 해줄 수 있게 된다. 즉 삶의 패턴이 바뀌는 것이다. 이렇게 살기 위해서 회개하고 수련을 하는 것이다.

에니어그램에서는 아홉 가지 성격유형이 있으며 그 유형마다 각각 독특한 격정이 있는데 이것을 다른 말로는 죄라고 할 수 있다. 어느 유형이 더 좋은 성격, 더 나쁜 성격이 아니다. 에니어그램을 공부하는 중요한 목적은 자기의 유형을 찾아 자기의 독특한 죄를 회개하는 것이다. 각 유형의 죄는 분노, 교만, 기만, 시기, 인색, 공포, 탐닉, 정욕, 나태로 드러나는데, 에니어그램은 그것을 회개하는 방법까지 각각 제시해주고 있다. 그리고 모든 사람들이 이런 죄를 다 지으며 살아가지만 그 중에서 자기 유형의 죄를 중심적으로 회개하면서 수련을 해가면 다른 것들은 저절로 해결이 되어간다고 한다. 그러나 회개하기 위한 인간의 투쟁과 하나님의 은혜가 맞닿아야 한다. 그래서 에니어그램은 심리학적으로만 공부하면 안 되고 영성적인 관점에서 공부를 해야 온전한 인격을 향해 전진할 수 있는 것이다.

* 에니어그램의 장점은 회개하는 방법이 각 유형마다 다르다는 것을 말해주고 있는 것이다. 정확하게 자기의 유형을 알아내어 그 유형의 방법대로 회개하면 그동안 잘못 살아왔던 습관을 바꿀 수가 있다. 물론 지속적으로 기도하면서!

3. 수련

그 누구보다도 성령 체험을 강하게 한 사도 바울도 노년에 "오호라 나는 곤고한 사람이로다"(로마서 7:24)라고 고백한 것처럼 아무리 성경말씀을 잘 깨달았다 해도 매일매일 기도하면서 생활 속에 적용해 나가지 않으면 그 기운이 사그라들 수 있다. 마찬가지로 에니어그램은 자기 유형을 알고 격정을 이해하고 회개를 한 다음 덕목으로 이어가려면 계속해서 수련을 해야 한다.

수련인생(work life)을 살아가는 사람은 끊임없이 정진해야 한다. 에니어그램을 흔히 '자기 발견의 여행', '자기 발견의 지혜'라고 한다. 이를 위해 스스로 인성을 고착시키거나 인성에 묶여 살아서는 안 된다. 먼저 표면적인 나의 인성은 거짓 인성임을 자각하고 내가 기피하는 것, 함정에 빠지는 것, 격정을 넘어서야 함을 인식해야 한다. 부정적인 감정, 잘못된 습관을 넘어서는 작업을 지속적으로 하다 보면 인성과 본성 사이에 거리를 두게 된다. 수없이 많은 나를 벗어나서 참된 나를 찾아가야 한다. 조화와 균형이 이루어진 의식 수준을 향하여 정진하면서 본성을 회복해 나가야 한다.

1) 에니어그램의 기본 과정

첫째, 자신의 격정을 발견하고,
둘째, 그 원인을 깨닫고,
셋째, 격정을 극복하는 것이다

2) 수련은 해방으로 가는 과정이다

에니어그램을 공부한다는 것은 반드시 수련을 동반한다는 말이다. 분별을 했을지라도 결단력이 부족하여 수련을 잘 하지 않으면 그 분별력은 아무 효능을 발휘하지 못하게 된다. 에니어그램은 자기 혼자 책을 읽거나 자료를 많이 알고 있을지라도 그것을 생활 속에서 실천하는 수련과 병행하지 않으면 변화가 이루어지지 않는다. 그래서 구르지예프는 "자기 자신에 대하여 수련하라"라고 권한다. 수련에는 인간이 자신의 잠재력을 펴게 하는 지성적인 연구, 자기관찰, 나날의 명상, 거룩한 춤, 협동적 노력, 육체적 노력, 예술, 공예, 여행 등이 있다.

3) 조화와 균형

이런 다양한 활동을 통해 감정, 생각, 행동 사이에서 어느 한 쪽이 편협하거나 기울어져 있지 않은지를 관찰하면서 중심을 잡아가야 감정, 생각, 행동 사이의 조화와 균형을 이루어가는 수련이라고 할 수 있다. 지식과 존재 사이의 균형과 조화가 깨지면 깨달음을 기대하기가 어렵다. 잠에서 깨어나 '온전함의 영성'을 회복하려고 수련을 하는 것이다.

(1) 깨어나라(awake)

깨어나지 못하고 잠자는 상태란 내가 자신을 모르고 산다는 말이다. 예를 들어 한 사람의 단점을 놓고 볼 때, 다른 사람들은 그 사람의 단점에 대해서 다 알고 있는데도 정작 자기 자신은 그렇지 않다고 하는 사람을 볼 수 있다. 이런 사람은 에니어그램의 이론은 알고 있는지는 몰라도 아직 깨어나지 못했다고 할 수 있다. 모든 사람은 행복해지기를 원하면서 그 행복을 자기 것으로 하지 못하고 오히려 곧잘 주는 '복'도 깨트린다. 그것은 마음속에 있는 격정 때문에 자기가 원하는 것은 이루지 못하고 또 하고 싶지 않은 일을 하면서 사는 모습 때문이다. 인간의 본성을 찾으려면 나를 알고 세계를 알아야 하는데 그러기 위해서는 우리의 의식이 잠자고 있다는 것을 인정하고 거기에서 깨어나야 한다.

(2) 의식하라(aware)

수련을 하면서 자기를 관찰하고, 내가 지금 어떤 상태에 있는지, 어떤 과정을 거쳐, 어떻게 회복해 나아가, 어떻게 성숙해야 하는지 늘 살피면서 자신의 상태를 의식해야 한다. 그렇게 하기 위해서는 온전함의 영성, 통전적 영성을 지향하며 에니어그램을 배워야 한다. 즉 에니어그램을 영성심리학의 체계로 배워야 한다.

(3) 집중하라(attention)

"쉬지 말고 기도하라!"는 말처럼 에니어그램 수련은 계속해서 온전히 자신에게 집중하지 않으면 퇴행으로 가 버리게 된다. 에니어그램은 역동적이어서 우리의 성격이 그냥 그 자리에 있는 것이 아니라 매일 매일, 매 순간 움직이고 있는 것이다. 즉 아침에 기분이 굉장히 좋았다가도 오후에 어떤 것에 걸려서 우리의 격정이 그만 그것에 휘말릴 수 있다. 그러나 격정도 우리가 에너지를 얻는 방법일 수 있기 때문에 그런 잘못된 에너지를 밝혀내어 자기를 이해하면 잠자는 현실을 힘찬 에너지로 변화시킬 수 있다.

(4) 일생동안 한다

에니어그램은 한 곳에 머물러 있지 않고 영속적인 운동을 하는 것이기 때문에 수련도 일생동안 지속되어야 한다. 그러면서 에니어그램 체계를 현실에 연결시켜야 한다. 자기도 모르게 반복되는 습관이나 자기 감정을 조절하지 못하고 사는 것을 자기 감옥에 갇혀 사는 것이라고 한다면, 해방을 위한 수련을 시작했다고 하는 것은 우리 생활에서의 기계적 자동반응이 멈추기 시작했다는 말이다.

잠자는 의식으로부터 깨어나 자신의 부정적인 감정(예: 수치심,

두려움, 화)을 자신과 동일시하지 않고, 그것들을 따로 떼어내서 객관적으로 볼 수 있어야 한다. 그러려면 온 몸을 다해 저항해야 하는 어려움이 따른다.

의식이 깨어나면 결단을 내리고 생명의 기운으로 살아갈 수 있게 된다. 한 사람의 깨어남이 온 공동체에 좋은 기운을 불어넣어줄 수 있고, 깨어난 사람은 다소 부정적인 기운이 오더라도 긍정적으로 되돌릴 수 있다. 이런 것이 '영성의 힘'이다. 의식이 깨어 있는 사람은 항상 변화하려는 욕구를 갖게 되고 단계를 따라 성장해 나갈 수 있다.

에니어그램이 안내하는 긍정적인 단어로 옳음, 사랑, 성취, 품위, 지혜, 충실, 기쁨, 강함, 평화가 있는데 이런 상태에 머물러 있는 것이 자기의 최선을 다하면서 긍정적인 기운으로 사는 건강한 삶이다. 그렇게 살기 위해 자신이 거짓 자아에 얽매어 살고 있었다는 것을 인정해야 하고, 그동안 뒤집어쓰고 살던 거짓 자아로부터 탈출해야 한다. 그러려면 에니어그램에서 제시하는 유형별 특성을 거울삼아 자기 자신을 스스로 들여다보아야만 한다. 왜냐하면 에니어그램은 본인만이 알 수 있는 내면의 태도, 감정, 사고, 가치관, 행동 등의 동기를 설명하는 성격유형 이론이기 때문이다. 뿐만 아니라 다른 사람은 그 사람의 내면이 아닌 겉모습만을 보고 섣불리 판단할 수가 있기 때문이다.

(5) 수련은 갈등을 동반한다

수련을 하기 시작하면 타성에 젖어있던 말에 저항하고 습관적인 행동에 제동을 걸어야 하는데, 그렇게 되면 자신의 내면과 외면, 타인과의 관계, 환경 속에서 갈등이 뒤따르게 된다. 하지만 이러한 갈등이 생기는 것을 두려워하거나 좌절하지 말고 수련해야 한다. 에니어그램 수련은 절대로 혼자서 할 수 없으며 공동체 속에서 다른 사람들과 더

불어 해야 한다. 그 속에서 서로 부추겨줄 수도 있고, 참아줄 수도 있고, 바른말을 해줄 수도 있어야 한다. 그러다보면 공동체가 시끄러워질 수 있지만 수련을 하기 위해서는 그런 과정도 견뎌내야 한다.

* 공동체문화원에서는 매주 화요일에 모여서 함께 수련한다. 아침 11시에서 저녁 10시까지이다. 먼저 예배드리면서 성경과 에니어그램으로 메시지를 받는다. 우리는 각자 자기의 감사 기도를 적는 노트가 있다. 자기가 적은 기도를 돌려가면서 읽는 연도(連禱)를 한다. 점심은 어찌 그리 매번 맛있는지! 오후에는 산책도 하고 어떤 때는 저녁 식사를 밖의 식당에 가서 먹는다. 에니어그램 책을 같이 읽기도 하고, 나누어서 연구해 발표도 한다. 함께 수련을 하다 보면 의견이 다를 수도 있고, 기분 나쁜 감정이 일어나기도 한다. 그러나 때로는 말도 안 되는 것 같은 이야기도 끝까지 들어주는 훈련을 한다. 부끄러움도 느끼며 시기심도 일어나고 답답한 마음도 생긴다. 그럴 때마다 참아주면서 기다린다. 때로는 바른 말을 해주기도 하면서 함께 수련을 해나가고 있다. 감정의 골이 생기기도 하고 풀어가기도 하면서 우리는 때마다 주님의 자비를 믿으며 성령의 인도함을 받고 있다.

II. 에니어그램의 역사

1. 상징과 역사

1) 에니어그램의 정의

에니어그램은 '아홉'을 뜻하는 헬라어 '에네아스'(Enneas)와 '기록'을 뜻하는 '그람'(Gram)의 합성어이다. 4500년 전부터 전해져 내려오는 지혜로서 '나와 세상'에 대한 이해를 도와주는 정교한 체계이다. 많은 사람들이 에니어그램으로 자신을 발견하고 자기를 이해하는 통찰의 도구로 사용한다. 자신을 잘 모르고, 자기의 격정에 사로잡혀 자신이 어떤 행동을 하는지 모르고 사는 사람은 자아라는 감옥에 갇혀 사는 것과 같다고 한다. 자신과 세상을 이해하려는 사람들에게 에니어그램은 나아갈 길을 밝혀주는 등대와 같다. 즉 에니어그램은 자아라는 감옥에서 탈출하여 해방의 길로 가기 위한 자아 성찰의 도구인 것이다. 누가 에니어그램을 만들었는지 확실한 자료는 없으나 명상을 하는 사람들이나 각종 종교에 속한 사람들이 에니어그램을 공부해 온 흔적이 있다.

① 에니어그램은 지적, 영적 성장을 도와주는 훌륭한 도구라고 한다(심리학자, 신학자).

② 에니어그램은 자기인식을 통하여 변화할 수 있도록 도와준다. 자기인식은 힘겹고 고통스러운 내적 작업을 말한다. 그 길을 가려면 용기가 필요하다. 그러나 자기인식의 고통은 치유의 시작이 될 수 있다.

③ 에니어그램은 여러 문화들 간의 대화, 종교 간의 대화를 이루어낸다.

④ 에니어그램은 유일한 해답이 아니라 많은 표지판 중의 하나이다.

⑤ 에니어그램은 자기를 뛰어넘어 초월자를 만날 수 있도록 이끌어주는 도구이다. 교만한 자아가 제거되기 때문이다.

2) 에니어그램의 역사

언제, 어디서, 누가 시작하였는지는 분명하지 않으나, 사막의 교부들과 수피교(중세 이슬람교 신비주의, 이슬람교 일부가 신봉하는 일종의 신비주의적 신념과 사상을 가진 금욕주의) 신자들이 공부하였다는 설이 있다. 이들은 이슬람 말로 수프(SUF)라는 거친 모직 옷을 몸에 걸치고 고행하였던 사람들이다. 이들에게서 비밀스럽게 전해지면서 보존되고 발전되어 왔다. 수피교 스승들은 아무에게나 에니어그램을 전해준 것이 아니라 조언을 구하는 사람에게만 그 사람의 영적 성장에 맞게 알려 주었다고 한다. 그러나 수피교 문헌에는 에니어그램에 대한 어떤 흔적도 없다고 한다. 이것으로 보아 에니어그램은 은밀한 지식이었고, 입에서 입으로 전해져 내려온 것이라고 보고 있다.

인도, 이란, 피타고라스, 카발라(중세 유다 신비철학), 이슬람교(피타고라스 사후 1000년경), 프란시스코 복자에 이르기까지 에니어그램 공부를 해 왔다고 한다.

에니어그램에 대한 정확한 역사 기록은 없으나 전해져 내려오는 일반적인 전설은 여러 종교의 요람이었던 근동지방을 거쳐 왔고, 이 에니어그램이 여러 종교에 영향을 끼쳤다고 보는 것이다. 예수 탄생 때 찾아온 동방박사들도 지혜로운 사람들로 성직자, 철학자, 천문학자이자 점성술가, 심리학자, 신학자, 마법사들이며 에니어그램과 관계있는 사람들로 언급되기도 한다(구르지예프의 제자 베넷).

3) 에니어그램 연구

● 게오르기 구르지예프(George Gurdjieff)

구르지예프는 고대의 지혜에 관심을 갖고 아르메니아 고대 유적지를 돌아다니다가 아프가니스탄, 터키 지방에서 에니어그램 상징과 만나게 되었고, 현대에 이것을 전하여 전 세계에 퍼지게 한 사람이다. 1912~1922년 동유럽, 1922~1949년에 서유럽에서 가르쳤으며, 미국으로 건너가 뉴욕에서 이것을 펼치기도 하였다. 그리하여 100여 년 전부터 서방 세계에 에니어그램이 알려지기 시작하였다.

● 오스카 이카조(Oscar Ichazo)

1950년대에 오스카 이카조는 에니어그램 상징과 성격유형과의 관계를 발견하여 결합시켰다. 에니어그램 상징에 아홉 가지 성격유형과 격정을 배열함으로써 인간 의식의 본질을 밝혀주는 정신 역동적인 모델을 완성시켰다. 이것이 오늘날 우리가 알고 있는 에니어그램의 기본 원형이다. 이러한 이카조의 업적으로 인해 소수의 영적 지도자에 의해 비밀리에 전수되어 오던 에니어그램이 대중화되어서 일반인들도 쉽게 접근할 수 있게 되었다.

● 클라우디오 나란조(Claudio Naranzo)

이카조의 체계를 공부한 클라우디오 나란조는 정신과 의사로서의 경륜을 활용하여 성격유형에 대한 이카조의 설명을 더욱 확장시켰다. 나란조는 같은 유형으로 분류된 여러 사람들을 모아 놓고 인터뷰하여 그들의 유사한 점들을 수집하였고, 그 유형의 표본을 만들었다. 그리고 나란조는 '격정'이 특정 성격 병리와 관련이 있다는 것을 알게 되었고, 성격유형과 신경증과의 상관관계를 찾아내어 자신의 성격유형을 더 쉽게 발견할 수 있도록 돕는데 기여했다.

● 로버트 오크스(Robert Orches)

로버트 오크스(예수회 신부)는 나란조로부터 배운 에니어그램을 시카고에 있는 로욜라대학교에서 예수회 신부들에게 가르쳤다. 에니어그램은 이때부터 빠르게 퍼져 나갔다.

● 돈 리처드 리소(Don Richard Riso)

1974년 에니어그램을 접하게 된 돈 리처드 리소(예수회 신부)는 성격유형에 대한 설명이 신경증과 같은 부분적인 것이 아니라 한 개인에 대한 전체적인 설명이 되어야 한다고 생각했다. 러스 허드슨(Russ Hudson)과 함께 워크숍을 통해 습득한 각 개인의 성격유형의 특성들을 수집하여 분류하는 작업을 하였고, 1977년 성격유형의 성장과 퇴보(growth and deterioration)를 설명하는 '발달수준'(Level of Development)을 체계화시켰다.

● 김영운

우리나라에서는 1992년에 김영운 목사가 미국의 샌프란시스코신학대학에서 에니어그램을 배워 와 이를 확산시켰다. 그가 담임으로 있던 작은교회(기독교대한감리회)에서 교인들과 함께 영어로 된 리소의 저서로 에니어그램을 공부하기 시작하였다. 그는 2014년 돌아가시기까지 22년간 꾸준히 에니어그램을 연구하고 다른 사람들에게 전파하는 일을 하였다.

● 공동체문화원

1995년부터 김영운 목사는 공동체문화원(원장 윤명선) 산하에 있는 다솜학교 학생들(초등학교 1학년~고등학교 3학년)과 교사들에게 처음으로 가르치기 시작하였다.

1998년 1월에 3박 4일 다솜학교 어린이 캠프를 하면서 본격적인 에니어그램 수련을 시작하여 부모와 함께하는 공부를 하였다. 다솜학교에서는 지금(2018년)까지도 에니어그램 공부를 하고 있다.

공동체문화원에서는 2009년부터 회원들이 매주 한 번씩 모여 에니어그램 수련을 시작하였다. 2013년 7월부터 3박 4일 수련회 등 여러 가지 형태의 수련회를 열고 있다. 현재 매주 화요일마다 '에니어그램 학교'를 열어(아침 11시~저녁 10시) 에니어그램 공부, 수련, 연구를 지속하고 있다.

● 공동체성서연구원

김영운 목사는 2000년에 공동체성서연구원의 이름으로 어른들을 대상으로 하는 에니어그램 수련회를 열기 시작하였으며 제47회까지 마쳤다.

● 대한에니어그램영성학회

2010년 8월 13일에 김영운 목사와 더불어 윤명선(공동체문화원원장), 김수지(전 이화여대 간호학과 교수), 이광자(전 이화여대 간호학과 교수)와 함께 '대한에니어그램영성학회'를 창립하였다.

2. 구르지예프의 중심 가르침

구르지예프는 에니어그램을 우주적 상징으로 이해할 필요가 있다고 말했다. 모든 지식이 여기에 포함될 수 있고, 에니어그램의 도움을 받아서 모든 지식이 해석될 수 있다는 것이다. 에니어그램은 인간의 상황과 성격유형에 대해 어떤 이론이나 체계보다 정확히 표현해줄 뿐만 아니라 자아를 발견하고 인격을 완성시키는 데 더할 수 없는 큰 도움을 주기 때문이다.

구르지예프는 1922년 파리 근교 프리외레(Prieure)에 '인간의 조화로운 발달 연구원'을 세워 가르쳤다. 당시의 에니어그램은 성격유형론보다 우주의 조화로운 구조의 포괄적 상징이자 내적 역동성을 강조하였다. 구르지예프가 에니어그램 근거 자료에 대해 명시적인 정보를 주지는 않았다. 하지만 그의 제자인 베넷(J. G. Bennett)은 그가 아시아에서 수피교도에게 에니어그램을 배웠다고 주장했다. 또한 제임스 무어(James Moore), 제임스 니들먼(James Needleman), 케네스 워커(Keneth Walker) 등은 『구르지예프 평전』(*Gurdjieff International Review*)에서 그가 얼마나 심오하고 예리하게 인간의 격정을 꿰뚫어 보며 가르쳤는가를 기록하고 있다.

에니어그램을 알기 위해서는 구르지예프의 중심 가르침을 알아야 할 필요성이 있다. 구르지예프는 1911년경 러시아에서 그의 철학을 신성무(the Sacred Dance: 사람들의 움직임이 엄격하게 정의된 춤으로 여러 가지 형태의 춤동작을 통해 특정한 법칙이 시각적으로 재현되는 춤이다. 문자가 발명되기 이전에 문자와 같은 역할을 했다)를 통해 가르쳤다. 구르지예프의 어록을 통해 에니어그램에 대해 알아본다.

- ● 생명의 의미와 의의는 무엇이며, 구체적으로 인생의 의미와 목적은 무엇인가?

  그 대답은 "인류를 위해서 살아라!"이다.
  ― "많은 사람을 위해서 살아라"가 아니라 "바로 옆의 사람을 위해서 살아라".
  ― 통전적인 사람이 되고 이타적인 사람이 되어라
  ― 내 몸을 사랑하듯 이웃을 사랑하라.

- ● 인간은 자아라는 감옥에서 사는 포로이다

  자신이 자아라는 감옥에서 사는 포로임을 깨닫고 그동안 진짜라고 여기며 살아온 자신이 진짜가 아님을 깨닫게 되었을 때 '참된 나'를 찾아가는 작업을 할 수 있다. 거짓된 자아라는 감옥으로부터 탈출하여 자유를 누릴 수 있게 되는 것이다. 에니어그램의 궁극적인 목적은 '참된 나'를 발견하고 우주의 비밀을 재발견하는 데에 있다. 자신의 '거짓 인성'을 알게 된 사람이라야 '수련 인성'으로 살아가게 되고 지속적인 수련으로 '참된 인성'을 찾는 데까지 나아갈 수 있는 것이다. 구르지예프는 '내가 이미 배운 것을 사람들의 삶 속에 넣어주겠다'고 했다. 그래서 본래적 존재로서 '참된 나'를 찾아가기 위한 영성수련의 길을 제시했다. 우리는 우리의 본성인 '참된 나'를 찾아가기 위한 수련을 통해 인간의 조화로운 발달을 이루어가는 것이다.

● '나'를 다섯 가지로 세분화한다

구르지예프는 영성수련을 통해 인식하게 되는 '나'를 다섯 가지로 구분한다. 다섯 가지의 과정을 거쳐 참된 나를 찾아간다는 것이다.

① 수많은 나(Many I's): 중심적인 나(Real I)는 없고 수많은 나(Many I's)로 존재한다.

② 관찰하는 나(*Observing I*)

③ 기계적인 나에 저항하며 수련하는 나(Deputy steward)

④ 모든 것을 통제하는 나(Steward)

⑤ 영구적인 나, 참된 나(Real I)

● 인간은 기계이다

기계로부터 기대할 수 있는 것은 기계적인 행동 이외에는 아무것도 없다. 인간은 기계적으로 기능하면서 살고 있다. 인간이 기계이기를 멈추려면 자신이 어떤 기계인지에 대해서 아는 것이 필요하다. 인간이 만일 자신의 기계적인 행동을 알게 된다면 이전과 같은 기계가 아니다. 진짜 기계는 자신을 알지 못한다. 만일 기계가 자신에 대해 안다면 더 이상 기계일 수 없다. 자신을 안다는 것은 자신의 행동에 대해 책임을 지기 시작한다는 것을 의미하기 때문이다. 여기서 더 나아가 자신의 기계적인 행동에서 벗어난다는 것은 바로 잠에서 깨어나는 것을 의미하며 '영원하고 참된 나'를 인식하며 산다는 것을 의미한다.

● 인간의 의식에는 네 가지 상태가 있다

잠자는 의식의 상태에서 '영원하고 참된 나'를 인식하며 사는 의식의 상태까지 인간의 의식을 네 가지로 구분할 수 있다.

① 잠자는 상태: 기계적인 삶을 살거나 본능에 따라 살아간다.

② 선잠 깬 상태: 기계적인 삶을 살고 있다는 것을 느끼나 여전히 그러한 상태로 일상을 살아간다. 잠이 덜 깬 상태로 돌아다니면 위험하듯이 선잠 깬 상태는 잠자는 상태보다 더 위험할 수 있다.

③ 자기를 의식하는 상태: 잠에서 깨어난 상태로 위험한 상황이 닥치거나 극단적인 감정의 상태에서 자기를 의식할 수 있다.

④ 객관적 세계를 의식하는 상태: 극히 드문 경우로 존재하는 모든 것에 대한 진실을 꿰뚫어 볼 수 있는 상태이다.

● 영성수련의 목표는 객관적 의식의 상태를 지향하는 것이다

구르지예프는 자신의 본성을 회복하기 위한 목표를 세워야 한다고 말한다. 즉 객관적 의식 상태를 지향해야 하는데 이것을 7단계로 설명하고 있다. 그리고 영성수련의 목표를 적어도 6단계의 수준을 바라보고 세워야 하며 그러기 위해서는 '의식적 노력'과 '자발적 고난'이 필수적이라고 말했다. 의식의 성숙을 향해 가는 데에는 하늘로부터 오는 은혜를 인정하는 동시에 각자의 분투 노력이 더해져야 한다. 이러한 의식적 노력과 함께 자기 자신을 바로 알고자 하는 의지가 필요하다. 뿐만 아니라 자기 자신을 알기 위해서는 자기 자신을 둘러싸고 있는 세계를 알아야 한다. 자신과 세상을 연결시키지 않고

전체가 아닌 부분만 아는 것은 무지이기 때문이다. 에니어그램 수련으로 자기를 알고 주변 사람들과 세상 사람들을 파악함으로써 자기 성장의 길이 열리게 된다.

1단계: 본능대로 물질적이고 육체적 욕망에 이끌려 살아가는 사람이다.
2단계: 감정이 움직이는 대로 살아가는 사람이다.
3단계: 지식을 앞세우며 세상을 머리로만 이해하는 사람이다.
4단계: 본능, 감성, 지성이 균형 잡힌 사람이다.
5단계: 고등 감성을 지니고 '영원한 나'를 인식하면서 사는 사람이다.
6단계: 고등 지성 중심과 객관적 의식을 지닌 사람이다.
7단계: 어디에도 매이지 않고 자기 인생의 주인 노릇을 한다. 6단계의 사람이 갖는 인식의 상태에 더하여 모든 의식의 상태를 통제하는 사람이다.

III. 에니어그램과 영성의 관계

1. 통전적 영성

1) 정교한 체계

사람은 육체와 마음과 영으로 구성되어 있다고 본다. 많은 사람들은 육체의 건강을 위해 운동을 하고 마음과 행동을 바르게 하기 위해 인문학 공부를 한다. 그리고 영적인 갈급함을 채우기 위해 신앙을 가진다. 여러 가지 종교 속에서 각자 자기가 찾는 영적 과정이 있는 것이다. 뿐만 아니라 많은 사람들이 에니어그램으로 자기를 이해하고 살아가는 방법을 배워 나가고 있다. 에니어그램은 고대로부터 전해져 내려오는 동방의 지혜로서 인간의 정신과 상황에 대해 과학적으로 알려주는 정교한 체계이기 때문이다.

2) 21세기는 영성의 시대

과학이 발달되고 많은 지식이 쏟아져 나올수록 사람들은 오히려 영적인 것을 추구하고 있는 것을 본다. 김영운 목사는 대한에니어그램영성학회를 시작하면서 학회의 이름에다 '영성'이란 단어를 넣자고 주장하였다. 기독교 영성이란 그리스도를 닮아가고, 하나님의 형상을 회복하는 '통전적 영성'의 길로 가는 것이다. 김영운 목사는 그리스도인의 신앙과 생활양식이 통전적으로 다듬어져서 하나님과의 관계가 심화되고 하나님의 현존을 삶 속에서 민감하게 인식하며 살아가는 것을 '통전적 영성'이라고 하였다. 여기에 에니어그램이 많은 도움을 줄 수 있다는 것이다.

3) 성서적 관점에서의 영성

그리스도인이 하나님을 알고,
그리스도를 닮아가고,
하나님의 형상을 회복하고,
하나님이 창조하신 섭리와 인간의 본성을 찾아가야 한다.
하나님을 체험하고,
그 체험을 말로나 행동으로 표현하고,
그 표현을 성숙시키는 삶을 살아가는 것이다.
즉 그리스도의 이미지를 회복하여 살아가야 할 사람으로서, 성령 안에서 변화와 성숙의 과정을 거쳐 '그리스도의 완전'에 이르기까지의 삶을 지향하는 것이다.

2. 영성 일지

자기를 발견하고 자기 이해를 넓히기 위해 수련을 하면서 일지를
쓰는 일이 참으로 중요하다. 일지는 사람들과의 이야기가 아닌, 자기
와 하나님과의 관계에 대한 이야기이다. 그것은 바로 하나님 앞에서
다른 사람과의 관계에 대한 이야기를 쓰는 것이다. 자기관찰과 자기
기억을 바탕으로 일상 속에서의 에피소드를 '결별할 것과 확인할
것'(이 책 107-123쪽, "덕목을 향하여" 참조)을 참고하여 기록해보는
것이 좋다. 겉으로 드러나는 삶의 모습과 내면의 이야기를 연결시켜
기록하다 보면 점점 더 깊게 자신의 언행을 의식할 수 있게 된다. 영
성일지를 기록하는 과정 속에서 똑같은 잘못을 반복할지라도 점점
더 성숙되어져 가는 자신을 발견하게 된다.

3. 에니어그램과 영성

1) 개인의 영성

"자아의 감옥에서 벗어나 자유함을 얻으며 자기 자신을 사랑할 줄 안다."

먼저 나와 하나님과의 관계가 잘 이루어져야 한다. 마태복음 5장
9절에서 '화평하게 하는 자는 복이 있나니 그들이 하나님의 아들이
라 일컬음을 받을 것'이라고 말씀하신다. 평화를 이루며 살고 싶어
하지 않는 사람은 없을 것이다. 그러면 그 평화를 어떻게 이루어가
나? 에니어그램에서는 모든 사람이 다 같은 방법으로 평화를 이루어

가려고 애쓰는 것이 아니라 각 유형에 따라 다르게 접근해야 한다고 말해주고 있다.

1번 유형은 분노가 문제이다. 자기가 잘못하거나 다른 사람들의 불완전함 때문에 항상 마음이 편하지 않다. 이들은 모든 것에 완전하고자 하기보다 이전보다 조금 나아지는 것에 대해 감사해야 한다. 그러다 보면 부글부글 끓던 마음에 평정이 이루어지고 마음의 평화를 느낄 수 있다.

2번 유형은 남에게 잘해주기는 해도 자기에게 돌아오는 칭찬이나 감사가 없을 때는 자존심이 상하면서 섭섭해지기 시작한다. 그럴 때 자기가 남에게 잘해줄 수 있는 근원은 하나님이 그렇게 살 수 있도록 은혜를 주신 것임을 생각하면서 하나님이 자기를 사랑하시는 은혜를 깨닫게 되면 겸손해지면서 마음의 평화를 얻을 수 있다.

3번 유형은 실패하기를 두려워하면서 언제나 성공하려고 하기 때문에 마음의 평화를 느끼지 못할 때가 많다. 능률을 올려서 스스로 잘났다고 생각하기보다는 모든 면에서 '이것이 하나님의 뜻에 맞나?'를 생각하다 보면 결과가 잘 되는 것보다 과정을 중요하게 여기게 되면서 모든 면에 신실해지고 평화를 누릴 수 있다.

4번 유형은 자기가 갖고 있지 않는 것을 다른 사람이 갖고 있을 때 시기심이 나면서 동시에 열등감에 빠진다. 자기 혼자 독특해지고 싶은 마음이 생길 때마다 하나님과의 일치를 이루려고 애쓰다 보면 '우당탕!'하던 마음이 침착해지면서 마음이 평화로워진다.

5번 유형은 항상 뭔가 빈 것 같아 자꾸 채우려고 하는 마음이 생기며 다른 사람과 나눔의 생활도 잘 안 된다. 자기가 뭔가를 이루어내고 싶은 마음이 생길 때 모든 생활에 대한 하나님의 섭리를 생각하며 거기에 따르다 보면 초연해지고 마음의 평화를 느끼게 된다.

6번 유형은 안전하지 않을까 봐 항상 노심초사하면서 불안해한다. 어떤 일을 하거나 사람과의 관계에서 '이럴까, 저럴까' 하는 두 마음에서 평안을 이루지 못한다. 이럴 때마다 사람이나 이념 등 그 무엇에도 의지하지 말고 하나님만 의지하면 용기가 생겨 마음의 평화를 유지할 수 있다.

7번 유형은 고통을 못견디며 항상 지금보다 더 나은 이상을 꿈꾸기 때문에 오히려 불안을 느끼게 된다. 그리고 그 불안을 없애기 위해 끊임없이 여기저기를 섭렵하며 물질세계에 빠져들기 쉽다. 이럴 때 혼자서 뭔가를 이것저것 하려고 애쓰지 말고 하나님의 창조, 즉 재창조하심에 동참하다 보면 정신이 맑아지면서 평화를 누릴 수 있다.

8번 유형은 자기는 잘났고 다른 사람을 지도하고 인도해야 된다는 오만이 있다. 그래서 자신의 약한 것을 인정하지 않고 다른 약자를 보호하려다가 평화를 깰 수 있다. 일을 중요시하다가 사람의 마음을 다치게 할 수 있으므로 다른 사람에 대한 뜨거운 동정심을 갖게 될 때 하나님이 주시는 평화를 지니면서 소박한 사람이 될 수 있다.

9번 유형은 갈등이 싫기 때문에 새로운 일이 일어나는 것을 귀찮아한다. 그래서 자기가 할 일도 미루고 게으름을 피운다. 자기가 어떤 일을 개척하기보다는 누가 해주면 따라가는 것이 더 편안하다. 그러다 일이 잘 안되면 '내 까짓게 뭘 한다구…' 하면서 자기를 비하하기도 한다. 이럴 때는 마음의 평화가 깨진 상태다. 그러나 자기가 하나님으로부터 받은 무한한 사랑을 떠올리면 다른 사람을 사랑할 수 있게 되고 근면해진다.

이렇게 하나님과의 관계 속에서 평화가 이루어질 때 개인의 영성이 깊어진다. 먼저 하나님 앞에서 자기와 하나님과의 평화가 이루어져야 사람들과의 평화를 이룰 수 있기 때문이다.

2) 관계의 영성

"다른 사람을 배려하고 살면서 모든 것을 정정당당하게 나누면서 산다."

개인의 영성이 깊어진 사람은 자연스럽게 다른 사람과의 관계가 원만해진다. 어떤 사람과의 갈등이 생겼을 때, 혹시 그 갈등을 상대방이 먼저 만들었을지라도 그것을 해결하는 것은 바로 '나'의 몫이다. 여러 가지 복잡한 일이 생겼어도 갈등을 해결하는 방법은 단 한 가지, '나의 격정'을 바라보는 것이다. "네가 잘못했기 때문에 네가 용서를 빌어야 내가 너를 용서하지" 하는 입장이 아니라, 그 어떤 사람과도, 그 어떤 사건들에서도 관계를 평화롭게 할 수 있는 키(key)를 내가 가지고 있다는 것이다. 즉 갈등 사이에서 내 격정이 어떻게 반응하는가를 보면서 내가 자신의 격정을 다스리게 되면 문제가 해결된다는 말이다. 상대방과의 관계가 좋아질 수도 있고, 만일 상대방의 마음이 안 풀어지더라도 나는 그 일 때문에 스트레스를 받지 않게 되기 때문이다.

3) 공동체의 영성

"어느 누구도 누구를 지배하지 않는 건강한 공동체를 이룬다."

구르지예프가 말한 "인류를 위해서 살아라"라는 말을 공동체 속에서 실천할 수 있다. 각 유형의 특징을 상대방을 위해 쓴다면 각자의 달란트로 많은 사람을 위해 공헌할 수 있을 것이다.

그렇게 하려면,
1번은 다른 사람을 있는 그대로 수용해야 한다.
2번은 자기가 한 일을 자랑하지 않으며 남을 돌볼 수 있어야 한다.
3번은 결과에 집착하지 않고 과정에 신실해야 한다.
4번은 흠이 생길까 봐 전전긍긍하던 데서 벗어나야 한다.
5번은 자신의 풍부한 지식으로 분석하지 않으며 다른 사람에게
　　행동으로 다가가야 한다.
6번은 하나님을 의지하면서 용기와 충실함으로 다른 사람을 위
　　해 살 수 있어야 한다.
7번은 맑은 정신으로 모든 사람들에게 풍요로움의 경험을 줄 수
　　있어야 한다.
8번은 뜨거운 동정심으로 다른 사람의 삶을 개선시키는 데 소박
　　하게 도움을 줄 수 있어야 한다.
9번은 놀라운 사랑으로 모든 것을 품어야 한다.

4) 환경의 영성(우주)

"이 세계와 온 우주까지 관심이 미칠 수 있는 넓고도 유연한 사람이 된다."

에니어그램은 모든 것을 온 우주와 연관해서 볼 수 있기에 수련하는 사람들은 자기 자신이 작은 우주라는 것을 느끼며 우주의 섭리 속에서 살아가는 의식을 가져야 한다. 앞으로 환경문제도 에니어그램적인 시각 안에서 발전시켜 나아가 인류의 평화를 위해서 노력해야 한다.

에니어그램 유형 해설

에니어그램에는 아홉 가지 기본 유형이 있으며, 감정형, 사고형, 행동형으로 구분한다. 그리고 아홉 가지 기본 유형의 양 옆에 있는 유형을 날개라고 한다. 각 유형은 통합을 향하기도 하고 어떤 때는 퇴화하기도 한다. 즉, 각 유형은 한 자리에 고정되어 있는 것이 아니라 역동적이라는 말이다. 또한 각 유형은 자기보존 본능, 사회적 본능, 일대일 본능 중 어느 본능이 우세하느냐에 따라 같은 유형임에도 다른 모습을 보이기도 한다. 이와 같이 에니어그램 기본 유형은 아홉 가지이지만, 단순히 사람을 아홉 가지 유형으로만 분류할 수는 없다.

〈표 1〉 에니어그램 유형 도표

	유형	특성	격정	기피	함정	회개	덕목
1	개혁형	완전주의자	분노	분노	완전	성숙	평정
2	봉사형	협조자	교만	필요	봉사	은총	겸손
3	성공형	지위추구	기만	실패	능률	하나님의 뜻	신실
4	개인형	예술인	시기	평범	진정성	하나님과 일치	침착
5	관찰형	사색가	인색	공허	지식	섭리	초연
6	수호형	충실한 사람	공포	일탈	안전	하나님을 의지	용기
7	이상형	팔방미인	탐닉	고통	이상주의	창조에 동참	맑은 정신
8	대결형	지도자	정욕	약함	정의	뜨거운 동정심	소박
9	보존형	화해자	나태	갈등	자기겸비	무조건적 사랑	근면

그러나 일단 아홉 가지 기본 유형에 대해 개괄적으로 소개한다.

1번 개혁형

바울은 밤빌리아에서 자기들을 떠나 함께 일하러 가지 아니한 자를 데리고 가는 것이 옳지 않다 하여 서로 심히 다투어 피차 갈라서니(사도행전 15:38-39a).

완전주의자 ― 온화한 개혁가

격정: 분노 남에게 비난받는 것을 두려워하고, 완전주의를 지향하다 보니 자기 자신이나 다른 사람이 실수하는 것을 보면 고쳐주고 싶어서 지적을 하게 된다. 불완전하다고 생각되기 때문이다. 분노를 회피하지만 결국에는 분노라는 격정에 휘말리게 된다.

기피: 분노 화내는 것도 완전한 것이 아니기에 화내는 것을 참고 또 참는다. 그러나 얼굴에는 불편함이 드러난다.

함정: 완전 '욕먹을까 봐'라는 기본적인 공포 때문에 더 완전해져야 한다고 생각을 하고 그것을 추구한다. 그렇게 자신의 높은 이상향을 따라가다 보면 완전이라는 함정에 빠진다.

회개: 성숙과 감사 인간은 그 누구도 완전할 수가 없다. 자신뿐 아니라 다른 사람들에게도 자신이 생각하는 완벽을 요구하는 것 자체가 미성숙한 상태다. 이것을 인정하면 상대방이 이전보다 조금이라도 개선된 점을 발견하게 되고 그리고 그것에 대해 감사해야 한다. 그래야 자신도 성숙해진다.

덕목: 평정 분노의 격정을 사로잡으면 평정의 덕목이 살아난다. 그러
면 내면 깊은 곳에서부터 상대방을 있는 그대로 받아들일 수 있
는 마음이 우러나와 온화하고 너그러우며 합리적인 사람이 된다.

일반적으로 흔히 볼 수 있는 1번은 점잖고, 잘 웃지 않는다. 겉으
로 화를 '꽉' 내지는 않지만 속으로 화가 나면 자기도 모르게 얼굴에
긴장이 나타난다. 그래서 화를 안 냈다고 하지만 다른 사람은 그가
못마땅해하는 것을 금방 알아차린다. 1번은 전체적인 것보다는 어느
한 부분을 세밀하고 정확하게 본다. 그래서 날짜나 시간을 잘 기억하
고, 계산도 정확하게 하는 것을 좋아한다. 한마디로 똑소리가 나는
사람이다. 대체로 1번 옆에는 다가가기 어렵다고 한다. 자기 앞에서
잘못된 것이 나타나면 자기도 모르게 자동적으로 거기에 대해서 지
적을 하기 때문이다. 예를 들면 청소나 정리 정돈이 잘 안 되어 있을
때, 법을 위반하는 사람을 볼 때면 늘 원칙에서 벗어나지 않도록 자
기가 그것을 고쳐주어야 한다는 생각이 있다. 그러나 남이 자기에게
지적을 하면 그것을 받아들이기가 심히 어렵다. 1번에게서 "아~ 내
가 그랬나요?"라는 말이 나오면 그는 성숙으로 가는 사람이라고 볼
수 있다. 성숙으로 가는 1번은 자신의 일방적이고 편협한 이상을 내
려놓는다. 완전한 세상을 만들기 위해 개혁을 주장하기보다는 마음
의 평정을 유지하면서 자신과 전혀 다른 생각을 가지고 있는 상대방
을 존중한다. 객관적인 사람이 되는 것이다.

부모와의 관계: 아버지를 어려워한다
걸림돌이 되는 유혹: 지나치게 책임감을 느낀다
단점 & 장점: 독선 & 합리적인 생각

기본적인 공포: 욕먹을까 두려워한다

독특한 자부심: 나는 합리적인 사람이다

말하는 방식: 정확하게 말하고 도덕적으로 설교하거나 가르친다

2번 봉사형

마르다는 준비하는 일이 많아 마음이 분주한지라 예수께 나아가 이르
되 주여 내 동생이 나 혼자 일하게 두는 것을 생각하지 아니하시나이
까 그를 명하사 나를 도와주라 하소서(누가복음 10:40).

협조자 ― 겸손한 봉사자

격정: 교만 다른 사람의 필요를 발견하고 도와주면서 자신이 한 일에
　　　대해 자랑하거나 과시하는 마음으로 우월감을 느끼는데 이것이
　　　교만이다.

기피: 필요 자부심이 강하여 자신의 필요나 욕구를 인정하지 않으며,
　　　다른 사람의 도움을 받지 않으려고 한다. 자신의 부족한 점이나
　　　필요한 것이 있다는 것을 받아들이면 스스로 위축되기 때문에
　　　마치 그런 것은 없는 듯이 자신의 필요를 기피한다.

함정: 봉사 사랑받지 못할까 봐 두려워서 지나치게 착한 사람이 된다.
　　　다른 사람을 도와주지 않고 가만히 있으면 사랑받지 못한다는
　　　생각이 들어 봉사라는 함정에 빠진다.

회개: 은혜 자기가 하는 모든 나눔과 사랑은 자신의 능력으로 하는 것
　　　이 아니라 하나님으로부터 받은 은혜 때문이라는 것을 깨달아야

한다. 자존심과 우월감에서 벗어나 받은 은혜를 함께 나눈다는 자세로 봉사해야 한결같은 사랑을 나눌 수 있게 된다.

덕목: 겸손 속으로는 받은 은혜에 감사드리며 겉으로 자랑하지 않을 때 순수한 봉사를 할 수 있다. 남을 돌보든 안 돌보든 스스로 강한 자신감을 갖고, 자신도 도움이 필요하다는 것을 편안하게 받아들이면 겸손한 사람이 된다.

대체로 2번은 사랑이 많고 다른 사람의 아픔을 보면 자기 스스로 찾아가서 위로해 준다. 자기가 피곤할지라도 다른 사람에게 도움이 필요한 것 같으면 피곤함을 참으면서 그를 먼저 도와주는 사람이다. 다른 사람이 무엇을 요구해오면 거절하지 못하고 받는 것보다 주는 것을 더 편안하게 여기며 이기적인 사람이 되지 않으려고 한다. 그래서 겉으로 보기에는 성자같이 보이기도 한다. 그러나 2번의 깊은 마음속에는 '내가 이렇게 해 주면 다른 사람이 나를 좋아해 주겠지…' 하는 보상심리가 깔려 있다. 2번과 친한 사람들은 공통적으로 "하루 종일 같이 있으면서 나에게 너무나도 잘해주었는데 헤어질 때에는 뭔가 기분이 안 좋은데 이게 뭘까요?"라고 이야기한다. 2번이 겉으로는 말을 하지 않지만 속으로 교만한 마음을 가지고 있으니 옆의 사람이 알아차린다는 말이다. 겸손한 2번은 자신을 '도움을 주는 우월한 사람'이 아니라 자신도 다른 사람의 '도움이 필요한 사람'이라는 것을 받아들인다. 다른 사람에게 무엇이 필요한지를 파악하듯이 자신의 부족함을 인정하기 때문이다. 그래서 자신을 진정으로 돌볼 수 있게 되는 것은 물론 보상을 기대하지 않는 무조건적인 사랑을 하는 협조자가 된다.

부모와의 관계: 아버지가 좋기도 하고 싫기도 하다

걸림돌이 되는 유혹: 지나치게 도와주려고 한다

단점 & 장점: 허영심 & 사심 없는 봉사

기본적인 공포: 사랑받지 못할까 봐 두려워한다

독특한 자부심: 나는 돌보는 사람이다

말하는 방식: 상대가 즐거워할 말을 잘하거나 충고 및 제안을 잘한다

3번 성취형

자기가 야곱을 이기지 못함을 보고 그가 야곱의 허벅지 관절을 치매 야곱의 허벅지 관절이 그 사람과 씨름할 때에 어긋났더라 그가 이르되 날이 새려 하니 나로 가게 하라 야곱이 이르되 당신이 내게 축복하지 아니하면 가게 하지 아니하겠나이다(창세기 32:25-26).

성공주의자 ─ 신실한 성취자

격정: 기만 성공과 성취에 집착하면 지나치게 경쟁을 하게 된다. 어떻게 해서든지 실패하지 않으려다 보니 자기도 모르게 기만하게 된다. 자신도 속이고 남도 속이는 격정에 사로잡히게 된다.

기피: 실패 배척당하지 않기 위해서 남에게 인정받고 칭찬받으려고 한다. 성공해야 인정받는다고 생각되어 실패를 기피하게 된다.

함정: 능률 성공 지향적이고 목표 지향적이기 때문에 능률을 중요하게 생각한다. 누구에게도 뒤떨어져서는 안 된다는 강박관념으로 능률이라는 함정에 빠지게 한다.

회개: 하나님의 뜻 실패할 수도 있다는 것을 인정하면서 자신의 한계를 받아들인다. 모든 것을 하나님의 뜻으로 계획하지 않았고 자신의 뜻대로 하였음을 진심으로 회개해야 한다. 그러면 꼭 성공하지 않아도, 자신의 존재 그 자체로 가치가 있음을 깨닫게 된다. 자신의 존재 안에서 기쁨을 찾고 자신을 개발하여 성공하게 되고 다른 사람들의 본보기가 된다.

덕목: 신실 자신의 뜻이 아닌 하나님의 뜻으로 목표 설정을 분명히 하게 되면 신실해진다. 신실이라는 덕목을 갖추면 결과에 대한 집착으로부터 자유로워지고, 하나님의 뜻에 전적으로 의지하게 되며, 과정에 충실하면서 성실함을 갖춘 능력 있는 사람이 된다.

3번은 능률을 올려야만 성공을 했다는 행복감을 느낀다. 그래서 무엇을 시키면 그것을 금방 처리해낸다. 3번은 "나중에 내가 선물해 줄게"라는 약속을 잘한다. 선물을 사주고 싶은 마음에 지금 당장이라도 성취감을 느끼는 것이다. 그러나 그 약속은 잘 지켜지지 않는다. 둘이서 어떤 일을 할 때도 "나는 너에게 이런 일을 해 줄 테니까 너는 저런 일을 해 줘"라고 약속을 하지만 자기의 일이 성취되고 나면 상대에게 한 약속을 잊어버리는 사람이 많다. 그것은 처음부터 일을 이루기 위해서 약속한 것이지, 약속 자체가 중요한 것이 아니기 때문이다. 이처럼 3번은 자기가 생각하는 성공을 이루어내려고 앞만 바라보며 달려간다. 화가 나는 일이 있어도 감정을 감추면서 자신의 일을 성취해낸다. 3번은 체면, 이미지가 중요하고 늘 다른 사람 앞에서 튀고 싶은 마음이 있는데 이러한 것들이 3번이 생각하는 성공이다. 그래서 3번은 자기도 잘 느끼지 못하는 기만을 항상 달고 살면서 사람들의 칭찬과 인정을 받고 싶어 한다. 그러나 하나님의 뜻을 따르는

3번은 결과보다 과정을 중요하게 생각하면서, 다른 사람들의 의견에 귀를 기울이고 스스로에게 정직해진다. 신실하게 하나님의 뜻을 성취해나간다.

> 부모와의 관계: 어머니를 너무 좋아한다
> 걸림돌이 되는 유혹: 지나치게 경쟁을 한다
> 단점 & 장점: 자기개발의 나태 & 자긍심
> 기본적인 공포: 배척당할까 봐 두려워한다
> 독특한 자부심: 나는 바람직한 사람이다
> 말하는 방식: 설득력이 뛰어나다. 상대에게 뭔가를 구하는 식으로
>   말하고 감동적인 말을 잘한다

4번 심미형

해가 뜰 때에 하나님이 뜨거운 동풍을 예비하셨고 해는 요나의 머리에 쪼이매 요나가 혼미하여 스스로 죽기를 구하여 이르되 사는 것보다 죽는 것이 내게 나으니이다 하니라(요나 4:8).

> 개인주의자 ― 침착한 개인주의자

격정: 시기 자신에게 없는 것을 남이 가지고 있을 때 나오는 감정이 시기심이다. 그래서 나보다 남이 잘하는 것을 보면 마음이 불편해진다. 시기심이 생기면 금방 열등감으로 빠져버려 아무것도 하지 못하게 된다.

기피: 평범 남다른 사람이 되고 싶어 평범한 것을 기피한다. 평범한 것들로 둘러싸인 세상을 피해 상상 속으로 들어가 자신만의 독특함을 즐긴다. 그러다가 내 맘대로 되지 않는다는 것을 깨닫게 되면서 좌절감과 우울감에 빠진다.

함정: 진정성 흠이 있는 것은 진정한 것이 아니라는 생각 때문에 과거의 일을 살피고 분석하면서 자기연민에 빠진다. 자신과 타인에게 "이것이 옳은가, 저것이 옳은가?"를 살피느라 앞으로 나가는 힘이 약하다. 모든 것을 지나치게 진정성의 잣대로 살피게 되는데 이것이 함정이다.

회개: 하나님과의 일치 격정인 시기에 사로잡히면 자신의 재능을 무시한다. 하나님으로부터 받은 카리스마를 무시하는 것, 그것이 잘못이라는 것을 깨닫고 하나님과 일치하지 못했음을 회개해야 한다.

덕목: 침착 흠이 생기거나 틀릴까 봐 두려워하지 않고 온전히 하나님과의 일치를 지향할 때, 감정의 균형이 이루어져 직관력이 높아지고 침착해진다. 그러면 더 이상 특별한 존재가 되려고 애쓰지 않고 창의성을 발휘하게 된다.

자신이 4번이라는 것을 알고 나면 많은 4번들이 자기에게는 시기심은 없고 오히려 열등감이 많다고 말을 한다. 4번들에게 자세히 말을 들어 보면, 나에게는 없지만 다른 사람들에게 있는 어떤 것을 보면 부러움이 생겼다가는 금방 그 감정이 열등감으로 빠져 "나는 왜 이렇지?" 하면서 의기소침해진다고 한다. 그것이 시기심 때문이라는 것을 4번들은 나중에야 인정한다. 4번에게는 "나는 다른 사람과 다르다"라는 독특한 자의식이 있기 때문에 왕자나 공주처럼 특별 대접 받기를 원한다. 옷을 입어도 다른 사람이 입는 유행은 따르지 않는다. 많은 경우 자기 위주로 느끼고 행동하면서 따로 노는 경향이 있다. 그래서 4번은 자기 혼자 작업하는 것을 좋아한다. 1번과 비슷하게 완전하지 않거나 흠이 있을까 봐 걱정하는 사람이 많다. 그래서 결정하는 것도 오래 걸리고 자신 없는 것은 먼저 말을 하지 않는다. 다른 사람들이 자기에게 잘해주기를 바라면서도 그렇지 않은 것처럼 말하고 행동하면서 다른 사람들이 자기에게 다가오도록 만드는 기운이 있다. 스트레스가 생기면 방에 혼자 '콕' 박혀서 밖으로 나가지도 않고 다른 사람을 만나지도 않는다. 그러나 침착함을 유지하는 4번은 어떤 사람도 주저 없이 만나고 어느 누구에게나 너그러워지면서 창조적인 사람이 된다.

부모와의 관계: 양친부모에게 감정적으로 거리감을 느낀다
걸림돌이 되는 유혹: 지나치게 상상에 빠진다
단점 & 장점: 열등감 & 감정의 균형
기본적인 공포: 흠이 있을까 봐 두려워한다
독특한 자부심: 나는 직관적인 사람이다
말하는 방식: 시적으로 말하고 감정을 과장하고 슬픈 어조로 동정
　　심을 유발한다

5번 관찰형

예수께서 대답하여 이르시되 진실로 진실로 네게 이르노니 사람이 거듭나지 아니하면 하나님의 나라를 볼 수 없느니라 니고데모가 이르되 사람이 늙으면 어떻게 날 수 있사옵나이까 두 번째 모태에 들어갔다가 날 수 있사옵나이까(요한복음 3:3-4).

사색가 - 초연한 지식인

격정: 인색 심리적으로 텅 빈 것이 두려워 머리든 주머니든 무조건 채워 넣으려고 한다. 그러다가 자신의 풍부한 지식이나 소유물 등을 남들과 나누기 어려워져 인색하게 된다.

기피: 공허 늘 지식을 갖고 싶어 하고 정보에 대한 욕망이 있다. 원하는 것을 더 쌓아두려는 속성 때문에 텅 빈 것을 기피한다.

함정: 지식 주변이나 환경에 압도당하지 않으려고 상황을 늘 파악한다. 그래서 결론을 내리고도 남을 만큼의 충분한 지식과 정보가 있는데도 또 질문하고, 생각하고, 관찰하면서 더 많이 채우려는 함정에 빠진다.

회개: 하나님의 섭리 완벽한 지식을 갖추어야 한다는 강박감에 빠져 하나님의 섭리를 따르지 못했음을 회개해야 한다. 섭리 안에서 살게 되면 다른 사람들을 이해하고 사랑할 수 있게 된다.

덕목: 초연 자신의 풍부한 지식을 더 이상 분석하지 않고, 도움이 필요한 사람에게 자신의 것을 나누어 주면서 남들과 잘 어울려 살게 된다. 섭리에 따르는 생활에 확신이 생기면서 지식에 의존하던 것에서 벗어나 자유롭고 유연해지며 초연한 삶을 살게 된다.

5번은 생각을 많이 하면서도 행동을 잘 안 하는 경향이 있다. 친구들과 어울려 다니면서 돈을 쓰지도 않고 여러 가지 면에서 인색하다. 5번은 자기에게 있는 어떤 것이 밖으로 빠져나가 "텅 비게 되면 어쩌나?" 하는 공허감을 못 견딘다. 5번들은 자기가 원하는 만큼 채워지면 밖으로 내보내겠다고 말한다. 5번은 많이 알아야 안심이 되기에 정보 수집에는 귀재이고, 취미로 무엇을 모으는 것도 좋아한다.

다른 사람에게 압도당하는 게 싫어서 누가 어떤 도움을 청할 때나 도움을 준다고 할 때, 그것을 명령으로 듣고 기분 나빠할 수도 있다. 자기가 잘 섞여 있고 싶지 않은 곳에서나 스트레스를 받았다고 생각되면 그곳을 스르르 빠져나가 버리기를 잘한다. 한동안 연락을 하지 않고 지내다가 자기의 감정이 해결되면 다시 나타난다. 아는 것이 많기 때문에 말을 하는 도중에 말의 초점이 왔다 갔다 한다. 그래서 옆의 사람들에게 "좀 간단하게 말해"라는 말을 듣기도 한다. 새로운 환경에 적응하기가 힘이 들어서인지 여행을 별로 좋아하지 않는 사람도 많다. 그러나 초연한 5번은 자신을 채우려 애쓰지 않고 세상을 파악하기 위해 전전긍긍하지 않는다. '그냥' 모든 것을 하나님의 섭리로 받아들이고 이해하면서 미래까지 제시할 수 있는 사람이 된다.

부모와의 관계: 양친부모에게 감정이 엇갈린다
걸림돌이 되는 유혹: 지나치게 분석을 한다
단점 & 장점: 욕심 & 이해심
기본적인 공포: 압도당할까 봐 두려워한다
독특한 자부심: 나는 아는 것이 많은 사람이다
말하는 방식: 논문 쓰는 식으로 서론, 본론, 결론과 같이 체계화시
　키는 것을 잘한다

6번 수호형

베드로가 대답하여 이르되 주여 만일 주님이시거든 나를 명하사 물 위로 오라 하소서 하니 오라 하시니 베드로가 배에서 내려 물 위로 걸어서 예수께로 가되 바람을 보고 무서워 빠져 가는지라 소리 질러 이

르되 주여 나를 구원하소서 하니 예수께서 즉시 손을 내밀어 그를 붙잡으시며 이르시되 믿음이 작은 자여 왜 의심하였느냐 하시고(마태복음 14:28-31).

충실한 사람 — 용감한 충성가

격정: 공포 아버지에게 의지하고 싶어 하던 마음이 두려움이라는 격정으로 이어진다. 버림받을지도 모른다는 두려움에서 벗어나기 위해 늘 누군가에게 의존하려고 한다. 안전하게 되어도 또 불안해져서 앞으로 일어나지도 않을 일에 대해 미리 걱정을 한다.

기피: 일탈 주어진 틀 안에서 지내려는 성향 때문에 질서를 어기거나 자신의 행동이 어긋나지 않으려고 조심한다. 안전하지 않게 될까 봐 두려워 일탈을 기피하게 된다.

함정: 안전 격정인 공포 때문에 늘 불안하기에 지금의 안전을 확신할 수 없어서 또 다른 안전을 찾는 함정에 빠져버린다. 한마디로 의심이 많다.

회개: 하나님을 의지 하나님을 의지하는 마음 없이 자신만의 안전을 추구하던 것을 회개해야 한다. 하나님을 의지하게 되면 자기 자신도 믿을 수 있게 되고, 다른 사람도 믿고 의지하게 되어 평화롭게 살 수 있다.

덕목: 용기 공포라는 격정을 사로잡고 안전만을 추구했던 자신을 회개하면, 내면으로부터 어떤 힘이 자신을 늘 지원하고 있음을 깨닫게 된다. 하나님을 의지하는 마음에 충실함이 더해지면서 어떤 조건에서도 삶의 모든 문제를 헤쳐나갈 수 있는 용기가 생긴다.

6번은 겉으로 나타나는 특징이 별로 없다. 매사에 충실하고 규칙을 어기지 않고 윗사람의 말을 잘 듣는 편이다. 일이 있으면 다른 사람을 시키지 않고 자기가 일을 다 처리하려고 한다. 그러다 보면 너무 많은 일을 떠맡게 되어 그 일을 다 해내지 못하고 빠트리게 될 수도 있다. 스트레스를 받으면 충실하게 잘하던 사람이 갑자기 '확' 변하여 반대로 가는 수도 있다. 6번은 여러 가지 생각으로 마음이 늘 복잡하다. 그래서 "자신의 내면에 위원회가 있어서 항상 의논을 한다"고 평가한다. 일어나지도 않을 일을 미리 걱정하는 편이라 길 위에 있는 맨홀도 피해서 걷는다. 주변 사람에게는 "조심하세요", "거기에 가면 안 돼요"라며 행동에 제한을 주기도 하고, "이렇게 해야 해요"라며 무엇을 해야 하는지에 대해 제시하기도 한다. 미래를 두려워하는 마음이 더 커지면 주춤주춤하는 마음이 목소리에서도 나타나 가성으로 말을 하거나 책을 읽는 데도 나타나 틀리기를 잘한다. 그러나 의심하며 불안해하던 6번이 하나님을 의지하면 더 넓은 세상 안으로 깊숙이 들어와 흔들림 없이 신뢰하면서 용기 있게 대처하는 사람이 된다.

부모와의 관계: 아버지를 좋아하거나 엄하게 느낀다
걸림돌이 되는 유혹: 지나치게 의존을 한다
단점 & 장점: 독립의 나태 & 결단
기본적인 공포: 버림받을까 봐 두려워한다
독특한 자부심: 나는 좋아할 만한 사람이다
말하는 방식: 합법적인 권위를 선언하여 경계와 한계를 짓는 말을
　　잘한다

7번 이상형

그가 잠언 삼천 가지를 말하였고 그의 노래는 천 다섯 편이며 그가 또 초목에 대하여 말하되 레바논의 백향목으로부터 담에 나는 우슬초까지 하고 그가 또 짐승과 새와 기어다니는 것과 물고기에 대하여 말한지라(열왕기상 4:32-33).

팔방미인 — 맑은 정신의 열정가

격정: 탐닉 행복의 대상을 계속해서 찾다 보니 여기저기에 탐닉하게 된다. 격정 때문에 이것저것 해보다가 만능선수가 되지만 결국 어느 곳에서도 만족을 얻지 못한다.

기피: 고통 활기찬 성향으로 만족을 얻기 위해 쉬지 않고 움직이며 다닌다. 재미없고 지루한 것을 못 견디며 고통을 기피하게 된다.

함정: 이상주의 더 나은 것을 찾아다니기 때문에 현재에 어떤 일을 하고 있는데도 불구하고 동시에 또 다른 이상을 꿈꾸면서 살아간다. 다른 사람들이 따라가기 힘들 정도로 끊임없이 일을 벌이고 추진한다.

회개: 창조에 동참 만족을 채우려는 격정으로 이상주의에 빠져 하나님의 창조에 동참하지 못했음을 회개하여야 한다. 자신이 추구하는 행복과 만족을 현재의 삶과 조건 속에서 찾기 시작하면 자신의 창의성을 현재에 발휘하게 되어 내면의 만족을 얻고 정신이 맑아진다.

덕목: 맑은 정신 하나님 창조의 역사에 동참하면 맑은 정신의 덕목을 이루게 된다. 맑은 정신의 경지에 이르면 자기도 행복하고 다른

사람에게도 자신의 행복을 진심으로 나누며 살 수 있다.

어느 하나를 진득하게 하기보다는 이것저것 하는 게 많다. 금방 싫증을 잘 내고 더 신나는 것을 찾기 때문이다. 음식 먹기를 좋아하고, 맛집을 많이 알며 재미있는 일을 많이 만든다. 7번이 끼면 친구들이 즐거워한다. 하루 저녁에 세 팀이나 약속을 해놓고 친구를 만나는 사람도 있다. 취미가 많기 때문에 할 일도 많고 심심하거나 괴로운 일은 견디기 힘들어한다. 그래서 다른 사람의 고민을 들어주는 일을 잘하지 못한다. 새로 나온 물건 사기를 좋아해 살아가면서 돈이 많이 든다. 어떤 7번은 홈쇼핑에서 사놓은 물건 중에 한 번도 안 쓴 것도 많아서 필요한 게 있으면 가져가라고 한다. 끝까지 하는 것이 적고, 직장을 옮기기도 잘한다. 더 좋은 것, 더 나은 것을 추구하기 때문에 다음엔 어떤 것을 할까? 어떻게 더 재미있게 놀 수 있을까? 고민하면서 여러 가지 계획을 세우지만 그대로 실행하기보다는 즉흥적으로 행동할 때가 많다. 자기가 원하는 경험을 위해 정신없이 바쁘게 사는 7번은 하늘에 붕 떠 있다고도 말할 수 있다. 그러나 7번이 하늘에서 내려와 현실이라는 땅에 발을 딛고 창조에 동참하면 삶에서 만족을 찾게 되고 정신이 맑아진다. 자신도 행복해지고 다른 사람도 행복하게 만드는 사람이 된다.

부모와의 관계: 어머니에게 부정적이다

걸림돌이 되는 유혹: 지나치게 무엇인가를 하려고 한다

단점 & 장점: 폭식 & 감사

기본적인 공포: 빼앗길까 봐 두려워한다

독특한 자부심: 나는 행복한 사람이다

말하는 방식: 풍부한 표현과 다양한 몸짓으로 재미있게 이야기를 잘한다

8번 대결형

유다 사람의 원수 아각의 자손 함므다다의 아들 하만은, 유다 사람들
을 죽여 없애려고, 주사위의 일종인 부르를 던져서, 유다 사람들을 다
없앨 날을 받았으나, 에스더가 그 음모를 왕 앞에 말하니, 왕은 하만이
유다 사람을 해치려고 꾸민 악한 흉계가 하만 자신에게 돌아가도록
하고, 하만뿐만 아니라 그의 모든 아들까지도 장대에 매달도록, 글로
써서 조서를 내렸다(에스더 9:24-25).

지도자 ― 소탈한 지도자

격정: 정욕 지나치게 자부심이 강하여 항상 이기고 정복하는 강자가
　　　되어야 한다는 강박이 있다. 그래서 욕심이 많고 고집이 세며 육
　　　체적인 만족을 채우려고 한다.

기피: 약함 늘 우두머리로 살았기 때문에 꿀릴지 모른다는 두려움이
　　　있다. 언제나 이겨야한다고 생각하기에 약하게 보이는 것을 기
　　　피한다.

함정: 정의 약한 자들을 도우며 정의를 실현하려다가 또 다른 불의를
　　　행사할 수 있는 함정에 빠진다.

회개: 뜨거운 동정심 정욕이라는 격정으로 정의를 이루려다 보니 오만
　　　해진다. 다른 사람에 대한 뜨거운 동정심이 없었음을 회개하고
　　　일을 잘하는 것이 중요한 것이 아니라 사람의 마음을 헤아리려
　　　고 애를 써야 한다. 자신의 의지를 고집하며 밀고 나가는 것을
　　　포기할 때, 하나님의 정의를 발견할 수 있다. 하나님이 주시는 능
　　　력에 자신을 맞추어 나감으로써 스스로 강해져야 하는 것에서

자유로워지게 된다.

덕목: 소박 강해지려던 것에서 벗어나 약자를 보호하고 섬기려는 자세로 살아가면 소박함의 덕목을 이루게 된다. 뜨거운 동정심으로 타인의 삶을 개선시키는 데 자신의 힘을 사용하는 소탈한 지도자가 된다.

8번은 자기 마음대로 되지 않으면 '버럭' 화를 잘 내는 사람이다. 대결형이기 때문에 다른 사람이 자신에게 치고 들어오는 것을 견디지 못하며 약함을 기피하기 때문에 끝까지 자신의 생각이 옳다고 우기며 물러서지 않을 수 있다. 그러나 상대방이 그릇을 깨뜨리는 것과 같은 실수를 하면 문제 삼지 않고 '허허' 웃으며 지나간다. 어깨를 올리고 걷거나 배를 쭉 내미는 체형이 많아 겉보기에도 강하게 보인다. 목소리도 크고 몸에서 흐르는 기가 '쎄' 보인다. 단정적으로 말을 잘하며 명령조로 말을 한다. 불의하다고 여기거나 손해를 입힌 사람에게는 반드시 보복을 한다. 그러나 처지가 딱한 사람을 보면 그냥 지나치지 못하고 위기에 처한 사람을 위해서는 자신의 몸도 던질 수 있다. 어릴 때부터 친구들을 거느리고 다니며 '대장님' 소리를 잘 듣는다. 자기 식구들이나 부하들을 잘 챙기고 상대방의 장점을 살려 리더로 키운다. 그러나 독재자가 되어 자기도 힘들고 다른 사람에게도 피해를 주는 사람이 되기도 한다. 8번은 자신의 욕구나 이해관계에 밝아 다른 사람을 짓밟을 수 있다. 그러나 다른 사람의 마음을 이해하려는 뜨거운 동정심을 지니게 되면 다른 사람의 이익이나 복지에 기여하면서 소박해진다.

부모와의 관계: 어머니가 좋기도 하고 싫기도 하다

걸림돌이 되는 유혹: 지나치게 잘났다고 생각한다

단점 & 장점: 과욕 & 아량

기본적인 공포: 꿀릴까 봐 두려워한다

독특한 자부심: 나는 힘이 있는 사람이다

말하는 방식: 도전적으로 말하거나 폭로적 혹은 직설적이다

9번 보존형

네가 보는 앞에 땅이 얼마든지 있으니, 따로 떨어져 살자. 네가 왼쪽으로 가면 나는 오른쪽으로 가고, 네가 오른쪽으로 가면 나는 왼쪽으로 가겠다(창세기 13:9).

평화주의자 ― 근면한 평화주의자

격정: 나태 스트레스를 받으면 자신에게 집중하지 못하고 정신적, 심리적인 나태로 빠져 행동의 나태로 이어진다. 할 일을 미루거나 아무것도 하지 않거나 잠을 자버린다.

기피: 갈등 대체로 어릴 때부터 평화롭게 자랐기 때문에 어쩌다 갈등이 생기면 그것을 정면으로 대처하지 못하고 피하다가 더 큰 갈등을 불러오기도 한다.

함정: 자기겸비 평화주의자이면서 보존주의자이기에 현상을 유지하려는 마음으로 변화가 일어나는 일에 관여하지 않으려고 한다. 그러다가 일이 제대로 해결되지 않으면 '그래, 내 까짓 게 무얼 해~'라고 자기를 비하하는 함정에 빠진다.

회개: 무조건적 사랑 자기 혼자만의 평화를 위해 나태라는 격정에 사로
　　잡혀 갈등을 기피해왔다. 그래서 내 안에 있는 인간의 본성인 사
　　랑을 깨닫지 못하고 살아왔음을 회개해야 한다. 그러면 '분리될
　　까 봐'라는 공포에서 자유로워지고 자신을 비하하며 살아왔던
　　것에서 해방되어 모든 일에서 적극적으로 행동하게 된다.
덕목: 근면 갈등을 피하려고 남을 답답하게 할 정도로 소극적인 평화
　　를 이루려던 것에서 벗어나 무조건적인 사랑을 하게 되면 근면
　　의 덕목으로 온전한 평화를 이룰 수 있게 된다. 모든 것을 수용하
　　고 품을 수 있는 놀라운 저력으로 행동하는 평화주의자가 된다.

　9번 아이들은 흐느적거리며 걷는 경향이 있다. 무엇을 결정할 때
자기 혼자 결정을 잘 내리지 못하고 부모나 옆의 사람에게 묻는다.
시간에 쫓기는 것을 싫어해 구체적인 시간 계획을 세우기보다 체크
리스트를 만들어 순서에 따라 일하는 것을 좋아한다. 그러다 보면 해
야 할 일이 밀리고 지체되는 경우가 많이 생긴다. 몸을 움직이기를
싫어하던 9번일지라도 관성의 특성이 있어서 운동이 좋다는 것을 알
고서 꾸준히 매일 운동을 하기도 한다. 작은 일들은 남 따라 해주느
라 자기의 주장을 안 하다 보니 나중에 자기의 정체성을 찾지 못해
고민하는 기간이 길어지기 쉽다. 갈등이 생기면 피하다가 나중에 "호
미로 막을 일을 가래로도 못 막는다"라는 일이 생길 수도 있다. 방을
잘 치우지 않으며 어질러놓고 살면서도 별 불편함을 느끼지 못한다.
지각하는 사람이 많다. 그러나 무조건적인 사랑으로 사람들에게 관
심을 갖게 되면 부지런하게 일도 많이 하고 대단히 진취적인 사람이
된다. 문제가 생기면 무시를 하거나 외면하면서 거짓 평화 속에 있던
9번이 모든 것을 적극적으로 수용하면서 진정한 평화를 이룬다.

부모와의 관계: 양친부모를 편하게 느낀다.

걸림돌이 되는 유혹: 지나치게 함께 하려고 한다

단점 & 장점: 자기 회상에 대한 나태 & 인내

기본적인 공포: 분리될까 봐 두려워한다

독특한 자부심: 나는 평화로운 사람이다

말하는 방식: 무용담식으로 말하며 본론이나 결론까지 이르는 데
    시간이 걸린다

힘의 세 중심*

우리의 자아는 통합되어 있지 못하고 수많은 '나'로 분리되어 있다. 에니어그램에서는 아홉 가지 유형으로 분류하고 그 아홉 가지 유형을 다시 크게 감정형, 사고형, 행동형으로 구분할 수 있다. 이것이 힘의 세 중심이며, 이를 삼원소(가슴, 머리, 장)라고도 한다. 또한 감정형을 가슴중심, 사고형을 머리중심, 행동형을 장중심이라고도 한다. 이 세 가지 중에서 특히 자기가 속한 중심을 찾아야 자기 자신을 좀 더 깊이 알아 갈 수가 있다.

I. 감정형(가슴중심)

감정형은 2, 3, 4번 유형이다. 이 유형의 사람들은 이미지에 관심이 많아서 체면을 중요하게 생각한다. 감정형은 다른 사람보다 감정을 더 잘 느낀다기보다는 자아가 감정과 가장 강하게 엮어져 있는

---

* 이 글은 돈 리차드 리소와 러스 허드슨 공저, *The Wisdom of The Enneagram*을 참고하였으며, 10년간 공동체문화원 수련의 경험이 반영되어 있습니다.

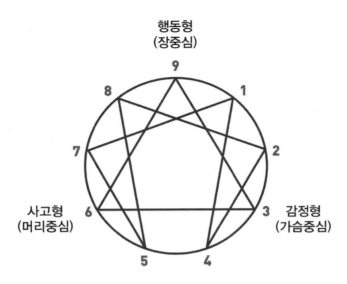

행동형
(장중심)

사고형
(머리중심)

감정형
(가슴중심)

사람들이다. "나는 누구인가?"라는 정체성이 이들에게는 중요하다. 다른 사람이 내가 원하는 방식대로 나를 사랑해 주지 않을 때는 그들에게 적대감을 갖고 수치심을 느낀다. 이미지에 비중을 두다 보니 다른 사람이 자기를 어떻게 생각하는지에 대해 관심이 많고, 자기에게 초점을 맞추어 주기를 바라기 때문에 내면의 자기 정체성이 미약하다. 이렇게 2, 3, 4번은 오히려 자기 감정과 온전히 함께 하지 못하기 때문에 여러 가지 반응을 일으켜 그것이 자기인양 착각한다.

감정형은 인체의 심장(가슴)에 해당되며 자기의 가슴을 열어야 자신이 누구인지 알게 된다. 자기의 진정한 본성을 인식하고 느끼려면 가슴을 통해서 해야 된다는 말이다. 가슴이 열리면 사랑을 주고받게 되는데, 가슴이 닫혀 있으면 사랑을 느끼지 못하며, 다른 사람의 주의를 끌려고만 하는 성격이 발달된다. 이들은 혼자 있지 못하고 타인들을 돌보거나 봉사하는 행동을 끊임없이 한다. 2, 3, 4번은 진정한 자기를 남에게 보여 주지 못하고 자신을 위장한다. 겉으로는 확신이 있는 것 같고 행복해 보이지만 속으로는 수치심을 느낀다. 이들은 남에게 보이려는 기도를 하기보다는 골방에 들어가 조용히 자기 혼자만의 기도를 하는 것이 도움이 된다.

감정형의 특성

2번: 다른 사람들이 자기를 좋아하게 만들려고 다른 사람에게 잘해준다. 장중심의 바로 옆에 있는 가슴중심인 2번은 생각을 할 때에도 머리중심의 기능을 사용하기보다는 장중심의 기능을 사용한다. 이들은 다른 사람들이 자기를 필요로 해주길 원한다. 자기를 그들에게 내어줌으로써 다른 사람들이 자기를 좋아해 주기를 바란다. 이들은 감정의 초점이 다른 사람에게 있다. 그래서 자신의 감정을 이해하는 데 어려움을 겪을 뿐 아니라 다른 사람에게 적대감이 생길 때에도 감정을 숨기려하고, 다른 사람이 자기에게 고마움을 표현하지 않으면 섭섭해 한다. 그러나 건강해지면 되돌아오는 사랑이 없어도 다른 사람을 위할 수 있다.

3번: 3번은 칭찬받고 인정받기 위해서 남보다 뛰어난 성취를 이루려고 한다. 가슴중심의 한가운데 있으면서 내부와 외부 모두에게 에너지를 쏟는다. 다른 사람들이 자기를 어떻게 보는지에 관심이 많고, 어떤 일을 성취해야만 가치가 있다고 여긴다. 자기 내면의 진정한 자아를 찾기보다는 다른 사람들에게 자신이 드러나기를 원하기 때문에 남보다 튀려고 애를 쓴다. 속으로는 자신이 없지만 그것을 다른 사람에게는 숨기면서 자신 있는 척한다. 거부당하면 수치심을 느끼지만 수치심을 느끼지 않기 위해 일을 성취해 내려고 한다. 성공하기 위해 자신 속에서 일어나는 감정을 감추면서 가면을 쓰고 행동한다. 사람들의 호의를 사기 위함이다. 하지만 건강해지면 결과보다 과정을 중요하게 생각하게 되면서 신실해지고 겉과 속이 같아진다.

4번: 자신에 대한 특별한 이야기를 만들려고 하면서 자기는 다른 사람보다 엄청나게 중요한 사람이라는 생각을 가지고 있다. 머리중심 옆에 있는 4번은 감정중심이면서 사고기능을 사용한다. 다른 사람과 같은 공간에 있어도 현재 일어나는 일에 대한 감정을 느끼기보다는 따로 자기 생각에 빠져 있다. 이들은 본능적으로 반응하는 것 대신에 신체적으로 감정표현을 하려고 애를 쓴다. 자아 이미지를 유지하기 위해 이들의 에너지는 내면으로 향한다. "나는 남들과 다른 특별한 사람이야"라는 정체성을 가지고 있다. 자기의 느낌을 중요하게 여기며 상상 속에 잘 빠진다. 과거의 아픈 기억들을 다시 끄집어내어 희생자 코스프레를 하며 주위 사람들에게 동정심을 유발한다. 그러면서 자기는 특별한 존재이니까 다른 사람들이 자기에게 어떤 일을 해 주기를 바란다. 속과 겉이 다른 것 같아 다른 사람들이 4번의 뜻을 이해하기가 어려울 수 있다. 건강해지면 생활 속에서도 예술적인 표현이 많아지고 진정한 관계가 이루어진다. 4번에게 예술의 의미는 일상에서도 아름다움, 즉 본질의 가치를 추구하려는 인간의 활동이다.

감정형 말씀 묵상

* 내 사랑하는 자요 나의 친구로다(아가 5:16b).
* 내가 너희를 사랑한 것 같이 너희도 서로 사랑하라(요한복음 13:34b).

* 그리스도의 사랑을 알고 그 너비와 길이와 높이와 깊이가 어떠
함을 깨달아 하나님의 모든 충만하신 것으로 너희에게 충만하
게 하시기를 구하노라(에베소서 3:18b-19).

* 그가 우리를 위하여 목숨을 버리셨으니 우리가 이로써 사랑을
알고 우리도 형제들을 위하여 목숨을 버리는 것이 마땅하니라
(요한일서 3:16).

* 사랑은 여기 있으니 우리가 하나님을 사랑한 것이 아니요 하나
님이 우리를 사랑하사 우리 죄를 속하기 위하여 화목제물로 그
아들을 보내셨음이라(요한일서 4:10).

* 하나님이 우리를 사랑하시는 사랑을 우리가 알고 믿었노니 하나
님은 사랑이시라(요한일서 4:16a).

* 네 마음이 교만하여 네 하나님 여호와를 잊어버릴까 염려하노라
(신명기 8:14a).

* 속이고 취한 음식물은 사람에게 맛이 좋은 듯하나 후에는 그의
입에 모래가 가득하게 되리라(잠언 20:17).

* 곧 헛된 것과 거짓말을 내게서 멀리 하옵시며 나를 가난하게도
마옵시고 부하게도 마옵시고 오직 필요한 양식으로 나를 먹이
시옵소서(잠언 30:8).

* 모든 지킬 만한 것 중에 더욱 네 마음을 지키라 생명의 근원이
이에서 남이니라(잠언 4:23).

* 시기와 다툼이 있는 곳에는 혼란과 모든 악한 일이 있음이라(야
고보서 3:16).

II. 사고형(머리중심)

사고형은 5, 6, 7번이다. 이 유형의 주된 감정은 불안이다. 이들은 모든 사항을 직접 확인해야 마음이 놓인다. 어떤 사태에 대해 심사숙고한 다음에 행동하는 것이다. '누가 나를 간섭하려는 건 아닌가?', '나는 무엇을 믿고 사는가?', '나에게 나쁜 일이 일어나면 어쩌나?' 하는 걱정을 늘 하면서 산다. 이들은 앞으로 일어날 일에 대한 관심이 크기 때문에 앞으로 어떻게 될지 몰라서 늘 불안하고, 불안을 극복하려고 새로운 일을 계획하기도 한다.

사고형은 내면에서는 늘 여러 가지 생각이 일어나서 고요한 마음 상태에 머무는 것이 쉽지 않다. '속 시끄럽다'라고 말할 수 있다. 이들은 중추신경계에 의해서 지배된다. 겉으로는 확실하고 설득력 있게 보일 때도, 속으로는 고립되어 있고 혼란스러워하며 무의미함을 느낄 때가 많다. 의심이 생기면 혼자 생각에 빠지지 말고 사람들에게 털어놓고 공동체 생활을 하거나 명상하는 것이 도움이 된다.

사고형의 특성

5번: 감정형 옆에 있기 때문에 장중심의 기능인 행동하는 것을 꺼린다. 그래서 몸의 움직임이 부자연스럽다. 다른 사람을 신뢰할 수 없기 때문에 다른 사람으로부터 도움을 받을 수 없다고 생각하고 자기 혼자 모든 것을 해결하려고 한다. 이들의 행위와 반응은 매우 신중하고 심사숙고하며 다른 사람에 대한 애착을 가지지 않으려고 애를 쓴다. 그러나 건강해지면 다른 사람의 의견을 수용할 수 있을 뿐만 아니라 그 외의 일에서도 다른 사람들과 원만하게 지낼 수 있다.

6번: 이들은 장중심과 가슴중심보다 머리중심의 기능을 사용한다. 이들은 안정을 추구하기 때문에 기존에 알고 있는 지식을 지키며 살아가기를 원한다. 그래서 새로운 지식을 받아들이기가 힘들고 새로운 일이 생기면 유연하게 받아들이지 못한다. 인간관계 안에서 감정을 서로 나누기가 어려우며, 오히려 만들어진 규칙이나 주어진 역할에 의존한다. 그래서 아버지 또는 권위 있고 신뢰할 수 있는 사람을 찾는다. 6번은 이처럼 믿음직한 사람이나 단체 또는 제도에 의존하면서 불안을 이겨내고 충실한 삶을 산다. 이들이 건강해지면 독립성을 유지하고 성실히 일을 해나가며 용기 있게 행동한다.

7번: 장중심의 옆에 붙어 있는 머리중심의 사람들이다. 이들은 남들의 생각은 아랑곳없이 많은 계획을 세우지만 끝맺음이 약한 편이다. 어릴 때부터 엄마의 지나친 보살핌이나 간섭에서 벗어나려고 애를 쓰기도 하였다. 그렇기에 어머니의 보살핌을 대신할 수 있는, 자기가 만족할 만한 다른 무엇을 찾아다니면서 이것저것을 시도해보다가 팔망미인이 된다. 한두 사람하고만 지내기보다는 더 많은 사람들과 접촉하기를 원한다. 즐길 수 있는 일을 많이 생각해내며 사람들을 기쁘게 해주려고 한다. 건강해지면 차분한 마음으로 어떠한 환경에서도 감사하며 다른 사람들과 더불어 행복을 나눈다.

사고형 말씀 묵상

* 여호와를 의뢰하고 선을 행하라 땅에 머무는 동안 그의 성실을 먹을거리로 삼을지어다(시편 37:3).
* 네 길을 여호와께 맡기라 그를 의지하면 그가 이루시고(시편

37:5).

* 여호와께서 사람의 걸음을 정하시고 그의 길을 기뻐하시나니
(시편 37:23).

* 그는 넘어지나 아주 엎드러지지 아니함은 여호와께서 그의 손으
로 붙드심이라(시편 37:24).

* 여호와를 바라고 그의 도를 지키라 그리하면 네가 땅을 차지하
게 하실 것이라(시편 37:34a).

* 내 영혼아 네가 어찌하여 낙심하며 어찌하여 내 속에서 불안해
하는가 너는 하나님께 소망을 두라 그가 나타나 도우심으로 말
미암아 내가 여전히 찬송하리로다(시편 42:5).

* 내가 두려워하는 날에는 내가 주를 의지하리이다(시편 56:3).

* 내가 하나님을 의지하여 그의 말씀을 찬송하며 여호와를 의지하
여 그의 말씀을 찬송하리이다(시편 56:10).

* 내가 하나님을 의지하였은즉 두려워 아니하리니 사람이 내게 어
찌하리까(시편 56:11).

* 주께서 내 생명을 사망에서 건지셨음이라 주께서 나로 하나님
앞 생명의 빛에 다니게 하시려고 실족하지 아니하게 하지 아니
하셨나이까(시편 56:13).

* 백성들아 시시로 그를 의지하고 그의 앞에 마음을 토하라 하나
님은 우리의 피난처시로다(시편 62:8).

III. 행동형(장중심)

행동형은 8, 9, 1번이다. 이 유형은 자신의 본능에 이끌려 산다.

장중심은 자기의 몸, 삶의 기본적인 기능, 생존에 관심이 많고, 현재를 중요하게 여긴다. 이들은 몸속에 예민한 지성과 감성이 있어서 어떤 일이 일어나고 있는 것을 몸으로 감지할 수 있다. 멀리에서 일어나는 일도 몸으로 느끼며, 몸의 말을 알아듣는다는 것이다.

이들은 공격적으로 대항하는 형이다. 단도직입적이고 공공연하게 공격한다. 모든 유형이 다 다른 형태로 공격성을 갖고 있지만 공격적인 에너지는 장중심에 가장 많이 있다. 그것은 곧 분노로 나타난다. 8번은 분노가 일어나면 금방 '버럭' 하고, 9번은 분노를 참고 참다가 터져버리고, 1번은 분노를 숨기지만 긴장된 얼굴표정으로 드러난다. 분노의 원인은 자기 방식대로 잘 되지 않아서이다. 8, 9, 1번은 세상의 영향을 받기보다는 자신의 의지를 사용하여 세상에 영향을 끼치기를 원한다. 이들은 밥을 굶거나 몸을 힘들게 하면서 영적 성장을 도모하는 경향이 있다.

행동형의 특성

8번: 8번의 힘은 세상을 향해 나간다. "아무것도 나를 통제할 수 없다"고 생각하면서 세상을 통제하려고 한다. 8번은 무의식적으로 세상이 자기에게 공격해 온다고 느끼며 대항하려고 한다. 자기에게 잘못하거나 자기가 생각하기에 정의롭지 못한 일을 보면 보복을 하거나 응징하려고 한다. 다른 사람과의 접촉을 통해 활력을 느끼려고 하며 강한 존재가 되려고 한다. 토의와 논쟁하기를 좋아한다. 자신이 원하는 것을 얻기 위해 밀어붙이기를 잘한다. 항상 강한 갈망을 가지고 산다. 사고중심의 옆에 있기 때문에 생각을 하고 있는 동안에는 편안함을 느낀다. 다른 사람에게 상냥하게 대하지 못하는 결점을 가지고 있다. 그러나 건강해지면 유연해지고 다른 사람들을 잘 도와주며 살 수 있게 된다.

9번: 내면의 평화를 유지하려고 한다. 본능적인 충동과 감정을 억압하면서 다른 사람들로부터 상처받지 않으려고 수동적인 공격을 한다. 즉 밖을 향해서 공격을 하지는 않지만 자신의 평화가 위협을 받을 때 가만히 있는데 그 자체가 공격이다. 옆에서 일어나고 있는 현실을 외면하고 아무 일도 안 하고 있지만 그때에 에너지가 가장 많이 소모되기 때문에 피곤에 지치게 된다. 차단벽을 내리고 가만히 있지만 이때 가장 속이 시끄러운 것이다. 새로운 일을 하기 보다는 그동안 해오던 습관대로 일을 진행하려고 하는 관성의 법칙이 강하게 작용한다. 건강해지면 적극적으로 행동하며 모든 것을 포용하고 평화를 이루어간다.

1번: 외부환경에 대해 믿을 수가 없고 인정할 수도 없기 때문에 불안을 느끼게 된다. 이들은 잘못된 점에 대해 판단하고 끊임없이 지적한다. 그러나 정작 본인이 타인의 충고를 듣게 되면 비난으로 여겨져 힘들어한다. 이들은 자신의 충동을 억제하기 위해 엄청난 에너지를 쓴다. 그래서 스스로 원칙을 정하고 나면 인내심을 가지고 철칙처럼 꼭 지켜낸다. 그러다보니 육체적인 긴장을 늘 가지고 있다. 이들은 합리적인 사고를 한다고 여기지만 감정중심과 인접해 있어서 객관적인 사고가 결여될 수 있다. 이들은 자신과 다른 사람들에게 높은 기대치를 갖고 있기 때문에 현재의 상황을 끊임없이 개선하려고 한다. 그러나 건강해지면 너그럽고 현명해져서 자신과 타인을 있는 그대로 수용하게 된다.

행동형 말씀 묵상

* 여호와 앞에 잠잠하고 참고 기다리라(시편 37:7a).
* 분을 그치고 노를 버리며 불평하지 말라 오히려 악을 만들 뿐이라(시편 37:8).
* 노하기를 속히 하는 자는 어리석은 일을 행하고(잠언 14:17a).
* 노하기를 더디 하는 자는 크게 명철하여도 마음이 조급한 자는 어리석음을 나타내느니라(잠언 14:29).
* 분을 쉽게 내는 자는 다툼을 일으켜도 노하기를 더디 하는 자는 시비를 그치게 하느니라(잠언 15:18).
* 노하기를 더디하는 자는 용사보다 낫고 자기의 마음을 다스리는 자는 성을 빼앗는 자보다 나으니라(잠언 16:32).
* 분을 내어도 죄를 짓지 말며 해가 지도록 분을 품지 말고(에베소서 4:26).
* 너희는 모든 악독과 분함과 분냄과 떠드는 것과 비방하는 것을 모든 악의와 함께 버리고(에베소서 4:31).
* 사람마다 듣기는 속히 하고 말하기는 더디 하며 성내기도 더디 하라(야고보서 1:19b).
* 사람이 성내는 것이 하나님의 의를 이루지 못함이라(야고보서 1:20).

나의 어린 시절
: 상처 이야기*

I. 상처와 성격 형성

아기가 태어나 부모의 양육을 받으며 자라나면서 누구나 크고 작은 상처를 입게 된다. 상처로 인한 내면의 아픔은 각 사람 나름의 생존과 방어를 위한 전략을 찾아내는데 자기를 지키고 보호하려는 이러한 노력은 성격으로 발달된다. 에니어그램에 의하면 아기는 온전한 자아를 지니고 태어난다. 하지만 상처로 인해 온전한 자아가 변형되는데 이것이 바로 성격이다. 성격은 진정한 '나'가 아니다. 이는 거짓 인성이다. 그리고 거짓 인성인 성격은 아기가 태어나서부터 만 6세까지 형성되고 확정된다고 말한다. 즉 세 살 버릇 여든까지 간다는 속담이 있듯 나이를 먹어서도 개인의 내면에 있는 여섯 살짜리가 세상과 사람들에게 반응하는 것이다.

우리 내면의 상처를 보호하기 위한 자기 나름의 안전장치가 성격

---

* 이 글은 『에니어그램 — 내 안의 보물찾기』(김영운)을 참고하였으며 상처의 예시는 다솜학교 학생들의 경험을 모아서 정리하였다.

이다. 그러나 성격은 우리의 자유를 제한하고 영적 성장을 방해한다. 따라서 우리를 묶어 놓고 잠들어 버리게 하는 성격이라는 단단한 장치가 제거되려면 우리 내면에 있는 상처가 치유되어야 하는 것이다.

아기가 태어나면 일반적으로 부모와 함께 지낸다. 그래서 상처는 부모와 깊이 연관되어 있다. 부모와의 관계 속에서 실제로 일어났던 일이 상처로 남는 경우도 있고, 부모를 바라보는 아이의 관점에 따라 느끼게 되는 배신감, 소외감, 고립감 등이 상처가 될 수도 있다. 상처로 인해 누구나 타고난 본래의 온전한 자아가 변형되는 어린 시절의 비극을 갖고 있는 것이다.

다음은 난생처음 받은 상처의 예시이다.
① 아빠와 떨어져 살아서 아빠가 손님 같고 아저씨 같았다.
② 아빠가 나한테는 잘해주는데 엄마나 형제자매에게 잘못해서 싫고 무서웠다.
③ 함께 놀러가기로 약속했던 아빠가 약속을 안 지켰다.
④ 어릴 때 수영장에서 아빠가 장난으로 물에 빠뜨렸다가 건져냈다.
⑤ 내가 좋아하는 아빠가 회사에서 늦게 돌아오시면 나는 항상 대문 밖에서 기다렸다.
⑥ 엄마가 동생만 보살피고 동생하고만 재미있게 지내서 동생에게 엄마를 빼앗겼다고 느꼈다.
⑦ 엄마가 내가 아끼던 물건을 나에게 묻지도 않고 누군가에게 주었다.
⑧ 부모와의 나이차가 많아서 엄마가 할머니 같다는 말을 들었다.
⑨ 부모가 자주 싸웠다.
⑩ 부모의 지나친 간섭이나 과보호가 싫었다.
⑪ 오빠만 예뻐하고 나는 별로였다.

⑫ 어릴 때 다리 밑에서 주워왔다는 말을 많이 들었다.

⑬ 신나게 놀고 있는데 딴 데 가서 놀라고 쫓겨났다.

⑭ 멀리 친척집에 보내져 버림받았다고 느꼈다.

⑮ 엄마 아빠와 한 집에 살면서도 함께 있는 시간이 적어서 외로웠다.

⑯ 어렸을 때 친구랑 셋이 놀다가, 한 친구가 내가 아닌 다른 아이 하고만 사진을 찍었다.

⑰ 친구를 사귀고 싶어서 다가갔는데 외면당했다.

⑱ 동생이 다쳤는데 동생을 제대로 돌보지 않아서 다쳤다고 했다.

⑲ 형제자매나 조부모 등 돌보아주던 사람 속에서의 상처.

⑳ 교회, 학교, 유치원, 학원 등에서 일어났던 일.

II. 상처의 힘

상처를 어떻게 대하며 치유하고 극복하느냐에 따라 복이 될 수도 있다. 자연 조건이 좋아서 살기가 편하면 삶을 개선시키려고 애쓸 필요성을 별로 느끼지 못한다. 사람들은 호강할 때보다는 고통을 겪은 후 인생의 가치를 더 알 수 있다. 그래서 어려운 조건과 환경 속에서 사는 사람들은 그것을 이겨내고 더 나은 삶을 위해 끊임없이 노력한다. 그 결과 찬란한 문명과 문화를 일구어낸다. 상처는 더 나은 삶으로 향하게 하는 디딤돌이나 뜀틀, 곧 복이 될 수도 있는 것이다. 그러나 상처가 복이 되려면 상처 입은 과정과 그 결과에 대한 깊은 이해가 있어야 한다.

어린 시절 상처를 발견하고 끌어안으면 격정을 끌어안을 힘이 되고, 그 결과 '땅속에 묻힌 보화'를 얻을 수 있게 된다. 그러려면 상처를 깊이 있게 들여다보면서 상처와 관련된 자신의 정서나 감정을 객관적으로 바라보아야 한다. 그렇게 마음속에 있는 상처받은 어린아이를 달래고 나면, 그곳에서 나오는 힘은 미움과 공격성을 지닌 힘이 아닌 사랑과 협력의 힘으로 드러난다. 의식이 잠자는 상태에서는 대개 파괴적인 힘으로 표출되기 쉽지만 상처가 치유되어 잠에서 깨어나게 되면 아름답고 놀라운 창조적인 힘으로 우러나와 하나님의 섭리에 따라 살아가는 조화로운 사람이 되는 것이다.

III. 상처의 대면과 치유

과거의 상처를 대면하는 것은 두렵고 아픈 일이기 때문에 사람들은 의식적으로 지난날의 상처를 잊고자 한다. 그렇기 때문에 어린 시절의 상처는 웬만큼 집중하지 않고서는 생각조차 나지 않는 경우가 많이 있는데 9번 유형은 특히 그렇다. 사람들은 날마다 거울로 자신의 얼굴은 들여다보면서도 자신의 내면에 있는 상처는 애써 외면한다. 상처에 대한 두려움이 클수록 그것으로부터 도망치려 하거나 잊으려고 필사적인 노력을 기울인다. 그러나 상처를 묻어두거나 외면한다고 해서 없어지거나 잊혀지는 것이 아니다. 언제라도 상처가 건드려지면 방어기제가 작용하고 격정으로 터져 나오게 된다. 세상은 물론 하나님까지도 원수로 생각하게 되고 현실을 객관적으로 바라볼 여유를 상실하게 된다. 상처는 흠이나 결함과는 다르다. 상처로 인한 격정 역시 흠이나 결함이 아니기 때문에 탓할 일도 아니고 감출 일도 아니며 싸울 일도 아니다.

상처를 치유하기 위해서는 먼저 드러내야 한다. 생각하고 싶지도 않고 잊어버리고 싶은 상처일수록 더 깊이 들여다볼 필요가 있다. 상처가 드러나지 않으면 치유는 더욱 어려울 수밖에 없다. 상처를 대하는 자세로, 첫째, 상처를 숨기려고 애쓰지 말아야 하며, 둘째, 상처를 붙들고 씨름하거나 싸우지도 말아야 하며, 셋째, 옳은 것처럼 합리화 시키거나 정당화시키지도 말아야 하며, 넷째, 상처를 깊이 있게 들여 다보면서 이해하려고 애쓰는 것이 중요하다.

자신이 받은 상처에 대해 이야기를 주고받는 것이 큰 도움이 된 다. 왜냐하면 이야기 속에는 치유하는 힘이 있기 때문이다. 특히 '난 생처음 받은 상처'를 이야기하고 함께 나누는 것은 격정을 확인하고 상처가 치유되게 하는 중요한 실마리가 되기 때문에 매우 중요하다. 만 6세 전후에 상처받은 기억을 더듬어 이야기해 본다. 그때 입은 상 처가 그 사람의 성격 형성에 지대한 영향을 미쳤기 때문이다. 상처 중에는 내내 잊혀지지 않고 생각나는 것도 있고, 까마득하게 잊혀졌 다가 어떤 계기로 문득 표면으로 떠오르는 것도 있다. 자주 반복되던 상처보다는 단 한 번 있었던 일이지만 자주 생각나는 상처가 아주 중요하다. 상처를 이야기할 때에는 그 당시의 감정을 되살려 감정표 현을 하면서 허심탄회하게 이야기한다. 어린 시절에 입은 상처를 기 억하며 되짚어 볼 때 그것이 오늘날 나의 격정의 원인이며 방어기제 의 뿌리가 된 것을 확인하게 된다. 자기 발견의 길에서 상처 때문에 나타나는 자신의 감정과 정서를 객관적으로 바라보게 될 때 상처가 치유되기 시작한다.

격정과 덕목*

I. 격정과 죄

조직신학자 폴 틸리히는 우리 안에 존재하는 어떤 힘이 우리를 사로잡고 있다고 말한다. 그 힘은 바로 바울이 자신에게서 발견했던 힘이며, 우리들 안에서도 발견된다. 그 힘을 기독교에서는 '죄'라고 부른다. 우리 안에 부정적인 힘이 있음을 고백할 수밖에 없는데 그 힘에 의해 휘둘리면서 존재가 훼손되고 하나님과의 관계 단절로 이어진다.

성경에 죄를 설명하는 여러 가지 비유가 나온다. 누가복음 6장 41절에 "어찌하여 형제의 눈 속에 있는 티는 보고 네 눈 속에 있는 들보는 깨닫지 못하느냐"는 말씀이 있다. 우리는 상대방이 잘못하고 있는 것은 쉽게 보면서 자신이 저지르고 있는 잘못은 쉽게 깨닫지 못한다. 마태복음 18장 21-35절에서는 죄를 빚에 비유하고 있다.

---

* 이 글은 2013년 7월 공동체문화원에서 발간한 「에니어그램 영성수련 워크북」에 실렸던 소논문 "격정에 관하여"를 재수록하였으며, 2016년 교재에 적합한 형식으로 수정하면서 제목을 "격정과 덕목"으로 바꾸었다.

1만 달란트의 빚을 탕감 받은 종이 동료에게 100데나리온밖에 안 되는 빚을 갚으라고 한다. 어쩌면 우리는 1만 달란트의 빚을 탕감 받은 종처럼 1만 달란트의 중죄를 짓고는 100데나리온밖에 안 되는 상대방의 잘못을 탓하고 있는지도 모른다. 내가 이미 용서받은 1만 달란트의 중죄를 기억한다면 상대방의 100데나리온 정도의 잘못은 쉽게 용서할 수 있을 것이다. 마태복음 18장 7절에는 누군가를 실족하게 하는 일이 있음으로 말미암아 세상에 화가 있고, 실족하게 하는 그 사람에게 화가 있다고 했다. 나로 말미암아 누군가가 실족하고 세상이 어지러워진다면, 그래서 그 화가 도로 나에게 미치게 된다면, 내가 누군가를 실족하게 하는 일을 나 몰라라 하면서 가볍게 여길 수 없을 것이다.

우리는 이해할 수 없는 어떤 힘에 의해 나도 모르게 사람과 사람 사이의 관계가 꼬이고 문제가 발생하고 사건이 벌어지는 것을 경험한다. 에니어그램에서는 그 힘을 '격정'이라고 말한다. 격정이라는 힘에 의해 세상이 휘둘리고 소용돌이 같은 혼란에 빠져 서로의 마음에 상처를 남기고 서로를 탓한다. 에니어그램에서는 이러한 격정의 지배로부터 벗어나려면 격정을 사로잡으라고 말한다. 그러려면 격정에 대해 알고 그 힘이 우리의 현재의 삶에서 어떻게 영향을 미치고 있는지 직시해야 한다. 그래야 어두운 힘의 근원인 격정에 저항하고 격정을 다룰 수 있게 된다.

격정은 우리의 내면에서 끊임없이 역동하면서 의식되지 않는 감정(emotion)과 생각(thinking)과 행동(action)을 만들어낸다. 그래서 우리는 인형극에 나오는 인형이 줄에 의해 움직이듯, 격정에 의해 움직이면서 똑같은 일을 반복하는 습관적인 삶을 살아간다. 즉, 격정이 그 사람만의 기계적인 특성을 만든다고 할 수 있다. 따라서 자신의 격정을 발견하게 되면 어떻게 기계적인 삶을 살아가고 있는지 자신의 실제 모습에 대해 깨달을 수 있다.

II. 격정이란

1. 성격

성격은 개인의 독특한 특징이다. 성격은 바로 그 사람을 말해주고 있는 것으로 그 사람 전체를 설명하는 개념이라고 할 수 있다. 그 사람에게서 반복되는 말과 행동을 통해 쉽게 성격이 관찰되는데, 그러한 특징을 결정짓는 게 바로 격정이다. 성격이라는 기계적인 틀이 격정에 의해 만들어진다는 것이다. 이를 달리 표현하면 성격을 통해 격정이 드러난다고 말할 수 있다.

2. 상처로 인한 생존전략

어린 시절 양육되는 과정 속에서 누구나 크고 작은 상처를 받는다. 그리고 그 상처로 인해 아프기 때문에 더 이상 아프지 않도록 자신을 보호하려고 애쓴다. 상처받은 영혼은 내면의 고통을 피하려고, 자신에게 주어진 삶의 환경 속에서 어떤 식으로든 살아남기 위한 생존전략을 찾게 된다. 자신만의 방어와 전략이 더 구체적인 형태를 갖춰 갈수록 본질과의 연결을 잃어버리고 상처받은 영혼은 깊은 불안을 갖게 되는데 그것이 아홉 가지 격정으로 나타난다.

에니어그램은 아동이 부모와 가질 수 있는 아홉 가지의 가능한 관계에 대해 설명하고 있다. 부모와 맺었던 관계의 방식으로 성인이 된 이후에도 동일하게 사람들과 관계를 맺는 것이다. 리소(Don

Richard Riso)는 에니어그램의 아홉 가지 성격유형을 아홉 가지의 '자신을 표현하는 방식'이며, 아홉 가지의 '다른 관점'이며, 아홉 가지의 '존재의 형태'로서 아홉 가지의 '삶의 방식'이라고 설명한다. 그 아홉 가지 생존전략 중 자신이 찾아낸 한 가지 생존전략은 만 6세를 전후해 자신의 성격유형으로 고착되고, 그 이후 계속 그 사람의 특성으로 남아있게 된다.

과거의 상처로부터 비롯된 격정은 아물지 않은 상처와 함께 무의식 깊은 곳에 묻힌다. 그리고 어느 날, 어느 누군가에 의해 그 상처가 건드려지면 무의식적으로 격정이 표면으로 떠오른다. 이와 같이 어린 시절 상처가 의식에서는 이미 잊혀졌지만, 무의식 속에 각인된 채로 계속 남아있어서 사람과 사람과의 관계 속에서 여전히 영향을 미친다. 아픈 상처가 의식되지 않은 채로 우리의 의식세계를 지배하고 있는 것이다. 어린 시절의 상처는 성인이 된 이후에도 우리의 삶 속에서 끊임없이 작용하는 내면의 무의식적인 충동인 격정으로 나타나는 것이다.

3. 아홉 가지 격정

에니어그램에서는 유형별로 격정을 알려준다. 아홉 가지 격정 중 일곱 가지는 기독교 전통이 전해준 '죽음에 이르는 일곱 죄'와 일치한다. 이는 자신의 에니어그램 유형이 곧 죄의 유형이라고 말할 수 있는 근거가 된다. 키에르케고르는 죄가 어떻게 규정되는가는 참회의 규정에 있어서 결정적이라고 말한다. 즉 격정이 죄라는 걸 받아들일 때 참회의 차원이 달라질 수밖에 없다는 것이다. 에니어그램에서 아홉 가지 격정은 다음과 같다.

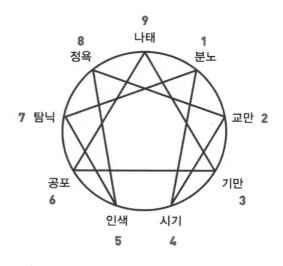

III. 격정을 발견해야 하는 이유

1. 정확한 회개

우리에게 죄가 있다면 그 죄를 많이 찾아서 많이 회개하면 할수록 더 좋을 텐데 에니어그램에서는 자신의 유형에 해당하는 한 가지 격정만을 찾아서 회개해야 한다고 말하고 있다. 에니어그램 유형의 아홉 가지 격정 중에서 자신의 유형에 해당하지 않는 여덟 가지 격정은 그래도 쉽게 인정할 수가 있다. 하지만 자신의 에니어그램 유형에 해당하는 한 가지 격정은 받아들이기가 쉽지 않다. 설령 그 격정을 인정했더라도 끊임없이 새롭게 솟아오르는 격정을 그때그때마다 인정하기란 쉽지 않다. 뿐만 아니라 그런 격정에 휘둘리지 않으려고 무진 애를 쓰지만 나도 모르게 반복적이고도 지속적으로 휘둘리게 되고 다른 반응을 하고 싶어도 계속해서 같은 방식으로 행동하게 만든다.

그 격정은 내 눈 속에 있는 들보와 같은 죄이지만 불편한 줄 모르고 지낸다. 그 격정은 일만 달란트의 빚과 같은 큰 죄로 이미 용서받았지만, 그런 죄가 나에게 있는지도 모르기 때문에 용서받았다는 것조차 알지 못한다. 또 그 격정은 상대방을 실족하게 하고 갈등과 문제의 원인을 내가 제공하고 있는 데도 오히려 다른 사람의 탓으로만 돌림으로써 관계의 골을 더 깊게 만든다. 자신이 상대방에 의해 고통을 당한다고 느끼고 있지만, 오히려 자신으로 인해 주변의 사람들이 어려움을 겪을 수 있다는 것이다.

따라서 쉽게 인정할 수 없는 자신의 격정을 확인하기 위해 자신의 에니어그램 유형을 정확히 발견하는 작업은 대단히 중요하다고 할 수 있다. 그렇지 않으면 우리의 일반적 의식 수준에서 그다지 중요하지 않은 죄와 피상적인 죄만 떠올리면서 회개할 수밖에 없기 때문이다.

2. 자기 객관화

같은 시간과 공간 속에 있을지라도 각 자아가 경험하는 현재는 개인마다 서로 다르다. 이를 두고 폴 틸리히는 '해석된' 상황이라고 말한다. 사람들은 항상 자신의 특정한 관점으로 세계를 바라보고 해석한다. 즉, 언제나 상황을 주관적으로 판단하고 경험한다는 것이다. 그리고 그런 왜곡된 시각을 갖고 있는 '자아'에 갇혀 자신을 고집스럽게 주장한다.

우리의 성격으로 인해 주변에 있는 사람들이 고통을 당하게 되는 건 물론 결국엔 자기 자신에게까지도 어려움이 따르게 된다. 이것은 격정이 현실을 있는 그대로 객관적으로 보지 못하게 만들기 때문이다. 즉 격정은 정서의 중심을 일그러뜨려 왜곡된 해석을 하게 만들어서 '같은 이야기'임에도 서로에게 '다른 이야기'가 되게 한다.

자신을 안다고 하지만 자신을 주관적으로 바라보기 쉽다. 자신을 객관적으로 볼 수 있어야 자신을 안다고 할 수 있다. 자신을 객관적으로 안다는 것은 자신의 격정을 안다는 것이다. 자기를 대면하는 두려움을 극복하고 자신의 성격유형을 확인함으로써 자신의 격정을 발견해야 한다.

자신의 언어와 행동 속에 작용하는 격정을 확인하고 그와 관련된 감정이나 정서를 바라보면서 자신의 행동을 관찰할 때 비로소 자신을 바라보는 시각이나 해석이 달라진다. 자신의 언어와 행동을 격정과 연결시키는 과정을 통해 주관적 자기 이해가 객관적 자기 이해로 발전하게 되는 것이다. 이러한 의식의 변화를 거쳐 자신도 모르게 격정에 휩쓸려가던 것에서 '격정을 다루는 법'을 몸으로 체득해 나가게 되는데 이러한 과정이 바로 자신을 '객관화'시켜가는 과정이라고 할 수 있다.

IV. 격정 발견하기

격정이 무의식적인 충동이라는 건 우리가 일상의 삶에서 자신의 격정을 쉽게 깨달을 수 없다는 걸 의미한다. 그렇다면 격정이 의식의 표면으로 떠올라 우리의 삶을 흔들어 놓으려는 순간이 올 때 그 순간을 어떻게 포착하고 깨달을 수 있을 것인가? 그러려면 각 유형마다 다음의 순간이 올 때 그 순간을 무심결에 넘겨버리지 말고 잘 유념하면서 바라보아야 한다. 또 그 순간을 발견하고 나서 얼마나 자주 내 안에서 반복되고 있는지, 그 순간을 제어하기가 얼마나 힘든지를 충분히 확인해야 한다.

1번 유형은 완전을 추구하는 유형이다. 일을 완전하게 처리해야 하는데 그렇지 않으니까 분노한다. 완전하지 않은 걸 볼 때마다 그냥 넘어갈 수가 없다. 그럴 때마다 마음 깊은 곳에서 "난 이해가 안 돼, 왜 저러지?", "기본이 없네" 하면서 옳지 않음과 질서정연하지 않음을 지적하고 비판한다.

2번 유형은 필요한 존재가 되기 위해 열심히 봉사하는 유형이다. 당연히 사람들이 자신의 친절에 대해 감사하고 칭찬해야 하는데 당연하게 받아들일 때 서운함이 올라온다. 그럴 때마다 더 넘치게 봉사하면서 마음 깊은 곳에서는 스스로 잘하고 있다고 여기는 교만이 올라온다.

3번 유형은 성취를 추구하면서 최고가 되려고 애쓰는 유형이다. 다른 사람들에게 좋은 모습을 보여주려고 '내가 빨리 해야지', '내가 더 잘 해야지' 하면서 효율적이고 능률적으로 일을 처리하려 하고 경쟁에서 이기려고 하다가 자기 기만을 한다.

4번 유형은 항상 다른 사람과 자신에게 진정한 것이 무엇인지를 찾는다. 무언가를 잘 해내는 멋있는 사람을 보면 '그럼 난?', '난 왜 이럴까?' 하면서 그 사람에 대해 관심을 기울이기보다는 자신에게로 향한다. 자신에게 없는 것, 자신이 잘하지 못하는 것만 바라보면서 시기한다.

5번 유형은 다 알아야 한다고 생각하고 지식을 채우려는 유형이다. 하지만 다 안다는 것은 불가능하기에 늘 '난 아직 모자라는데…'라고 생각한다. 부족하다고 여기는 만큼 나눠줄 게 없다고 여기게 되고, 더 채우려고 하는 한 인색해진다.

6번 유형은 모든 것에서 안전을 도모하는 유형이다. 안전하지 않을까 봐 '이럴까, 저럴까, 믿을 수 있을까?' 의심하면서, 안전을 위해 지나치게 일을 하거나 잔소리를 한다. 아직 일어나지 않은 일에 대해 미리 걱정하고 근심하고 염려하고 두려워한다.

7번 유형은 자신의 행복과 만족을 위해 신나는 일을 끊임없이 찾아다닌다. 지루한 게 싫어서 '뭘 할까?' 생각하면서 무수한 계획을 세우고, 재미있는 일을 하기 위해 이것도 해보고 저것도 해보며 탐닉한다.

8번 유형은 정의를 위해 힘 있는 자가 되려고 한다. 마음 깊은 곳에서 '까불지마!' 하면서 사람들을 위협하고, 강력한 힘을 열망하며 다른 사람들을 통제하려고 한다. '다 내꺼!'라고 여기고 내 마음대로 하는 한 오만한 것이고 그것이 정욕이다.

9번 유형은 자신을 낮춤으로써 세상에 순응하는 유형이다. 문제를 일으킬까 봐 뒤로 물러나 있으려 하고 그냥 다 묻어두려고 한다. 세상일에 무관심한 채로 다른 사람의 기대에 맞춰주고, '다 그렇지 뭐' 하면서 생각도 미루고 행동도 미루면서 나태해진다.

V. 격정으로부터의 자유

구르지예프는 우리의 의식의 상태에 대해 다음과 같이 네 가지로 말한다.

1. 잠자는 상태

우리는 성격이라는 감옥에 갇혀 살면서 감옥에 갇힌 줄도 모르고 살고 있다. 격정에 사로잡혀 기계적인 삶을 살고 있으면서 그런 줄도 모르고 살고 있다. 이게 바로 잠자는 상태다. 잠을 자고 있는 상태에서는 내 옆에서 무슨 일이 벌어져도 알 수가 없다. 마찬가지로 의식이 잠을 자고 있는 한 내 눈앞에서 일어나는 일들을 보고 있지만 '있는 그대로' 볼 수 없고, 듣고 있어도 '있는 그대로' 들을 수 없다.

2. 선잠 깬 상태

격정을 발견하고 잠시 격정에서 어렴풋이 벗어나는 경험을 하지만 여전히 격정에 사로잡혀 사는 삶을 산다. 이게 바로 선잠 깬 상태이다. 선잠 깬 상태는 잠에서 깨긴 깼지만 정신이 제대로 들지 않은 상태이다. 그래서 선잠 깬 상태로 밖으로 돌아다니면 방에서 잠자는 것보다 더 위험하다. 마찬가지로 선잠 깬 상태로 일상생활을 살아간다면 잠자는 상태보다 더 위험한 상태가 되어 자신과 타인들과의 관계에서 갈등이 생길 위험이 더 많아질 수 있다.

3. 자기를 기억하는 상태

자기를 의식하는 상태이다. 그러려면 매순간 자신의 격정을 발견하고 인정해야 한다. 하지만 자신의 격정을 발견하고 자신의 격정을 인정하는 과정은 결코 쉬운 과정이 아니다. 이미 자신의 격정을 발견했을지라도 새롭게 끊임없이 올라오는 격정을 받아들이는 작업은 싫고, 아프고, 부끄럽고, 수치스럽고, 거북할 뿐만 아니라 그것은 격정이 아니라고 반발까지도 한다. 이처럼 일반적으로 자신의 격정을 부정하고 자신의 격정을 받아들이는 것에 저항한다. 보통 이러한 과정들을 거치면서 차츰차츰 자신의 격정을 더욱 깊게 인정하게 되는데 그 과정은 죽음의 경험과도 같다고 말한다. 그만큼 격정을 받아들이는 과정이 힘들다는 것이다. 그러나 자신의 격정을 인정하는 그 순간에는 죽을 것 같이 두렵지만, 놀랍게도 이러한 자기부정을 통해 의식의 잠에서 깨어나 감옥으로부터 해방되고 자유를 맛보게 된다.

4. 잠에서 깨어있는 상태

의식의 잠에서 깨어나야 내 주변에서 일어나고 있는 일들을 '있는 그대로' 보고 들을 수 있게 된다. 성격이라는 감옥으로부터 탈출할 때, 즉 격정으로부터 완전히 자유로워질 때가 바로 의식의 잠에서 깨어난 상태라 할 수 있다. 이 상태가 객관적 의식의 상태이다.

VI. 옛 사람과 새 사람

자신의 무의식적이고 습관적인 반응을 발견하고 자신의 격정을 인정할 때 '내면의 관찰자로서의 나'와 '행동하는 나' 사이에 틈이 점점 더 벌어지기 시작한다. 이것은 '자극'과 동시에 일어나는 '기계적인 반응' 사이에도 틈이 벌어지기 시작한다는 걸 의미한다. 격정을 발견하고 인정함으로써 격정에 휘둘리지 않고 격정을 다룰 수 있는 길이 열리기 시작하는 것이다. 즉 자신의 격정을 받아들이고 나면 '보는 나'와 '행동하는 나' 사이의 틈이 벌어져 자기관찰이 가능해지고 자기관찰을 통해 자신의 동형반복적인 언어와 행동을 기억하게 되면 격정에 사로잡히느냐, 격정을 사로잡느냐의 순간과 만나게 된다는 것이다. 성경에서는 한 사람이 두 주인을 섬기지 못한다고 했는데(마태 6:24) 하나님이냐, 맘몬이냐의 갈림길에 있는 자신을 발견하게 된다. 또한 하나님을 사랑하고 이웃을 사랑하라고 했는데(마태 22:37-40) 하나님과 이웃을 사랑하느냐, 자신의 이기적인 욕망을 추구하느냐의 갈림길에 있는 자신을 발견하게 된다.

우리 안에 있는 어두운 면을 인정할 때 우리가 얼마나 우리 자신과 타인들에게 상처를 입혔고, 서로 사랑하고 사랑받는 것을 방해했는지, 또 스스로 얼마나 많은 관계를 멀어지게 했고 끊어지게 했는지 깨닫게 된다. 이처럼 격정은 하나님으로부터 우리가 분리되도록 만들고, 더불어 이웃으로부터 우리를 분리되도록 만든다. 그래서 아빌라의 테레사는 하나님을 알기 위해서 이러한 우리 자신을 알도록 힘써야 한다고 했다. 아우구스티누스 역시 주님을 진정으로 영접한다는 것은 곧 자기 자신을 인식하는 일일 것이라고 말했다. 곧, 자신을 안다는 것은 자신이 어떤 죄인의 모습으로 살아가고 있는지를 볼 수 있게 됐다는 것을 의미한다.

격정을 사로잡는다는 것은 격정이라는 어두운 힘에 휩쓸리지 않는 것이다. 이것을 쉽게 말하자면 격정에 의해 자동적으로 늘 해오던 걸 하지 않고 멈추는 것이다. 휘몰려오는 자동적인 힘에 투쟁하면서 지금껏 하지 않았던 새로운 선택을 하는 것이다. 기계적 행동에서 벗어나 자신에게 낯선 행동을 해보는 것이다. 그 순간이 바로 의식의 잠에서 깨어나는 순간이다.

성격이라는 감옥으로부터의 탈출이 곧 의식의 잠에서 깨어나는 것이다. 그래서 거짓 인성으로부터 본성을 회복하게 되고 객관적 의식을 향해 간다. 이를 위해 옛적부터 선인들은 지식을 추구하기도 하고 금욕을 하면서 선행을 하려고 애썼다. 또 명상이나 요가를 통해 그런 상태에 도달할 수 있다고 믿어왔다. 그러나 그리스도인들은 회개함으로써 예수 그리스도가 지신 십자가와 부활로 우리에게 허락하신 대속의 은혜 안에서 그것이 가능하다는 것을 고백하는 것이다.

로마서 7장 25절에서 바울이 고백했던 것처럼 마음으로만 하나님의 법을 따르고 육신으로는 죄의 법을 따르고 있는 자신의 모습을 발견했다면 지체 없이 하나님 앞으로 나아가 회개할 수밖에 없다. "행복이냐 비참이냐, 생명이냐 죽음이냐, 천국이냐 지옥이냐"라고 아우구스티누스가 말했던 갈림길에서 마음뿐만이 아니라 육신까지도 하나님의 법을 따르기 위해 예수 그리스도를 붙잡지 않을 수 없게 되는 것이다.

격정에 사로잡혀 살아가던 것에서 벗어나게 되면 격정이라는 파괴적인 힘은 창조적인 힘으로 변화된다. 즉 격정을 사로잡고 덕목을 이루며 살게 되는 것이다. 이전과 다른 새로운 이야기를 쓰기 시작하고 이전과 다른 새로운 삶이 시작된다. 세계를 좀 더 객관적으로 보게 됨으로써 세계를 보는 시야가 더 넓어진다. 이기적인 욕망에서 벗어나 더 큰 자유를 얻게 되고 사람들과의 관계 속에서 야기되던 갈등과 문제는 사랑과 협력의 관계로 바뀌어 사람들과 평화를 이루며 살아간다.

내 속엔 내가 너무도 많아
: 퇴화와 통합*

I. 퇴화

2번 유형: 퇴화(2번에서 → 8번으로)

2번이 스트레스를 받으면 8번처럼 행동한다.

① 다른 사람에게 다정하고 친절하게 대하던 사람이 퉁명스러워
  진다.

② 화목한 가정을 만들기 위해 지나치게 노력한다. 자녀의 양육에
  도 많은 관심을 기울이고 가까운 거리도 마다하지 않고 통학시
  켜주며 돌본다.

③ 유명인 이름을 거론하면서 친한 척한다.

④ 윗사람 행세를 하면서 잘난 체하다가 이런 마음을 알아주지 않

---

* 이 글은 김영운 저, 『에니어그램 ― 내 안의 보물찾기』와 돈 리차드 리소와 러스 허드슨
  공저, *Personality Type: Using The Enneagram for Self-Discovery*를 참고하였으며 10
  년간 공동체문화원 수련의 경험이 반영되어 있다.

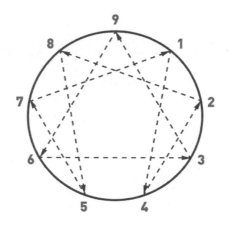

으면 공격적으로 변해서 화를 낸다.

⑤ 자신을 착하고 이기적이지 않은 사람이라고 생각하면서 화난 감정을 숨기지만 자기도 모르게 폭발한다.

⑥ 자신이 화를 내는 것은 상대방 때문이라고 말하면서 더 화를 낸다. 상대방이 양심의 가책을 느끼도록 눈물로 호소하며 말한다. 더 심하면 몸이 아파져서 입원까지 한다.

⑦ 자신의 사랑에 반응하지 않는 사람에게 '내가 얼마나 사랑하는지 아냐?'고 소리지르면서 자신의 감정을 폭발시킨다.

3번 유형: 퇴화(3번에서 → 9번으로)

3번이 스트레스를 받으면 9번처럼 행동한다.

① 혼자 튀려고 하지 않고 단체 생활에 순응하게 된다.

② 빨리 일을 처리하지 못하고 게을러지고 멍해진다.

③ 잘난 체하려다가 알아주지 않으면 좌절한다.

④ 현재 할 일은 하지 않고 성공한 자신의 미래에 대해 상상한다.

⑤ 술을 자주 마신다.

⑥ 무감각해지고 의기소침해져서 자신을 포기한 것처럼 보인다.

⑦ 매우 무능해지고 기본적인 일을 하는 것조차 어려움을 겪는다.

⑧ 분노나 적개심도 느끼지 못한다.

⑨ 자신에게도 관심을 가지지 않을 정도로 무기력해진다.

4번 유형: 퇴화(4번에서 → 2번으로)

4번은 스트레스를 받으면 2번처럼 보인다.

① 사람들이 가까이 다가오면 친근한 척하면서 실제보다 과하게 감정표현을 한다.

② 다른 사람이 자기를 좋아하는지 확인하고 싶어 한다.

③ 자기가 편안하게 느끼거나 이해해주는 사람과 계속 같이 있고 싶어 하며, 잠시라도 떨어져 있는 것을 싫어한다.

④ 자신이 상대방을 얼마나 의미 있고 중요한 존재로 여기고 있는 지를 알아주기 원한다.

⑤ 아직 보여주지 않고 있는 재능을 상대방이 알아차리기를 원한다.

⑥ 무능한 모습을 보임으로써 다른 사람들이 자신을 위해 무언가 를 하도록 만든다.

⑦ 자신이 비참한 상황에 처하게 된 것에 대한 책임을 다른 사람에 게 돌리고 격분한다.

⑧ 자신을 향한 강한 공격적인 감정과 타인을 향한 공격성 사이에 서 자신이 의지했던 바로 그 관계를 파괴할 수 있다.

5번 유형: 퇴화(5번에서 → 7번으로)

5번은 스트레스를 받으면 7번이 하는 행동을 하게 된다.

① 여러 가지 물건이나 정보, 데이터 등을 수집하기를 즐긴다.
② 재미와 자극을 추구한다. SF영화나 UFO와 같은 과학에 관심을 갖는다.
③ 자신이 좋아하는 일에 빠져서 사회로부터 고립되기 쉽다.
④ 자극적인 것을 즐기며, 술집이나 나이트클럽 같은 곳에 비밀스럽게 드나든다.
⑤ 두려움이 더 커져 자신만의 독특한 분야를 찾는 것에 절망한다.
⑥ 사람의 관계에서 원활하지 못할 때 자기만의 외딴섬으로 도망간다.
⑦ 자기가 원하는 것을 갖고 싶을 때에는 탐욕스러워지고 다른 사람을 생각하지 않는다.
⑧ 공동체 속에서 갈등을 느끼면 그곳으로부터 스르르 빠져나간다. 그리고 그 갈등의 원인이 자신이라는 사실을 인식하지 못한다.
⑨ 조울증을 앓는다.
⑩ 다른 사람이 늘 자기를 해친다고 생각한다. 그러다가 정말로 사고를 당하게 되기도 한다.
⑪ 심한 스트레스에 쌓이게 되고 공황장애를 앓게 된다.

6번 유형: 퇴화(6번에서 → 3번으로)

6번이 스트레스를 받으면 3번의 행동을 하게 된다.
① 다른 사람들이 자신에 대해 기대를 하고 있다고 믿기 때문에 과장되게 행동하면서 자신의 능력을 드러내려고 한다.
② 경쟁적이 되면서 많은 일을 맡으려고 한다.
③ 필요에 따라 더 친절해지고 적극적으로 행동하며 발랄해진다.

④ 자신이 한 일을 과대포장하고 자신의 능력을 과대평가한다.

⑤ 상대를 업신여기고 자신의 뛰어남을 주장하면서 거만해진다.

⑥ 인정해주지 않을 때 상대를 공격적으로 몰아세운다.

⑦ 자신의 실수를 덮으려 하고 자신이 만든 문제임에도 자신과 관련이 없다고 부인한다.

⑧ 실제의 자기가 아닌 다른 사람으로 자신을 소개하고 다른 사람처럼 행동한다.

⑨ 공격성이 다른 사람을 향하며, 궁지에 몰린 쥐가 고양이를 공격하듯 타인을 짓밟을 수 있다.

7번 유형: 퇴화(7번에서 → 1번으로)

7번이 스트레스를 받으면 꼭 1번처럼 보인다.

① 잔소리가 많아지고 웬만한 것은 판단하고 가르치려고 한다.

② 자기 스스로를 옭아매며 짜증을 자주 낸다.

③ 재미있고 흥미진진함을 그냥 즐기기보다는 그렇게 해야만 한다는 의무감을 가진다.

④ 남의 눈치를 보지 않고 윗사람일지라도 기분 내키는 대로 충고한다.

⑤ 스스로에게 더 엄격해진다.

⑥ 갑자기 엄숙해지고 진지해지면서 말이 없어진다. 그러면서 남의 약점을 잘 잡아낸다.

⑦ 무능하거나 책임감이 없는 사람을 보면 표시 안 나게 비꼬고 비아냥거린다.

⑧ 자신의 목표를 세우면 1번처럼 완벽하게 이루기 위해 노력한다. 재미있는 일을 하고 싶어도 꾹 참으며 목표를 이루지만 만

족하지 못한다.

⑨ 자신의 두려움과 고통 때문에 고집이 세져서 상대방의 말을 잘
듣지 않는다.

⑩ 무절제하고 무책임한 생활에 대해 충고를 들으면 소리를 지르
고 독설을 퍼붓는다.

⑪ 충동성과 조증이 심해져서 무모해진다.

⑫ 커져 가는 불안에서 벗어나려고 미신에 기대거나 광신자가 될
수도 있다.

⑬ 자기에게 기쁨을 주던 모든 것을 없애버리고 아무것도 안 하면
서 자신을 좌절시켰다고 생각되는 사람에게 증오와 분노를 쏟
아붓는다.

8번 유형: 퇴화(8번에서 → 5번으로)

8번은 스트레스 상황에서 5번으로 가서 행동을 억제한다.

① 공격적인 행동을 하기에 앞서 먼저 상황을 판단한다.

② 자신의 힘을 안전하게 지켜줄 수 있는 정보나 자원을 수집하기
시작한다.

③ 사람들과 어울리지 않고 비밀스러워진다.

④ 어떤 사람이 자기로 인해 이익을 얻을까 봐 경계하며 감정적으
로 거리를 둔다.

⑤ 다른 사람들에 대해 오해하고 더 화를 낸다.

⑥ 세상을 어둡게 바라보고 극단적인 관점을 갖는다.

⑦ 세상으로부터 물러나 인연을 끊고 숨어 지낸다.

⑧ 두려움으로 인해 갑자기 혼란과 공포에 빠진다.

⑨ 이성을 잃고 두려움에 떨며 아주 취약한 상태가 된다.

9번 유형: 퇴화(9번에서 → 6번으로)

9번이 스트레스를 받으면 6번처럼 불안해한다.
① 내면의 평화를 유지시켜 주리라고 믿는 일에 시간과 에너지를 투자한다.
② 보호자, 지지자, 단체, 혹은 이념과 더 강하게 자신을 동일시하기 시작한다.
③ 불안, 분노가 증가되어 부정적이고 방어적이 된다.
④ 불안으로 인해 변덕스러워지고 자신 없어 한다.
⑤ 사람들의 요구에 동의하는 대답을 해놓고는 자신이 원하는 것을 한다.
⑥ 아무것도 하지 않아 간섭을 하게 되면 사람들에게 화를 내며 공격적으로 반응할 수 있다.
⑦ 모든 것에 무기력해져서 다른 사람들이 모든 것을 대신 감당해 주기를 기대하며 의존한다.
⑧ 불안과 분노를 더 이상 숨기지 못하고 폭발시킨다. 고함을 마구 지르며 폭력적인 행동을 한다.
⑨ 불안과 두려움에 떨며 공황상태에 빠진다.

1번 유형: 퇴화(1번에서 → 4번으로)

1번은 스트레스를 받으면 4번으로 이동한다.
① 자신의 미적 감각에 대해 상당한 자부심을 갖는다.
② 책임감으로부터 자유로워지려고 어떤 사람이 되는 공상에 빠

진다.

③ 어떤 사람에게 로맨틱한 감정을 느낄 수 있지만 아무에게도 알리지 않는다.

④ 자신의 노력에 대해 아무도 알아주지 않는다고 여겨져 우울해진다.

⑤ 변덕스러워지고 신경질적이 된다.

⑥ 스스로에게 예외를 만들면서 방종에 빠진다. 아무도 보지 않을 때 과음을 하거나 난잡해진다.

⑦ 우울증에 빠진다.

⑧ 다른 사람에게 초점을 맞춰 분노하던 것에서 자신의 잘못에 대해 초점을 맞추고 분노한다.

⑨ 심하게 자신을 비난한다.

II. 통합

2번 유형: 통합(2번에서 → 4번으로)

① 자신에게 정직해져서 자신의 감정을 있는 그대로 받아들인다. 그래서 다른 사람의 사랑도 있는 그대로 받아들일 수 있다.

② 자신이 무엇을 했기 때문에 받는 사랑이 아니라 그냥 사랑받는 존재라는 것을 깨닫게 된다.

2번은 자신의 필요를 인정하지 않는다. 자기의 필요를 알아차리면 스스로 허약해진다고 느끼거나 자존심이 상하기 때문이다. 그래서 자기의 필요를 인정하지 않고 외면하면서 남의 필요를 채우기 위

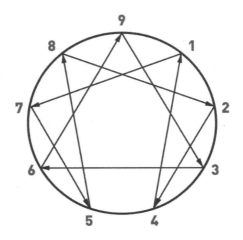

해 노력하는데 그것은 허약한 자기 자신을 인정하고 싶지 않기 때문이다.

봉사해야 한다는 함정에 빠진 2번은 하루종일 남을 돕느라 낮잠자는 것을 거의 모르다가 기분이 나쁘면 몸이 아프고, 몸이 아프면 낮잠은 물론 잠을 많이 잔다. 함정에 빠진 2번은 상당한 에너지를 소모하는데 그 에너지의 소모가 점점 더 커지고 낭비가 시작된다. 그러나 2번이 자기 안에 숨어 있는 이런 격정을 이해하고 올바르게 다루기 시작하면 에너지 소모를 막을 수 있다. 한 걸음 더 나아가 통합의 방향으로 움직이기 시작하면 속으로부터 에너지가 솟아오른다.

2번은 자신의 것을 누구에게 주고 누구를 돌보았다는 생각보다 은혜를 함께 나누었다고 생각하게 되면 마음의 여유가 생기고 부드럽고 우아한 감정을 지니게 된다. 남의 필요를 알아차리고 돕듯이 자신의 필요를 기피하지 않고 스스로를 돌보게 된다. 이와 같이 균형 잡힌 상태에서는 에너지가 상승된다. 보상받을 것을 기대하지 않고 남에게 뭔가를 주면서도 '꼬리표'(tag)를 붙이지 않을 때, 2번 유형은 건강하고 파워풀해진다. 지나치게 선의적인 태도를 버리고 이기심과 이타심의 균형 속에서, 진정으로 자신을 사랑하는 것과 남을 사랑하는 것을 조화를 이룰 때, 2번 유형은 그야말로 아름다운 봉사자, 협조자가 된다. 퍼내고 퍼내어도 마르지 않는 샘물처럼 에너지가 넘치는 겸손한 봉사자가 된다.

3번 유형: 통합(3번에서 → 6번으로)

① 다른 사람들의 칭찬이나 인정, 성공 등에 연연하지 않는다.
② 다른 사람들에게 자신의 솔직한 모습이 드러나는 것을 두려워하지 않는다.
③ 자신의 재능으로 다른 사람들을 위해 봉사함으로써 자신의 진정한 가치를 경험하게 된다.

3번은 늘 최고라고 인정을 받고 성공하는 것을 중요하게 생각하면서 살기 때문에, 자기가 바라는 것이 안 될까 봐 마음을 졸이고 긴장하거나 신경을 쓰는 일이 많다. 이렇게 마음을 쓸 때는 편한 마음으로 일만 하는 것보다 훨씬 더 많은 에너지가 소모된다. 더욱이 실패를 거의 무의식적으로 피하려 하는데 이때 본인이 잘 느끼지 못하지만 에너지 소모가 상당히 크다.

다른 사람과 지나칠 정도로 경쟁의식을 갖게 되는데, 그러면 실패를 기피하는 때보다 더 많은 에너지가 소모된다. 그럴수록 남을 압도하거나 심지어 수단 방법을 가리지 않고 이기거나 성공하는 데만 마음을 쓰게 되어 악순환의 고리만 강화된다. 성실성을 포기하더라도 자기가 원하는 것을 이루기 위해 지나친 행동도 서슴지 않는다.

통합의 방향으로 가는 3번은 과정에 최선을 다하고 결과에 집착하지 않는다. 결과를 하나님의 뜻에 맡길 때 3번은 매우 신실한 사람이 된다. 신실한 3번은 남에게 인정받고 수용되듯이 남을 있는 그대로 받아들이고 인정하며, 자신의 이익을 위해서뿐만 아니라 남의 유익을 위하여 노력한다. 실패를 두려워하지 않고, 성공이란 함정에 빠지지도 않으면서도 목표를 향하여 누구보다 강한 추진력으로 담대하고 신실하게 전진한다. 그러다가 잘 안 될 때는 정직하게 시행착오를 스스로 인정한다. 책임감을 가지며 반성하고 검토하면서 더 큰 도약과 발전의 기틀을 마련한다. 이런 경우에는 실패를 하더라도 그 실패로 인해 성공하게 되는 전화위복을 경험한다.

4번 유형: 통합(4번에서 → 1번으로)

① 기분보다는 원칙에 의한 행동을 하게 된다.
② 자신이 다른 사람들과 다르다고 생각하지 않음으로써 사회적, 도덕적 의무로부터 자신을 제외시키지 않는다.
③ 상상이 아닌 자신이 해야 할 필요가 있는 일을 하게 됨에 따라 자기 자신을 훈련시킬 수 있게 된다.

평범한 것을 기피하여 독특한 것을 찾는 과정에서도 시기심이 나타난다. 시기심은 갈망의 결과이기 때문에, 시기심을 극복하면 자기가 바라는 것을 얻게 만드는 힘이 된다는 사실을 기억할 필요가 있다. 시기에서 독창성으로 넘어가는 과정이야말로 4번이 에너지를 증가시키는 모티브가 된다. 뭔가 갈망을 하면서도 그것을 얻기 위한 성취동기는 없고, 따라서 성취할 노력도 하지 않을 때, 4번 유형은 경쟁심을 느끼면서도 이루지 못하기 때문에 좌절감에 빠지고 우울해진다. 에너지가 그만큼 새어나가고 빠져나간다.
4번은 격정에 사로잡히면 다른 어떤 유형보다도 가장 에너지 손실이 크게 나타나는 유형이지만 감정을 잘 컨트롤할 수만 있으면 가장 에너지가 높은 사람이다. 경쟁심을 포기하고 자신이 믿는 꿈을 이루기 위해 하나님과 일치하면, 평소에 자기표현을 억제하던 것까지 벗어나면서 무한한 열정과 함께 가능성이 솟아오른다. 플러스 에너지가 놀랄 만큼 나타난다. 이쯤 되면 4번 유형은 자신의 직관에 대해 자신감을 갖게 되고 감정의 균형을 이루며 침착해진다.

하나님과의 일치를 지향하는 4번은 그야말로 환상적이고 감동적인 사람이 될 수 있다. 자기 자신을 깊이 이해하고 여기에 풍부한 상상력과 독창성을 배합시키게 될 때, 4번은 자기 쇄신을 경험하면서 이제까지의 모든 경험을 가치 있는 것으로 또 아름다운 것으로 변화시키며, 감동적인 작품을 만드는 잠재력을 한껏 발휘한다. 정서적으로 솔직하고, 진실하며, 자신에게 충실하다. 가장 격정적인 4번이 감정의 균형과 침착함을 유지할 때 가장 창조적인 사람으로 변화된다.

5번 유형: 통합(5번에서 → 8번으로)

① 행동하기 전에 충분히 알고 있지 않아도 괜찮다고 여기며 자신감을 가지고 행동한다.

② 자신이 알고 있는 것을 다른 사람도 알고 있다는 것을 깨닫는다.

③ 더 채우려는 욕심에서 벗어나 이미 자기가 알고 있는 것을 다른 사람들과 함께 나눈다.

5번은 '공허'를 기피한다. 웬만큼 채워졌으면서도 아직 더 채워야 한다는 생각에 사로잡혀 '현재 아는 것'만으로는 행동을 유보하거나 뒤로 미루게 된다. 더 많이 생각하고, 관찰하고, 분석하고, 뭐든지 '더 많이' 채워야 한다는 과정 속에서 에너지는 계속 소모되지만 행동으로 표출되지 않는 '불완전 연소'의 대표적 경우라 할만하다. '불완전 연소'가 계속되면 내연기관이 고장 나듯이 생각도 감정도 불안정하게 될 수 있다. '기운 빠지는 상황'이 계속되는 것이다.

지식을 더 얻어야만 된다는 함정에 빠지면 남이 보기에는 필요충분한 지식을 갖추고도 스스로는 '아직 모자라다'고 여기면서 환경이나 관계에 압도당할까 봐 두려워한다. 그래서 새로운 관계나 환경에 접근하는 것이 힘들고 불편하기 쉽다. 남들은 별 불편을 모르고 행동하는 데 비해 5번은 불편하거나 심지어 숨 막힐 것 같은 느낌을 가짐으로 에너지를 소모시킨다. 그러나 5번이 하나님의 섭리를 받아들이면 주변 사정과 세상을 폭넓게 이해하면서도 심오하게 간파하게 된다.

통합의 방향으로 가는 5번은 자신이 안전하다는 느낌을 갖고 초연하게 행동할 수 있다. 주변 환경에 대해 두려움을 막연하게 느끼지 않으며 스스로를 고립화시키지 않는다. 다른 사람을 거부하지도 않으며 '믿을 사람은 아무도 없다'고 의심하거나 적대시하지도 않는다. 그리고 자기 자신을 부적격자로 이해하지 않고 행동에 나서게 된다. 남에게 할 수 있는 만큼 열심히 나누어주고, 인간관계도 자기가 먼저 나서서 맺기 시작한다. 후퇴와 분리가 초연함으로 변화되어 탁월한 지각력과 분별력에 행동력이 덧붙여진 에너지가 넘치는 지도자로 거듭나게 된다.

6번 유형: 통합(6번에서 → 9번으로)

① 다른 사람을 신뢰한다.
② 사람들에게 개방적이고 수용적이 되며 더 친밀해진다.
③ 독립적이 되어 다른 사람들을 안심시키고 지원할 수 있다.

④ 유머 감각이 있고 명랑해서 사람들의 사랑을 받는다.

6번은 일탈을 기피한다. 권위 있는 인물, 집단, 조직과 자신을 동일시하고 거기에 순종하며, 질서, 규칙, 명령에 충실하려고 애쓴다. 그러나 6번은 내면의 정서에 충실하려는 것과 외적인 관계에 충실하려는 것 사이의 갈등을 이겨내지 못하여 동요하거나 불안해진다. 이런 경우 망설임이 심하게 나타나고, 매사에 꾸물거리며, 우유부단하고, 지나치게 조심스럽다. 이 상태로 긴장이 높아지면 두려움을 극복하기 위해 거칠고 반항적인 자세를 취함으로써 에너지를 소모한다.

6번이 누구에게 의지하거나 승인받고자 애쓰는 인정 욕구에 끌려 살다보면, 속으로는 불편하고 겉으로는 불안하게 된다. 이 과정에서 에너지 손실이 엄청나게 커진다. 그러나 6번이 자기를 확인하고 자신을 믿어주기 시작하면 마음이 안정되고 편안해지면서 에너지가 높아지기 시작한다. 미지의 공간이나 시간 속에서 어떤 일이 생길지 몰라 불안해하고 걱정과 두려움이 많지만 이들의 두려움과 걱정은 현실에 바탕을 둔 것이 아니다. 그러나 하나님을 의지하면 어떤 일이 생기더라도 나보다 더 큰 절대자가 나의 보호자 되심을 알기에 염려도 두려움도 없어지고 용감해진다.

6번이 스스로 내면의 안정감을 느끼게 되면 다른 사람들과의 관계 속에서도 안정감을 높이는 데 이바지한다. 일이나 관계나 환경을 체계화하고 조직적으로 운영하는 능력을 발휘하게 된다. 막연하게 안 좋은 일이 생길까 봐 염려하고, 아버지 같은 사람에게 승인받지 못할까 봐 두려워하던 걱정이 사라지면서 일에 대해 계획하고 예측하고 준비하는 충실하고 용기 있는 사람이 된다. 자신의 일을 떳떳하게 처리하고, 남는 에너지로 남들을 돕는 헌신적이고 충실한 영웅이 된다.

7번 유형: 통합(7번에서 → 5번으로)

① 빠르게 돌아가는 마음의 활동을 늦추고 고요해져서 밖으로 뻗치던 에너지가 자신의 내면으로 모아진다.

② 내면이 깊어지면 현실을 있는 그대로 보는 힘이 생겨서 일상의 모든 것에 감사하는 마음이 생긴다.

③ 소비를 하면서 행복을 느끼는 것이 아니라 맑은 정신으로 생각하는 사람이 되어 다른 사람을 위한 삶을 살게 된다.

7번은 재미있게 놀고 신나게 웃는 것조차 고통이나 불만을 기피하는 방식으로 시작되었다는 것을 스스로 알지 못하고 산다. 늘 더 많은 것을 바라고 싫증나는 것을 못 견디며, 만족을 얻으려하기 때문에 뭐든지 '새로운' 것을 찾고 신상품 중에서도 명품을 선호한다. 삶의 어두운 면이나 힘든 것을 기피하는 성향 때문에 불만, 부족, 불행을 생각하기조차 싫어하고 싫증이 나거나 귀찮은 것을 참지 못한다.

현실에 만족하기가 어려워 자기 스스로 '만족'을 찾아 나서기 시작한다. 늘 재미있고, 신나고, 맛있고, 아름답고, 멋있어야 하는 꿈을 꾸는 이상주의자가 된다. '팔방미인'에 '만능선수'인 이들이 에너지의 분산과 낭비를 막을 수만 있다면 막강한 파워를 발휘하게 될 것은 두말할 나위가 없다. 그러나 아무리 좋은 일도 시작만 잘해 놓고 끝을 맺지 못한다면, 그래서 불만이 여전히 남아있고 흡족하지 않다면 에너지 손실은 엄청난 것이 된다.

통합의 방향으로 가는 7번은 '어떤 처지에서도 만족할 줄 아는 사람'이 된다. '창조에 동참'하는 마음을 먹기만 하면 7번 특유의 파워를 발휘하게 된다. 더 많이 독서하고, 더 많이 생각하고, 더 많이 기획해서 외적인 조건에 대한 만족을 구하기 이전에 깊은 내면에서부터 감사가 넘친다. 스스로도 행복하고 다른 사람들도 행복하게 하면서 삶을 축제로 만든다. 대식가가 변하여 미식가가 되고, 과도한 열광주의자가 바뀌어 행복한 철학자가 될 수 있다. 대철학자 플라톤이 육상 십종 경기에서 챔피언이 되었던 것처럼 갖출 것 다 갖추고 인류의 가슴에 큰 자취를 남겼을 만큼 맑은 정신으로 행복을 누리며 살 수 있게 된다.

8번 유형: 통합(8번에서 → 2번으로)

① 자신과 동등한 권리와 특권이 다른 사람들에게도 똑같이 있다고 여긴다.
② 뜨거운 동정심을 가지고 다른 사람에게 관심을 기울인다.
③ 다른 사람의 이익을 자신의 이익인 양 여기고, 다른 사람의 성장을 위해 자신의 힘을 쓰는 소박한 사람이 된다.

8번 유형은 늘 힘을 의식하면서 행동한다. 자신이 약해 보이면 상대방이 공격해올 것이라는 '음모이론'이 늘 마음속에 있기 때문이다. 약점을 보이지 않으려고 자기도 모르게 '목에 힘을 주는' 모습이 된다. 강하게 보이려고 몸집을 크게 키우려는 과정에서 에너지가 불필요하게 소모되는 경우가 흔하다.

8번은 냉정을 기하지 못하고 누군가를 동정하거나 마음이 약해져서 일을 철저하게 처리하지 못하는 것을 보면 경멸하거나 격분한다. 그래서 자기도 모르는 사이에 자신이나 타인을 비인간화하고, 모독하거나 앙갚음하는 일도 서슴지 않는다. 이럴 경우 8번 유형은 심한 에너지 낭비에 빠진다. 자기 안의 강한 욕망이 스스로를 옭아매는 함정이 될 수 있음을 깊이 인식하고 끊임없이 치솟는 강한 힘을 타인에 대한 '뜨거운 동정심'으로 변환시킬 수 있다면, 다른 사람의 마음을 이해하는 '소박한' 지도자로서 진정한 강자가 된다.

힘은 섬김과 봉사로 나타날 때라야 진정한 힘이 된다. 힘을 바르게 사용할 수 있는 지도자야말로 진정한 강자요 영웅으로 추앙받아 마땅하다. 힘을 아량으로, 큰 도량으로, 뜨거운 동정심으로 표출하는 지도자라야 많은 이들의 존경과 사랑을 받는다. 그런 지도자는 사람들의 마음을 사고 감동을 불러일으킨다. 남들의 유익이나 복지를 위해 마음을 쓰고 뜨거운 동정심을 지니며 남을 위해 자신의 강점인 뚜렷한 주장과 설득력과 도전 정신을 발휘하면, 자신과 남의 유익을 동시에 도모하는 존경과 사랑을 받는 지도자가 된다.

9번 유형: 통합(9번에서 → 3번으로)

① 자기 자신을 적절하게 주장할 줄 안다.
② 능동적으로 자신을 개발해 나간다.
③ 환경의 변화를 두려워하지 않으며 스스로의 힘으로 현실에 대처할 수 있다.
④ 자신의 내면에서의 공격적인 충동을 더 이상 두려워하지 않는다.

9번은 갈등을 두려워하거나 기피하는 경향이 강하다. 그래서 스트레스를 받거나 위기를 느끼면 가만히 있는다. 그러면 에너지가 정지된 것처럼 되다가 움츠러들기 시작한다. 떼미는 아이보다 밀리지 않으려고 애쓰는 아이가 더 힘이 드는 것처럼, 참고 미루는 데에도 에너지 소모가 크다. 여기서 더 밀리면서 감정을 억제하게 되면 더욱 움츠러들면서 에너지 손실이 더 커진다.

9번 유형은 어려운 일에 부딪히면, 거기서 오는 갈등이나 스트레스를 해결할 생각을 먼저 하기보다는 그것이 저절로 해결되기를 바란다. 갈등을 피하고자 나태해지고 자기 겸비로 빠지는 과정을 통해 9번은 에너지를 많이 소모한다. 게으름 자체가 에너지 소모를 불러오는데, 한 걸음 더 나아가 지나친 자기 겸비에 이르면 에너지 낭비는 한층 더 심해진다. '기운이 있는 대로 다 빠지게' 된다.

9번이 자신의 삶이나 가까운 사람들에 대해, 또 집단이나 공동체에 대해 자부심을 느끼고 '무조건적인 사랑'을 나타내기 시작하면 순식간에 다른 모습으로 일어선다. 미적거리며 에너지를 낭비하고도 남들처럼 웬만큼은 살아온 그들은 에너지 누수 현상과 손실을 방지하기만 해도 무서운 저력을 나타낸다. 모든 것을 적극 수용하고 승화시키며 미래를 신나게 가꾸어 나아가려고 한다. 이때 나타나는 근면과 적극적인 활동성은 누구도 따라잡기 힘들다. 더 이상 의존적이지 않고, 두려움 없이 자신감과 강한 독립심을 세워나갈 때, 9번은 품이 커지고 누구도 따르지 못할 능력을 발휘하게 된다.

1번 유형: 통합(1번에서 → 7번으로)

① 모든 것이 완전해야 한다고 생각하지 않는다.
② 자신이 다른 사람보다 우월하다고 여기지도 않으며 더 이상 가르치지도 않는다.
③ 세상의 아름다움을 발견하고 다른 사람의 훌륭한 점을 찾아내어 감격하고 칭찬한다.

1번은 옳은 것을 추구하고 매사에 지나칠 정도로 정확성과 완벽을 기한다. 자신과 주변 사람들의 정의와 올바름을 바라면서도 반면에 남에게 싫은 소리를 듣거나 욕을 먹을까 봐 걱정하고 두려워하는 마음이 적지 않다. 그래서 남의 충고를 받아들이는 것이 쉽지 않다. 이러한 완전이라는 함정에 빠지면 짜증이 나고, 분노가 치민다. 그러나 감정을 억압하려는 경향이 있어서 부정적인 힘이 겉으로 드러나지 못하고 억눌리면 긴장이 높아지고, 억울하게 느끼는 퇴화의 에너지가 부글부글 끓기만 한다. 이럴 때 파워를 살리지 못하고 에너지만 소모된다. 그러나 자신이 퇴화의 에너지로 빠져드는 원인을 알게 되면 변화를 위한 시도를 하게 된다.

완벽주의라는 함정에서 벗어나 성숙을 지향하는 사람이 된다. 완전이란 함정에서 성숙으로 지향하는 바를 바꾸게 되면 통합의 에너지가 높아지면서 평온하면서도 발전적인 삶을 구가하게 된다. 통합의 에너지가 향상되기 시작하면, 옳고 그른 것을 가리는 것에서 초월하여 마음이 넉넉해진다. 자신의 마음도 편해질 뿐더러 주변 사람들이 '숨 쉴 만하게' 합리성과 지혜를 발휘할 수 있게 된다. 이런 상태가 되면 스스로 놀랄 만큼 에너지가 넘치게 된다. 통합의 에너지가 상승 방향을 타게 되는 것이다.

1번의 덕목은 평온(serenity)이다. 온화하고 맑은 심성을 유지할 때, 1번 유형은 객관적인 의식이 높아지고 너그러워진다. 원칙이 서 있으면서도 남에게 강요하지 않고, 합리적으로 생각하면서 살려고 애쓰면서도 미숙한 사람에 대해 관용할 수 있는 여유를 발휘한다. 성숙을 지향하다 보면 자신이나 타인의 불완전함을 미숙함으로 이해하게 되고, 평온한 삶을 의식적으로 지향하게 되면 내면의 어둠을 객관적으로 의식함으로써 스스로를 구제하고 지원하는 힘을 발휘할 수 있게 된다. 그러면 객관적인 의식과 함께 합리성이 높아지고 관용이 커지면서 통합 에너지가 더욱 높아지게 된다.

덕목을 향하여

에니어그램 수련에 있어서 덕목(virtue)은 하나님께로 더 가까이 갈 수 있는 네비게이션과 같다. 덕목을 향하여 가는 우리는 그 안내를 따라 하나님의 현존을 느끼며, 그 분의 은혜에 감사하면서, 하나님과 같은 마음을 유지하는 '샬롬의 길'을 간다.

격정을 회개하고 덕목을 향하여 가는 것이 기도이다. 그 기도는 하나님으로부터 끊임없이 독립하려는 자신의 자아를 버리고, 하나님께로부터 받은 은혜를 기억하며 감사드리는 '가장 친밀한 기도'이다. 우리는 이 기도를 통하여 예수님을 따라 속죄하고, 날마다 순간순간마다 하나님과 함께 하는 것이다.

에니어그램 수련은 자기를 발견하고, 하나님께서 주신 온전함을 지향하여 나아가는 영속적인 과정이다. 그러므로 에니어그램 수련자들은 어떤 경우에라도 고정관념이나 고착된 시각으로 사물이나 사람을 보아서는 안 된다.

나의 성격 유형은 원의 둘레에서 9분의 1지점에 위치한다. 이 지점이 온전함의 회복을 향하여 들어가는 시작이다. 자신의 성격 유형을 발견한 후 일차적으로 에니어그램의 아홉 가지 성격 유형의 하나를 자신과 '동일시'하는 과정에서 일정기간 동안 머문다. 다음으로는 자신의 성격으로부터 벗어나는 '비동일시'의 방향으로 나아가는 것이다. 즉, 격정을 회개하고 덕목의 삶을 사는 것이다.

에니어그램의 각 성격 유형에 따라 변화 과정에 장애가 되는 것들이 바로 두려움, 기피, 함정인데, 한마디로 격정이라 할 수 있다. 에니어그램 유형을 발견한 후 자신의 격정을 확인하고 나면 내가 격정이라는 죄에 따라 행동하게 된다는 것을 알아차리고, 무의식적으로 반응하던 행동이나 방어기제를 의식하기 시작한다. 격정에 사로잡혀 행동한 모든 것들을 하나님 앞에서 진정으로 회개할 수 있게 될 때 변화는 시작된다. 변화를 위해 우리는 습관적으로 해온 것에서 결별하여 내려놓을 것도 있고, 확인하고 끌어안아야 할 잠재력도 있다.

자기 자신을 바라보는 관점은 주관적일 수밖에 없다. "남의 눈 속에 있는 티는 보면서 제 눈 속에 있는 들보는 깨닫지 못하는"(누가 6:41-42) 티끌과 들보의 비유에서 볼 수 있듯이, 우리는 격정에 따라 각 유형의 속성대로 의도하지 않은 죄를 지으며 살고 있다. 우리의 죄는 남의 눈에는 명백히 보이지만 자신의 눈에는 잘 보이지 않는다. 비록 자신의 눈에 보인다고 해도 자신의 격정이 죽음에 이르는 죄로 동일시될 때까지는 오랜기간 동안 '자기관찰'과 '자기기억'이 의식적으로 수행되어야만 한다. 그러한 수행이 지속되어질 때 에니어그램 수련자는 자신의 들보를 깨닫게 되는 순간을 더 많이 만나게 될 것이다. 그리고 자신에게서 반복적으로 나타나는 것들이 다른 사람들에게 얼마나 상처가 되고 힘들게 하였는지를 알게 될 것이다. 우리가 그 지점에서 하나님의 은혜로 가슴 깊이 회개할 때, 하나님의 현존을 느끼며 죄인인 나를 위해서 십자가에 달리신 예수 그리스도의 사랑에 고개 숙이게 될 것이다.

변화를 위한 16문항 중에서

1번에서 10번까지는

수련자가 결별하며 내려놓아야 할 것이고,

11번에서 16번까지는

확인하고 결단하며 끌어안아야 할 수련자의 잠재력이다.

우리가 결별할 필요가 있는 것은 결별하고,

확인할 필요가 있는 것은 확인해 나갈 때

부정적인 것이 변하여 긍정적인 것이 되고,

마음 깊은 곳으로부터 나오는 기도가 된다.

첫째, 1번에서 10번까지 결별해야 할 번호 중에서 세 개를 고른 후,

그 세 개 중에서 꼭 실천해야 하는 하나의 번호를 선택한다.

둘째, 11번에서 16번까지 확인해야 할 번호 중에서 세 개를 고른 후

그 세 개 중에서 꼭 실천해야 하는 하나의 번호를 선택한다.

셋째, 날마다 자신의 삶 속에서 '자기관찰'과 '자기기억'을 통하여,

꼭 결별해야 할 번호 하나와

꼭 확인해야 할 번호 하나를 놓고

집중적으로 선포하고 기도한다.

1번 유형: 온화한 개혁가

1. 나는 늘 나 자신의 행동을 정당화시키려고 애써 왔다. 이제는 그런 나의 과거와 결별한다.
2. 나는 내 주변 사람들과 세상 사람들에게 실망하고, 어쩔 수 없다고 절망하기도 했다. 이제는 그런 나의 과거와 결별한다.

3. 나는 자신에게 "이래야 한다", "저래야 한다"고 갖가지 의무의 짐을 부여해 왔다. 이제는 그런 나의 과거와 결별한다.

4. 나는 내가 틀렸다고 지적을 받거나 야단을 맞을까 봐 노심초사하는 경향이 있었다. 이제는 그런 나의 과거와 결별한다.

5. 나는 다른 사람들의 잘못된 점에 지나치게 신경을 써왔다. 그들의 잘못과 실수를 판단하고, 바로잡아 주어야 한다고 생각해 왔다. 이제는 그런 나의 과거와 결별한다.

6. 내가 세운 기준과 틀을 무엇보다도 중시하고, 나뿐만 아니라 다른 사람들에게도 그런 기준과 틀에 끼워 맞추려고 고심해 왔다. 이제는 그런 나의 과거와 결별한다.

7. 나는 자신과 다른 사람들에게 늘 완벽한 것을 요구하고 그리로 몰아가려고 해왔다. 이제는 그런 나의 과거와 결별한다.

8. 나는 내 뜻대로 되지 않으면 속으로는 분노하면서도, 분노하는 자신을 억제하려고 애쓰곤 했다. 이제는 그런 나의 과거와 결별한다.

9. 나는 자신의 육체적인 고통과 정서적인 아픔을 애써 무시하곤 했다. 이제는 그런 나의 과거와 결별한다.

10. 나에게는 무엇이든 바로잡으려고 하는 버릇이 있다. 이제는 그런 나의 과거와 결별한다.

----

11. 나는 다른 사람의 실수와 잘못은 물론 자신에 대해서도 아량을 갖고 지켜보며, 기꺼이 용서할 준비가 되어 있다.

12. 나는 내 기준이 아닌 다른 사람의 시선으로 바라보는 법을 배우고, 다른 사람들의 자유와 선택을 우선적으로 고려한다.

13. 나는 내 감정에 솔직하고, 내 본능의 소리에도 기꺼이 귀 기울인다.

14. 나는 다른 사람들에게 더 이상 의무를 강요하지 않고, 늘 존경심을 갖고 대하는 '편한 사람'이다.

15. 옳은 것은 옳은 것이고 틀린 것은 틀린 것이라는 이분법적인 판단 보다 더 중요한 것은, "최선을 다하는 것"이다. 최선을 다하면 그것 으로 필요충분하다.

16. 태풍이 불어도 연한 버들가지는 꺾이지 않듯이, 가장 부드러운 것 이 가장 강한 것이다. 나는 그렇게 꺾이지 않는 부드러움으로 세상 을 살아갈 것이다.

2번 유형: 겸손한 봉사자

1. 나는 다른 사람들이 필요로 하는 것을 채워주면서도 그들이 내 마 음을 몰라주면 분노하기를 잘했다. 이제는 그런 나의 과거와 결별 한다.

2. 나는 다른 사람의 사랑을 끌어내려고 억지로 강요하곤 했다. 이제 는 그런 나의 과거와 결별한다.

3. 나는 사람들이 나를 원하지 않거나 사랑하지 않는 상태를 두려워했 다. 이제는 그런 나의 과거와 결별한다.

4. 나는 다른 사람들에게 베풀어주고 그들 또한 나에게 똑같은 식으로 갚아주어야 한다고 생각해 왔다. 이제는 그런 나의 과거와 결별한다.

5. 다른 사람들이 베푼 만큼 보답하지 않으면 나는 배신감을 느끼고 폭식을 하거나 술, 담배에 탐닉하는 것으로 화풀이를 하곤 했다. 이 제는 그런 나의 과거와 결별한다.

6. 사랑은 소유가 아니다. 나는 다른 사람들에게 도움을 베풀고는, 그런 혜택을 받은 사람들을 내 소유라고 생각하는 경향이 있었다. 이제는 그런 나의 과거와 결별한다.

7. 나는 다른 사람들의 관심을 끌고 나를 좋아하게 만들려고 지나치게 아부하는 근성이 있었다. 이제는 그런 나의 과거와 결별한다.

8. 다른 사람을 보살펴 주는 데에 바빠서 정작 자신을 돌보지 못했다. 이제는 그런 나의 과거와 결별한다.

9. 나는 다른 사람들이 나를 필요로 한다는 것에 많은 가치를 두고, 필요한 사람이 되려고 애써 왔다. 이제는 그런 나의 과거와 결별한다.

10. 나는 내가 필요로 하고 원하는 것을 표현하는 것에 인색한 경향이 있다. 이제는 그런 나의 과거와 결별한다.

----

11. 나는 사람들에게 도움을 주고 싶어 하는 내 의도를 정확하게 안다. 사랑받고 싶어 하는 자신의 욕구 때문에 사랑을 주는 경우에도 그것을 정직하게 인식한다.

12. 다른 사람의 필요를 채워주어야만 사랑을 받을 만한 자격을 획득하는 것은 아니다. 나는 있는 그대로 사랑받을 만한 사람이다.

13. 진정한 사랑은 그 무엇도 강요하지 않는다. 나는 더 이상 내가 사랑하는 사람들에게 집착하지 않고 '방목하는 사랑'을 할 것이다.

14. 나는 더 이상 다른 사람들의 평판에 신경 쓰지 않고, 자신의 성장 발달에 투자한다.

15. 다른 사람을 보살피고 돌본다는 것은 그 사람의 마음속으로 들어가서 그 사람의 깊은 속마음을 이해하고, 그들의 입장이 되어주는 것이다. 나는 이제 그들이 어떻게 반응할 지에 대한 계산을 하지

않고, 진실하게 내 마음을 열어준다.

16. 나는 사람들이 나에게 베풀어 준 것들에 감사한다. 나 또한 태양처럼 남김없이 베풀면서 살아가고 싶다.

3번 유형: 신실한 성취자

1. 나는 경쟁에서 이기는 것을 늘 중요하게 생각해 왔다. 이제는 과거의 그런 나와 결별한다.

2. 나는 다른 사람들이 잘 되는 것을 보면 겉으로는 축하하면서도 속으로는 질투심을 참을 길이 없었다. 이제는 과거의 그런 나와 결별한다.

3. 나는 실수하는 것을 두려워하고 체면이 깎이는 것을 극도로 싫어한다. 이제는 과거의 그런 나와 결별한다.

4. 나는 내 실수와 한계를 감추려고 애써 왔다. 이제는 과거의 그런 나와 결별한다.

5. 나는 다른 사람의 시선과 평가를 지나치게 의식해 왔다. 이제는 과거의 그런 나와 결별한다.

6. 성공하기 위해서는 자신의 소소한 감정 따위는 돌아보지 말아야 한다고 생각해 왔다. 이제는 과거의 그런 나와 결별한다.

7. 나는 다른 사람들이 늘 나에게 관심과 주의를 집중해 주기를 열망해 왔다. 이제는 과거의 그런 나와 결별한다.

8. 어떻게든지 다른 사람들에게 좋은 인상을 주려고 끊임없이 뭔가를 시도해 왔다. 이제는 과거의 그런 나와 결별한다.

9. 나는 언제나 다른 사람과 비교하고 경쟁하는 마음이 앞서 왔다. 이
   제는 과거의 그런 나와 결별한다.
10. 나는 내가 최고가 되기 위해 언제나 자신을 다그치고 들들 볶았다.
    이제는 과거의 그런 나와 결별한다.

----

11. 나의 겉모습이 성공하는 자의 것이든 그렇지 않든, 내가 지닌 고유
    의 가치가 달라질 수는 없다. 그것을 확신한다.
12. 나는 있는 그대로의 자신을 인정하고 받아들인다.
13. 결국엔 성공이란 것도 자기만족을 위한 것이므로, 자기감정을 희
    생하면서까지 성공하는 것은 진정한 성공일 수 없다. 나는 내 감정
    을 존중한다.
14. 다른 사람이 내 영혼의 양식까지 챙겨주지는 않는다. 이제 나는
    무엇보다도 자신을 돌보고자 한다.
15. 나는 다른 사람의 성공과 성취를 기꺼이 받아들이고 축하한다.
16. 나는 남을 보살피는 따뜻한 마음씨를 지니고 있고, 선한 마음으로
    세상의 발전을 위해 일한다.

4번 유형: 침착한 개인주의자

1. 고통스럽고 어려운 일이 닥치면 나는 잠을 자 버리거나, 술을 마시
   는 등으로 회피하려고 하는 경향이 있었다. 이제는 과거의 그런 나
   와 결별한다.
2. 나는 세상에 대해 절망하고 죽고 싶다고 느낄 때가 많았다. 이제는

과거의 그런 나와 결별한다.

3. 나는 잘 모르는 사람들에게는 선뜻 다가서지 못하고 움츠러드는 경향 때문에 많은 어려움을 겪었다. 이제는 과거의 그런 나와 결별한다.

4. 눈을 감는다고 하여 보고 싶지 않은 사람이나 환경이 사라지는 것은 결코 아니다. 이제는 도피하려는 과거의 그런 나와 결별한다.

5. 어쩌다 여러 사람 속에 섞이더라도 나는 늘 외톨이가 되어 겉돈다는 느낌을 배제하기 어려웠다. 이제는 과거의 그런 나와 결별한다.

6. 나는 내가 늘 특별한 사람이고, 대다수 사람들과 다르다는 점을 자부심으로 알고 살아왔다. 이제는 과거의 그런 나와 결별한다.

7. 나는 번잡한 사람들을 떠남으로서 자신을 온전하게 보호할 수 있다고 생각하고, 그렇게 도피한 적도 있었다. 이제는 과거의 그런 나와 결별한다.

8. 나 혼자만의 환상과 로맨틱한 공상으로 시간을 보낸 적이 많다. 이제는 현실과 동떨어진 과거의 그런 나와 결별한다.

9. 나는 과거의 일들을 곱씹으면서 후회하고 자책하던 일이 적지 않았다. 이제는 과거의 그런 나와 결별한다.

10. 나는 어떻게든지 다른 사람의 관심을 끌기 위해서 모두가 다 선택하는 방향을 일부러 거스른 적도 적지 않았던 것 같다. 이제는 과거의 그런 나와 결별한다.

----

11. 독특한 사람이 되기 위해서 노력할 필요는 없는 것 같다. 장미는 애쓰지 않아도 저절로 장미꽃을 피운다. 이제 나는 있는 그대로의 자신을 사랑한다.

12. 사람과 사람이 정으로, 사랑으로, 우정으로 통한다는 것은 얼마나

큰 기쁨인가. 이제는 창문을 열고 사람들을 가슴으로부터 만나고
자 한다.

13. 이미 지나간 과거에 대해 이리저리 마음을 쓰는 것은 불필요한 소
모전일 뿐이다. 과거는 아무런 힘도 없다. 이제 나는 지금 이 순간
내가 어떤 생각을 하고, 무엇을 하고 있느냐에 집중하면서 살아간다.

14. 세상은 그래도 살 만한 곳이다. 시멘트 바닥에서도 틈만 있으면
꽃을 피우는 민들레처럼 나도 이젠 뭔가 내 안의 소질을 꽃 피울
때가 되었다고 믿는다.

15. 나는 내 주변 사람들과 세상을 있는 그대로 사랑한다.

16. 가만히 귀 기울이면 풀과 나무들, 하늘과 바람 소리가 나에게 뭔가
소중한 비밀을 속삭여 주는 것 같다. 나는 이제 내면을 고요하게
하고, 하늘의 소리를 듣고자 한다.

5번 유형: 초연한 지식인

1. 나는 자신이 무기력하다고 생각하고, 절망을 느낄 때가 많았다. 이
제는 과거의 그런 나와 결별한다.

2. 나를 에워싼 주변 세상이 무섭고, 그 속에서 살아가는 것이 두렵게
느껴질 때가 많았다. 이제는 과거의 그런 나와 결별한다.

3. 나는 다른 사람들이 나를 이용하고 착취할 것이라고 두려워했다.
이제는 과거의 그런 나와 결별한다.

4. 나는 사람들이 나에게 거는 기대가 너무 부담이었다. 주위의 모든
시선으로부터 도망치고 싶었다. 이제는 과거의 그런 나와 결별한다.

5. 나는 인생을 헤쳐 가기에는 너무 나약하다고 느껴왔다. 이제는 과거의 그런 나와 결별한다.

6. 나는 내 주변의 다른 사람들을 거부함으로써 스스로 고립시켜 왔다. 이제는 과거의 그런 나와 결별한다.

7. 나는 자신의 육체적인 건강을 돌보지 않았다. 이제는 과거의 그런 나와 결별한다.

8. 나는 모든 것을 다 알고 있다고 확신하기 전까지는 실천을 뒤로 미루는 경향이 있었다. 이제는 과거의 그런 나와 결별한다.

9. 나는 늘 나의 감정적인 욕구와 필요를 외면하려 했다. 이제는 과거의 그런 나와 결별한다.

10. 나는 현실과 직면하고 싶지 않아서 책과 이론 속으로 도망치려고 했다. 이제는 과거의 그런 나와 결별한다.

----

11. 인생에는 도저히 풀길 없는 모순이 있고, 그것은 그것 자체로서 놓아둘 필요가 있다.

12. 나는 이제 내 몸에도 관심을 갖고 사랑을 주려고 한다. "몸아, 난 너를 사랑해!"

13. 삶의 현실은 이론이나 개념의 틀에 집어넣을 수 없다. 아무리 방대한 책을 쓰더라도 한 방울의 물, 한 알의 모래가 가진 신비를 다 담아낼 수 없다. 이제는 그것을 인정하고 받아들인다.

14. 아무리 구하고 구해도 다 밝혀질 수 없는 것이 세상 만물의 이치다. 지식 너머의 신비한 세계가 여전히 거기에 남아있기에 세상은 그만큼 살만한 가치가 있다고 믿는다.

15. 나 혼자만의 세계를 인정하고 받아들임으로써 나의 오늘을 가능

하게 만들어 주었던 많은 이들에게 감사드린다.

16. 내 주변 사람들의 자유와 개성을 인정하고, 받아들이고, 그들 나름대로 주어진 길을 가도록 내 힘껏 지원할 것이다.

6번 유형: 용감한 충성가

1. 나는 미래에 닥칠지도 모르는 문제에 대해 걱정하고 두려워할 때가 많다. 이제는 과거의 그런 나와 결별한다.
2. 나는 다른 사람들에게 버림받거나 혼자만 남게 될 것을 두려워했다. 이제는 과거의 그런 나와 결별한다.
3. 나에게 문제가 있고 내가 잘못한 것이 분명한데도 남의 탓으로 돌리려는 경향이 있었다. 이제는 과거의 그런 나와 결별한다.
4. 자신을 믿을 수 없다고 의심하는 경우가 적지 않다. 이제는 과거의 그런 나와 결별한다.
5. 나와는 다른 의견을 가진 사람들에게 반감을 갖고 그들을 회피하려 했다. 이제는 과거의 그런 나와 결별한다.
6. 나는 나를 필요로하는 사람들에게 자신을 선뜻 내어주지 못하고, 도움을 베푸는 일에 인색했다. 이제는 과거의 그런 나와 결별한다.
7. 나는 자신의 실수와 잘못을 솔직하게 인정하지 못하는 경향이 있다. 이제는 과거의 그런 나와 결별한다.
8. 다른 사람들이 나를 해칠까 봐 두려워하면서 그들의 눈치를 살피는 경우가 적지 않았다. 이제는 과거의 그런 나와 결별한다.
9. 나 혼자 힘으로는 아무런 구실을 할 수 없다고 느낄 때가 적지 않았

다. 이제는 과거의 그런 나와 결별한다.

10. 무슨 일이든 가족이나 친구와 의논하면서, 나 스스로는 결단을 내리지 못했다. 이제는 과거의 그런 나와 결별한다.

----

11. '지금 이 순간'이 아닌 시간은 사람의 머릿속에서만 존재한다. 쓸데없는 근심 걱정일랑 날려버리자. 이젠 현재에 충실하자.

12. 나는 이제 가족이나 친구들과 의논하긴 하지만 어디까지나 그들의 의견을 참고하는 것일 뿐, 내 진로는 나 스스로 결정한다.

13. 나는 자신의 실수를 솔직하게 인정하고 받아들인다.

14. 나는 자신의 재능을 확신하고, 나의 재능이 세상에 가치 있게 쓰일 날이 올 것이라고 믿는다.

15. 내가 가장 만나야 할 대상은 '나 자신'이다. 때로는 전화 코드도 뽑아놓고, 텔레비전도 끄자. 가만가만 숨을 들이쉬고 내쉬면서 자신의 소리에 주의를 기울여 보자.

16. 죽음을 각오하면 위험한 일은 아무것도 없다. 나는 이제 누구의 눈치도 보지 않고, 내가 진정으로 하고 싶은 일을 하면서 살 것이다.

7번 유형: 맑은 정신의 열정가

1. 나는 좌충우돌 내 호기심이 이끄는 대로 살아온 경향이 있다. 이제는 과거의 그런 나와 결별한다.

2. 내 욕망이 이끄는 대로 끌려가면서 자신을 소모시켜 왔다. 이제는 과거의 그런 나와 결별한다.

3. 나는 언제나 더, 더 많은 것이 필요하다고 느껴왔다. 이제는 과거의 그런 나와 결별한다.

4. 나의 무모한 행동이 초래한 결과로부터 도망치려고 했던 적이 많았다. 이제는 과거의 그런 나와 결별한다.

5. 나는 내 욕구불만 때문에 다른 사람들을 공격하거나 모욕할 때가 적지 않았다. 이제는 과거의 그런 나와 결별한다.

6. 나는 자신의 만족을 위해서라면 다른 사람들이 다치든 말든 상관하지 않았다. 이제는 과거의 그런 나와 결별한다.

7. 나는 나 스스로를 과대평가하는 경향이 있다. 이제는 과거의 그런 나와 결별한다.

8. 외부의 무엇인가가 나를 행복하게 해줄 것이라고 생각하고 끊임없이 그것을 쫓아다녀 왔다. 이제는 과거의 그런 나와 결별한다.

9. 나는 늘 초조해하면서 그런 자신으로부터 도망치고자 끊임없이 무슨 일인가를 벌여 왔다. 이제는 과거의 그런 나와 결별한다.

10. 나는 늘 자신이 부족하다고 생각해 왔다. 이제는 과거의 그런 나와 결별한다.

----

11. 나는 한 번 정한 목표를 이루기까지는 한눈팔지 않고 매진한다.

12. 나는 이제 있는 그대로의 자신에게도 충분히 만족한다.

13. 나는 더 이상 내 흥미를 채워줄 꺼리를 찾아 헤매지 않는다.

14. 내가 내 중심을 잡을 때, 사랑과 행복도 진정 내 것이 될 수 있음을 믿는다.

15. 나는 더 이상 기이한 것만을 찾아 헤매지 않는다. 단순하고 평범한 것 속에서도 행복을 느낄 수 있다.

16. 나는 내가 살아 있다는 것에 감사한다. 주변 사람들에 대해 깊은 관심을 갖고, 그들의 행복을 위해 도움을 주고 싶다.

8번 유형: 소탈한 지도자

1. 나는 다른 사람을 지배하고자 내 뜻대로 되지 않으면 폭력을 행사하기도 했다. 이제는 과거의 그런 나와 결별한다.
2. 나는 적이냐, 아군이냐로 사람을 판단하는 경향이 있었다. 이제는 과거의 그런 나와 결별한다.
3. 나는 고통에 직면할 때마다 마음을 모질게 먹곤 했다. 이제는 과거의 그런 나와 결별한다.
4. 나는 자신이 약한 존재로 보이는 것을 두려워하고 싫어했다. 이제는 과거의 그런 나와 결별한다.
5. 나의 길을 가기 위해서라면 다른 사람들을 괴롭혀도 상관없다고 생각해왔다. 이제는 과거의 그런 나와 결별한다.
6. 나는 끊임없이 내 삶은 자신이 컨트롤해야 한다고 생각해 왔다. 이제는 과거의 그런 나와 결별한다.
7. 나는 늘 나 홀로 모든 것을 감당할 수 있다고 믿었고, 다른 사람들이 필요하지 않다고 생각했다. 이제는 과거의 그런 나와 결별한다.
8. 나는 다른 사람이 나를 지배하게 될 것을 늘 두려워했다. 이제는 과거의 그런 나와 결별한다.
9. 나는 사람들이 자신에게 관심을 갖는 것은 물론이고 내 중심으로 움직여야 한다고 생각해 왔다. 이제는 과거의 그런 나와 결별한다.
10. 나는 다른 사람들의 돌봄이나 애정이 필요치 않다고 생각해 왔다.

이제는 과거의 그런 나와 결별한다.

----

11. 나는 다른 사람들을 신뢰하며, 그들이 진정 행복해지기를 바란다.
12. 나는 너그러운 사람이며, 다른 사람들도 나와 마찬가지로 영예를 누릴 자격이 있음을 인정하고 받아들인다.
13. 나는 존귀한 사람이며, 존경받을 가치가 있는 사람이다.
14. 나는 나보다 위대한 권위가 존재한다는 것을 인정하고 받아들인다.
15. 나는 자신과 나의 열정을 충분히 다스리고 절제할 수 있다.
16. 나는 다른 사람들을 사랑하며, 다른 사람들의 사랑을 필요로 한다. 필요한 경우에는 그들에게 사랑해 달라고 요구할 것이다.

9번 유형: 근면한 평화주의자

1. 나는 어렵고 힘든 일이 있으면 그것을 늘 회피해왔다. 이제는 그런 나의 과거와 결별한다.
2. 나의 향상과 발전을 위한 것인데도 나는 지금껏 불편하고 어려운 것도 감당하려고 하지 않았다. 이제는 그런 나의 과거와 결별한다.
3. 나는 문제가 점점 커져서 도저히 어떻게 하지 않으면 안될 때까지 문제를 외면하고 무시해왔다. 이제는 그런 나의 과거와 결별한다.
4. 나는 다른 사람들의 눈치를 살피느라 정작 자신의 감정과 느낌에는 소홀히 해왔다. 이제는 그런 나의 과거와 결별한다.
5. 나는 전적으로 다른 사람들에게 내 삶을 의존해 왔다. 이제는 그런 나의 과거와 결별한다.

6. 나는 희망을 가지고 조금 애쓰다가도 쉽게 이루어지지 않으면 곧잘 포기해 버렸다. 이제는 그런 나의 과거와 결별한다.

7. 나는 정작 자신의 필요와 욕구에는 소홀히 해 온 것이 사실이다. 이제는 그런 나의 과거와 결별한다.

8. 나는 어떤 문제가 생기면 빠르고 쉬운 해결책만을 찾아왔다. 천천히 근본적으로 풀어야 할 문제가 있는데도, 장기전에는 늘 자신이 없었다. 이제는 그런 나의 과거와 결별한다.

9. 나는 늘 남을 위로하느라 바빴다. 다른 사람들과 잘 지내느라 불평불만이 있어도 참고, 하고 싶은 말이 있어도 참고 억눌러 왔다. 이제는 그런 나의 과거와 결별한다.

10. 나는 다른 사람들이 마치 내 인생을 어떻게 해줄 것처럼 생각해 왔다. 이제는 그런 나의 과거와 결별한다.

----

11. 나는 자신감 있고, 강하고, 독립적인 사람이다.

12. 나는 모든 일을 대충대충 넘어가지 않고, 철두철미 프로정신을 발휘한다.

13. 나는 내 주변의 세계에 대해 항상 깨어 있으며, 맑은 정신으로 살아간다.

14. 나는 어려울 때에도 늘 꿋꿋하게 스스로 헤쳐 나아간다. 내 주변의 사람들은 그런 나를 믿고 따른다.

15. 나는 자신을 깊이 들여다보면서 나의 느낌과 감정, 자신의 필요와 욕구를 확인하고 그것을 존중한다.

16. 나는 내 주변과 세상 사람들의 진정한 평화를 위해 일하고, 그들의 아픈 마음을 달래고 치유하는 사람이 될 것을 확신한다.

성서 인물 탐구와
나의 고백

Enneagram

성서 인물과 나의 고백으로 쓴
에니어그램

2부의 글은 공동체문화원 목회자반 회원들이 공동체문화원의 멘토이자 에니어그램을 가르쳐주신 고(故) 김영운 목사님의 저서 『에니어그램으로 본 성서인물이야기』(도서출판 삼인, 2013)를 읽고, 성서 인물을 분석하고, 각기 본인의 유형에 해당하는 자기 고백을 발표한 글들을 수정, 보완하여 구성하였다. 저서 인용과 발췌를 허락해주신 유족(저작권자)과 도서출판 삼인에 감사드린다.
이 발표 모임은 2015년과 2017년에 시작된 공동체문화원 목회자반 과정으로 이론 공부와 함께 매주 유형별 인물 탐색 과정을 발표하고 토론을 통해 서로의 이해를 넓히며 자신을 찾아가는 여정이었다. 이 책은 그 결과물이다.

1번 이야기

　에니어그램 1번 유형은 개혁형이다. 더 나은 세상을 만들어야 하는 책임이 자신에게 있다고 생각한다. 그래서 옳은 일을 하려고 노력하고 완전하게 해내려고 무엇이든 열심히 한다. 1번은 자신의 이상을 추구하고 원칙이 지켜져야 한다고 생각하기 때문에 원칙이 지켜지지 않을 때 화가 난다. 물건이 제자리에 놓여있지 않거나 그릇이 깨끗하게 닦여있지 않을 때, 치약의 중간 부분을 눌러 짜 쓸 때와 같이 사소한 것들을 지적하고 바로 잡아주면서 올바르게 지켜나갈 것을 요구한다. 완전한 세상을 꿈꾸지만 완전하지 않은 것을 보면 1번은 분노가 올라온다. 자기처럼 열심히 살지 않는다고 여기며 실망하는 1번은 자신의 관점이 옳다고 고수하고 다른 사람의 관점을 받아들이기 어려워하기 때문에 의견을 말할 때 강압적이고 다른 사람들에게 비판적인 태도를 보인다. 그래서 인간관계에서 문제가 발생할 가능성이 많다. 젊어서는 친구가 많았을지라도 나이가 들어감에 따라 친구들이 다 떨어져나가 외로운 노년을 보낼 수 있다.

　1번은 자신의 욕구는 물론 감정까지 억압하며 자신을 엄격하게 통제한다. 그래서 다이어트나 금연을 하겠다고 마음을 먹으면 지독하리만큼 철저하게 지켜내는 걸 보곤 한다. 1번은 정직이라는 원칙을 지키기 위해 거짓말을 절대 하지 않는다. 그래서 'Yes'라고 할 수 없을 때에는 절대로 'Yes'라고 하지 않는다. 그러나 때로는 'No'라고 말하기도 곤란할 경우가 있는데, 그럴 때 1번은 시선을 피하면서 입을 다물고 샐쭉한다. 1번의 대답을 침묵 속에서 기다리게 되는데 그러다보면 상대방은 무시당한다는 느낌이 든다. 아무리 곤란해도 'Yes'든 'No'든 대답을 해주는 친절함이 필요하다. 1번은 숲보다는 나무만 보면서 세부사항에 매달리기 때문에 부정적인 의견을 내놓기가 쉽다. 새로운 일을 시작하고자 할 때에 1번의 반대의견으로 인해 어려움을 겪을 수도 있고, 이미 마무리가 된 일에 대해서는 계속 문제를 제기하며 논쟁할 수도 있다. 또 1번은 말과 행동에 일관성을 가지려고 노력하기 때문에 이러한 성향은 과거에 이미 알고 있는 정보에 대해 고착되기 쉽다. 그래서 1번은 다른 측면으로 바라보거나 새로운 정보가 추가되는 것에 저항한다. "내가 알기로는 이러이러한데 왜 저렇게 돼서 그렇게 됐다고 합니까?"라거나, "나는 이렇게 알고 있는데 그건 아니라고 봅니다. ○○부분에 대해서 왜 그런지 상세히 설명해주세요"라며 질문을 하는데 질문이라기보다는 항의에 가까워 외골수로 보일 수 있다.

잘못된 것들을 개선하여 올바른 세상을 만들어야 한다는 짐을 짊어지고 사는 1번은 옳지 않은 것들이 눈에 띌 때마다 분노가 올라온다. 1번은 이러한 자신의 분노를 의식하기도 하지만 분노를 기피하기 때문에 분노를 잘 느끼지 못해 자신의 분노를 부인하며 화가 난 것이 아니라고 말한다. 화가 난 것을 인정하기보다는 제대로 잘하기 위해 노력하는 것이라고 자신의 분노를 정당화한다. 돈 리차드 리소는 1번이 분노를 억제하거나 정당화하지 말고 분노를 있는 그대로 느끼는 법을 배우면 크게 성장할 수 있다고 말한다.

1번은 하나님만이 완전을 이루는 분이심을 받아들여야 한다. 인간은 그 완전을 향해 가는 과정 중에 있는 존재이며, 그 과정 중에 있기 때문에 불완전함도 있고 실수라는 과오를 범할 수도 있는 것이다. 이것이 바로 성숙을 향해 나아가는 과정이며 인간이라는 피조성을 받아들이는 것이다.

건강한 1번은 똑소리가 나고 스마트해 보이는 것이 아니라 오히려 바보스럽고 경망스럽게 보인다고 한다. 완전을 고집하지 않고 자신의 입장을 강하게 주장하지 않기 때문이다. 판단을 하지 않고 너와 내가 다르다는 것을 받아들이는 부드럽고 너그러운 사람이기 때문이다. 그래서 건강한 1번은 설교를 통해 상대방을 고치려 하지 않고 모범이 되는 삶을 산다. 모두 1번을 따라가고 싶어지게 만드는 것이다. 완고한 개혁가가 아닌 지혜롭게 다른 사람들의 생각이나 행동이 개선되도록 만드는 온화한 개혁가인 것이다.

분노에 사로잡히지 않고
평정심으로 성숙했으면…

최정의팔

(사) 와일드플라워글로벌유스 이사장)

공동체문화연구원 원장 윤명선 목사님으로부터 배우기 시작한
에니어그램은 내 성격을 돌아보는 데 많은 도움을 주었다. 처음 성격
분석을 할 때 내가 무슨 유형인지 잘 파악되지 않았다. 에니어그램
분석지에 응답해보니 대부분 유형의 점수가 낮게 나왔다. 현재뿐만
아니라 과거 어렸을 때를 중점에 두고 다시 해보란다. 두어 번 해보
니 그래도 비교적 높은 점수가 나오는 두 유형이 있었다. 1번 개혁가
형과 3번 성취형에 많은 점수가 나와서 헷갈렸다. 여러 사람들과 그
룹 토의를 통해 서로 의견을 나누며 자신을 돌아보았다. 주위에서는
내가 전형적인 1번 온화한 개혁가에 가깝다고 한다.

1번 유형은 합리적이고 원칙적이고 규율을 중요시하나 독선적인
면도 있다. 다른 여덟 가지 유형에 비해 화를 더 잘 낸다. 소위 '분노'
가 내 유형의 아킬레스건이라고 한다.

1번 유형은 완전주의를 지향하다 보니 불만족이 많다. 불만족으로 인해 화를 잘 내지만, 분노를 회피하려고 참다가 결국 폭발하곤 한다. 이것이 나의 숨은 격정이자 단점이라고 한다. 내가 성숙하기 위해서는 내 모습을 관찰하고 그때마다 분노하는 격정을 살펴 회개하고 거듭나야 할 것 같다.

I. 바울, 성서의 1번 유형 인물

성서에는 다양한 인물들의 성격이 가감 없이 그려지고 있다. 우리는 김영운 목사가 지은 『에니어그램으로 본 성서인물이야기』를 통해 각자 유형에 대해 토의하게 되었다. 9개월 동안 27명 인물의 성격 유형을 돌아보면서 각 유형에 대해 이해를 높이게 되었다. 나는 일단 1번 유형이라고 간주하고 1번 유형의 대표적인 인물을 통해 나를 다시 보게 되었다. 김영운 목사는 성서에서 1번 유형을 대표하는 인물로 모세, 세례 요한, 사도 바울을 꼽고 있다. 나는 이 중 사도 바울을 통해 1번 유형에 대한 이해를 넓히고 또 내 유형을 비교하면서 살펴보고자 한다.

1. 사도 바울의 행적

사도 바울의 유대식 이름은 사울이고, 그리스식으로는 바울로 불린다. 사울은 가말리엘 문하생으로 베냐민 지파에 속한 소위 '지식층'이라고 할 수 있다. 그는 바리새파로 유대교 교리에 우직하게 충성했다. 그는 예수가 메시아이며 부활하셨다는 신앙을 가진 예수쟁이들을 박해하기 위해 다마스쿠스로 갔다. 그는 노상에서 예수를 만나 회심하고 반대로 지독한 예수쟁이가 되었다. '사울'에서 '바울'로 변한 그는 그리스도를 전파하다가 로마에 붙잡혀 처형당했다.

바울 행적은 사도행전에 자세히 기록되어 있다. 그가 쓴 편지는 기독교의 기본 신학이 되었다. 이렇게 볼 때 바울은 사실상 교회 기초를 놓은 대표적인 그리스도 제자다.

2. 바울에게 나타난 격정, 분노

1번 유형은 원칙주의자로서 정의에 목숨을 걸 정도로 열정을 쏟는다. 이 과정에서 1번 격정인 분노가 표출된다. 그리스도인들을 잡으려고 다마스쿠스로 가는 모습에서 사울이 갖고 있는 격정이 잘 드러난다. 그는 그리스도인들이 자기가 믿는 유대교에 반한다고 생각했다. 그는 자원해서 이들을 잡겠다고 대제사장 허락을 얻어 다마스쿠스로 간다. 바리새파 집안으로 가말리엘 문하에서 공부한 정통 유대교 신자인 사울 입장에서 볼 때 그리스도인들은 당연히 없애야 했다. 사울이 갖고 있는 분노가 얼마나 강했던지 "살기를 띠고 있었다"라고 사도행전이 증언하고 있다.

1번 유형은 자신이 옳다고 믿는 일을 위해서는 살기를 띤 분노를 표출한다. 불건강할 경우 1번은 남을 관용하지 못하고 내가 틀렸다고 생각하는 사람이나 사건에 대해 분노하게 되고, 그 분노는 복수로 이어지게 되며 살기를 띠게 된다.

이와 반대로 회심한 후 바울은 그리스도를 전파하기 위해 열심이다. 이 과정에서도 자기 격정인 분노를 여실히 보여준다. 바울이 갖고 있는 격정은 바울 서신 중 대부분에 드러나 있지만 갈라디아서에 가장 도전적이고 격정적으로 나타난다. 신학자들은 바울이 쓴 갈라디아서를 '분노의 편지'라고 일컫는다. 이 편지를 쓸 때 바울이 다마스쿠스에서 변화 체험을 했다. 그렇지만 그는 성격상 통합을 이루지 못한 상태이다. 바울은 아직도 잘못되었다고 느끼는 것에 화를 참지 못하고 분노하고 있다. 그는 자신의 사도성을 인정하지 않으려는 자들에게 자신이 갖고 있는 정당성을 설파한다. 율법에 기록된 대로 할례가 아닌, 그리스도를 통해 얻은 자유를 가르치기 위해 공격적으로 지적한다. 그는 이방인과 유대인 사이에서 우왕좌왕하는 교회 수장인 베드로를 위선자라고 직설적으로 비난한다. 갈라디아서 2장 11절 이하에서 베드로가 안디옥에 왔을 때 공개적으로 비판했다. 베드로가 이방 사람들과 함께 음식을 먹다가 할례 받은 사람들을 두려워하여 그 자리를 떠나 물러난 일 때문이다.

사도행전 15장 36절 이하에 보면 바울은 그에게 많은 도움을 주었던 바나바와 헤어졌다. 그 이유는 마가와 동행하는 문제였다. 바나바의 조카인 마가가 선교 여행 중에 대열에서 이탈했다가 돌아오자 용서하지 못하고 칼같이 바나바와 오래된 관계를 정리한다. 바울은 죽음을 앞두고 바나바와 헤어졌던 일을 후회했다. 그는 디모데에게 마가를 감옥에 데리고 오라고 부탁했다. 바나바가 그 이름 뜻대로 '위로자' 역할로 바울을 많이 도와주었다는 사실, 후에 바울이 감옥에 갇혔을 때 마가를 데려와 달라고 부탁한 것 등으로 미루어 바울이 조급한 본인 성격 때문에 바나바와 갈라졌다고 볼 수 있다.

3. 바울이 가진 함정, 완전주의

바울에게서도 1번 유형 함정인 완전주의자로서 격정이 잘 드러난다. 자기가 옳다고 믿는 것에 대해서는 양보가 없이 원칙을 고수한다. 완전한 유대인이 되고자 그리스도인을 박해하는데 살기를 띨 정도였다. 완전한 그리스도 사도가 되기 위해서는 목숨까지도 건 온갖 박해와 위험을 무릅썼다. 이렇게 자기가 옳다고 믿은 일에 대해서 그 일을 완전하게 이루고자 하는 강한 욕망으로 원칙주의자가 된다. 자기가 전한 복음에서 벗어남은 완전에서 이탈이기 때문에 용납할 수 없다. 짜증이 나고 그 짜증이 분노로 이어진다. 완전해지려는 욕망이 함정으로 작용해서 분노라는 격정으로 이어진다. 바울 편지를 보면, 그가 전한 복음이 완전하다는 주장과 그런 복음을 완전하게 따르지 못하는 교인들에 대한 질타가 곳곳에 있다. 이러한 바울 질타에는 다분히 그의 분노가 내포되어 있다.

4. 바울도 완전하지 못해

사도 바울처럼 1번 유형은 완전이나 원칙을 추구한다고 하지만 그 본인도 완전하지는 않다. 바울 편지 곳곳에 보면 복음에 대한 열정에서는 일관성이 있지만 그 내용을 설명할 때는 자신이 오랫동안 물든 유대교 전통이나 그리스와 로마 사회 관습에서 받은 영향에서 자유롭지 못하다. 곳곳에서 이율배반적인 모습을 보인다.

갈라디아서 3장 28절에 보면 바울이 믿은 복음은 그리스도 안에서 유대인과 이방인, 종이나 자유인, 남자와 여자가 다 하나다. 그러나 고린도전서 11장, 13장에서 보면 "여자는 머리에 수건을 써라, 여자는 남자에게서 지음을 받았으니 여자 머리는 남자다"라고 유대교 전통에 의한 관습을 주장했다. 그러다가 바울은 다시 돌이켜 "그리스도 안에서는 남자 없이 여자가 있을 수 없고, 여자 없이 남자도 있을 수 없다"라고 자기 말을 뒤집어놓고 다시 원점으로 돌아간다.

그는 본인이 쓴 편지 곳곳에서 율법을 따르는 교인들을 비판하고 그리스도인 자유를 말했다가 13장에서는 "율법에서 말한 대로 여자는 복종하라, 교회에서 말하는 것은 부끄러운 일이다"라고 일관성 없는 주장을 한다. 자신이 일관성 없는 원칙을 말해놓고 그 원칙을 따르지 않는다고 분노하는 바울! 바울의 경우를 미루어 볼 때 1번은 완전과 원칙을 추구하지만 그 완전과 원칙은 자기 식대로 원칙과 완전일 경우가 있음을 볼 수 있다.

5. 분노를 극복하고 성숙해진 바울

바울은 1번 격정인 분노를 유감없이 발휘한 사람이다. 그는 완전주의자로 자라 완전주의를 추구하며 살았기 때문에 불완전한 것을 포용하지 못했다. 원칙에 어긋난 것에 대한 불만이 분노로 이어지며 나중에는 살기까지 표출하였다. 이러한 분노는 타인뿐만 아니라 자기 자신에게까지 향하였다. 바울은 완전하지 못한 자기 자신에 대해, 속사람과 겉 사람이 다른 자기 모습에 대해, "오호라, 나는 비참한 사람이다. 나는 속사람으로는 하나님 법을 즐거워하나 내 지체에는 다른 것이 있어서 내 마음의 법과 맞서고 있다"(롬 7:21-25)라고 고백할 수밖에 없었다.

바울은 그리스도를 만난 후 회심하여 완전하고자 한 자기 함정에서 벗어나 그리스도의 겸손을 본받는 자가 되고자 애쓴다. 그는 여러 교회에 편지를 보내 어려운 가운데서도 기뻐하고 감사하는 삶, 그리스도를 본받아 겸손하고 낮아지는 삶, 그리스도 사람으로 본보기가 되는 삶을 설파하고, 인생 목표를 자기 영광이 아니라 모든 것을 하나님 영광에 두라고 강조한다. 그는 "사랑이 가장 중요한 선"이라고 선언하는 성숙을 향해 나간다. 바울은 디모데후서 4장 6절에서 "나는 선한 싸움을 다 싸우고, 달려갈 길을 마치고 믿음을 지켰습니다"라는 고백을 할 수 있는 성숙한 사람이 되었다. 이런 성숙한 삶은 쉽게 오는 것이 아니다. 바울은 마음법과 육신법 사이에서 끊임없이 마음법을 따르기 위해 자신과 싸운다. 바울은 이러한 노력을 하다가 종국에는 자기 힘으로만 부족함을 느낀다. 그는 자기 약함을 인정하고 성령 도우심을 부단히 간구하는 가운데 속사람이 새로워지고(고후 4:16), 복음 사도로서 균형을 이루어간다.

II. 1번 유형인 나의 고백

1. 바울을 통해 본 나

기독교 토대를 세운 사도 바울은 내가 범접할 수 없는 성인이다. 사도 바울이 분노를 표출하는 것을 읽으면서 내가 얼마나 화를 잘 내고 있는지 스스로 돌아보게 된다. 1번 유형은 성취형으로 개혁자 기질이 강하다고 한다. 완벽주의자이고 원칙주의자라서 불완전하거나 무원칙한 것을 보면 분노가 올라온다. 사실 나도 그런 경우에 분노할 때가 많다. 스스로는 분노가 불완전함을 드러내는 것인 줄 알기 때문에 분노를 기피하며 참는다. 그러다보니 억제심리가 강해 표정이나 분위기에 긴장감이 돌게 만든다. 교훈적이고 비판적인 말을 많이 해서 진지하고 엄격한 모습이 잘 드러나 주변 사람들을 긴장하게 만든다.

어느 날 아내가 내 얼굴에서 섬뜩한 느낌을 받을 때가 있었다고 충고했다. 젊어서는 그렇지 않았는데, 10여 년 전부터 그런 느낌을 받았다고 한다. 그 정도가 워낙 심해서 두려움을 느낄 정도라고 하니, 내 나이가 칠순도 지났는데 보통 일이 아니다. 최근 몇 년 동안 어려운 경제 상황으로 인해 마음이 안정되지 않았지만, 아내까지 내 얼굴 표정에서 공포를 느낄 정도라니…. 내 어려운 경제 상황은 자신보다 남들로 인해 생겼다. "장애인 돈을 갚지 않을 수 없다"고 부도난 신용협동조합에 무모하게 뛰어들고, 신용불량 상태인 분에게 과도하게 외상을 주었다. 나와 관련된 자금을 운영하던 분이 주식투자를 잘못했다. 이런 것이 모두 나에게 쌓이다보니 내가 감당하기에는 벅찼다. 나에게 어려움을 겪게 만든 이들에게 섭섭함을 갖는 것은 타당성이 있다고 하더라도 내 내면에 쌓인 분노는 내가 해결해야 할 문제이다.

2. 바른 아이 컴플렉스

1번 유형은 만 여섯 살을 전후해 무섭고 엄격하며 냉정하거나 부재중인 아버지와 경험으로 인해 아버지에게 부정적인 기억을 가진 유형이라고 한다.

내 부친은 그렇게 무섭다거나 엄격하지는 않았지만 아버지와 대화를 나눈 기억이 거의 없다. 나는 7남매 중에 6번째여서 주로 둘째 누나가 나를 돌보아왔다. 시골에서 초등학교 5학년 말에 서울로 전학을 왔고, 그 후에는 주로 둘째 누나와 함께 살았다. 아버지는 시골에 계셨기 때문에 겨우 방학 중에 만날 수 있는 분이었다. 시골에 가서도 아버지는 농사를 지어야 하고, 위의 형제들이 많았기에 아버지와 따뜻한 관계를 맺지 못하였다. 이 점은 내 아들과의 관계에서도 마찬가지로, 자신도 바쁘다는 핑계로 그렇게 대화를 많이 하지 못하고 있다. 나 스스로 많은 반성을 하게 된다.

나는 주위에서 머리가 좋다고 칭찬을 많이 받아서, 어려서부터 '바른 아이 콤플렉스'를 가지고 살았다. 선생님이나 상사 앞에 서면 긴장을 많이 했다. 완벽을 추구할 뿐만 아니라 욕먹을까 봐, 잘못을 지적당할까 봐, 나는 두려워했다. 나는 선생님으로부터 야단을 맞거나 매를 맞은 적이 한 번밖에 없다. 지금도 초등학교 1학년 때 담임선생님으로부터 뺨을 맞은 것을 생생하게 기억한다. 그 이후에는 어디에서도, 누구에게서도 야단을 맞거나 혼난 적이 없었다. 자신이 실수와 무결점을 추구하다 보니 남의 실수와 결점에 독선적으로 분노를 표출하고 지적한다. 내가 신문사에 근무할 때 밑에 직원들에게 어지간히 많이 지적했는지 직원들이 많이 힘들어 했다. 지금도 그때 함께 일했던 분들이 나를 만나면 그 이야기를 한다. 민중교회 후배 목사들도 내가 지적을 많이 하여 그러한 지적이 옳은 것이었지만, 부담이 많이 되었다고 한다. 나를 '최핏대'라고 부른다는 말을 들을 적이 있다. 화를 내면서 잘못된 것에 지적을 많이 했기 때문이다. 오죽하면 사람들이 나를 보고 '최 핏대'라고 불렀을까!

3. 성숙하여 평정심을 갖기

성격 유형에 물들지 않은 '참 나'를 찾아가기 위해서는 자기 수련이 필요하다고 한다. 내가 분노할 때, 있는 그대로 분노하는 자신을 받아들이고, 그것을 관찰하고 있으면 내 속에 있는 힘이 그것을 알아차리고 슬며시 분노에서 빠져나가게 만든다고 한다. 나는 '고스톱'이란 화투놀이를 좋아한다. 그러나 서로 즐겁게 놀자는 놀이임에도 불구하고 도중에 원칙을 어기면 화를 많이 내며 내 나름의 원칙을 지적한다. 심지어 판돈을 나누어주고 놀다가도 내 원칙대로 놀지 않으면 화를 낸다. 이때 분노하는 내 모습을 돌아보면서 내가 참 우습게 보인다. 나의 인생도 비슷한 것이 아닐까? 하느님께서 이 세상에서 재미있게 놀라고 세상이란 놀이터에 나를 보냈는데, 나는 내가 세운 함정인 원칙과 정의에 빠져 분노하고 있으니…. 나는 '행복한 들풀'이란 별칭을 즐겨 사용한다. 뻣뻣한 나무처럼 한 번에 쓰러지지 말고 들풀처럼 이리 넘어지고 저리 넘어져도 행복하게 다시 회복하는 모습을 추구하려고 그런 별칭을 즐겨 부른다.

1번 유형인 나는 남에게 받는 비난이 두려워서, 스스로에게 좀 더 나아져야 한다는 의무감을 갖게 된다. 내가 품고 있는 높은 이상을 따르다보니 완전이란 함정에 빠진다. 완전주의와 옳음을 지향하다보니 불의와 불완전을 보면 참을 수가 없다. 그러한 것을 지적하다 화(火, anger)라는 격정에 휘말린다. 화를 내는 것도 완전이 아님으로 기피하려고 하지만, 내가 갖는 분노가 끓기 시작하면 억제를 못한다. 바울에게 보듯이 1번 유형에서 분노가 생기면 살기를 띠고 살인으로까지 이를 수 있다. 인간은 그 누구도 완전할 수가 없다. 하나님밖에는 완전할 수가 없다. 나 자신뿐만 아니라 다른 사람들에게도 완벽을 요구할 수 없다. '분노'란 격정을 사로잡고 '완전'이란 함정에 빠지지 않으려면 완벽한 하나님의 창조방식을 따르고 모든 대상을 있는 그대로 받아들여야 한다.

이렇게 성숙해져서 평정심을 갖고 너그럽고 온화한 모습으로 정의와 평화를 추구하고 싶다. 원칙을 중시하면서도 온화하고 너그러운, 오류를 인정하고 개선책이나 대안을 제시하는, 미래지향적인 지혜를 살려나가고 싶다. 에니어그램 수련을 통해 궁극적으로 내 속에 있는 하나님 형상을 회복함으로써, 즉 '참 나'를 회복함으로써, 자신의 본성을 회복하게 되기를 간구한다.

4. 나의 기도

제가 말을 거칠게 하는 것은
제 안에 분노를 안고 있기 때문입니다.
제가 부정적인 언어를 많이 사용하는 것은

마음에 두려움이 있기 때문입니다.
제가 과장되게 이야기하기를 좋아하는 것은
제 마음이 궁핍하기 때문입니다.
제가 자랑을 늘어놓기 좋아하는 것은
제 마음에 안정감이 약하기 때문입니다.
제가 항상 비판적인 말을 하는 것은
제 마음에 비통함이 있기 때문입니다.
제가 다른 사람을 헐뜯는 것은
제 마음이 열등감에 사로잡혀 있기 때문입니다.
제가 다른 사람 말을 듣지 않고
자기 말만 하려는 것은 제 마음이 조급하기 때문입니다.

저는 이런 사람이 되고 싶습니다.
저의 마음이 행복해서 항상 다른 사람을 격려하고
제 마음이 안정적이어서 부드럽게 말하고
제 마음이 담대해서 진실되게 이야기하고
마음에 사랑이 많아 위로의 말을 내어 주고
겸손해서 과장하지 않고 사실을 말하고
마음이 여유로워서 말하기에 앞서
다른 사람의 말을 잘 듣고 싶습니다.

온유하고 부드러운 개혁가를 소망하며

최경원

(한양대학교 에니어그램 강사)

I. 세례 요한

에니어그램 1번 유형으로 분류되는 세례 요한은 기원전 6~2년에 아론의 후예로서 아비야 조에 속한 제사장 사가랴와 그의 아내 엘리사벳 사이에서 태어났다. 요한은 4복음서에서 공통적으로 비중 있게 다루어지는 예언자이다. 하나님께서는 말라기와 마태복음 사이의 400여 년 동안 예언자를 세우시지 않으며 침묵하셨다. 그때 사막의 교부처럼 광야와 사막의 영성으로 살아가는 요한에게 하나님의 말씀이 내렸다. 황제, 총독, 분봉왕 그리고 제사장도 아닌 요한에게, 그것도 성전도 아닌 광야에 오신 것이다. 누가복음 3:2b-4 말씀에 "하나님의 말씀이 광야에 있는 사가랴의 아들 요한에게 내렸다." 요한은 요단강 주변 온 지역을 찾아가서, 죄사함을 받게 하는 회개의 세례를 선포하였다. 그것은 이사야의 예언서에 적혀 있는 대로였다.

"광야에서 외치는 이의 소리가 있다. 너희는 주님의 길을 예비하고, 그 길을 곧게 하여라"라고 써 있다.

하나님의 소리를 받은 요한은 1번 유형의 특성을 발휘하여 개혁가적인 사명감과 책임감으로 무장하였다. 그는 사람들에게 세례를 주며 죄의 회개를 외쳤고, 그들의 가치관의 전환을 촉구했다. 결국 그는 사랑과 정의가 실현되는 평화의 나라, 즉 하나님 나라를 세우러 오시는 예수를 증언하기 위해 세례 운동을 펼친 것으로 이해할 수 있다. 이 세례 운동은 곧 구원의 은혜로 이어진다. 누구나 죄를 회개하여 물로 씻김으로 세례의 표징을 받으며 하나님의 구원을 보게 되는 것이다. 그리하여 구원 그 자체이신 예수 그리스도를 경험하는 것이다.

제정일치 시대에서 당시 상황은 요한을 강하게 정의를 주창하도록 내몰았다. 최고 지도자 계급인 사두개파 제사장들은 로마와 타협하며 살았고, 평신도 지도자인 바리새파는 율법주의와 형식주의에 빠져 있었다. 또한 열심당원들은 이스라엘 독립운동을 한 사람이었고, 헤롯당원과 세리 등은 로마의 앞잡이였다. 이런 상황에서 민중들은 도탄에 빠져 메시아가 오시기만을 갈망하는 처지였다.

정치 지도자들에게 개혁을 기대할 수 없는 상황에 있다는 것이 그 어떤 유형보다도 1번들에게는 버티기 어렵고 힘든 일일 것이다. 결국 요한은 하나님께 전적으로 헌신한 나실인으로서 타락한 제사장 계급인 사두개파에서 떨어져 나와 메뚜기와 들꿀을 먹으며 낙타털옷을 입고, 에세네파처럼 광야에서 은둔생활을 하면서 경건과 순결을 지키며 살았다.

종교 심리학자 윌리엄 제임스는 무섭거나 근엄한 아버지 밑에 자라난 1번들은 대체로 신을 두려움의 대상으로 보며, 하나님이 완전하신 것처럼 그들도 완전해지려 노력하는 성향이 강하다고 말한 바

있다. 이런 정의감에 입각한 완전주의 성향으로 세례 요한은 헤롯 안티파스가 동생의 아내 헤로디아와 결혼할 때 "그 여자를 차지하는 것은 옳지 않습니다"(마 14:4)라고 비판했다. 그 결과 감옥에 갇힌 몸이 되었다가 결국에는 참수형을 당하는 희생양이 되었다.

II. 나와 세례 요한

1번의 유아기 기원은 아버지와 부정적이다. 요한의 잉태와 출생 당시 나이가 많았던 아버지 사가랴는 늦둥이 아들에게 애정 표현과 교감이 쉽지 않았을 것이다. 게다가 요한이 가브리엘 천사를 통해 특별한 계시와 수태고지를 통해 태어난 자식이기에 허물없이 대하기가 어려웠을 수도 있다.

요한과 마찬가지로 1번인 나는 어린 시절에 아버지와 부정적인 관계가 형성되었는데 나의 출생을 아버지가 반기지 않았던 것이다. 나는 딸 둘을 낳고, 사고로 남아를 사산했던 가정에 셋째 딸로 태어났다. 아들을 기대하던 아버지는 실망하여 며칠간 병원에 방문조차 하지 않으셨다고 전해 들었다. 에니어그램 유형 형성에 지대한 영향을 미치는 유아기 기원이 무의식적으로도 작용하는 것에 놀라지 않을 수 없다.

그리고 나는 성장하면서 맞닥뜨린 남아선호 사상과 남존여비의 불공정하고도 불합리적인 측면에 맞서서 더 나은 세상으로 개선하고 개혁하려는 면모도 꾸준히 보여 왔다. 초등학교 시절 남학생들에게 뒤지지 않고 오히려 반장, 회장을 하며 리더십을 발휘하였다. 그리고 6녀 1남의 집안에서도 매사에 적극적으로 활동하며 쾌활하게 지냈다. 중·고등학교 사춘기 시절에 다소 침체된 나날을 보내기도 했지만, 대내·외적으로 원칙을 지키며 지냈고, 옳고 그름에 대한 신념은 항상 나에게서 떠나가지 않는 삶의 지표였다. 결혼하여 딸 하나를 먼저 낳고, 밑으로 아들 둘을 더 낳았다. 내가 어린 시절에 겪었던 불합리한 고리를 끊고 싶어서 나의 자녀들에게는 차별대우를 전혀 하지 않았다. 주님 안에서 평등하게 키웠다는 자부심을 갖고 있다.

대부분의 1번은 아버지나, 아버지 같은 사람 앞에 서면 긴장을 한다. 또한 이들은 아버지처럼 살고 싶지 않고, 아버지 같은 사람이 되고 싶지 않다고 한다. 이런 점 때문에 요한은 제사장 반열을 이어가지 않고 주로 광야에서 은둔 생활을 했을 것이라는 점이 이해가 된다. 이렇듯 아버지를 부인하는 점에서 나의 경우, 내가 결혼 상대자를 선택함에 있어서 전적이라고 말할 수는 없지만 상당 부분 영향을 미친 것 같다.

나의 부모님은 동갑으로 위화감 없이 꽤 민주적인 가정을 꾸리셨다. 그러나 법 없이도 살 수 있는 착하고 순한 우리 아버지도 어쩔 수 없는 유교적인 사회와 시대의 산물이셨기에 가정 경영이나 자녀 교육에는 한 발 뒤로 물러나 계셨다. 이런 점 때문에 아쉽고 섭섭하셨을 엄마는 자주 불만을 토로하며 자녀들 앞에서도 잦은 언쟁을 하셨다. 왠지는 모르겠으나 어린 나는 이러한 현상을 나이 차이가 적어서 그랬던 것으로 해석하며 "나는 커서 나이 차이가 많이 나는 사람과 결혼해야지" 하는 막연한 바람을 갖게 되었다. 우리는 살면서 크든지 작든지 기도의 응답을 받는데 이 대목에선 나는 아주 확실한 응답을 받은 것이다. 참고로 나는 열 살 이상 나이 차이가 나는 사람과 결혼을 하였다. 나는 나이 많은 배우자를 존중하지만, 매사에 무조건적으로 복종하지는 않는다. 나의 목소리를 내야 할 경우에는 분명하게 내 생각을 피력하곤 한다.

에니어그램에서 말하기를 분별의 지혜와 책임의식이 강한 1번은 분에 넘치는 것을 꺼리는 경향이 있다고 한다. 나는 단순하지만 고급스럽고 장인정신이 깃든 아이템이나 공간 그리고 그런 라이프 스타일을 좋아한다. 그렇기에 지나치게 부를 과시하고 추구하는 사람들에게서, 또한 그러한 세태나 환경에서 불편함을 느껴왔다. 그동안은 나의 이런 점을 단지 취향적인 면과 신앙적인 측면으로만 해석해 왔는데, 이제 보니 나의 이런 점이 에니어그램적으로도 일치하는 점이 있는 듯하다.

헤롯이 본부인을 내치며 제수(弟嫂)를 자기 부인으로 맞아들이는 부도덕함을 드러낼 때 세례 요한은 이에 맞서 옳지 않다며 직언하였다. 나도 요한처럼 도덕이나 예의는 물론이고 사소한 논리나 원칙에 어긋나는 상황과 직면하게 되면 쓴소리를 하는 편이다. 얼마 전 어느 과정의 수료증을 주는 일에 있어 책임자인 남편이 처음 규정과는 다르게 기준을 턱없이 낮추기에 발끈하며 직언하였다. 감히 세례 요한의 경우와 비교하기에는 하찮은 에피소드이지만 입바른 소리를 하는 1번의 격정인 분노와 더불어 함정인 완전을 드러냈던 일의 단면으로 보인다. "힘을 빼고 논리만 짚어주었더라면 좋았을텐데…" 하는 반성을 해 본다. 실제로 배우자가 에니어그램적 수련의 마지노선인 듯하다. 왜냐하면 에니어그램으로 깨어나기 전과 비교했을 때, 밖에서는 다른 사람들에게 1번의 자기 옳음과 깐깐함 또는 까다로움을 많이 내려놓고 대함으로써 관계가 경직되지 않고 한결 유연해진 것이 사실인데, 유독 가족들에게는 그게 잘 안 된다.

III. 자기 관찰과 변화

에니어그램을 배우는 초기에 1번은 자신의 생각과 방법만이 옳다고 믿고 그것을 주장하며 강요하는데 이것이 곧 독선임을 깨닫고 소스라치게 놀랐다. 사실 많은 경우 1번이 분명하고도 합리적인 의견이나 관점을 제시하는 편이다. 다만 그것이 유일하거나 언제나 옳고 최선일 수는 없다. 이 세상에는 수없이 많은 사람들이 어우러져 다양한 생각과 목소리를 내기에, 1번의 방법은 그야말로 한 방법에 지나지 않는다는 것을 깨닫게 되었다.

그 이후 에니어그램의 프리즘을 통해 자신을 객관화시켜서 바라보는 자기관찰을 하며 그동안 무의식적으로 반복하던 나의 습관들을 알게 되었다. 나의 기준이나 방법 또는 의견과 다를 때 바로 잡으려는 마음에서 다급하게 지적을 하거나 짜증을 곧잘 내 왔던 것이다. 나는 '옳고, 바르게' 할 시도였을 뿐 애초에 분노할 의도는 없었던 것이다. 그러나 이렇게 함으로써 종종 경직된 분위기를 불러오거나 사람들에게 크고 작은 상처를 주었던 것 같다. 이런 과정을 통하여 1번인 나의 특성과 의식 수준을 대면하게 되었고 분노의 격정에 휘둘리거나 완전이라는 함정에 빠지지 않도록 수년간 수련을 해 오고 있다.

1번은 모든 면에 완전을 기하기보다는 이전보다 조금 나아진 점을 감사하게 받아들여야 하는데 이것이 곧 1번의 회개인 성숙인 것이다. 이러한 회개를 통하여 1번의 덕목인 평정에 이르게 된다. 이렇듯 1번이 변화하여 성숙해지면 평정이라는 덕목을 살려 온유하고 부드러운 사람이 된다. 그렇게 되면 그들의 중압감에서 벗어나 일도 즐겁게 하고 주변 사람들을 행복하게 해 줄 수 있게 된다.

신학자 볼프강 스미스는 아합왕의 부패와 타락 그리고 우상숭배를 척결하려고 애썼던 엘리야를 세례 요한으로 엘리사를 예수로 대입하며, 엘리야와 엘리사를 각각 길을 예비한 사람과 성취한 사람으로 설명했다.

이 대목에서 그럴듯한 평행이론이 떠올랐다. 나는 유복한 집안에서 태어나 80년대에 유학까지 다녀왔으나, 귀국 후 1년 안에 덩치 큰 보수적인 집으로 시집을 간 후 외부 활동은 배제되고, 출산과 육아 그리고 집안 살림에 전념하도록 하는 환경에 처하게 되었다. 이런 점으로 미루어 볼 때 나는 우리 세 자녀들의 길을 예비하는 사람이고 나의 자녀들은 각자의 역량대로 성취하는 사람으로 간주된다. 주님께서 오실 길을 닦으라 하는 이사야의 예언서에 "한 소리가 외친다. 광야에 주님께서 오실 길을 닦아라. 사막에 우리의 하나님께서 오실 큰길을 곧게 내어라. 모든 계곡은 메우고, 산과 언덕은 깎아내리고, 거친 길은 평탄하게 하고, 험한 곳은 평지로 만들어라. 주님의 영광이 나타날 것이니, 모든 사람이 그것을 함께 볼 것이다. 이것은 주님께서 친히 약속하신 것이다"(이사야 40:3-5)라고 적혀있다. 길을 예비하는 세례 요한처럼 나도 위에 언급된 행동 강령들을 나의 환경과 상황에 맞게 충실히 이행해야 되는 막중한 미션을 새삼 깨닫는다.

나는 결혼 8년차에 이대부속유치원 어머니회에서 파생된 봉사모임인 "이싹회"에 가입하며 00부인, 00엄마로 불리며 잊혀졌던 내 이름 석 자를 찾게 되었고, 그 후 자원봉사활동이나 NGO, NPO에서 틈틈이 활동을 하며 조용하고 소소하게 사회에 발을 내딛기 시작하였다. 그리고 결혼한 지 30년 가까운 세월이 훌쩍 흘러 50대 중반에 들어선 2, 3년 전에서야 비로소 시간강사가 되어 대학과 사회교육원에서 동료들과 함께 에니어그램을 펼치고 있는 중이다. 진정으로 감사한 일이고 보람을 느끼며 소임을 다하고 있다.

자기 분야에서 유능한 지인들에 둘러싸여 전문가적 직업이나 직함이 없었던 나는 콤플렉스를 느끼며 깊은 의미에서의 정체성 혼란을 겪곤 했다. '나, 지금 뭐하고 있지?', '하나님이 나를 세상에 보내실 때 어떤 미션을 주셨을까?'라는 생각을 많이 하게 되었고, 에니어그램 수련을 통하여 나를 깊게 보게 되었다. 그런데 이 글을 쓰며 도달한 결론은 에니어그램과 신앙을 접목하여 영성 수련과 교육에 정성을 쏟고 있는 지금 나의 모습이 아직은 부족하지만 주님께서 인도하시는 길에 들어섰다고 받아들이게 되었다. 참으로 감사한 일이다. 앞으로 에니어그램 공부와 수련에 더욱 매진하여 1번으로서 부여받은 달란트를 온전히 성취하는 '성숙하고 온화한 개혁가'가 되기를 소망하며 이 글을 마친다.

분노를 이기지 못한 2% 부족한 생애

김헌래

(등불교회 담임목사, 마을기업 까페 외할머니 대표)

I. 1번 유형, 성서의 인물 모세

1. 성서에 기록된 모세의 삶

모세는 출애굽 사건의 중심인물로서 애굽에서 종살이하던 히브리인들의 고난이 정점에 이른 시기에 태어난 인물이다. 당시의 바로 왕은 히브리인 중에 갓난아이 중 아들은 다 죽이라는 명령을 내리고 그즈음에 태어난 모세는 부모가 숨겨서 키우다가 강물에 던져지는 처지가 된다. 비디아라고 알려진 바로의 딸이 강물에 떠내려오는 아기를 건져 이름을 '건져냄을 받은 사람'이라는 뜻을 지닌 '모세'라 짓고 데려다가 키운다. 건져냄을 받은 사람 모세는 위기 가운데 있는 자기 민족을 건지는 사람이 된다.

모세의 성장 과정에서 친모는 유모가 되어 그에게 영향을 끼치거나 애정을 준 시간이 짧았다. 그리고 친부는 부재중이다. 모세는 친부와 부정적이거나 소극적인 관계를 맺을 수밖에 없었다. 모세를 기른 공주는 부정적이지도 긍정적이지도 않은 양가적 관계를 유지하였다. 모세는 그러는 가운데서도 학식 많고, 능력이 있으며, 명료하고 충성스러운 사람으로 성장했다. 하나님께도 인정받고 사람들에게도 인정받았다. 요세푸스는 모세의 다섯 가지 덕목을 지혜, 용기, 절제, 정의, 경건으로 꼽았다.

모세가 마흔이 된 어느 날 왕궁 밖으로 나갔다가 히브리 사람이 이집트 십장(什長)에게 매 맞는 것을 보고 쳐 죽여서 모래 속에 암매장한다. 분노의 격정이 표출된 결과였다. 모세는 이 일로 결국 도망자 신세가 된다. 완벽주의자인 모세는 늘 옳은 것만 추구하다가 격정에 사로잡혀 감당하지 못할 일을 행하고 결국 왕궁에서 쫓겨나 광야로 나가게 된다. 완전주의자인 모세가 불의와 실수를 포함한 불완전에 맞닥뜨리자 분노의 격정이 드러난다. 그러나 분노를 표출하자니 그 또한 불완전하기에 분노를 기피하며 참는다. 억제되던 감정은 이집트인 노예 감독관을 쳐 죽이는 사건으로 나타난다. 왕궁에서 억제했던 격정이 분노로 표출되자 그것을 의식하게 되고, 그때부터 기피와 격정의 악순환이 시작된다.

광야로 도망친 모세는 미디안 땅에서 이드로의 사위가 되어 목자로 살게 된다. 공적인 영역에서 사적인 영역으로 삶이 축소된다. 그러는 중 불타는 떨기나무에서 하나님을 만난다. 민족 구원의 큰 사명을 받지만 모세는 계속해서 자기를 변명하며 그 일에 적합하지 않다고 항변한다. 그의 내면은 소명을 느낌과 동시에 갈등과 불안을 느낀다. 1번 유형인 모세가 평정을 잃고 완전주의라는 함정에 빠져 격정에 사로잡히니까 스스로 자신감도 없고, 능력도 없고, 말도 잘 못한다고 생각했다.

하나님을 만난 모세, 자기를 재발견하고, 정체성을 재확립하고, 하나님의 보내심을 받은 모세는 다시금 광야에서 왕궁으로 간다. 이스라엘의 지도자로 바로를 찾아가는 것이다. 왕궁에서 40년, 미디안에서 40년, 광야에서 40년을 보낸 모세는 왕자에서 목자로 그리고 민족의 영도자로 파란만장한 120년의 삶을 열정적으로 살았다. 신명기 34장 12절은 "온 이스라엘이 보는 앞에서, 모세가 한 것처럼, 큰 권능을 보이면서 놀라운 일을 한 사람은 다시 없다"고 평가한다.

모세는 바로의 압제에서 종살이하는 히브리 백성을 출애굽 시켜 가나안땅으로 인도한 민족의 지도자로 성서에서 계속 위대한 지도자로 부각되는 인물이다. 그런데 이 모세는 자신의 격정인 분노 때문에 가나안 땅을 눈앞에 두고 죽는다.

2. 모세의 격정과 덕목

1) 모세의 격정, 분노

모세가 맨 처음 일으킨 격정은 백성의 지도자가 되기 전 왕궁 시절에 일으킨 분노 사건이다. 모세는 자기 백성을 학대하는 이집트 노무관을 때려죽였다. 여기서 분노를 일으킨 이유는 자기 백성이 학대를 당하기 때문이다. 이를 미루어 볼 때 모세는 왕궁에서 살면서도 이집트인들이 히브리인들을 대하는 태도에 평소부터 불만이 많았으나 바로의 궁에 살았던 탓에 분노를 잠재우며 살았던 것 같다. 쌓여 있던 불만이 차별의 현장을 목격하자 분노로 표출되어 사람을 죽였다. 1번 유형의 약점 중 하나가 남의 잘못을 지적하는 것인데, 모세도 이것을 유감없이 보여준다. 사람을 죽이고 땅에 묻은 그 다음날 백성들끼리 하는 싸움에 나서서 그는 "잘못한 사람이 왜 동족을 때리느냐?"고 지적을 한다. 적반하장으로 잘못한 사람이 힘을 무기로 폭력을 행하는 것은 잘못된 일이니 시비를 가리는 것은 당연한 것이겠지만, 모세는 때와 장소를 가리지 않고 생각나는 대로 잘못을 지적하니 "누가 당신을 우리의 지도자와 재판관으로 삼았단 말이요? 당신이 이집트 사람을 죽이더니 이제는 나도 죽일 작정이요?"라는 말을 듣게 되고, 바로를 피해 도망가야 하는 곤경에 처하게 된다. 자기가 올바르다고 생각하면 때와 장소를 가리지 않고 해대는, 눈에 거슬리는 일에 대한 지적이 자기를 곤경에 빠뜨리게 된다. 그런데 이 사건은 일반인으로서의 모세에게 나타난 1번 유형의 격정이다.

지도자로서의 1번 유형의 격정을 보려면 출애굽 후 백성의 지도자로서 모세가 일으킨 분노에 대해 살펴보아야 한다. 광야 생활에서 모세가 일으킨 분노는 만나와 메추라기 사건, 물과 관련된 가데스 사건 그리고 십계명 돌판을 깨뜨린 사건이다.

첫 번째, 만나와 메추라기 사건은 모세가 화를 내서 백성의 자세를 바로잡은 이야기다. 모세의 인도로 출애굽한 사람들이 굶주림으로 모세를 원망하자 하나님의 은총으로 만나와 메추라기를 먹게 되었다. 단, 각자 먹을 만큼만 거두라고 하였는데 일부 사람들이 더 거두어 썩어 냄새가 나게 되자 모세는 이들에게 화를 낸다. 모세의 화를 보고 백성들 중에 그날 먹을 것만 거두는 사람들도 생겼으나 일부는 끝까지 그 태도를 버리지 못했다.

두 번째 의미 있게 다뤄야 할 사건은 가데스 사건이다. 가데스에서 히브리 백성이 마실 물이 없자 "왜 이 고약한 곳에 우릴 데려왔느냐?"며 모세와 아론을 비방한다. 그러자 하나님은 지팡이를 잡고 바위에게 명하면 물이 나올 것이라고 하며 지시하신다. 그러나 모세는 회중들에게 반역자라고 화를 내며 홧김에 지팡이를 들어 바위에게 명령하지 않고 바위를 두 번씩이나 쳤다. 물이 나오긴 했지만 하나님은 모세와 아론을 책망하셨다. "너희는 이스라엘 자손이 보는 앞에서 나의 거룩함을 나타낼 만큼 나를 신뢰하지 않았다. 그러므로 너희는 내가 이 회중에게 주기로 한 그 땅으로 그들을 데리고 가지 못할 것이다." 이 가데스 사건에서 일으킨 모세의 분노는 하나님이 히브리 백성에게 가나안 땅 입성을 포기시킬 정도로 심각한 분노였다. 하나님의 명령하신 대로 바위를 친 것이 아니라 자기의 분노를 담아 바위를 친 것이다. 그 결과 그 백성의 구원에까지 영향을 미치게 된 것이다.

마지막 사건은 하나님이 만들어주신 십계명 돌판을 던져 깨뜨려버린 일이다. 모세는 금송아지를 만들어 우상숭배하는 히브리 백성에게 하나님이 화가 나서 없애버리겠다고 하자 진노를 거두어달라고 애원해서 재앙을 거두시도록 하나님의 뜻까지 돌리게 하였다. 그러고 나서 우상숭배의 현장에 와서는 너무 화가 나서 돌판을 산 아래로 던져 산산조각이 나게 했다. 이것도 모자라 하나님의 명령이 없음에도 사람들을 자기편에 서는 사람들에게 자기편에 서지 않는 사람들을 학살하도록 명령한다. 모세는 격정에 사로잡혀 자기의 친족과 친구와 이웃을 닥치는 대로 찔러 죽이라고 외치고 이를 시행토록 했다(출애굽기 32:27). 끔찍한 분노가 불러온 학살이다. 모세의 분노가 학살에 이르기까지 증폭된 것은 분노를 참으려고 하다가 폭발했기 때문이다. 40년 동안 광야 생활을 하면서 백성들과 얼마나 시달렸겠는가? 그럼에도 불구하고 모세가 화를 낸 기록은 세 번 밖에 나오지 않는다. 그 세 번의 분노, 특히 두 번의 분노는 하나님의 저주를 불러온 대형사고로 기록된다. 참다 참다 터뜨린 분노이기 때문이리라. 그럼에도 평소 인내하는 모습을 보고 모세를 온유한 사람으로 표현했는지 모른다.

2) 모세의 함정

1번 유형인 모세의 함정은 '완전'이다. 모세는 백성을 바로의 종살이로부터 출애굽 시켜 약속의 땅으로 데려가야 한다는 사명감과 더불어 그에 합당한 완전한 지도자가 되고자 했다. 모세가 호렙산에서 처음 하나님의 백성을 출애굽 시키라는 하나님의 지시를 받았을 때 그는 "백성들이 자기를 믿지 않으면 어떻게 하느냐", "나는 말재주가 없는 사람이다", "제발 보낼만한 사람을 보내라" 등등 이유를 대며 회피하려 한다. 지도자가 되려면 완전해야 하는데 자기는 완전하지 않다고 생각했기 때문이다. 그래서 하나님은 아론을 붙여주었다.

출애굽 지도자로서 모세의 함정은 두 가지였다. 자신이 완전한 지도자가 되어야 한다는 것과 출애굽 백성이 하나님의 백성으로서 완전한 백성이 되어야 한다는 것이다. 그러나 백성들은 모세를 지도자로 인정하면서도 삶에 어려운 문제만 생기면 원망과 불평을 해대고 하나님을 거역했다. 모세는 이런 백성들에 대해 실망하고 때로는 분노한다. 모세가 분노하는 장면을 잘 살펴보면 분노의 단계가 보인다. 만나와 메추리 사건에서는 히브리 백성이 알아듣고 태도를 고칠 수 있도록 화를 조절했으나 반석을 친 사건에서는 하나님이 내린 명령을 자기 식대로 해석해서 분노를 일으켰다. 십계명 돌판 사건에서는 자기 분노를 조절하기는커녕 아예 하나님의 뜻은 물어보지도 않고 자기 마음대로 하나님의 이름을 빙자해 편을 갈라 학살하는 끔찍한 분노의 행위를 자행하였다. 하나님께서 세상에서 가장 온유한 사람이라고 칭찬하신(민수기 12:3) 모세의 격정은 바로 분노였고, 이 분노를 조절하지 못해 결국 모세 자신은 물론이고, 분노의 대상인 그의 백성들까지 가나안 땅에 들어가지 못했다. 모세의 격정인 분노는 시간이 지남에 따라 그 분노의 폭이 증폭함을 보여주고 있다. 처음에는 잘해보려고 하는 자신의 지도력에 대해 원망하고 배은망덕하는 백성들에 대해 직접 화를 내기보다는 하나님께 백성의 무지에 대해 하소연하는 식으로 화를 낸다. 그러나 시간이 가면서 완전한 지도자, 완전한 백성이라는 자기의 함정으로 인해 참았던 분노는 감정적으로 앞서게 되고 마침내는 폭력성으로 나타나게 되는, 분노의 상승 과정을 잘 드러내주고 있다. 하나님의 원칙이 자기 원칙이 되면서 분노라는 격정이 증폭되고, 자기가 추구했던 완전성을 파괴하는 결과에 이르게 되었다.

　모세가 자신의 분노를 조절하지 못해 가나안 땅에 들어가지 못했다는 것은 성서의 명확한 기록이 아니라 가데스 사건의 일화를 추측으로 해석된 것인 듯하다. 하나님이 인정한 세상에서 가장 온유한 사람이 분노 때문에 가나안에 못 들어갔다는 것은 모세에게 있어 매우 안타까운 일이다. 모세는 배은망덕하고 불순종하는 백성에게 하나님이 진노할 때마다 차라리 자기에게 진노를 내리라고, 차라리 자기 이름을 생명책에서 지우고 백성들을 구원해달라고 호소하는 진정성 있는 지도자였다. 그런 모세가 자기를 원망하고 따르지 않는 백성에 대해서는 분노의 격정을 일으키고 그 격정을 증폭시킨다. 성서의 기사에 나타나는 모세의 분노는 인간적으로 너무 이해도 잘 되고 타당하게 느껴진다. 그래도 모세가 '완전'이라는 함정에 매몰되지 않고 자기 격정인 분노를 잘 다스렸다면 약속의 땅에 들어갈 수 있었을 것이라고 생각하니 안타까운 마음이 든다.

　3) 평정을 유지하고자 애쓴 모세

　이렇게 분노의 표상처럼 모세가 소개되고 있지만 사실상 예수님이 오실 때까지 모세처럼 위대한 지도자가 나오지 않았다고 성서가 증언할 정도로 모세는 위대한 지도자였다. 모세가 하나님으로부터 받은 계명은 이스라엘 민족 공동체의 삶의 지표가 되었다. 비록 자신의 분노로서 하나님의 영광을 가린 때문에 약속의 땅 가나안을 눈앞에 두고 들어가지는 못했지만 그래도 그는 약속의 땅을 보고 안도감 속에서 죽을 수 있었다. 그는 또한 하나님의 얼굴을 대면한 사람으로 큰 능력을 가진 사람이었다. 모세는 민족의 불평 때문에 큰 분노를 표출했으면서도 그 민족을 위해 자기 목숨을 내놓을 정도로 민족을 사랑했고, 하나님께 민족을 대신해 용서를 빌었고, 하나님의 뜻을 따르고자 애썼고, 대부분 평정을 유지했던 것 같다. 하나님 앞에서 철저하게 순종한 모세! 그래서 모세는 가장 겸손한 자로 하나님께 인정을 받을 정도로 성숙한 지도자의 삶을 살았다.

그러나 격정에서 벗어나지 못할 때 그는 너무나 큰 대가를 치러야 했다. 타락한 백성들의 성화에 못 이겨 아론이 금송아지를 만들었을 때 모세는 화가 나서 손에 들고 있던 돌 판 두 개를 산 아래로 내던져 깨뜨려 버리고 만다. 그리고 격정에 사로잡혀 하나님이 자기의 친족과 친구와 이웃을 닥치는 대로 찔러 죽이라고 하신다고 외쳤다. 이것은 가장 끔찍한 분노라는 비판을 받는다. 명령을 어기고 만나를 욕심껏 거두어들인 사람들에게도 몹시 화를 내게 된다.

평생 하나님의 종으로, 민족의 영도자로 뇌물도 모르고 오직 정의롭게 살아온 모세였으나 가데스에서 "나의 거룩함을 나타낼 만큼 나를 신뢰하지 않았다"는 이유로 하나님이 그들에게 약속한 젖과 꿀이 흐르는 가나안 땅으로 들어가지 못했다. 결국 느보산의 비스가 봉우리에서 가나안 땅을 멀리 바라보며 숨을 거두게 된다.

1번 유형은 남이 보기에는 말을 잘하는데 스스로 말을 잘 못한다고 생각하는 성향이 있다. 그러나 그들은 하나님이 주시는 능력과 함께 자신감을 가진다면 좋은 지도자가 될 수 있다. 현대에서도 선출직 대통령이 된 1번 유형은 세계를 통틀어서 그리 많지는 않으나, 일단 대통령이 되면 가장 훌륭하게 대통령직을 수행했다는 평가를 받는다고 한다.

II. 나와 모세

1번 유형은 격정을 바로 알고 또한 다스릴 수 있어야 한다. 그렇지 않으면 격정에 사로잡혀 어려움을 겪게 된다. 모세가 격정을 제대로 다스리지 못했을 때 왕궁에서 쫓겨나 광야를 헤매게 된다. 자책과 죄의식도 커지고 격정에 사로잡히게 되면 사소한 일에도 짜증을 내거나 분노가 치미는 것을 경험하게 된다.

누구나 인생에 한 번쯤은 죽음의 위기를 겪는 것 같다. 나는 일곱 살 때 죽음의 위기를 겪어야 했다. 만 6세 때 한 개인의 성향이 결정된다고 하는 에니어그램 이론이 맞다면 성격이 결정될 시기에 큰 위기를 겪은 것이다. 1형 유형은 만 여섯 살을 전후해 무섭고 엄격하고 냉정하거나 또는 부재중인 아버지와의 경험으로 인해 아버지에게 부정적인 기억을 가진 유형이라고 한다. 죽음의 위기 가운데 있을 때 어머니는 끝까지 나를 포기하지 않았지만 아버지는 내가 살아날 가능성이 없고 죽었다는 진단을 받았을 때 나의 육체를 장사지낼 일을 계획했다고 한다.

겉으로는 강하고 독한 면을 갖고 계셨으나 아버지는 마음이 여린 분이셨다. 원칙에 입각한 삶을 살고자 하셨고, 다른 이들에게 해를 끼치는 일은 단 한 가지도 하지 않으셨다. 그러나 나의 아버지는 늘 가슴에 분노를 안고 사셨다. 실향의 분노, 실패의 분노, 자신을 이용한 사람들에 대한 원망과 분노 등 수많은 분노를 가슴 속에 안고 사셨다. 그러한 아버지를 볼 때 나는 늘 아들로서 측은지심을 가지고 있었다. 그 아버지의 분노를 나는 고스란히 이어받은 것 같다. 성장하는 동안 육체적인 장애와 가난과 복잡한 가정사는 늘 나를 불안하게 했고 또 한편으로는 분노를 마음 한 켠에 저장하는 원인이 되었다.

모세의 끓어오르는 분노가 내 속에서 늘 용솟음쳤다. 그 분노는 내재되어 있다가 어느 순간에는 "쟤가 왜 저러나?"라고 의아해할 정도로 표출되곤 하였다. 평소에는 착하고 성실하고 공부 잘하는 모범생이었으나 그럴 때는 내 자신이 생각할 때도 "내가 지금 왜 이러지?"라고 생각할 정도로 그 분노의 강도는 강했다. 그리고 법적으로 처벌을 받지 않을 정도로만 그 분노를 표출하곤 하였다. 그리고 돌아서면 내가 한 행동에 대해서 후회를 하곤 했다.

지금 생각해 보면 '내가 그때 조금만 참았어도 지금 같은 신세가 되지는 않았을 텐데!'라는 일들이 많이 생각난다. 좀 더 인내했더라면 아내와 아이들에게 좀 더 좋은 환경을 선물할 수 있었을 거라는 생각도 하고, 내가 섬겨야 할 분들의 약점에 대한 분노보다는 좀 더 인내했더라면 지금의 위치는 달라졌을 거라는 생각을 하게 된다. 비판을 하기보다는 그냥 무덤덤하게 지나치거나, 눈에 거슬리는 부분이 있었더라도 그들의 편이 되었더라면 아마 더 안정된 인생을 누릴 수 있었을 것이다. 분노를 이기지 못한 모세가 광야로 내몰린 것처럼 나도 '지금 광야로 내몰린 상황 가운데 있지 않은가'라는 생각을 하게 된다.

무엇인가 과제가 주어지면 나를 옆에서 지켜보는 사람들은 그 과제를 잘 수행했다고 칭찬하지만 내 속에는 부끄러움이 많다. 모세가 하나님의 부르심을 받았을 때 말을 잘 못한다고 변명하는 부분은 나의 모습을 떠올리게 한다. 부끄러움이 앞서고 남의 눈을 의식해서 긴장하고 식은땀을 흘린다. 그러면서도 늘 부끄러움을 극복하려고 하는 노력을 하고 있다.

내게 주어진 하나님의 사명의 목표가 무엇인지는 확실하게 알지 못한다. 단지 나에게 주어진 일을 성실하게 꾀부리지 않고 할 뿐이다. 그러나 내 속에 내재된 분노를 제어하지 못하고 여과 없이 쏟아 버린다면 내게 맡겨진 사명의 목표를 달성하지 못한 채 인생을 마감할지도 모른다는 생각을 하게 된다.

늘 내 속에는 분노가 잠재되어 있다. 그 분노를 제어하려고 노력하지만 어느 순간 나의 분노를 사람들에게 들키고 만다. 속에서 끓어오르는 분노를 들키지 않으려고 나름대로 노력하지만 나를 가까이서 바라보는 사람들은 내 얼굴에 표현된 내면의 분노를 알아채곤 한다. 화를 내지 않으려고 삭이지만 화가 난 것 같다는 말을 듣는 순간 나도 모르게 화를 분출하고 큰 소리를 내는 경우가 많이 있었다.

무엇인가를 해야 할 때 그 일이 잘 되도록 하기 위해 함께 일하는 사람들에게 어떻게 해야 하는지를 지시하는 경우에는 답답한 심정이 들 때가 많다. 나의 생각으로는 쉽게 이해되는 부분들을 이해하지 못하는 것이다. 또한 일을 효과적으로 처리할 수 있는 방법이 있는데, 비효율적으로 일을 할 뿐만 아니라 문제의 본질을 파악하지 못하고 또한 일을 맡겼다가는 아예 일을 망치거나 그르칠 수 있다는 생각이 들 때가 많다. 그래서 차라리 다른 이들에게 일을 맡기기보다는 혼자 처리하는 경우가 많다. 그리고 일을 하라는 지시를 받고도 즉시 일을 시작하지 않을 때는 일을 하려는 의지가 없다고 생각하기에 잔소리를 하게 된다. 일을 즉시 시작하지 않을 때는 일을 시작할 때까지 계속해서 이야기를 하게 된다. 말만 하고 몸은 움직이지 않는 경우를 많이 보았기 때문이다. 대답만 하고 지시한 일을 하지 않을 때는 속에서 울화가 치밀고 뒤엎어버리고 싶은 생각이 들 때가 많다. 그렇다고 그럴 수 없는 처지이다 보니 그냥 혼자 일을 처리하는 게 훨씬 낫다고 생각하는 것이다.

　그렇다고 해서 내 자신이 일을 완벽하게 처리하는 것은 아니다. 그냥 주어진 일을 묵묵히 할 뿐이다. 어떤 일이 나에게 주어졌을 때 그 일을 할 수 있는 능력이 내게 있는가를 자문하게 된다. 그리고 나의 능력이 부족하다는 생각을 많이 하게 된다. 그러나 일단 일을 시작하게 되면 보이지 않던 면이 드러나고, 염려하던 부분이 기우였다는 생각을 하게 된다. 그러나 내게 주어진 일이 하기 싫을 때는 일부러 할 수 없는 상황을 만들어 그 일을 하지 못한 알리바이를 만들어 내곤 한다.

　자신조차도 원칙을 모두 완벽하게 지키지 못하는 것 같으면서도 다른 이들이 원칙을 고의적으로 어긴다고 생각할 때는 여지없이 그 것을 지적하여 관계를 어정쩡한 것으로 만들어버리는 상황이 반복되지 않도록 성숙을 이루어 나가야 할 것 같다.

　모세가 자신의 분노를 표출하므로 2% 부족한 결과를 낳았던 것을 교훈삼아 하나님의 사명을 감당하는 것이 무엇인지를 다시 한 번 생각해 보아야겠다.

2번 이야기

우리는 지금 성서에 나오는 인물 중에서 룻, 사도 요한, 막달라 마리아를 통하여 에니어그램 2번 유형의 이야기를 하고 있다.

모든 에니어그램 유형이 그렇듯이 장점도 있고, 단점도 있다. 성서에 나오는 인물도 역시 그렇기 때문에 그 인물의 단점을 통하여 우리의 격정을 보기도 하고, 그 인물의 좋은 점을 보면서 내 자신의 회개나 덕목을 이야기할 수 있다.

시어머니를 따라 자기 나라를 떠나 다른 나라로 간 룻을 보면서 그렇게 행동한 것도 중요하지만 룻이라는 존재 자체를 본다(룻기).

사랑받는 제자에서 사랑하는 제자로 변한 사도 요한을 보면서 2번의 건강함을 볼 수 있다(요한복음 19:26-27).

예수님을 위하여 옥합을 깨트린 막달라 마리아를 보면서 다른 사람의 필요에 민감한 2번의 특성을 볼 수 있다(누가복음 7:37).

2번 유형은 다른 사람을 위하는 이타적인 유형이다. 이들이 건강할 때에는 다른 사람에게 도움을 주면서 사는 것 자체가 일상이 되면서 자기가 다른 사람을 위해 살고 있는지조차도 생각하지 않으면서 살 수 있다. 왜냐하면 그 속에는 자기의 요구도 채워 가면서 살기 때문이다. 예수님께서도 "너를 사랑하는 것처럼 다른 사람을 사랑하라"고 하셨다.

그러나 보통 수준이거나 불건강할 때에는 자기가 다른 사람을 위해 어떤 일을 해 줄때에 그 속에는 '저 사람도 나에게 그것을 되갚아 주거나 나를 더 사랑해 주겠지'라는 반대급부를 바라는 마음이 숨어 있다고 한다. 겉으로는 자랑을 하거나 어떤 요구를 하지 않더라도 마음속으로 그런 마음을 품고, 다른 사람에게 봉사를 할 때 그것을 받는 사람이 그 마음을 알아차리지 못하는 데서 문제가 발생한다.

글을 쓴 사람들이 고백을 했듯이 사심 없이 다른 사람에게 봉사를 했을 때는 자기 마음이 기쁘고 하나님께 영광을 올려 드릴 수 있지만, 2번 유형의 격정인 자랑하고 싶은 마음이 생겨나면 실컷 남을 위해 일을 해 주고도 칭찬도 듣지 못할 뿐 아니라, 교만이라는 죄를 짓게 된다. 그런데 2번은 언제나 촉각이 다른 사람에게 향해 있기 때문에 자기는 어떤 것이 필요한지, 자기가 어떤 회개를 해야 할지를 모를 수도 있다. 교만의 격정에 빠지게 되면 자기는 참 착한 사람이라는 착각을 하게 되고, 다른 사람을 도와주는 것을 통해 그를 통제하고 그를 다스리고 싶은 마음이 생긴다. 2번은 협조자이고 조력을 잘함으로서 앞에서 일하는 지도자와 함께 합동하여 일을 하는 능력이 있는 사람인데도 불구하고 뒤에서 조력하는 척하면서 간섭을 하거나 섭정을 하는 우를 범할 수가 있다. 사도 요한이 변화받기 전에는 예수님 옆에서 그분을 도와가면서 잘 지내고 있다가 권력을 잡고 싶은 마음을 표현하지 않았던가!

그러니 2번은 그렇게 다른 사람을 도와줄 수 있는 것은 자기가 잘나서가 아니라 그렇게 살 수 있도록 허락하신 하나님의 은총을 감사하면서 겸손하여야 한다.

막달라 마리아도 예수님을 만나서 달라졌기에 그 비싼 옥합을 깨어 주님의 고난과 부활을 준비할 수 있었고, 사도 요한도 십자가 위에서의 예수님 부탁을 통하여 예수 어머니를 자기 어머니로 모실 수 있게 된 것이다. 자기보다도 시어머니를 진정 사랑한 룻이 새 신랑을 맞아 잘 살면서 예수님의 조상이 된 복을 받은 것과 같다.

겸손과 협력의 리더십

김종수

(느티나무교회 담임목사, 아우내재단 이사장)

시대마다 지도자에게 요구되는 리더십이 달라질 수 있는데, 최근
에는 '공감 능력'을 매우 중요하게 꼽고 있다. 한국 사회를 들끓게 만
든 대통령 탄핵의 근저에는 세월호에 갇힌 어린 생명들을 바라보는
부모님의 다급한 마음에 공감하지 못하고, 구조를 위해 필요한 조치
들을 제대로 취하지도 못했으면서도 진상규명을 원하는 부모님의
안타까운 마음조차 외면하는 지도자의 공감 능력의 부재가 가장 크
게 작용했다고 볼 수 있다.

공감 능력은 다른 사람이 느끼는 감정을 함께 느낄 수 있는 능력
으로서 그 사람의 필요를 돌보고 진지한 관심을 보이며, 구체적인 도
움을 주려고 노력하는 마음을 말한다. 공감 능력이 많으면 마음이 따
뜻하여 연민이 많고 타인의 필요를 위해 봉사하기를 좋아하며 그 일
을 통해 자신이 누군가에게 필요한 사람이 되기를 좋아한다.

성경에 나오는 '선한 사마리아 사람'은 고난당한 자의 상황을 그

냥 지나치지 못하여 비록 자신의 정해진 길을 벗어날지라도 기꺼이 위기에 처한 사람이 필요로 하는 것을 내어 줄 수 있는 성향을 지닌 사람으로서 2번 유형의 사람들이 대체로 이런 특징을 지니고 있다.

한편, 고난 받는 사람들과 억울한 이들의 상황에 쉽게 공감하여 자신이 뭔가 해야만 한다는 스스로의 강박에 사로잡히곤 한다. 2번 유형은 자신이 혼자 나서서 무슨 일을 하기보다는 다른 사람들이 제 역할을 하도록 도우며 뒤에서 협력하는 일을 좋아한다. 그래서 남의 필요를 보면 그것이 자신의 필요라 느끼고, 남을 돕는 것이 '자기의 일'이라고 생각하는 경향이 있으나, 사랑받고 인정받지 못할까 봐 두려워서 지나치게 선의적인 사람이 되는데, 가만히 있으면 사랑받지 못한다고 생각하기에 봉사라는 함정에 빠지게 된다. 이들은 자기가 사랑하는 사람이 고난의 현장에 있다면 그의 고난을 곧 자신의 고난으로 받아들여 기꺼이 순교도 마다하지 않는다.

I. 사도 요한 - 성서의 2번 유형 인물

김영운 목사는 성서에서 2번 유형을 대표하는 인물로 룻과 막달라 마리아, 사도 요한을 꼽고 있다. 나는 에니어그램을 공부하며 아홉 가지 유형 중 2번 유형에 가까움을 알게 되었고, 김영운 목사가 지은 『에니어그램으로 본 성서 인물 이야기』에서 2번 유형의 사도 요한을 통해 내 유형을 다시 확인하게 되었다.

1. 사도 요한의 행적 - 사랑받는 제자 요한

예수님의 열두 제자 중에 사도 요한을 에니어그램 2번 유형의 사람이라고 말하는 데에는 여러 가지 이유가 있다. 복음서가 전하는 기록들을 보면 예수님께서는 특별한 상황에서 열두 제자들 중 사도 요한과 그의 형 야고보와 그리고 베드로를 부르셨고, 특히 사도 요한은 매우 중요한 예수님의 사역 현장에 빠지지 않고 등장하고 있다. 복음서가 전하는 내용을 보면 예수님께서 야이로의 딸을 살릴 때(마가복음 5:37), 다볼산에서 영광 가운데 변모하실 때(마가 9:2), 겟세마네 동산에서 기도하실 때(마가 14:33) 등에서 어김없이 예수님과 동행했던 사람들이 바로 이 삼총사였음을 알 수 있다.

특히 요한의 이미지는 극적인 사건으로 강렬하게 기억된다. 예수가 배반당할 것을 예고하는 최후의 만찬자리에서다. "제자들 가운데 한 사람, 곧 예수께서 사랑하시는 제자(요한)가 바로 예수의 품에 기대어 앉아 있었다. 시몬 베드로가 그에게 고개짓을 하여, 누구를 두고 하시는 말씀인지 여쭈어보라고 하였다(요한 13:23-24).

요한은 베드로까지도 인정할 만큼 예수의 사랑을 받았다. 에니어그램 2번 유형에게는 사랑받는 것, 특히 선생님이나 지도자 같은 어른이나 힘 있는 사람으로부터 인정받는 것을 마음의 중심에 두고 있다.

2. 교만이 불러온 요한의 내적 위기 – 요한의 불건강한 모습

사랑받던 제자 요한은 예수님과 함께 했던 시간 동안 매우 중요한 일을 맡았고, 또 무리 없이 그 일을 수행하였다. 그랬기에 예수님의 신뢰를 듬뿍 받은 인물이었다. 하지만 예수님께서는 그런 사도 요한을 염려의 눈으로 바라보기도 하였다. 사도 요한이 예수님과 동역하는 힘의 원천이 하나님의 사랑과 은총에서 출발했다기보다는 스승 예수님께 사랑받고 인정받기 위한 행태를 많이 보여주었기 때문이었다.

1) 사도 요한의 격정 – 교만이 불러온 지위에 대한 욕구

2번 유형의 격정은 자랑, 자부심, 교만, 자만 등으로 나타난다. 이 격정은 상대방의 필요를 매우 일찍 공감하고 누구보다 일찍 발견하고 돕는 데서, 자신이 한 일에 대해 자랑하거나 과시하는 마음으로 자신의 우월성을 느끼며, 자만에 빠져 교만에 이르게 된다. 사도 요한은 예루살렘으로 올라가는 길에 예수님으로부터 죽으심과 부활의 이야기를 듣고, 자신이 갖고 있던 격정을 잘 드러낸다. 그는 예수님으로부터 인정받고 사랑받는 제자라는 자만으로 세베대의 두 아들 야고보와 요한이 예수께 가까이 와서 "선생님, 소원이 있습니다. 꼭 들어 주십시오, 선생님께서 영광의 자리에 앉으실 때 저희를 하나는 선생님의 오른편에 하나는 왼편에 앉게 해 주십시오"라고 요청한 것이다. 요한은 자신을 다른 제자들보다 더 중요한 인물이라고 생각했고, 또 그럴만한 중요한 역할을 했다고 자만하는 모습이었다. 이러한 사도 요한의 자만은 결국 다른 제자들의 화를 불러일으키는 결과를 초래하였다(마가 10:35-41).

2) 사도 요한의 기피 – 자신의 진정한 필요와 욕구는 기피함

2번 유형의 사람들은 자부심이 강하기 때문에 자신의 필요나 욕구를 인정하지 않으며, 자신의 필요를 받아들이면 스스로 위축되기 때문에 마치 그런 것은 없는 듯이 자신의 필요를 기피한다. 예수님을 따라다니는 동안 제자들은 먹을 것을 걱정해야 했고, 돈도 필요했을 것이다. 제자들에게는 이러한 일상의 필요와 욕구를 억제해야 했는데, 사도 요한은 그 필요와 욕구를 기피하였다. 보통 사람들의 필요와 욕구를 받아들이면 자신이 위축되는 성향의 제자였기에 마치 그런 것은 자신과는 관계없는 것처럼 보이려고 노력했다.

그런 그가 노골적으로 지위와 권력을 요구한 것이다. 왜 그랬을까? 보통 사람들이 원하는 지위는 세속의 명예이고, 세속의 권력은 지배자가 되는 것이다. 그래서 사도 요한은 자신이 예수님께 청한 요청은 보통 사람들이 바라는 지위나 세속의 권력은 기피하고 예수님의 영광과 예수님의 고난을 선택하는 것이 예수님께 더욱 사랑받고 인정받는 것이라 믿었기 때문은 아니었을까?

3) 사도 요한의 함정 - 헌신, 봉사

2번의 유형은 사랑받지 못할까 봐 지나치게 선의적인 사람이 되는데, 가만히 있으면 사랑 받지 못한다고 생각하기에 쉼 없이 봉사하고 이타적인 헌신을 해야 한다는 함정에 빠지게 된다. 이들의 봉사는 일회적인 혹은 간간이 할 수 있는 자원봉사의 수준이 아니라, 때로는 자신의 능력과 인생을 걸 수도 있는 소명의식이 발동되기도 한다. 그런데 이런 자신의 생각과 행위를 다른 이들이 개인의 필요와 욕구로 연결시키거나, 타인으로부터 자신의 선한 행위를 인정받지 못하거나 혹은 헌신과 봉사를 받은 상대가 그에 합당한 감사의 표현이 없을 때 갑자기 감정이 흔들리고 분노하는 경향이 드러난다. 지나친 봉사의 함정에 빠진 2번의 유형의 모습이다.

격정에 사로잡혀 자만에 빠진 사도 요한에게 예수님께서는 "너희가 청하는 것이 무엇인지나 알고 있느냐? 내가 마시게 될 잔을 마실 수 있으며 내가 받을 고난의 세례를 받을 수 있단 말이냐?" 하고 물으시자, 즉각 "예, 할 수 있습니다"고 호기롭게 대답한다. 어떤 헌신도 고난도 이겨낼 수 있으며, 그것이 당연하다고 스스로를 다그치는 모습에서 일반적인 2번 유형의 모습을 보게 된다. 사랑받지 못할까 봐,

인정받지 못할까 봐 자신의 필요와 욕구 및 자신의 능력과 한계의 인정을 기피하고 과도하게 선의를 베푸는 행위는 지속가능하지 못하다. 또한 건강한 기운을 소진시켜 버리는 함정에 빠져버리고, 고난에 처한 자기 자신을 인정해주거나 협력의 손길이 없거나 충분치 못하다고 생각될 때에는 분노에 휩싸이는 자신을 만나게 된다. 야고보와 요한에게도 이러한 건강하지 못한 상황의 모습이 누가복음 9장 50절 이하에서 잘 드러난다. 예수님을 맞아들이지 않았던 사마리아 사람들에게 "주님, 하늘에서 불이 내려와 그들을 태워 버리라고 우리가 명령하면 어떻겠습니까?"라고 한 것이다. 자기 격정에 빠지면 분노가 일어나고, 분노의 대상을 지배하려는 마음이 발동하여, 힘이 일어나는 곳과 인과관계가 있는 고리를 조종하려는 시도를 하면서 2번 유형은 점점 불건강한 상태로 빠지게 된다.

3. 회개를 통해 건강해진 사도 요한 ─ 균형 잡힌 리더십

1) 사도 요한의 회개 - 주님의 은총을 깊이 깨달음

예수님의 공생애 마지막 순간에 함께 한 제자들의 모습은 대부분 불건강한 상태에 빠지게 되었다. 유다는 배반하고, 베드로는 부인하고, 다른 제자들은 뿔뿔이 흩어졌다. 하지만 사도 요한은 불건강한 상태 속에서도 예수님을 고발하여 십자가에 못 박으라고 외치는 군중들 속에서 숨죽인 채 그 자리를 지키고 있었다. 어쩌면 로마의 군인들에게 붙들릴 수도 있는 위험한 상황이었지만 예수님을 따라 골고다 언덕을 올라가 예수님께서 십자가에 못 박히는 현장을 지킨 제자가 바로 요한이었음을 복음서는 기록하고 있다(요한 19:26).
예수께서는 당신의 어머니와 그 곁에 서 있는 사랑하시는 제자를 보시고 먼저 어머니에게 "어머니, 이 사람이 어머니의 아들입니다" 하시고, 그 제자에게는 "이분이 네 어머니시다" 하고 말씀하셨다. '격정'에 쌓여 자신의 본래 모습을 잃고 허둥대던 요한이었지만, 십자가에 매어 달리셔서 마지막 떠나시던 순간, 예수님의 깊은 은총을 유산으로 받는 그 순간 요한은 주님을 향한 순수한 '사랑'으로 벅찬 눈물과 은총을 경험하게 된다.

요한은 은총을 통한 회개를 한 뒤, 예수님의 어머니 마리아를 자기 집으로 모셨다. 행위로 인정받기 위함이 아니라 십자가에서 돌아가신 예수님을 향한 '사랑의 은총'으로.

2) 사도 요한의 덕목 - 겸손

격정이 지나고 은총이 가득해진 요한의 삶은 어떻게 달라졌을까?

부활의 첫날, 주님의 부활 소식을 듣고 깜짝 놀라 가장 먼저 달려간 이는 누구였을까? 요한이었다. 그런데 예수님의 무덤으로 달려가 무덤 앞에서 몸을 굽혀 삼베가 놓여있는 것만을 확인하고는 다시 돌아 나와서 베드로로 하여금 최종 확인을 하고 선언할 수 있도록 배려하는 모습을 보이고 있다. "예수님께서 부활하셨다"는 최초의 선언을 베드로에게 양보했다는 것은 격정에 쌓였을 때, 영광의 때에 요직에 앉혀달라고 요구하던 때와는 전혀 다른 모습이다.

이러한 요한의 배려는 매우 건강해진 2번이 겸손의 리더십을 발휘하는 모습에서 자주 발견하게 된다. 예수님의 승천과 성령강림 사건 이후 처음 교회를 이끌어 갈 때 여러 가지 어려움이 있었지만 요한은 그때마다 베드로를 앞세우는 '균형 잡힌 겸손의 리더십'을 발휘하였다. 그렇게 함으로서 초대교회가 박해 속에서도 교인들은 흔들리지 않고 안정된 신앙생활을 할 수 있었다. 또한 사도 바울과의 관계에서도 자칫 논쟁과 시비에 말려들 수 있었음에도 슬기롭게 서로를 존중하며, 이방 선교와 유대인 선교로 역할을 분담하자고 결의하고, 친교의 악수를 나눌 수 있었던 것도 요한의 '균형 잡힌 협력자로서의 리더십'이 발현되었기 때문이었다.

부활의 증인이 되어 베드로와 함께 2번 유형의 최고로 건강한 수준으로 살아간 요한을 두고 바울은 요한, 베드로, 야고보를 '교회의 기둥'이라 일컬었다.

II. 요한과 나를 통해서 본 에니어그램 2번 유형

에니어그램 2번 유형은 건강할 때는 동정적이고, 인정이 많고, 다른 사람을 위하는 마음을 가지며 다른 사람의 요구에 대해 관심을 가지고 걱정을 한다. 외향적이고 따뜻하며, 우정과 친절을 제공한다. 사려 깊고, 배려하며, 다른 사람의 장점을 잘 볼 수 있고, 그들로부터 최고의 것들을 이끌어내고 정직하다. 최상의 상태일 때는 이기적이지 않으며 조건 없는 사랑을 베푼다. 그러나 보통 수준의 2번은 타인에게 필요한 사람이 되고 싶어하고, 다른 사람이 자신에게 의존하기를 바라며, 사랑을 주는 동시에 보답을 기대하고, 생색을 내기도 한다. 그러다 불건강한 상태가 되면 다른 사람들이 자신의 사랑과 헌신에 대해 인정과 보상이 주어지지 않을 때에는 공격성이 드러나고, 다른 사람들로 하여금 자신에게 빚을 졌다고 느끼게 함으로써 죄의식을 느끼게 만든다. 관계가 좋지 못하게 되면 자신의 행위를 정당화하며, 사랑과 헌신의 동기가 기만적인 모습으로 드러나기도 한다. 2번 유형은 겉으로 보기에는 사랑을 제공하는 것 같지만 마음속 깊은 곳에서는 진정으로 사랑을 받고 싶어하며, 자신이 다른 사람을 충분히 사랑한다면, 상대방이 반드시 자신을 사랑할 거라 믿는다.

처음 에니어그램 유형진단을 할 때, 8번 유형인 줄 알았다. 그러나 좀 더 공부를 해가면서 실제로는 불건강한 2번 유형의 분열된 모습이었음을 나중에 알게 되었다. 동정적으로 보이고, 인정이 많아 보이고, 외향적이며, 따뜻해 보이며, 누군가 해야 할 일이라 여기면 먼저 나서고 헌신하다가도, 그에 대한 인정과 존중과 사랑을 받고 싶어하는 속마음에서 그러한 행동과 태도가 나타나고 있다는 것을 알게 되었다.

1. 어린 시절

요한의 아버지는 세베대로서 그의 직업은 갈릴리 바다에서 물고기를 잡는 어부였고, 함께 일하는 고용인도 있었을 만큼 전문 어부였다. 아들 요한은 그물을 손질하다가 형 야고보와 함께 예수의 부름을 받고 아버지로부터 독립적인 길을 떠나게 되었다. 아들이 떠난 후에 어머니 살로메는 예수와 12명의 제자단을 위해 드러나지 않은 지원을 해 왔지만, 아버지 세베데는 그렇게 떠나는 두 아들을 만류하지 않았다. 이처럼 요한은 양친으로부터 드러내어 사랑을 표현하거나 아버지에게 꼭 필요한 자식이라는 믿음을 얻지 못했기에, 특히 아버지의 사랑과 인정을 대신할 그 누구를 찾아야 했고, 자신을 찾아와 불러주는 예수의 인정(認定)에 자신을 헌신하는 계기가 되었다고 본다.

나는 만 2세도 되기 전에 아버지가 돌아가셨다. 내가 태어났을 당시에는 가난하지 않은 집안의 아홉째로 태어났다. 그토록 막내를 예뻐해 주셨다고 했는데 아버지와 나와의 만남은 20개월 정도뿐이었다. 아버지께서 간암으로 세상을 떠나셨기에 어린 아기가 아버지의 존재감을 인식하기에는 시간이 너무 짧았고, 그래서 사실 아버지에 관한 기억은 전혀 없다. 가장을 잃고 가업이 무너지자 가족들은 저마다 살길을 찾아 떠났고, 어머니는 어린 자녀들만 데리고 살아야 했다. 북적거리던 집안은 뿔뿔이 떠난 텅 빈 공간이 많아졌고 그 자리는 그리움으로 채워졌다. 집에서 아버지의 자리는 큰 형이 담당하였으나 그나마 나와는 19년 차이가 나는 아버지와도 같은 존재의 큰 형의 얼굴도 쉽게 볼 수 없었다. 아버지가 돌아가신 뒤 나에게 있어 가정은 깊은 애정도 미움도 없는 허술한 울타리와도 같았다. 이런 환경에서 자란 어린 시절의 나는 누군가로부터 사랑받고 자기 존재감을 인정을 받고 싶어했을 것이다.

초등학생 나이가 되었을 때에도 불안한 울타리는 계속되었다. 친인척들과 함께 거마지구(거여동, 마천동)에서 시작한 서울살이는 지금의 강동구에서 수시로 이사를 하였다. 어린 시절에는 거여, 성내, 천호국민(초등)학교를 전전하였기에 친한 친구를 만들 시간도 없었고, 그래서 초등학교 동문들은 전혀 기억에도 없다. 천호중학교 3년 시절은 전학을 다니지 않았고, 신앙생활도 안정적으로 할 수 있었던 시기였다. 이때 나의 첫 멘토인 교회학교 선생님과 벗들 속에서 나의 존재감을 키워갈 수 있었다. 뜨거운 신앙심으로 교회에서 열린 부흥성회에 중학생으로서 사나흘의 모든 집회를 다 참여한 일이 있었다. 마지막 날 새벽집회에서 서원기도를 하라는 부흥사의 지시에 나는 이렇게 기도했다. "주님! 훌륭한 주일학교 교사가 되게 해 주십시오" 라고. 추운 겨울, 외투도 없이 목에 바람을 막아주는 스웨터만 입고 눈보라를 헤치고 교회 문을 열고 막 뛰어온 나를 말없이 그저 따뜻하게 안아 준 우리 반 박임상 선생님의 그 품이 너무 따스했다. 그것이 내가 주일학교 선생이 되고 싶은 이유였다. 누군가에게 따스한 품을 내어줄 수 있는 교사가 되는 것을 꿈꾸며, 성경공부도 열심히 했고 성가대 활동도 열심히 하면서 키 작은 꼬맹이는 선생님들과 벗들로 부터 사랑받고 인기 있는 존재가 되어갔다.

2. 수치감을 극복하기 위한 착한 사람 콤플렉스

에니어그램 2번의 두려움은 수치감인데, 중학교를 졸업하고 갑자기 '말죽거리 잔혹사'의 배경이며, '강남의 서라벌'로 불렸던 S고등학교로 배정이 되었다. 기초가 튼튼하지도 못했고, 학원에도 다닐 수 없던 경제형편, 근시와 난시가 심해 안경도 제 때에 바꿔주지 못해 수업에 집중하지 못해 성적은 점점 뒤로 밀려가니 자존감은 점점 하락해갔다. 무엇보다 주눅 들었던 것은 대부분 강남의 부유층이 다니던 이 학교에서 수업료조차 제 때에 낼 수 없었던 나의 상황은 내게 수치감을 안겨주었다.

그러다 특별한 계기로 교회를 옮겨 성남의 주민교회에 다니게 되었고, 교회 학생회에 남학생이 별로 없던 터라 고등부 학생회장에 추천되었다. 고3이었으면서도 마다하지 않았던 것은 자신의 존재감을 드러낼 수 있는 좋은 기회라 생각했던 것 같다. 참으로 열심히 회장 직을 수행했고, 중고등부 수련회 핸드북을 직접 만들기도 하고, 제1회 학생회 문학의 밤, '주민 갈릴리 잔치'를 전도사님과 함께 열심히 준비했고, 김지하의 "금관의 새벽" 연극을 하며 무대에 서기도 하였고, 교인들의 민주화운동을 보면서 사회를 바라보는 의식도 키워가게 되었다. 이렇게 나의 수치감을 떨어내기 위해 고3으로서 대입을 준비하는 일도 접고 친구들의 인정과 교인들의 사랑받음에 '고래의 춤'을 추고 있었다.

3. 사랑과 인정을 받기 위한 자만과 기만의 청년시절

고등학교를 졸업한 뒤, 경제적 어려움으로 바로 신학교를 들어갈 수 없었던 나는 청년회 선배와 함께 공장에 취업을 하였다. 선배는 이른바 대학생 출신의 '위장취업'을 시도하였지만 결국 나만 OPC 직업훈련생으로 6개월의 비정규직 노동자가 되었다. 당시 노조 설립이 불법이던 때에 마치 깨어 있는 노동자인양 기회가 있을 때마다 노동자 누나들에게 어설픈 계몽을 하던 시절이었다. 6개월 뒤 정규직이 되지 못한 나는 공장을 나오게 되었다. 공장을 나와 다시 일을 찾아야 했다. 그래서 교회 집사님의 과일 리어카를 따라다니기도 하고, 생선을 파는 트럭에 올라타 조수 노릇도 했다. 밤늦은 시간 김밥과 찹쌀떡을 둘러메고 한껏 구성진 목소리로 "김밥이요~~~ 찹쌀 떡!" 하며 차가운 밤 사무실과 아파트 담벼락을 울려댔다. 이런 생활이 힘들지 않고 재미로 느낄 수 있었던 것은 '깨어 있는 민중의 삶'을 살고 있다는 자기만족감으로 가득 차 있었기 때문이었다.

신학교를 입학하기 위해서 이해학 목사님께 추천서를 받으러 갔다. 처음 나의 진로에 대한 상담을 맡아주신 후 한신대학교의 기독교교육과로 방향을 정해 주셨다. 한신에서의 대학생활에 대부분 학생운동을 배우고 그 속에서 여러 경험을 하게 되었지만, 그것은 내가 이미 교회에서 경험한 것들이었다. 거의 매주 사건이 일어나는 주민교회에서 청년회장을 맡으며 노조탄압으로 희생된 이들을 추모하는 집회를 준비하고, 집회 후 거리시위를 준비하고 참여하는 일로 바빴기에 학생운동은 조금 멀리하고 있었다. 학생운동을 멀리 한 또 한 가지 이유는 비정규직 노동자였던 시절에 신학생으로서 주민교회에 찾아와 만났던 대학생들이 내가 공장에서 나와 대학에 입학하자 선후배 관계가 되었다. 이때 친구로서가 아니라 선후배로서 은연중에 마치 군기를 잡으려는 듯한 태도를 보면서 서로를 존중하지 않는 이들과의 거리를 두게 된 것이 계기가 되었다. 상대방을 존중하지 않고 나를 수치심을 느끼게 만드는 환경에서 운동을 할 필요가 없다고 생각했다.

나는 청년회 일과 교회학교 총무 교사로서 이해학 목사님과 함께 일하는 동역자가 될 수 있다는 사실만으로도 기뻤다. 국가 폭력에 맞서 분연히 죽음으로 맞선 열사들의 삶이 청년 예수의 부활한 삶이며, 한국의 갈릴리에서 부활하신 예수를 따라 꼴찌 공동체를 이루어, 민족통일을 위해 함께 사는 운동을 펼치자는 강력한 메시지는 갓 청년이 된 작은 가슴을 활활 타오르게 하기에 충분했다. 이해학 목사님의 "잘 하고 있다"라는 칭찬은 청년 고래를 날아다니게 하였고, 그런 목사님을 나는 아버지로서 나의 예수님으로 섬겼다.

사도 요한이 예수님의 사랑을 받으며, 스승님의 오른팔이라고 스스로 생각하며 어떤 고난도 다 이겨낼 수 있다는 믿은 자만과 교만의 때가 나의 그때였다. 사도 요한이 예수님께 인정받고 싶은 만큼 나도 나의 스승 이해학 목사님께 인정받고 싶었다. 예수님께서 십자가 고난을 향할 때 그 고난의 의미를 알지 못한 채 따라나설 수 있다고 교만하게 선언하는 요한의 모습과 투옥될 줄 알면서도 민족의 고난을 짊어지는 목사님께 '교회에서 목사님께서 맡겨주신 몫을 다하겠노라'고 다짐하던 나의 모습이 겹쳐 떠오른다.

사도 요한은 인류의 구원을 향해 은총으로 내어주시는 사랑보다는 예수님으로부터 받고 싶은 사랑에 더 많은 무게를 두었던 것처럼 나 역시 노동자, 빈민에 대한 사랑과 인정보다는 노동자, 빈민을 끌어안고 꼴찌들이 주체적으로 일어서서 주체적으로 세상을 변화시켜 가는 지도자 이해학 목사님으로부터 사랑과 인정을 받고자 했음을 뒤늦게 깨닫게 되었다.

4. 새 사람으로 거듭나기 위하여

돌이켜보면 나의 인생은 굽이굽이 고갯길을 넘고 또 넘어온 삶이었다. 굴곡진 현대사를 살아온 세대로서 평탄한 삶이 쉽게 그려지지 않는다. 돌이켜보면 그 수많은 고갯길은 자신 스스로 만든 것이 대부분이었다. 그 상태로면 좋았을 것인데 거울 속의 자신이 '참 나'인 양 생각하며 끊임없이 거울 속에 비쳐진 빈 구석에 뭔가를 채워야 했고, 허전해 보이는 곳을 꾸미고 포장해야 했고, 그토록 거부하던 과정보다 성과에 매몰된 자신이 만든 수많은 고개를 힘겹게 넘어가고 있는 자신을 들여다본다.

사도 요한은 예수님께서 자신을 선택할 때부터 마지막 숨을 거두실 때까지 자신을 사랑하셨다는 사실을 깨닫고 난 후 더 이상 예수님께 인정받고 사랑받으려는 자신을 버리며 회개하였다. 그리고 그 후로는 남들보다 먼저 사랑했고, 먼저 섬겼고, 먼저 공감하고, 균형 잡힌 겸손의 리더십을 발휘하였다. 그리고 노년이 되어서는 항상 '서로 사랑하라'는 말만 반복하였다고 한다. 그래서 신도들이 불평을 하자 요한은 "사랑은 그리스도 교회의 기초요, 사랑만 있으면 죄를 범하지 않는다"고 대답하였다.

에니어그램 2번이 새 사람이 되기 위해서는 사랑받고 인정받고 싶어하는 마음에서 벗어나야 하고, 그렇게 할 때 회개의 길로 들어서게 된다. 나에게 생명을 주신 분께서 이미 처음부터 사랑하셨음을 깨닫고, 처음 사랑과 진정성을 잃지 않고 사랑하고 섬길 때 더 큰 사랑이 은총으로 함께 한다.

굽이굽이 넘어 온 고갯길을 늘 현재의 시점으로 바라보니 일본식 표현으로 '9부 능선'을 넘어가고 있다. 이 능선을 넘어가면서 돌이켜

본다. 그동안 '대안'(학교)이라고는 했지만 무엇으로부터의 대안이었으며, 어떤 대안이었는지 그리고 그 대안 속에 아이들에 대한 사랑과 일에 대한 진정성이 있었는지 돌이켜본다.

에니어그램을 공부하면서 공동체문화원의 배움의 벗님들과 대화를 하며 순간순간 '가던 길 멈추고' 자신을 들여다보는 여유를 가지게 된 점이 참으로 감사하다. 내가 일을 할 때 이제는 그 동인(動因)을 먼저 살펴보게 된다. 정말 나의 필요와 욕구를 담은 것인지, 아니면 타인의 바람을 실현시키려는 것인지. 그래서 '자기를 자유롭고 행복하게 살아가지 못하게 만드는 타인에게 존재하는 자아'의 요구를 아주 조금씩 거절할 수 있게 되었다는 점이 감사하다. 에니어그램은 또한 나에게 '행복'이라는 단어를 깨닫게 해 주었다. 그동안 '행복'이라는 말을 '사치'스럽게 생각했고, "삶의 여유를 가지라"는 친한 친구들의 조언조차 비웃으며 자신에게 필요한 육체적, 정신적, 영적 '쉼'을 허락하지 않았다. 가던 길 멈추고 비로소 잠깐의 '쉼'을 통해 자신을 돌아보곤 하는 과정이 많아질수록 내 안에 웃음 지으시는 나의 주님을 만나게 될 것이다.

목사로서 해야만 하는 일반적 목회활동에서 벗어나 주님의 생명기운을 내 안에 모시며 사는 한 사람으로서, 평범한 종교인으로 살아가는 행복이 무엇인지를 생각하는 것만으로도 자유롭고 즐겁다. 또한 직업적 교사로서 가르치는 것이 아니라, 아이들과 함께 배우고 또 즐겁게 잘 노는 사람이 되어가려 한다. 좋은 학교를 만들어야 한다는 강박도 벗어나야 한다고 믿으며, 그렇게 새로운 학교를 준비하고자 한다. 이제는 타인들에게 흩어져 있던 내가 다시 내 안으로 돌아와 일그러지고 찌그러진 나의 모습을 서서히 펴가고 있는 중이다. 너무 조급할 필요는 없다. 가끔 일그러지고 찌그러져버린 그 모습도 긴 시간 나와 함께 살아간 '힘들었던 나'이므로 사랑으로 어루만져 조금씩

조금씩 펴가려 한다. 오랫동안 구부러져 있어서 펴는 것도 아프면 그
것도 잠시 멈추고 쉬고 있는 나를 그냥 바라볼 것이다. 슬며시 미소
지으며….

사심 없는 봉사자 막달라 마리아
― 진정성 있는 섬김의 길을 꿈꾸며

윤인중

(인천평화교회 담임목사, 에큐메니안 운영위원장)

I. 성서에 기록된 막달라 마리아

고향이 막달라인 마리아, 그녀는 예수의 어머니 마리아를 제외하면 예수와 가장 가까웠던 여인으로 알려진다. 예수의 십자가 고난 현장에 함께 있었고(마가 15:40), 빈무덤의 신비를 처음 체험한 몇 안 되는 사람 가운데 한 명이었다(마가 16:1-8). 이외에도 복음서에는 그에 대한 다양한 묘사가 있다. 교회 전통에서는 누가복음 7장 36-50절에 나오는 향유가 담긴 옥합을 깨트려 예수의 몸에 바른 '죄 많은 여인'을 막달라 마리아로 보는 견해도 있다. 당시 '죄인'이라는 말은 소외된 사람, 밀려난 사람을 일컫는 말이었다. 먹고 살기 힘들어서 안식일을 지키지 못한 가난한 사람들까지 여기에 포함된다. 전통적으로 요한복음 8장 1-11절에 나오는 '간음하다 잡힌 여인'을 막달라 마리아와 결부시켜 '창녀'로 알려진 막달라 출신 마리아가 물질적으로 궁핍한 것을 기피하려고 애썼을 가능성이나 아니면 허영에 들떠서 쾌락을 좇다가 그만 소문난 여자가 되었을 가능성도 배제할 수는 없다. 또 누가복음 8장 2절에 '일곱 귀신이 떨어져 나간 막달라라고 하는 마리아'(누가 8:2)라고 묘사된 것을 보아 그에게는 정신적으로나 심리적으로 적잖은 문제가 있었을 가능성이 높다.

II. 에니어그램 2번 유형으로서의 막달라 마리아

에니어그램 2번 유형은 남에게 무엇이든 잘 주며, 상대를 잘 보살피는 사람이다. '사심 없는 봉사자'인 것처럼 행동한다. 그러나 그 이면에는 '사랑 받기 위해 남을 도와주는' 강박관념이 도사리고 있다. 꼬리표가 달리지 않은 도움이 아니다. 다른 사람들에게 감정이입을 잘하고, 공감을 잘하며, 더 나아가 아부성 발언도 서슴지 않고 할 수 있으며, 가끔 가까운 사람들이 버거워할 정도로 제안도 잘하는 2번 유형은 사랑받지 못할까 두려워하는 마음을 속에 지니고 있다.

에니어그램 2번 유형의 격정은 교만(pride)인데, 여기서 '교만'은 "다른 사람의 필요를 발견하고 도와주면서 자신이 한 일에 대해 자랑하거나 과시하는 마음으로 우월감을 느끼는 것"으로 설명된다. 막달라 마리아는 십자가를 지실 분, 예수의 고난 앞에서 눈물로 예수의 발을 적시고, 자기 머리털로 닦았다. 이러한 모습을 본 예수는 이렇게 말씀하신다. "이 여자는 그 많은 죄를 용서받았다. 그것은 그가 많이 사랑하였기 때문이다"(누가 7:47). 여기서 "그가 많이 사랑하였다"는 말씀의 의미는 사랑하는 대상을 향하여 아낌없이 내어주는 행동을 뜻할 것이다. 사심 없이 내어주는 사랑, 헌신의 모습, 곧 에니어그램 2번 유형의 덕목인 '겸손'에 이른 삶의 전형일 것이다.

에니어그램 2번 유형의 기피는 '자기 필요'이다. '남의 필요'에 대해서는 민감하게 반응하고 대처하는 2번 유형은 자부심이 강하여 자신의 필요나 욕구를 인정하지 않으며, 다른 사람의 도움을 받지 않으려고 한다. 자신의 부족한 점이나 필요한 것이 있다는 것을 받아들이면 스스로 위축되기 때문에 마치 그런 것은 없는 듯이 자신의 필요를 기피한다. 에니어그램 2번 유형으로서 이 부분을 잘 드러내 주는 인물은 바로 베다니 마리아다. 마리아는 '자기 필요'에 대해서도 사려 깊은 성찰을 하는 장면을 보여준다. 예수께서 길을 가다가 마르다와 그의 동생 마리아가 사는 집에 들렀을 때이다. 언니 마르다는 손님을 대접하는 일에 분주하다가 예수의 발 곁에 앉아서 말씀을 듣고 있는 마리아의 모습을 보면서 짜증을 낸다. "주님, 내 동생이 나 혼자 일하게 두는 것을 아무렇지 않게 생각하십니까? 가서 거들어 주라고 내 동생에게 말씀해 주십시오"(누가 10:38-42).

그러나 주님께서는 마르다에게 이렇게 대답하신다. "마르다야, 마르다야, 너는 많은 일로 염려하며 들떠 있다. 그러나 주님의 일은 많지 않거나 하나뿐이다. 마리아는 좋은 몫을 택하였다. 그러니 아무도 그것을 그에게서 빼앗지 못할 것이다." 마리아는 '자기 필요', 곧 주님의 말씀을 듣는 일에 집중했다. 자기 자신의 필요나 욕구도 외면하지 않고 인정하며, 거기에 대처할 뿐 아니라, 남의 필요를 간파하거나 감지하게 됐을 때 편한 마음으로, 그들을 소박하게 돌보는 사람이 된 마리아다. 이 모습은 2번 유형의 함정인 '봉사'에 빠져 '너무 많은 이로 염려하며 들떠있는' 마르다와 비교하면 더욱 빛나는 마리아의 덕목이다. 2번 유형의 함정은 '봉사'인데 사랑받지 못할까 봐 두려워서 지나치게 착한 사람이 되려하거나, 다른 사람을 도와주지 않고 가만히 있으면 사랑받지 못한다는 생각이 들어 봉사라는 함정에 빠지는 상태에서 벗어난 마리아의 모습을 보여준다.

2번 유형의 덕목은 '겸손'이다. 속으로는 받은 은혜에 감사드리며 겉으로 자랑하지 않을 때 순수한 봉사를 할 수 있다. 남을 돌보든 안 돌보든 스스로 강한 자신감을 갖고, 자신도 도움이 필요하다는 것을 편안하게 받아들이면 겸손한 사람이 된다.

예수를 만나, '일곱 귀신이 떨어져 나간' 체험 이후 막달라 마리아는 섬김의 뚜렷한 모습을 드러내준다. 에니어그램으로 말하자면 격정에 사로잡힌 상태에서 벗어난 이후로 막달라 마리아는 건강한 삶을 살게 되었다. 자신이 한 일에 대하여 자랑하지 않고, 침묵을 지키며, 겸손하게 주님에게 감사하는 막달라 마리아는 통합의 방향으로 이행한 2번 유형의 덕목을 잘 드러내준다. 너그러운 마음으로 남을 키워 주는 사심 없는 봉사자 막달라 마리아이다.

III. 막달라 마리아를 통해 본 나의 격정, 기피, 함정

늘 여러 가지 일로 분주한 삶을 사는 나를 본다. 가끔, 한 가지 일에 집중하자고 마음을 먹으면서도, '나를 필요로 하는 일과 사람들' 앞에서 여지없이 무너져 내리는 나를 자주 경험한다. '산만해서일까, 아니면 욕심이 많아서일까' 생각도 해 보지만, 에니어그램은 그런 나에게 '자신의 필요는 기피하면서, 남의 필요에는 잘 나서서 거드는 함정'에 빠진 삶이라고 따뜻한 깨우침을 준다. 돌아보면, 내 안으로 향하는 삶이기보다, '나'를 버리고 밖으로 향한 삶이었다. 그것이 옳은 줄로 알고 살아왔다. '이타적인 삶', '쓸모 있는 삶'을 살자는 생각으로 살아온 것이 틀린 길이라 여기지는 않는다. 그 길이 예수 그리스도를 따르는 제자의 삶이라고 고백하며 살아왔다. 하지만 에니어그림을 통하여 깨우친 점은 그런 삶은 자신의 격정과 기피, 함정을 모르는 어리석은 삶이라는 성찰이었다. '순교자적인 희생'을 하는 삶인 것 같지만, 그 내면에는 '분노와 실망, 짜증과 한탄, 보상심리'가 깊이 배어있는 삶이었다. 아무 대가 없이 온전히 바치는 헌신의 삶을 기도해 왔지만, 나의 내면 깊은 곳에서는 그런 헌신을 하는 나를 알아달라는 보상심리와 쓸데없는 '잘난 척'이 숨어 있음을 솔직히 고백한다.

민중교회 목회와 더불어 인천지역의 시민사회운동과 민중운동을 병행했을 때, 인천지역의 여러 사건들 가운데 흠뻑 빠져들었을 때의 일이다. 빈민들의 철거대책, 노동자들의 권익향상과 조직쟁취, 전교조 교사들의 해직사태, 지역난개발과 환경문제 등 온갖 사건들 속에서 대책활동을 나름대로 부지런히 했다. 옳은 일을 하며 자발적 가난의 삶을 산다는 자부심이 꽤 높았던 생활이었다. 그런 중에서도 간혹 '빵'(교도소의 속어)에 들어가고 싶다는 생각이 문득문득 들었다. 왜 그런 생각이 난 것인지 연유를 잘 몰랐다. 지치고 힘들어 좀 쉬고 싶은 생각 때문이려니 했다. 차분히 앉아, 기도도 하고, 말씀도 읽고, 공부도 하고, 운동도 하고 했던 아련한 추억이 간직된 곳, 어쩌면 나의 삶의 여정 전체에서 가장 짜임새 있고, 편안했으며, 스스로의 생활에 만족했던 곳이 거기에 있었기 때문이다.

내가 경험한 나의 아름다운 삶의 순간을 떠올리면 두 장면이 퍼뜩 떠오른다. 한 장면은 1981년 한신대학 신학교 재학시절 '반파쇼투쟁 기독학우선언'을 수유리 예배실에서 낭독한 후 1년 6개월의 감옥생활을 하게 된 때이다. 또 한 장면은 인천시에 소재한 계양산에 골프장이 들어서는 것을 막기 위하여 인천시청 앞에서 45일, 계양산 소나무 위에서 155일, 총 200일에 걸친 환경운동에 참여한 경험이다. 두 사건 다 사회적으로 의미 있는 일이라는 점에서도 그렇지만, 스스로 아름다운 순간이라 부르는 데는 두 곳 생활 중에 한 치의 흐트러짐 없는 생활을 유지했던 점일 것이다. 아침 기상과 기도, 몸풀기, 성경 묵상, 인문학 독서, 일기 등 하루하루 참 성실하고 편안하며, 여유로운 생활을 했던 곳이 그곳이었다. 그런데 에니어그램을 공부하면서 '아, 하!' 아주 큰 착각 속에 살고 있었다는 깨달음을 받는 중이다. 사람들 가운데, 사건들 가운데 '기도, 수련, 공부'하지 못하고, 격리된 공간에서만 그리하는지 되새김질을 해보니, '남의 요구(필요)' 앞에서는 작아지고, '나의 요구(필요)' 앞에서는 기피하는 참 곤고한 사람인 것이다. '빵 체질', '운동 체질'이라서 그런 것이 아니라, '남의 요구'를 잘 듣는 나의 안테나가 '빵'에서는, '계양산 소나무 위'에서는 더 이상 작동하지 않기에 그런 거였을 뿐이다.

그런 나이기에 에니어그램 2번 유형 '막달라 마리아'의 이야기는 남 이야기가 아니라, 내가 경청하고, 나에게 귀감이 되는 참 매력 있는 이야기다.

막달라 마리아와 같이 귀중한 옥합을 열어 주님께 향유를 붓고 헌신하는 삶이기를 기도해왔으나, 나의 헌신과 봉사에는 소음이 심하고, 남이 알아주지 않으면 샐쭉하고, 남이 알아주면 우쭐하는, 남의 눈과 마음에 흔들리는 삶이었다. 공을 세우되 머물지 않기(功成而不居)를 그 얼마나 간구했던가! 막달라 마리아가 주님 앞에서 경청하는 모습, 모든 소란과 번잡을 벗어나 오직 하나님 나라와 의를 향하여 정진하는 모습에서 격정과 기피와 함정을 넘는 덕목의 삶의 전형을 마주한다. 감사할 뿐이다. 다행히 그 여인도 언젠가는 일곱 귀신이 붙은 정신 나간 삶을 살아왔다는 전력이 오히려 나에게 희망을 준다. 예수를 만나, 에니어그램이라는 영성훈련의 과정을 통하여, 군소리 없이 순종하며, 겸손하게 주의 나라와 그의 의를 이루는 삶을 기도한다. 남이 아니라 나에게 초점을 둔 삶을 배우게 된다. 흔들리

는 파도 가운데 잠을 주무시는 평화의 예수, 그 수련의 내적 여정을
좇아갈 마음이 다시 생기는 중이다.

나의 회개, 덕목으로 가는 기도

'나는 돌보는 사람이다'라는 마음과 생각은 참 좋다. 예수 활동을
돕던 여인들처럼, 특별히 가장 예수께서 어려울 때(고난주간, 십자가,
부활) 오로지 주님을 향하여 사랑과 헌신, 봉사를 한 막달라 마리아,
그녀의 따뜻하고 진정성 있는 마음과 태도로 나의 삶이 향해지기를
바랄 뿐이다. 성령께서 그 길로 인도하소서.

행위가 아니라 존재로

전규자

(늘푸른교회 담임목사, J's 두손치유 힐링캠프 대표)

I. 성서적 배경으로 본 룻과 에니어그램

1. 룻의 배경

룻은 유대인이 아니라 모압 여인이다. 사사시대 기근을 피해 이스라엘 한 가족이 모압으로 피난을 갔다. 그 가족의 안주인 나오미는 남편이 죽고 두 아들이 장성하자 모압 여인들을 며느리로 맞이하게 된다. 그런데 두 아들마저 죽었다. 나오미는 마침 고향인 유대 땅에 풍년이 들었다는 말을 듣고 며느리들에게 "친정으로 돌아가라"고 하고 자신은 유대 땅으로 돌아오려 한다. 두 며느리는 어머니와 함께 유대 땅에 가겠다고 했지만 오랜 실랑이 끝에 작은 며느리는 그의 고향으로 돌아가고, 큰며느리인 룻은 끝내 시어머니를 따라 유대 베들레헴에 왔다. 룻이 시어머니와 함께 베들레헴에 돌아왔을 때는 보리를 거두기 시작할 때였고, 시아버지 엘리멜렉의 친척 가운데 재력 있는 보아스가 있었는데 우연히 룻은 보아스의 밭에 가서 이삭을 줍다가 보아스의 따뜻한 배려를 받았다. 시어머니 나오미는 룻이 보아스에게 다가갈 수 있는 지혜를 가르쳐 주었고, 룻은 나오미의 말에 순종함으로 보아스가 룻과 결혼하게 되고, 보아스와 룻은 다윗 왕의 할아버지를 낳게 되어 예수님의 조상이 되었다.

룻은 자기의 처지보다 남편과 두 아들을 잃은 시어머니가 더 걱정이 되어 시어머니를 따라 유대 땅으로 들어온 모압 여인으로 에니어그램 2번 유형의 대표적 인물이다. 모압 여인인 룻은 유대 땅에서 이방 여인으로 살아가려할 때 겪게 될 자신의 어려움은 보이지 않았다.

2. 격정을 찾을 수 없는 룻은 자기 필요를 기피하지 않는다

룻에게는 격정을 찾기 어렵다. 시어머니와 함께 가고 시어머니의 말씀에 순종하는 룻이 있을 뿐이다. 룻은 시어머니 나오미에게 돌아가라 강권하지 말라며, "어머니께서 가시는 곳에 나도 가고 어머니 머무시는 곳에 나도 머무르겠다"고 항변한다. "어머님의 겨레가 내 겨레이고 어머님의 하나님이 내 하나님이고, 어머니께서 죽으시는 곳에 나도 죽어 장사될 것이라"며, "만일 내가 죽는 일 외에 어머니를 떠나면 여호와께서 내게 벌을 내리시고 더 내리시기를 원한다"(룻기 1:16-17)라고 고백한다.

유대 전통에서 시동생은 형이 죽으면 형수와 결혼을 해야 하는데, 룻은 더 이상 시동생이 없어 아무것도 기대할 수 없는 처지에서 끝까지 시어머니와 함께 가겠다고 하는 것은 누군가로부터 돌봄 받는 인생을 기대하지 않겠다는 결단이기도 하다. 룻의 결단은 자기의 처지보다 시어머니의 처지를 생각해 시어머니와 함께 가는 아름다운 모습이다. 에니어그램 2번 유형의 격정은 교만인데, 룻에게서는 교만을 찾아보기 어렵다.

에니어그램 2번 유형은 자신의 필요를 기피한다. 그런데 룻은 자신의 필요를 받아들인다. 룻이 보아스의 밭에서 이삭을 주울 때 보아스는 룻을 배려하여 자상하게 도와준다. 이미 룻이 시어머니 나오미에게 어떻게 하였는지 자세히 들어서 다 알고 있었다(룻기 2:11). 보아스는 룻에게 다른 밭에 가지 말고 자기 밭에서만 눈길을 돌리지 말고 이삭을 주우라고 일렀고, 젊은 남자 일꾼들이 룻을 건드리지 못하게 조치하고, 목이 마를 때 물단지에 가서 물을 마실 수 있는 특권을 주었다. 룻은 시어머니 나오미의 말을 순종하여 보아스에게 가까이 다가가 보아스와 결혼을 하게 되고, 다윗 가문에 편입되었다.

에니어그램 2번 유형은 남의 필요는 빨리 알고 돕는 대신 자기 자신의 필요는 잘 보지 못하는 탓에 자기가 한 일을 남에게 자랑함으로써 자신의 문제를 해결하려는 경향이 있다. 남의 필요를 인식하는 만큼 자기 자신의 필요를 알고 대처하게 되면 2번 유형은 자랑하지 않고 침묵하면서 겸손해진다. 룻에게는 배고픔을 해결할 수 있는 곡식과 자기를 거두어 줄 든든한 보호자가 필요했을 터인데 이러한 자기의 필요를 기피하지 않고 받아들임으로 빛나는 삶의 주인공이 되었다.

3. 존재로 충분한 룻은 은총의 사람으로 겸손했다

에니어그램 2번 유형의 함정은 봉사이다. 봉사가 함정인 이유는 바로 봉사를 통해 인정받고 사랑받고 싶어하기 때문이다. 봉사하는 것이 사랑받기 위해서라면 늘 자기중심성을 벗어나기 어렵고 한결같기가 어렵다. 자기가 생각하고 느끼는 만큼 사랑과 관심을 받지 못하면 인위적으로라도 사랑과 관심을 이끌어내려 한다. 그런데 룻은 2번 유형 중에서 한결같은 사람으로 돋보이는 인물이다. 2번 유형은 남들보다 에너지가 강한데 이들에게 봉사해야 한다는 유혹이나 강박관념이 함정으로 작용하면 내면의 평화를 유지하기 어렵다. 이들이 한결같은 사람이 되는 비결은 자신의 필요를 인정하고 해결하며, 자기는 어떤 행동을 하지 않아도 사랑받을 사람이라는 자존감을 갖는 것이다.

에니어그램 2번 유형의 회개는 은총이다. 하나님의 은총을 깨닫고 고백하고 누리는 삶이 2번 유형의 회개이다. 룻은 시어머니 나오미가 모압에서 떠나오려 할 때 따라나서며 '어머니의 겨레가 내 겨레이고 어머니의 하나님이 내 하나님'이라고 고백했고, 보아스는 자기 밭에서 이삭을 줍는 룻에게 너그럽게 배려하면서 "이스라엘의 하나님 날개 밑으로 보호를 받으러 왔으니 그분께서 댁에게 넉넉히 갚아주실 것이오"(룻기 2:12)라고 축복해 준다. 룻은 이방 여인이었지만 시어머니를 따라 하나님의 날개 밑으로 보호 받으러 와서 하나님의 은총을 고백하고 누리는 삶을 살았다.

에니어그램 2번 유형의 덕목은 겸손인데 룻은 자기 자신을 있는 그대로 인정하고 꾸밈없이 남들에게 다가가며, 봉사를 잘하면서도 겸손하니 칭송을 받았다.

룻기에서 룻은 심지가 굳은 여인임을 보여준다. 보아스의 밭에서 이삭을 주울 때 일꾼들은 "아침부터 와서 지금까지 저렇게 서 있습니다. 여기 밭집에서 잠깐 쉬었을 뿐입니다"(룻기 2:7)라고 말하여 룻의 성실함을 증언했고, 보아스의 따뜻한 배려에 룻은 감격해서 이마를 땅에 대고 절을 했다. 보아스도 "남편을 잃은 뒤에 댁이 시어머니에게 어떻게 하였는지를 자세히 들어서 다 알고 있소"(룻기 2:11)라고 말할 정도로 룻의 겸손은 다른 사람들을 감동시켰다.

마침내 보아스와 결혼을 해서 룻이 아들을 낳았을 때 이웃 여인들은 나오미에게 이렇게 말한다. "시어머니를 사랑하는 며느리, 아들 일곱보다 더 나은 며느리가 아들을 낳아 주었으니 그 아기가 그대에게 생기를 되찾아 줄 것이며, 늘그막에 그대를 돌보아 줄 것입니다"(룻기 4:13). 그 아기가 이새의 아버지요, 다윗 왕의 할아버지가 되는 오벳이다. 룻은 이토록 주변 사람 모두에게 인정받고 칭송을 받는 아름다운 사람이었다.

II. 에니어그램 2번 유형과 나

1. 동화 속 주인공 같았던 어린 시절

나는 에니어그램 2번 유형이다. 나는 오빠 없이 넷째 딸로 태어났다. 에니어그램 2번 유형은 아버지가 좋기도 하고 싫기도 한 양가감정이다. 나는 넷째 딸로 태어났기에 아버지의 실망감, 남동생과의 차별대우, 그럼에도 불구하고 남동생을 봤다며 사랑해 주셨던 아버지의 태도에서 형성된 양가감정이 에니어그램 2번 유형으로 고착되지 않았나 싶다.

내 눈에는 가난하고 힘들어하는 사람들이 유독 눈에 잘 띄었다. 어린 시절 우리 집은 거지가 오면 불문율처럼 쌀 한 대접씩 퍼 주었다. 하지만 나 혼자 집에 있을 때 거지가 오면 큰 바가지로 한 바가지를 퍼 주었다. 초등학교 4학년 때 눈보라치는 겨울에 지푸라기로 만든 가마니를 걸치고 머리를 산발하고 찾아온 미친 거지를 마루에 앉게 하고, 식은밥을 뜨겁게 끓여 김치와 함께 밥상을 차린 것이 내 생애 첫 번째 남을 위해 차린 밥상이었다.

중학교 때 등록금을 못 내 제적 공고가 붙은 동급생의 등록금을 하숙비를 타다가 내주고 그 돈을 메꾸느라 신문을 돌리고 잡지를 팔기도 했을 정도로 다른 사람의 가난은 어린 시절부터 내 삶의 가장 큰 화두였다.

2. 걷잡을 수 없이 꼬인 내 인생: 성자의식으로 교만했고, 내 필요를 기피했고, 봉사라는 함정에 빠져 허우적거리는 삶을 살았다

나는 어떤 모임이나 조직에서 가장 어려운 사람들이 먼저 눈에 띄고 그들을 돕는 일을 거의 무의식적으로 하곤 했다. 남의 필요가 내 필요보다 훨씬 더 크게 다가오기 때문이다. 지난 여름 사상 초유의 무더위 속에서 내가 에어컨이 없는 것은 괜찮은데, 지인이 에어컨이 없어 고통스럽다는 말을 듣고 그에게 에어컨을 마련해 주기 위해 애쓰다 여전히 내 필요보다 다른 사람의 필요를 우선시하는 내 모습을 보고 실소했다. 이렇게 항상 내 필요는 기피하였고, 봉사라는 함정에 빠져 전체를 보지 못하는 실수를 거듭했다. 하나님의 은총을 입으로는 고백해도 무슨 일이든지 하나님이 하신다는 믿음보다 앞서 내가 하고 있었고, 내 속에는 '나는 괜찮은 사람'이라는 교만함이 가득 차 있었다. 무의식의 깊은 곳에서 나는 의인이고 너는 속물이라고 생각하여 다른 사람들을 무시하거나 경멸하였다. 에니어그램을 공부하면서 알게 된 것은 가장 어려운 사람 편에 서는 일이 잘못된 일이 아님에도 그것이 모임이나 조직의 운영을 어렵게 할 때가 많았던 것은 '나는 괜찮은 사람, 너는 속물'이라고 생각하는 교만 때문이었다.

어린 시절 집안에서 내 자리는 없었다. 바로 밑에 남동생은 귀공자였다. 유치부 때부터 교회 권사님의 회갑잔치에 뽑혀가서 노래와

율동을 했고, 성경퀴즈도, 성경암송도 늘 1등이었지만 집안에서 잘 놀았던 기억이 없다.

내가 다닌 초등학교는 시골 학교로 전교생이 1,000여 명이 되는 작은 학교였는데 6년 내내 1등을 했다. 내 기억에 1, 2등을 다투는 1등이 아니라 2등과 점수 차이가 큰 1등이었다. 글짓기대회, 웅변대회, 미술대회, 말하기대회도 다 내 차지였다. 학교에서 받은 상장이 서랍에 수북이 쌓였지만 난 오로지 선행상을 받고 싶었다. 할미꽃 뿌리를 캐어 화장실에 넣으면 구더기가 없어진다는 누군가의 말을 듣고 산에 가서 할미꽃 뿌리를 캐어 돌로 빻아 화장실에 넣으면서 우연히 선생님이 보고 선행상을 주었으면 좋겠다는 생각을 했다. 오로지 내가 얼마나 착한지 사람들이 알아주기만 원했던 것이다. 물론 그 때는 선행이 좋은 것이라는 생각에서 그랬고, 내가 인정받고 자랑하기 위해 선행을 했다는 사실을 받아들이기는 쉽지 않았다. 특히 내 선행을 드러내놓고 자랑하지 않고 은근히 자랑하는 사람이었기에 겉으로는 친구들과 잘 지냈지만 충분히 인정받지 못한다는 생각 때문에 난 늘 외로웠다. 나는 내가 교만하다는 건 알았지만 잘나서 교만한 줄 알았지 내 필요를 기피하고, 봉사라는 함정 때문에 교만하다는 것은 받아들이기 어려웠다. 내가 잘나서 교만하다는 건 있을 수 없다. 설령 잘나서 교만하다면 교만을 해결할 길이 없을 것이다. 그런데 잘났다고 생각하는 교만, 난 착하고 좋은 사람이라고 생각하는 교만은 어느 정도 해결의 실마리를 찾을 수 있는 교만이라고 생각되어 그나마 마음이 가벼워진다.

고등학교를 졸업하고 봉제공장에 취직을 하였다. 난 그곳에서 초등학교를 갓 졸업했거나 미처 졸업하지 못한 어린 여자애들이 거의 매일 발길로 채이고 머리채를 잡히며 일하는 모습을 보았다. 노동에 찌들린 아이들과 할 수 있는 일은 그리 많지 않았다. 겨우 애들을 데리고 교회에 가는 일이었다. 이후 나는 신학교에 갔고, 졸업 후 구미 공단에 어린 여성노동자들이 야간에 공부하는 성경구락부를 운영하는 교회에 전도사로 가서 전도사와 성경구락부 교사를 겸임하는 일을 했지만 지역사회의 운동권 학생을 만난다는 이유로 1년도 안 되어 쫓겨났다. 그리고 구로공단에 올라와 노동운동에 투신했다가 건강을 크게 잃었다. 구로연대파업이라는 사건으로 구속되었는데 난 구치소에서 돌아눕기도 힘든 몸으로 10개월간 감옥살이를 하고, 하반신 감각을 잃었다. 감각이 없는 하반신은 아이러니하게도 신경통증에 시달리게 했다. 차가운 감각을 몰라 차가운 곳에 엉덩이나 발이 닿으면 어김없이 찾아오는 통증은 심장을 칼로 도려내는 것 같은 통증이었다. 더구나 한번 통증이 시작되면 적어도 4~5일, 보통 1주일씩 지속되어 1년 중 거의 반을 통증으로 고통당했다. 한여름에도 난방을 해야 하는 귀하신 몸으로 30여년을 살며 내 성자의식은 피해의식으로 변해갔다. 건강을 잃어 노동운동을 더 이상 할 수 없던 나는 결혼 후 구로3동에서 가난한 이들을 돕는 목회를 했다. 특히 결손가정 아이들과 가출한 아이들을 보호하고 돌보면서 내가 가진 물질과 시간을 아끼지 않았고, 나는 한 푼의 급여를 챙기지 못해도 함께 일하는 동역자는 비슷한 일을 하는 다른 교회보다 최고로 급여를 많이 주어 생활을 하도록 했다. 또 나보다 어려운 개척교회 목회자들을 분에 넘치게 도왔다. 가족들은 당연히 나와 함께 희생되었다. 구로3동이 재개발되면서 가난한 이들을 돕는 목회를 지속하기가 어렵게 되었다. 다른 길을 모색할만한 힘이 없어 내가 개척한 교회를 내놓고 물러앉으니 당장 의식주가 어렵게 되었고, 난 너무 초라해졌다. 이때부터 드러내놓고 나를 자랑하고 변명하기 시작했다. 내가 자원하여 가난하게 살았는데 사람들이 나를 알아주지 않는다는 생각에 섭섭했고, 자존감을 잃어 내 어려운 형편 때문에 사람들이 무시한다는 생각과 함께 억울한 생각이 들었다. 개척교회 13년, 조직교회 7년, 기독교기관 5년 합해서 25년 목회 후 나는 상가 지하 전세방에서 살면서 자존심에 크게 손상을 입었고, 무기력과 억울함이 뒤범벅된 감정과 그래도 좋은 일을 많이 하며 살아왔다는 자부심의 양가감정에서 헤어나지 못하고 괴로워했다. 내가 기피한 나의 필요가 나를 엉망진창으로 만들었다는 사실을 깨달을 수 있었던 것은 전적으로 에니어그램 덕분이다.

3. 룻을 통해 본 나

내는 내 필요를 기피함으로 내 인생이 꼬였다고 생각하게 됐는데 비해 룻은 그의 필요를 기피하지 않음으로 축복을 받은 사람이다.

룻은 보아스의 추수하는 밭에 가서 이삭을 주울 때 보아스의 배려를 잘 받아들였고, 보아스가 잠자는 발치에 자리를 펴고 들어가 누우라는 시어머니의 말을 듣고 순종한다. 그러한 행동은 모압에서 시어머니를 따라오는 것 이상의 결단이 필요했을 터이지만 자신의 필요를 받아들이는 결단이 축복으로 이어지는 통로임을 본다.

나는 내 필요를 받아들이는 것이 자존심이 상하여 철저히 내 필요를 기피해 왔다. 남에게 성자처럼 인정받고 싶은 숨은 의도가 있는 것이 아니라 나는 그냥 성자이고 싶었다. 내 필요를 기피하고 남을 돕는 데 앞장섰던 나는 100만 원 짜리 통장 하나 없이 교회 목회를 그만두니 당장 의식주를 해결하기 어려워 당황스럽고, 남을 돕고 살았는데 사람들이 나를 인정해주지 않는 것 같아 섭섭했다. 그렇게 나는 성자가 아니라 성자의식의 사람이었다. 그래서 나를 인정해주는 남들로부터 내 문제를 해결하려 했다는 사실을 받아들이게 되었다.

4. 나를 지켜보시는 주님

에니어그램 2번 유형은 하나님 은총을 깨닫지 못하고, 고백하지 못하며, 누리지도 못하는 것을 회개해야 한다. 나의 무력감이 내 인생에 도움이 될 이유가 없다. 자부심도 내 인생에 도움이 되지 않는다. 무력감에 빠지는 것도, 자부심을 가지는 것도 모든 것이 하나님의 은총임을 순간순간 잊기 때문이다. 나는 입으로는 하나님의 은총을 고백하지만 무엇이든지 '내가 한다'는 생각을 떨치지 못했다. 에니어그램을 공부하면서 노동운동을 할 때나, 가난한 이들을 돕는 목회를 할 때나, 상가 지하 전세방에서 울고 있을 때나 하나님께서는 한결같이 나를 지켜보시고 계셨음을 깨달았다. 모든 순간이 전적인 하나님의 은총이었다는 사실을 깊이 깨닫고, 회개하고 하나님께 감사하니 거짓말처럼 내 마음에 평화가 오고, 삶이 풍요롭고 행복해졌다. 주님은 나와 함께 하셨다. 가난한 사람들과 함께 하는 목회를 정리하면서 아무 연고도 없는 마을로 피난 간 그 순간에도 주님은 나와 동행하셔서 오늘날의 치유사역의 밑거름이 되게 하셨다.

가끔 나는 지나치게 낮추어 겸손하지 못했고, 가끔 지나치게 내세워 겸손하지 못했다. 부끄러운 모습은 감추고 좋은 모습만 보여주려 했고, 좋은 사람으로 인정받는 것에 연연했다. 에니어그램은 이런 문제를 안고 실수하며 사는 나를 깊이 바라볼 수 있게 하는 가장 좋은 인문학적 도구이다. 겸손은 내 모습을 있는 그대로 받아들임에서 시작된다. 남이 나를 좋은 사람으로 인정하는 것보다 내가 나의 부족함을 인정해야 겸손할 수 있다. 에니어그램을 공부하고 수련을 시작한 지 3년이 지난 이제 에니어그램은 내 교만을 잘 보게 하고 내 문제를 해결할 수 있는 길을 찾는 길라잡이라 생각한다. 나는 새로운 희망을 본다. 부족한 내 모습 그대로 사람들을 대하고, 무엇보다 내 필요를 기피하지 않을 때, 인정받고 사랑받기 위한 봉사가 아니라 한결같은 사랑으로 봉사할 수 있다는 사실을 안 것은 은총이다. 에니어그램을 통해 행위가 아닌 존재로 충분히 소중한 나를 만났다. 참으로 감사하다.

3번 이야기

에니어그램 3번 유형은 성공이라고 여겨지는 것은 무엇이든 이루고 싶어 하는 성취형이다. 그래서 사회에서 성공하고 사람들에게 존경받는 경우가 많다. 그러나 자신이 이루어낸 성공이 진정으로 원하던 것이 아니었다는 걸 뒤늦게 깨닫기도 한다. 3번은 부모나 주변에 있는 사람들이 가치 있다고 여기는 게 무엇인지를 빨리 파악한다. 그리고 그것들을 성취해냄으로써 자신이 가치 있는 사람으로 인정받으려고 한다. 3번은 자신의 가치가 다른 사람들의 긍정적인 평가에 달려있다고 믿고 자신의 진짜 감정을 숨긴 채 다른 사람들의 기대에 부합된 성공을 이루려고 애쓰는데 이것이 바로 기만이다. 3번은 다른 어떤 유형보다도 자신의 격정인 기만을 이해하기 어려워한다. 그래서 3번에게 기만을 설명하려면 많은 예시를 나열해야 한다. 그러다 그 중 어느 하나가 맞아떨어지면, "아! 그런게 기만이에요?" 하면서 깜짝 놀란다. 기만은 속임수를 쓰고 거짓말을 하는 것을 의미하지만 3번의 기만은 자신을 실제 모습보다 더 좋은 이미지로 포장하는 것이기 때문이다. 그리고 무엇보다도 3번의 기만은 자기기만이라고 할 수 있는데 그런 이상적인 이미지가 진짜 나라고 믿고 있는 것이다.

3번은 실패를 기피한다. 성공의 경험이 많지 않은 3번은 실패에 대한 두려움이 커 성공 가능성이 낮거나 위험 부담이 클 경우 도전하는 것을 꺼린다. 그러다보면 성공할 수 있는 기회를 놓쳐버리게 되어 실패를 맛보기도 하고, 자잘한 성공에 만족하며 한방에 홈런을 날리게 될 날만을 꿈꾸며 허송세월을 보낼 수도 있다. 사업에 성공하려면 수지타산이 맞지 않을 때, 더 큰 손실이 생기기 전에 과감하게 방향전환을 해야 한다고 한다. 그래서 수완이 좋은 사업가는 재빨리 실패를 인정하고 새로운 사업을 구상한다. 그러나 3번에게는 수지타산이 맞지 않더라도 방향전환을 하는 것 자체가 실패일 수 있다. 사업을 접기보다는 흑자로 만들 수 있다고 확신하고 이 방법 저 방법 써가면서 혼신의 노력을 다한다. 실패를 받아들이고 실패를 통해 성공하는 법을 배우기보다는 요리조리 실패를 피하려다가 더 큰 실패를 맛보게 될 수 있다.

능률이라는 함정에 빠진 3번은 빨리 그리고 쉽게 좋은 결과를 얻으려고 한다. 성공을 위해 시간을 낭비하지 않으려고 밥 먹는 것도 소홀히 하고 24시간 내내 잠도 자지 않고 일에 매달리기도 한다. 학생은 시험공부를 하면서 실력을 키우는 데 집중하기보다는 좋은 점수를 받기 위한 방법을 찾는다. 오랜 시간을 자신의 진짜 능력을 개발하는 데 투자하기보다는 빨리 좋은 이미지를 얻는 데 더 집중하기 때문이다. 질보다 양에 치중하기 때문에 종이접기나 찰흙으로 만들기를 하면 다른 친구들보다 더 빨리 더 많이 만들어 낸다. 결과물이 좀 부실할지라도 많은 결과물을 만들어내어 더 많은 성공을 맛보려는 것이다. 공원을 산책할 경우 주위를 둘러보며 천천히 여유를 즐기기보다는 입구에서부터 공원 끝까지 일직선으로 왕복하는 걸 더 중요하게 여길 수도 있다. 공원 입구부터 끝까지 갔다 옴으로써 공원 탐방이라는 목표가 달성되기 때문이다. 3번은 눈치가 빨라 상황판단이 빠르다. 그래서 '이건 이런 거야, 이 사람은 이런 사람이야'라고 재빨리 결론을 내리고 단정지어버린다. 자칫하다 진면목을 놓치게 되고 이것이 실수로 이어질 수 있다.

자신의 감정을 감추고 다른 사람들에게 좋은 모습만을 보여주려 했다는 것을 깨닫기 시작할 때 3번은 자신의 뜻에서 벗어나 자신보다 더 큰 하나님의 뜻을 받아들이기 시작한다. 자신 이외의 모든 사람들을 경쟁 상대자로 생각하고 '내가 제일 잘 나가'라는 노래 제목처럼 최고가 되기 위해 애쓰던 것에서 벗어나 다른 사람들과 더불어 하나님의 뜻을 이루어가는 사람이 된다. 실패를 두려워하지 않고 있는 그대로를 받아들이면서 과정에 충실하기 때문에 과거의 실패를 밑바탕으로 더 큰 성공을 이루게 된다. 다른 사람의 성취까지 도우면서 다른 사람의 성공을 진심으로 기뻐하는 신실한 사람이 된다.

야곱(3번 유형)

신실한 사람, 이스라엘이 된 야곱

(연변대 과학기술대학 교수)

I. 야곱이 신실한 사람의 예지와 확신이 엿보이는 이스라엘로 변하기까지

야곱의 일대기는 창세기 전반에 걸쳐서 잘 나타나고 있다. 태어날 때부터 경쟁적인 모습으로 엄마의 태중에 있던 야곱은 형(에서)의 발꿈치를 잡고 있었다. 아버지 이삭은 날쌔서 사냥꾼으로 살아가는 에서를 사랑했고, 어머니 리브가는 성격이 차분한 사람 야곱을 사랑하였다. 어머니와 공모해 형과 아버지 이삭을 속이면서 장자 상속과 축복 기도를 받고, 또 형 에서를 피해 피신 간 외삼춘 라반의 집에서 함께 살면서 목표를 향하여 전진하면서 빠른 두뇌 회전과 용의주도함으로 자기 재산을 늘리며 성공한 사람으로 서게 된다.

일차적으로 목표를 달성한 야곱은 형 에서가 두려워져 달아나다가 창세기 28장 11-12절에 나온 대로 "그는 돌 하나를 주워서 베개

<3-1 야곱> 신실한 사람, 이스라엘이 된 야곱 _ 박해나 | 201

로 삼고 거기에 누워서 자다가, 꿈을 꾸었다."

야곱의 꿈을 희한하게 다루시는 모습을 시작으로, 하나님이 하시는 일은 인간의 생각을 넘어선다. 꿈속에서 천사들이 사다리를 오르락내리락하는 꿈이었다. 하나님이 야곱에게 말씀하기길 "네가 누워 있는 이 땅을, 내가 너와 너의 자손에게 주겠다. 너의 자손이 땅의 티끌처럼 많아질 것이며, 동서남북 사방으로 퍼질 것이다"(창세기 28장 13-14절)라고 말씀하시며, 인간의 이해를 넘어가는 특별한 은총을 야곱에게 주신 것이다.

나중에 형 에서를 만나기 위해 고향길에 오르면서 결국 얍복 나루터에서 하나님과 만나서 날이 새도록 씨름을 하며, 장엄한 패배를 통해 영성의 세계에서 거룩한 싸움을 하게 된다. 그 일로 야곱의 이름은 이스라엘로 바뀌게 된다.

하나님이 아끼셨던 가족의 모습에서 특별히 쌍둥이 두 형제의 탄생부터 인간의 속임수와 탐욕을 직설적으로 표현하며, 목표를 향해 끊임없이 열심히 달려가는 야곱의 인생을 보면서 인간의 격정의 한 모습인 '기만'을 정말 자세히 볼 수 있다.

평생을 기만의 격정에 사로잡혀 살던 야곱이 '불경쟁 선언'을 하는 이스라엘이 되는 것이다. 이 위대한 역설과 믿음의 조상들의 부끄러운 이야기를 통해 삶의 진실을 발견하게 만드는 힘이 어느 경전에도 없는데 성서에는 강하게 나타나고 있다. 그래서 성서가 위대한 구원의 역사의 드라마인 것이다.

II. 야곱의 격정

꿈꾸는 자 야곱은 장자권을 탐내며 호시탐탐 기회를 노리다가 기회가 왔을 때 그 모친과 함께 목표 달성을 위해 형 에서에게 팥죽 한 그릇을 주고 그 어마어마한 장자의 상속권을 얻어내는 데 성공한다. 이것으로 야곱의 사기 사건이 시작된다. 그리고 어머니 리브가와 공모해 아버지 이삭의 축복을 가로채는 일로, 외삼촌 라반과 함께 능률적이고 효과적인 방법으로 부를 축척하는 일로 종지부를 찍게 된다. 그리고 그의 가축 늘리는 과정에서 야곱만의 약삭빠른 생각으로 자기 소유의 양의 새끼가 많아지게 하는 방법을 고안해낸 것이다.

3번 유형이 그야말로 정신없이 목표만 향하여 질주할 때 주변에 있는 관계 당사자의 사정 같은 것은 별로 고려하지 않고, 실패를 기피하며 오직 성공하기 위해 달리다 보면 자기도 속이고 남도 속이는 기만의 격정에 사로잡힌다.

성서에서도 많이 언급되지만, 사람은 누구나 남을 속일 수 있다는 것을 말해준다. 그러나 특별히 3번 유형은 속임수를 쓰면서도 스스로 합리화하며 양심의 가책을 느끼지 않는다.

야곱이 격정을 신실의 덕목으로 바꾸어 가는 모습

얍복 나루터에서 하나님과 만나서 날이 새도록 씨름을 하며 엉덩이뼈를 다칠 만큼 목숨을 건 씨름을 하면서 겉사람과 속사람이 싸우는 전쟁을 하게 되는 것이다. 그래서 그때부터 야곱은 불경쟁이라는 명제를 가지고 '이스라엘'로 변하게 된다. 하나님의 천사와 더불어 씨름한 사건은 야곱이 자신의 거짓 인성을 깨닫고, 겉사람의 습관적이며 기계적인 속성인 기만의 뼈 즉 환도뼈가 부러지는 격한 싸움을 통해 패배를 경험한 사건이 되었다.

야곱이 더 이상 사람과 더불어 겨루지 않는다는 깊은 뜻이 담겨 있는 '이스라엘'이라는 이름은 늘 남과 경쟁하며 지위을 추구하던 야곱이 자기 관리를 내려놓고 주위의 사람들을 살피는 새사람이 되는 것이다. 목표와 결과에 집착할 때는 피를 나눈 형 에서를 속이고, 아버지마저도 속이며, 자기 형성과 성취의 바탕이 된 외삼촌도 속였던 것이다. 그러나 비로소 모든 것을 하나님의 뜻에 맡기는 결단을 할 때 진정한 회개가 이루어지기 시작했다.

3번 유형이 갖추어야 할 덕목은 신실함을 통해 투명의 영성과 초연함의 영성을 갖는 것인데, 이 덕목은 다른 사람들에게 아주 탁월한 모범이 되는 것이다. 또한 3번이 성숙하여 통합의 방향 6번으로 갈때 다른 사람을 나와 동일시하며, 다른 사람을 무조건 지원하고 감동을 줄 수 있는 사람이 되는 것이다.

열두 지파를 이룰 이스라엘의 아들들에게 예언과 축복을 유언으로 남기는 야곱, 신실한 하나님의 예지와 확신에 찬 장엄한 광경으로 격정을 사로잡는 야곱 그리고 그 안에서 나오는 에너지로 3번 유형의 아름다운 덕목이 되는 이스라엘로 변화된 모습의 야곱을 볼 수 있다.

III. 나의 모습

나는 오랫동안 신앙생활을 하고 있어도 늘 마음에 진정한 회개는 무엇인지에 대해 진지하게 고민해왔다. 회개의 경험을 격렬하게 가져보고도 또 얼마 후면 다시 샘솟는 나의 격정 속에서 헤매던 나에게 에니어그램이라는 학문은 나 자신을 좀 더 깊고 자세히 들여다보게 했다. 처음 에니어그램을 접하면서 내가 3유형이라는 사실은 너무나 많이 수긍이 가는 대목이었다. 그러나 3유형의 격정을 살펴보면서 그것이 나의 유형이라는 사실을 받아들이기 쉽지 않았지만, 이내 시인하고 싶지 않은 나의 모습을 처절하게 보게 하는 이 대목이 바로 나의 격정이고, 내가 늘 넘어졌던 부분이라는 사실에 정말 놀라고 또 놀랐다. 이 길이 바로 예수님의 제자로 살기 원하여 삶의 마지막을 대비하고자 하는 나에게 큰 소망으로 다가왔다. 그래서 이 에니어그램에 나의 문제에 대한 해결책이 있다는 확신을 갖게 되었다.

나를 속이고 있는 나를, 나를 더 낫게 보이고자 다른 사람들을 속이고 있는 나를 자세히 들여다볼 수 있게 하셨다. 기만이라는 말 자체가 너무나 부정적이어서, 특별히 3번 유형으로서 긍정적인 면만 인정하고 보고 살아가려는 사람들에게 충격적이 될 수 있다. 그러나 그것이 바로 3번 유형으로서 자신을 깨달아야 한다는 명제이다. 점점 작아져 가는 나를 보면서, 3번 유형의 나다운 특성인 뽐냄이 아닌 초라해져가는 모습이 싫어서 머리를 돌리다가도 나를 잘 알아가는 이것이야말로 애니어그램 수련의 기초라는 생각에 다시금 마음을 가다듬고, 이 학문에 관한 책을 읽으며 몰두하기 시작했다. 에니어그램 수련 공동체 모임을 통해 깊이 있게 자신의 격정과 연결시켜 주고, 어떻게 변화를 추구하며 덕목으로 갈 수 있을지를 고민하게 한 수련 과정이 참 고맙다.

어린 자녀가 어떻게 부모의 사랑을 받아들이고 경험했느냐가 에니어그램에서는 중요하다고 한다.

실패를 기피하는 함정에 자주 빠지는 나는 이 특성이 아주 어릴 때 어머니로부터 온 것 같다는 생각을 많이 했다. 내가 어떤 일이든지, 어떤 말이든지 빨리빨리 알아듣고 대답을 해주거나 처리를 해내면 엄마로부터 무척 칭찬을 들었던 기억이 아주 많았다.

내가 실패를 하면, 또 내가 일을 늦게 처리하면 얼마나 엄마가 실망하실까를 늘 염두에 두었던 어린 시절의 기억들도 확실하게 떠올랐다.

그리고 낮에 엄마와 오빠들과 있었던 모든 일들을 엄마가 저녁에 퇴근하고 오시는 아빠에게 기다렸다는 듯이 다 모아 "이것저것을 막내딸이 이렇게 잘하고, 빨리 하고, 잘 처리했다"는 말로 아버지에게 보고하듯이 자랑했다. 그러면 아버지가 너무나 흐뭇해하시며 초등학교 졸업반이 다 될 때까지도 저녁마다 나를 등에 업고 동네 한 바퀴를 돌면서 "우리 금딸이 못하는 것이 없어요. 무엇이든지 잘해요. 금딸 금딸 우리 막내딸"이라고 하면서 동네분들에게 자랑을 하셨던 것이 너무나 생생하다.

오직 엄마는 나에 대한 칭찬을 쏟아붓기 위해서 아버지를 기다리는 듯이 생각될 정도였다. 7명의 아들을 낳은 끝에 태어난 막내딸을 아버지가 제일 자랑스러워한다는 아버지의 속마음을 알아차리신 엄마가 고안해낸 방법이었던 것 같다.

야곱 어머니의 전적이고 무조건적인 야곱 사랑처럼, 아버지가 일찍 귀가하시기를 원하셨던 엄마가 아버지의 제일 관심사를 나누고, 아버지의 관심을 엄마에게 돌리려고 아버지가 제일 좋아하시는 막내딸을 향해 사랑을 많이 표시하셨던 것 같다.

나는 칭찬을 더 많이 받기 위해, 엄마로부터 더 인정을 받기 위해 더 용의주도하게 행동하며, 또 목표를 향해 질주하기 위해 더 빠른 두뇌회전을 이어갔던 것 같다. 야곱과 같이 눈에 불을 켜고 호시탐탐 기회를 노리다가 절호의 찬스라고 생각되면 도전하여 성공하고, 또한 실패한 사실도 없는 듯이 상황을 설명하고, 또 나에게 있는 것보다 더 크게 부풀리는 모습이 많이 있었다.

말로 잘 포장해서 나의 이미지에 손상이 가지 않도록 하는 것이

제일 중요한 관건이었다. 또한 많은 오빠들에게 나의 존재를 알리기 위해서 약간의 속임수마저도(엄마의 묵인 아래) 자연스럽게 행했던 지난 시절이 문득 생각이 나 많이 부끄럽다. 물론 신앙생활 속에서 나의 죄를 회개하기는 했지만, 솔직히 무엇을 어떻게 회개해야 하는지 모르고 용서를 구했던 것에 비하면 내게 있는 기만을 발견하고 회개하는 지금은 정말 얼마나 다행인지 모르겠다.

3번 유형은 모든 것을 하나님 뜻에 맡기는 결단을 할 때, 비로소 진정한 회개가 이루어짐을 알게 되었다. 그래야 비로소 신실의 덕목을 향해 발걸음을 내딛는 첫걸음이 되는 것이다.

나의 격정과 함정 보기

미국에서 유학생의 아내로 살면서 처음 직장을 구할 때 은행 경력이 있어야만 채용하는 미국 은행에 근무하려고 이력서를 조작해서 입사했던 기만, 이것을 용의주도함이라는 겉옷으로 치장하여 "입사해서 내 능력을 보여주면 되지 않는가" 하는 교만으로 이어졌음을 나는 안다.

물론 미국 은행의 대부과는 무척 업무가 복잡하고 어려웠다. 그래서 처음에는 동료들에게 배우면서 "한국의 은행과 시스템이 많이 다르네" 하면서 나의 무능력이 탄로 날까 봐 속임으로 버텨 나갔다. 그러나 차츰 임기응변과 말재주, 유능한 일 처리 능력 등을 인정받게 되었다. 모든 일을 신속하게 하며, 남들이 나의 경력을 눈치채지 못하게 하고 모든 경쟁에서 이긴 후, 일을 성사시킴으로 입증하는 것으로 은근히 나 자신을 자랑하며 살았다는 생각이 든다.

또한 지금 내가 있는 대학교에서 함께 일하는 교직원들 중에서도 어떤 과제를 좀 더 효과적으로 빨리 처리하지 못하는 모습을 보면 안타깝고, 그런 모습이 더 심해지면 이런 분들과는 함께 더 이상 일을 할 수가 없다는 부정적인 생각이 떠오르곤 했다. 그래서 비판적이 되고, 시간과 효율적이지 못한 모든 부문에서 소극적이 되고, 함께 일하고 싶은 생각이 없어지곤 했다.

그때마다 남편과 그런 일들을 나누었는데, 신앙이 깊고, 늘 나의 어리석음을 기도로 인내해주며, 찬찬히 충고를 아끼지 않았던 남편에게 감사한 마음이다. 그래서 과격한 행동을 하기 전에는 점검 차원에서 남편에게 나누어 표현을 부드럽게 만들며, 상대방의 입장을 이해하려고 노력하곤 했다.

공동체문화원의 화요모임을 통해 오랜 시간 함께 지내며 수련하는 과정이 난 참 좋다. 서로의 단점도 깊이 있게 보고 나누며, 다른 사람들이 나의 격정을 발견하고 지적해주는 공동체 식구들에게 감사한다. 요즘 나는 이런 지적질을 즐기고 있다. 아마 이제까지 교수라는, 아니 선교사라는 위치에서 가르친다고 서 있다 보니 나에게 이런 기회들이 별로 없었던 것 같다. 이제 인생의 아름다운 마무리를 위해 준비하게 하시는 우리 주님이 주신 보너스의 시간이라고 생각하니 이 얼마나 감사한지 모르겠다.

결과에 집착해서 목적을 이루려는 급한 마음으로 주위 사람들의 마음을 깊이 있게 보지 못하고 질주하며 보이지 않게 경쟁심을 불태웠던 나를 힘겨워했을 많은 사람들을 생각하게 하셨다. 또한 다른 사람들의 눈에는 보이는 진실이 나의 눈에만 보이지 않게 되는 함정에 빠져 계속 기만하며 나를 속이고, 다른 사람도 속이고 있었음을 알게 하셨다.

왜냐하면 이제까지 나의 격정을 보고는 지레 겁을 먹고 슬슬 물러나는 사람들이 많이 있었지만 직접 나의 기만의 모습을 잘 보는 사람도 별로 없었고, 더 나아가 나의 격정의 모습을 가지고 충고해준 분들이 없었기 때문이다. 물론 나의 단점도 함께 기도하며 고쳐나가려고 애써 내놓고 이야기하는 시간들이 참 좋다.

특별히 통합의 방향으로 진행되어 나 스스로가 부족한 것을 절실하게 느낄지라도 언젠가는 하나님이 이루어 주시리라는 믿음을 가지고 날마다 올바른 회개의 시간을 가지면서 정진하게 되면, 기만이라는 격정에 휘둘려 잠시 그 상황을 잘 견뎌내기만 하는 그런 단기적인 대응이 아니라, 신실함으로 대응할 때 일이 좀 늦어지기도 하고 돌아가는 느낌이 들어도 이를 통해 과정을 중요시 여기는 그리고 주위의 사람들을 나보다 더 귀하게 여기는 우리 주님의 그 심정으로 대응하면, 매사에 진정한 용기 있는 3번 유형의 특별한 에너지도 더 많이 분출될듯하다.

신실한 3번 유형으로 미리미리 위기를 헤쳐나오는 방도를 모색하며, 전략적으로 사전 준비하는 계획과 우리 주님의 비전을 함께 보며, 시간을 낭비하지 않는 부지런함과 빠른 행동으로 모든 것을 주님의 뜻에 맡기는 그런 인생이 앞으로 나의 남은 생이 되기를 간절히 기도한다.

남은 생애에 이제 더욱 더 하나님의 뜻을 구하며, 격정에서 벗어나 신실해짐으로 그 신실 자체에서 나오는 큰 에너지로 이제까지의 삶보다 더 큰 하나님의 비전을 가지고 최선을 다하려고 한다. 나중에 우리 주님 앞에 섰을 때 "너의 인생의 후반전이 너의 전반전보다 참 신실했구나"라는 말씀을 듣기 위해 남은 나의 모든 열정과 노력을 아끼지 않고 수련하는 이일에 매진할 것이다.

그가 이르시는 대로 하였다

윤미단

(대한성공회 장흥어린이치유센타 원장)

I. 좀 늦었지만, 나는 3번 유형입니다

20여 년 전, 김영운 목사님을 통해 에니어그램을 처음 접했을 때 나는 내가 2번 유형이라고 생각했었다. 내가 남들에게 봉사를 잘한 다고 여기면서 나와 가족의 필요를 돌보지 않고 봉사라는 이유로 남 들을 조정한다는 것을 회개해야 한다고 받아들였었다. 그렇게 그런 가보다 하며 살다가 지난해, 또 다시 에니어그램 공부를 시작할 때는 나는 내가 4번 유형이라고 생각했다. 내가 나를 4번 유형일 것이라 짐작한 이유는 부모와의 관계를 점검하는 시점에 4번 유형이 양부모 에게 감정적으로 거리감을 느낀다는 문장 때문이었다. 그러나 결국 나는 3번 유형임이 밝혀지고 말았다. 3번 유형은 엄마에게 긍정적이 라는데, 나는 평생 내가 엄마를 좋아한다고 생각해보질 않았다. 그러 나 에니어그램 유형이 결정되는 과정 5-6세에 기억을 집중해본 결과 "나는 엄마를 좋아했었다"란 것을 인정하게 되었다.

4살, 5살 시절 나의 작은 손엔 (가급적이면) 엄마의 긴 치맛자락 한 조각이 자주 잡혀있었고(참고로 나는 3살 터울의 오빠와 1살 터울의 언니, 5살 터울의 동생 그 중간 셋째이다), 엄마는 늘 "이것 좀 놓으라"라고 힘겹게 말했었다(엄마가 당신의 치맛자락을 놓으라는 말을 내 평생 겨우 한두 번했다 해도 아이의 기억 속에선 그 횟수가 무시무시하게 늘어나는 법이다). 3번 유형이 자기 유형을 가장 늦게 찾는 유형이라는 말을 들었는데, 이제 그 말이 이해가 간다. 3번 유형은 에니어그램 유형을 찾을 때에도 자존심이 상한다. 내가 엄마를 그렇게 좋아했는데, 어떤 과정에 의해서 엄마로부터의 배척을 경험했고, 그것이 실패라고 인식되었겠고, 엄마에게 일등이라는 칭송을 받기 위해 늘 경쟁을 해야 했다는 사실 자체를 인정하는 것이 마치 실패를 경험하는 느낌이기 때문이다.

그러나 모든 생명이 '희생하는 자궁문'을 통과하여 외부 세계로 나아감이 분명할진대, 그 자궁의 문에 머물러서 중요하다 여겨지는 이들의 인정을 받고자, 내 삶을 성공하고자, 나와 타인을 기만해야 하는 이런 3번 유형은 얼마나 공동체를 힘들게 하였겠는가!

3번 유형들이 이러한 격정을 객관적으로 바라보면서 3번 유형의 덕목인 '신실함'으로 향하기 위해서 구약성서의 사무엘 삶의 여정은 더없이 귀중한 자료가 된다.

II. 3번 유형의 성서 인물, 사무엘

1. 엄마의 손에 의해 야훼께 바쳐지는 젖먹이 사무엘

성서 기자는 사무엘을 우리에게 소개할 때 엘카나의 이야기로 시작한다(사무엘상 1:1). 엘카나에게 있었던 두 아내 브린나와 한나. "브린나는 자식을 두었지만 한나는 자식이 없었다"(사무엘상 1:2)라는 구절에서 이미 독자들은 한나의 한과 아픔에 감정을 접촉하면서 사무엘을 소개받는다. "야훼가 한나를 잉태하지 못하게 했다"는 구절(사무엘상 1:5)을 읽으며 우리는 3번 유형의 탄생설화 그 원형을 눈치챌 수 있다.

해마다 성읍을 떠나 실로암에 올라가 드리는 제삿날엔 엘카나가 모든 아들 딸들에게 제물을 몫몫이 나누어주었는데 역시 한나는 한 몫밖에 받을 수가 없었다. 게다가 한나의 적수였던 브린나는 매년 제삿날에는 한나를 괴롭혀 한나는 목이 메어 먹지를 못하였다. 그런 한나를 보고 남편 엘카나는 "왜 울기만 하느냐, 왜 먹지도 않고 슬퍼만 하느냐, 내가 당신한테는 아들 열보다 낫지 않느냐?"고 위로를 하는데, 이런 남편의 위로의 말은 한나의 마음에 전혀 가 닿지 못한다. 제사상을 물리자마자 한나는 야훼 앞으로 나아가 흐느끼며 아픈 마음으로 기도를 드린다. 그 기도가 어찌나 애타고 애절했는지, 입술만 움직였고(실제 절실함의 기도의 표본은 이것이다. 크게 말로 하는 기도는 살만할 때 나오는 기도라고 나는 생각한다), 한나는 자신의 처지를 '계집종의 가련한 모습'으로 야훼께 아뢰었다. 그리고 자신을 굽어살펴 사내아이 하나만 점지해 주십사 흐느끼며 간구한다. 그리고 그 아이를 야훼께 바치겠노라 서원을 한다.

여기서 3번 유형의 기본 모티브가 형성된다. 어머니의 간절한 기도, 육체적인 모자, 모녀 관계를 넘어서 신성이 개입하는 지점이다. 3번 유형의 아이들은 무의식중에 엄마가 나에게 무언가를 원하고 있다고 느낀다. 실제로 엄마가 3번 유형의 자녀들에게 원하는 것이든 아니든 하는 문제는 아무런 상관이 없다. 그저 엄마가 무언가 나에게 일반적이지 않은, 최고 중에 최고인 무엇, 신성한 힘 같은 것을 세상에 펼치라고 요구하는 것처럼 느낀다. 그리고 그것에 화답해야 한다는 평생 숙제 같은 것을 받아서 태어나는 것과 같다.

야훼의 성전을 지키던 사제 엘리는 한나의 사정을 전혀 모를 뿐만 아니라, 흐느끼는 것인지 술주정을 하는 것이지 구분도 하지 못하고 그녀를 꾸짖는데도 한나는 엘리에게 절절하게 진실을 말하고, 결국 "야훼께서 기도를 들어주실 것이라고, 안심하고 돌아가라"는 사제의 예언을 듣고서야 비로소 음식을 먹기 시작하였다(남편의 위로가 한나에게 전혀 먹이지 않았던 이유는 그것이다. 한나의 남편 말에는 신성한 힘이 없었다). 얼굴에 수심이 걷힌 한나가 다음 날 야훼께 드린 기도는 이미 감사의 기도였으리라. 그리고 그날 사무엘(야훼께 빌어서 얻은 아기라는 뜻을 가진다)을 잉태한다.

다음해 한나는 남편을 따라 주년제에 가지 않겠다면서 "사무엘이 젖을 떼면 야훼가 계신 성전에 영영 살게 하겠다"는 말을 남편 엘카나에게 한다. 이 말을 들은 사무엘의 아버지 엘카나는 "당신 좋을 대로 하구려"라고 답하며, "야훼께서 부디 그 서약을 들어주시기를 바란다"고 한다. 이렇듯 3번 유형의 아버지는 당사자에게 경제적 지원이나 정서적 지원에 머무는 역할을 하는 경우가 많은 것 같다. 3번 유형의 구체적인 삶의 진로나 영적인 길을 제시하거나 그의 삶의 깊은 개입을 하는 것은 역시 어머니이다.

사무엘을 엘리 앞으로 데리고 가 야훼께 바치기로 하고, 야훼 앞에 엎드려 드리는 한나의 감사와 찬양의 기도는 사무엘을 통해 야훼가 한나의 삶을 어떻게 역전시켜 주셨는지가 나타난다. 한나는 사무엘의 탄생을 통해 야훼로부터 구원을 받는다. 사무엘은 다름 아닌 한나의 원수들 앞에서 그녀를 자랑스럽게 만들어준 야훼의 선물로서의 자식이다. 3번 유형에게 어머니가 중요하고 큰 만큼 3번 유형의 자녀를 가진 어머니 역시 그 자녀에게 거는 기대와 희망의 무게가 이렇듯 무겁고 신성한 것은 아닐까?

또한 3번 유형의 자녀들은 소위 집안 영웅으로서의 무게를 느끼면서 살아간다고 하는데, 역시 엄마가 좋아하는 일, 엄마가 되고자 원하는 것들을 중심으로 결정하게 된다. 자신이 스스로 좋아하는 것을 결정하고자 해도 어디선가 엄마가 보고 있을 것 같고 엄마가 반대하면 어쩌나 하는 사념이 늘 있다.

이렇듯 사내아이의 잉태를 통해 야훼께 구원받은 한나의 기도는 사무엘을 통해 야훼가 기름 부어 이스라엘의 왕을 세우리라는 예언으로 마무리된다. "야훼가 그를 통해 왕에게 기름을 붓는" 그 아들을 성전에 놓고 돌아서는 한나의 발걸음은 어땠을까?

그 후 한나는 매년 주제사를 지내러 남편과 함께 실로로 올라갈 때마다 사무엘에게 작은 두루마기를 지어다 주었다. 엘리는 늙었고, 엘리의 아들들은 망나니로 자라 성전의 제물을 모독하며 이스라엘 사람들에게 온갖 못된 짓을 하게 된다. 그들은 자기들을 꾸짖는 사제 아버지 엘리의 말을 들으려고도 하지 않으며, 야훼께서도 이미 그들을 죽이시기로 작정하지만, 반면에 사무엘은 야훼와 사람들에게 귀여움을 받으며 무럭무럭 자랐다.

이렇게 3번 유형들은 엄마의 사랑과 관심을 받거나 사람들에게 귀여움을 받거나 주위 어른들에게 칭찬을 받으며 자란다. 어릴 때부터 눈치가 빠르고 어떻게 행동하면 칭찬을 받을지 알게 된다. 3번 유형 주변에 엘리의 아들들 같은 망나니들이 있으면 더더욱 눈치가 빨라지고 칭찬받을 행동을 더 다양하게 찾을 수 있다.

하느님의 사람 하나가 엘리를 찾아와 야훼의 말씀을 전한다. 그의 메시지의 핵심은 "엘리의 집안을 망하게 하겠다는 것과 이제는 충성스러운 사제를 세워 야훼의 뜻과 야훼의 마음이 이루어지게 하고 그의 가문을 일으키어 그가 기름 부어 세운 왕이 길이길이 야훼를 섬기게 하겠다"라는 것이었는데, 사무엘은 처음에 이 말씀을 엘리에게 다 말하지 못한다.

사무엘이 야훼가 하신 말씀을 엘리에게 있는 그대로 고하지 못하는 그 마음을 3번 유형들은 공감할 것이다. 자신이 실패를 기피하기 때문에 상대의 '실패한 이야기'를 전하기란 쉽지가 않다. 그러나 사무엘은 야훼께 들은 대로 모두 말하지 않으면 벌이 내릴 것이라는 엘리의 다그침에 이내 곧 모든 것을 다 털어놓는다.

2. 야훼의 종이 되어 듣는 사무엘

소년 사무엘은 하느님의 궤가 있는 성전에서 잠을 자다 야훼의 말씀 듣지만 엘리의 목소리인줄 알고 사무엘은 그에게 "뛰어간다." 이렇듯 3번 유형은 자신을 지도하고 있는 윗사람이 부르면 곧잘 뛰어간다. 무슨 일을 시킬지 귀를 쫑긋 세우고 그 일을 빨리 잘 처리하리라는 몸짓이다. 칭찬받을 기대는 뛰어가면서 이미 한다. 그러나 사무엘이 세 번째 엘리에게로 갔을 때 엘리는 사무엘에게 "가서 누워 있거라"라고 하였다. 그리고 사무엘에게 "야훼여 말씀하소서. 종이 듣고 있습니다"라고 하라고 일러준다. "가서 누워 있거라"라는 엘리의 말은 3번 유형이 스스로에게 종종 해야 할 말 같다. 튀고 싶어 경쟁 속에 성과를 내려고 할 때 말이다. 사제인 엘리는 이미 야훼의 눈 밖에 난 자이고, 그 가문과 그 조상들과 하신 약속을 철회 당한 자이다. 그러한 엘리를 통해 사무엘은 야훼의 말씀을 듣는 3번 유형이 '하느님의 뜻'을 들으며 신실함으로 향할 수 있는 중요한 길을 배운 것이다. 실패한 자들에게서도 배울 것이 이렇게 있다.

이렇듯 야훼의 뜻에 귀를 기울이며 자라는 동안 사무엘이 하는 말은 그대로 온 이스라엘에 통하게 되었다. 엘리가 죽은 후에 사무엘은 본격적으로 지도력을 발휘하였다. 그는 온 이스라엘을 돌았고, 가르쳤고, 예언하였고, 제사를 드렸다. 끊임없이 우상을 숭배하는 이스라엘에게 야훼께로 돌아설 것을 촉구하였지만 이스라엘 백성들은 우상을 숭배하고 블레셋의 침공과 침략을 20년 동안이나 당하면서 언약궤까지 빼앗겼다. 빼앗긴 법궤가 이스라엘로 돌아오면서 온 이스라엘의 영도자가 된 사무엘은 이스라엘 백성을 모두 미스바에 모이게 한다. 사무엘은 이스라엘 백성들이 단식을 하며, 야훼께 지은 죄를 고하도록 촉구하며 진실에서 우러난 마음으로 야훼께 돌아와 그만을 섬길 것을 백성들에게 호소하였다. 블레셋의 침략을 두려워하는 이스라엘 백성들의 중재자가 되어 야훼께 젖먹이 어린양으로 번제를 드리고 야훼께서는 그의 기도를 들어주셨다. 성서에는 사무엘이 살아 있는 동안에는 야훼의 손이 블레셋 사람을 움직이지 못하게 하셨다고 고백되어 있는데 이는 사무엘의 진실한 신앙과 뛰어난 지도력에 온 이스라엘 백성들이 지도자의 신실함을 따라갔다는 것이다.

3번 유형은 강한 주장이나 설득을 잘한다. 내가 가고자 하는 방향으로 대중이 함께 가도록 아주 감동적으로 할 수 있는데, 무엇을 목표로 하고 사람의 마음을 움직이려 하는가에 따라 그 설득이 저항을 불러오는가, 감동을 불러오는가가 달라진다. 사무엘의 지도력은 온 이스라엘 백성들에게 감동을 주었다. 오직 이스라엘 백성들이 그의 사랑하시는 야훼께로 돌아오라는 것이 그의 뜻의 전부였다. 그의 지도력이 이스라엘을 움직일 때엔 빼앗겼던 성읍을 되찾고 아모리 사람들과도 평화롭게 지냈다(사무엘상 7:14). 사무엘은 각 지역을 돌면서 분쟁을 중재하는 사제, 고향 라마에 돌아와서는 제사장 역할도 담당했다.

그러나 사무엘 역시 자기 아들들을 사사로 세웠는데 그의 아들들은 아버지의 길을 따라 살지 않았다. 제 잇속만 차리고 뇌물을 받고 법대로 다스리지 못하였다. 3번 유형인 사무엘이 온 이스라엘을 돌면서 그들을 야훼께 돌아오게 하느라, 또 야훼의 뜻을 살피고 이스라엘 백성들과 야훼 사이에서 중재자의 일을 하느라 자식들의 인격 성숙을 돕는 데에는 손이 안 간 모양인지, 3번 유형들에게 가까운 사람이나 가족이란 섬세하게 손이 안 가는 유형들일 수도 있다.

망나니 같은 자식을 사사로 세웠으니 장로들은 결국 다른 나라들처럼 왕을 세워달라고 사무엘에게 건의하기에 이른다. 온 백성들의 신뢰와 존경을 받던 사무엘이 자신의 자식 문제로 이스라엘의 장로들의 건의를 들었으니 얼마나 마음이 무거웠겠는가!

그러나 건강한 3번 유형인 사무엘은 바로 야훼께 말씀드린다. 그리고는 야훼는 3번 유형에게 가장 깊은 각성이 될 수 있는 부분을 짚어주신다. "백성이 하는 말을 그대로 들어 주어라. 그들은 너를 배척하는 것이 아니라 나를 왕으로 모시기 싫어서 나를 배척하는 것이다."

사무엘은 야훼로부터 말로 인해 이스라엘의 운명이 신정에서 왕정으로 바뀌게 된 것을 두려워했을 수도 있고, 자신의 아들들로 인해 장로들이 찾아와 건의한 결과가 되었으니 아들들 탓을 했을 수도 있겠고, 야훼의 아픈 마음을 느껴 더더욱 괴로워 밤잠을 이루지 못했을지도 모른다.

3번 유형이 기피하는 것은 실패이고 두려워하는 것은 '배척'이다. 사람들로부터 배척을 받았다고 생각되어 마음이 언짢아진 사무엘에게 야훼는 정작 배척당하고 있는 것은 자신이라는 사실을 말해주신다. 3번 유형은 사람들에게 배척당했다고 느끼는 순간, 수치심에 사로잡힌다. 그리고 그 수치심은 복수심과 질투로 이어진다. 하느님의 뜻을 살피는 건강한 3번 유형이 되면 사람들의 배척이 곧 하느님의 뜻을 배척하는 것이란 걸 금방 눈치채고 더 이상 상대를 향한 부정적인 감정을 키우지 않을 수 있다. 3번 유형이 신실하게 하느님의 뜻을 향했을 때 그것을 받아들이지 않는 이들은 나를 배척한 것이 아니라 하느님을 배척한 것이라는 야훼의 말씀을 기억한다면 감정을 극복하고 공동체를 향해 용기 있는 행보를 해 나갈 수 있을 것 같다.

3. 기름을 뿔에 채워 길 떠나는 사무엘

끝까지 왕을 세워달라고 건의하는 이스라엘 백성들에게 품은 야훼의 뜻을 알게 된 사무엘은 "이스라엘 백성들에게 모두 자기의 성읍에 가 있으라"고 고한다(사무엘상 8:22).

체념을 한 것이다. 3번 유형이 자신의 뜻이 거부당한다거나 자신의 존재가 거부당했다고 느껴질 땐 가장 힘들다. 야훼와 이스라엘 백성 사이에서 평생 중재자의 역할을 신실하게 해온 그에게 왕을 세워달라는 장로들의 건의는 그의 존재 자체를 흔들었을 것이다. 그러나 하느님의 뜻을 따르는 신실한 3번 유형은 자신의 생각과 계획을 넘어선 하느님의 뜻을 따르고자 자기의 뜻과 목표를 체념할 수 있다. 그러나 왕정으로 인해 백성들이 울부짖을 날이 올 것을 경고해 두는 것도 잊지 않는다.

마침내 이스라엘의 첫 임금을 세우는 날이 다가와 "이스라엘에 그보다 더 잘생긴 사람이 없었고 키도 다른 이들보다 어깨 위만큼 더 큰" 사울이 등장한다. 사울이 오기 전에 야훼께서 사무엘에게 그가 올 것이라는 것을 알리셨고 사무엘은 그의 머리에 기름을 부어 그를 왕으로 세웠다. 그리고 나서 사무엘은 이스라엘 백성들에게 고별사를 한다.

젊은 시절부터 백성들을 지도한 사무엘이 자신의 행적에 대해 낱낱이 고하고, "당신들이 나에게서 아무런 잘못도 찾지 못한 것에 대하여 오늘 주님이 증인이 되셨고 주님께서 기름 부어 세우신 왕도 증인이 되셨습니다"라고 당당히 말할 수 있는 것은 평생을 신실하게 살아온 자의 축복이다. 끊임없이 우상숭배를 해온 이스라엘 백성들에게 사무엘은 "두려워하지 마라. 비록 너희가 못된 짓을 했지만 앞으로는 야훼를 떠나지 말고 성심껏 야훼를 섬기도록 하라"라고 한다 (사무엘상 12:20). 그러나 야훼께 순종하지 않는 사울 때문에 사무엘은 또 다시 괴로움을 겪는다. "사울을 왕으로 세운 것을 후회한다. 그가 나에게서 등을 돌렸다" 하는 야훼의 말에 사무엘은 애가 타서 밤새도록 야훼께 부르짖었다. 성서에는 사무엘이 죽는 날까지 두 번 다시 사울을 만나지 않았다고 되어 있는데 이것 역시 3번 유형의 특징이다. 감정이 심하게 다치면 중요한 인물인 누군가에 의해 그 목표를 다시 잡을 수 있어야 그 감정에서 벗어나게 되고, 누군가 나의 권위자의 도움을 받고서도 나의 권위자에게 등을 돌린다면 평생 안 보고 살고 싶어진다.

사무엘이 야훼의 마음을 공감하며 슬퍼하고 있을 때 야훼는 다시 그로 하여금 길을 떠나게 하신다. "내가 사울을 파면시켰다고 해서 너는 언제까지 이렇게 슬퍼만 하고 있을 셈이냐? 기름을 뿔에 채워

가지고 길을 떠나거라"(사무엘상 16:1)라고 하면서 이새의 아들 가운데서 왕이 될 사람을 한 명 골라 놓았다고 말씀하신다. 그러나 사무엘은 "사울이 나를 죽일텐데 어떻게 갑니까?"라고 야훼께 묻는다. 야훼는 사무엘에게 베들레헴으로 가서 어떻게 해야 할지를 알려주고 사무엘은 그가 이르시는 대로 하였다. 기골이 장대한 사울을 왕으로 세웠던 경험이 있는 사무엘이 이새의 아들 엘리압을 왕으로 세우고자 마음에 두었을 때 야훼는 사무엘에게 "용모나 신장을 보지 말라"며 "사람들은 겉모양을 보지만 나 야훼는 속마음을 들여다본다"라고 이르시고 결국 사무엘은 다윗을 만나 야훼의 지시대로 그에게 기름을 붓는다.

3번 유형인 사무엘은 신실함의 본보기이다. 그는 이스라엘 역사에서 마지막 판관이었다. 예언자 시대를 대표하는 첫 대예언자였을 뿐만 아니라 이스라엘의 왕 사울과 다윗에게 기름을 부어 왕정시대를 연 대사제였다. 하느님과의 친밀한 관계뿐만 아니라 이스라엘 백성들에게도 신뢰와 존경을 받은 인물이었다. 그는 온 이스라엘에 지도력을 발휘하면서도 자기의 주장과 자기의 계획이 그 어디에서도 튀어나오지 않았다('요 정도는 괜찮겠지' 하는 사울의 기만이 사무엘에게는 보이지 않았다). 그리고 전혀 능률적이지 않은 것 같은 결정도 야훼께서 이르시는 그대로 따른다. 경쟁을 하지도 않는다. 사람을 상대로 최고가 되고자 하는 경쟁심이 이미 없다. 왜냐하면 야훼와 그는 늘 통해 있었고, 야훼와의 대화 속에서 그가 자신을, 이스라엘 백성을 얼마나 사랑하시는지를 온 마음으로 알고 있었고, 자신의 영혼이 어떤 존재인지 그 가치를 이미 알고 있었기에!

III. 나의 이야기

나는 어릴 때부터 나를 낳고 엄마가 몸이 너무 아파서 "이제 아이들을 하느님께 바치겠으니 우리 아이들을 책임져주세요"라고 하느님께 기도했다는 이야기를 듣고 자랐다. 그리고 그 이야기는 평생 나를 따라다녔다(그 이야기는 분명 셋이 같이 들었는데 아마 오빠와 언니는 신경도 안 쓸 것이다).

마치 엄마가 내 삶의 방향을 정해 주어야 할 것 같고, 내가 원하는 대로 가면 안 될 것 같은 그런 느낌이 나에겐 늘 있었다. 사무엘 이야기를 다시 읽으면서 이것이 3번 유형의 탄생설화의 모티브라는 것을 알았다. 3번 유형들의 탄생에는 엄마의 관심과 인정이 있고, 엄마의 신앙이 있고, 엄마의 기도가 있다. 그리고 엄마와 나의 사이에 당연히 아빠가 껴있어 삼자 관계 맺어가는 것이 아니라 그 사이엔 어떤 신성한 의미의 무엇이 개입된다.

그리고 나의 성장 과정에도 엄마는 구체적인 삶에 개입하는 것이 아니라, 그저 큰 방향을 제시하거나 그 목적을 설파하는 경우가 더 많았다고 느껴진다. 마치 엘리에게 맡겨진 어린 사무엘에게 해마다 작은 두루마기를 챙겨주는 엄마처럼.

3번 유형인 나에게 아버지라는 의미는 한나가 젖을 떼자마자 사무엘을 야훼께 바치겠다고 했을 때 "당신 알아서 하슈"라고 말한 남편의 대답, 그 정도인 것 같다. 경제적 지원 외에는 철학이나 사상이나 신앙이나 일대일로는 그리 영향을 받은 바가 없다.

그리고 내가 태어난 후 6년 후에 남동생이 태어났다. 동생이 태어난 후 엄마는 몸이 아파 보였다. 그리고 나는 엄마가 낯설어지기 시작하였다. 밤이든 새벽이든 동생의 울음소리가 나면 마음이 무척 괴로웠다. 몸이 자동적으로 튀어나가 동생의 우유를 타고 동생을 돌보아야 한다고 생각했다. 자다가 어떤 소리에 일어나 엘리에게 뛰어가는 사무엘의 모습을 연상해보니 내 어릴 적 생각이 난다. 나는 야훼 소리에 벌떡 일어난 것이 아니라 어린 동생의 울음소리에, 그 뒤에 있는 엄마의 칭찬에 대한 기대 때문에 그렇게 벌떡 일어날 수 있었던 것이다. 엄마의 사랑이 나에게서 떠나 오로지 남동생을 향하는 것을 '배척'이라 받아들이기는 엄두가 나지 않아 기만적으로 남동생을 챙겼다. 그래서 더욱 칭찬받는 아이가 되었다. 이것이 내가 3번 유형으로 자리잡게 된 기본 과정이다. 동생을 돌보는 것 때문에 나는 2번 유형이라고 우겼던 것 또한 나의 기만이었다. 동생이 생긴 이후 나는 엄마에게 칭찬받는 어떤 행위를 하여야만 내가 가치 있다고 생각하게 된 것이다. 그러니 동생을 잘 돌본다고 하는 칭찬이 나를 충족시켜 줄 리가 없었다.

무슨 일을 하지 않고 있을 때 나는 가치 없다고 느껴진다. 이렇게 나의 가치를 '일'에 두었을 때 3번 유형은 일중독이 될 수밖에 없다. 더 깊이 들어가면 3번 유형의 정체성의 문제가 여기에서 드러난다. 엄마의 배척으로 시작된 수치심이라는 감정이 늘 자리 잡고 있어 화가 나면서도 엄마처럼 살려고 하고, 엄마에게 "나는 나입니다"하면서 존재 대 존재로 만나지 못한다. 3번 유형인 나의 본성을 잃고 엄마를 살고자 하는 그 행보가 스스로를 망치게 되는 것이다(3번 유형이 어떻게 8번처럼 살 수 있겠는가!).

그리고 나의 삶은 교회를 떠나서는 설명할 수 없을 정도로 교회공동체가 중요하게 영향을 미치고, 아버지를 대신하는 남자 어른의 역할을 해주는 사람을 만나게 되고, 결국 성직자의 길을 걷게 되었다. 그렇지만 나는 끊임없이 '좋은 엄마'를 찾아다녔고, '좋은 엄마' 칭찬에 목말라 했다. 그 상징은 바로 '여사제'였다. 나에게 있어 엄마의 상징이란 그저 육적인 엄마의 상징을 넘어 사제라는 상징을 담은 것이었다. 나는 하느님의 일을 하는 여사제들께 (유아기 때 오다 멈추었다고 느낀) 칭찬을 끊임없이 갈구했고, 그들에게 최고라고 인정을 받기 위해 살았다. 결국 내가 여사제가 되어 사회적인 아이들을 키워내리라 무모한 도전도 해보았다. 일을 하는 과정에서 그 권위자가 조금이라도 지적을 하면 바로 자존감이 구겨지면서 위축되어 수치심의 블랙홀로 빠져든다. 그리고 그 권위자의 관심과 사랑이 다른 사람을 향하는 것 같으면 경쟁심이 불타올랐다. 속으론 이렇게 나의 이익을 구하면서 겉으로는 의미 있는 일에 능률적으로 투신하는 것처럼 살아온 것이 나의 기만이다. 그런 사제직을 그만두게 되면서 나는 사람들이 나를 배척했다는 생각에 사로잡히기도 했었다. 그러나 이젠 내 상황을 객관적으로 볼 수 있게 되었다.

생명을 살리고 영적인 길을 가는 여정은 매우 지루하고 느리고 답답하다. 영적으로 성숙하며 신실함으로 가는 길은 육안으로 정확히 보이지도 않고, 경쟁하면서 갈 수 있는 길도 아니다. 성과가 드러나서 누군가에게 칭찬 받을 수 있는 것도 아니다. "3번 유형들이 자기를 보는 것을 제일 게을리한다"라는 말이 그래서 나온 것 같다. 온 존재가 하느님께로 향하고, 그의 뜻을 물으며 조심스럽게 한걸음씩 천천히 걸을 때 3번에게는 저절로 조용히 권위가 생기는 것을 경험해 보는 것이 중요하다. 3번 유형인 내가 잊지 말아야 할 것은 "실패한 삶이란 결국 내 자신으로 살지 못한 삶이다"라는 것뿐이다(진짜 실패한 것을 숨기느라 세상에서 느낀 실패를 실패라고 여기는 것도 3번의 기만이다).

사무엘이 평생 한 일은 이스라엘 백성들이 야훼께로 돌아와 자신의 본성으로 살아가도록 하는 것이었다. 그야말로 야훼와 동업자였다. 3번 유형에게 주어지는 덕목 '신실함'으로 평생을 살아온 사무엘의 삶의 여정을 보면서 3번 유형들은 자기 안의 성전에서 애타게 기도하는 것 자체가 공동체를 위해 헌신하는 것으로 이어진다는 것을 깨닫는다.

> "가서 누워 있어라. 그리고 다시 부르는 소리가 나거든 이렇게 대답하여라. 야훼여, 말씀하소서 종이 듣고 있습니다"(사무엘상 3:9).

4번 이야기

　에니어그램 4번 유형은 개인주의적인 성향이 많다. 어릴 적부터 혼자 있는 경험이 많은 아이들이 상상을 하면서 자기 세계를 만들어 간다. 식구들이 많은 집안에서 태어났어도 그 아이의 경험에서 사람들과의 접촉이 많지 않을 수도 있었기에. 예를 들면 목사 집안에 태어난 아이가 부모들이 새벽기도 가느라고 자는 아이를 두고 나갔는데 아이는 깨어서 혼자 버림받은 것 같이 느껴서 울었던 경험이 많은 아이, 가정형편상 어릴 때 외갓집에 맡겨진 아이, 연년생으로 동생이 태어나, 부모의 돌봄이 모자랐던 아이 등이다.

　이런 아이는 부모에게 부정적인 감정을 가지게 된다. 그러나 혼자 상상을 하면서 이야기도 만들고, 생각을 계속 하면서 예술성이 자라날 수 있다. 하늘과 맞닿는 촉각이 있어서 직관력이 강하다. 자기를 돌아보며 과거의 경험을 되씹는 경향이 있다. 불건강한 상태로 내려가면 나쁜 추억을 끌어내어 슬퍼하고 아파한다. 실제적으로 몸이 자주 아프다. 4번은 '병주머니'인 사람이 많다. 자기의 병이나 고민을 한탄조로 표현하면서 다른 사람에게 은근히 동정을 요구한다.

　4번은 자기애가 강해서 공주병, 왕자 병이 많다. 속으로 자기는 독특하며, 다른 사람과는 다르다는 생각을 늘 하면서 살고 있다. 그래서 유행을 잘 타지 않으며 옷 입는 것도 독특하다. 평범한 것을 기피하기 때문에 창작을 하고 예술 작품을 만들어낸다. 화가, 소설가,

작곡가 등이 많이 나온다. 사람과의 관계를 맺을 때도 먼저 다가가지 않는다. 그 쪽에서 나에게 다가오도록 보이지 않는 유도를 한다. 친한 사람이 많지는 않지만 함께 이야기를 할 때에는 매력적으로 말을 잘한다.

자기에게 없는 것을 다른 사람들이 가지고 있는 것을 볼 때에는 시기심이 발동한다. 그러나 그것이 곧 열등감으로 변하여 "나는 왜 이럴까?"라는 생각으로 의기소침해진다. 그래서 4번은 자기 성격유형을 찾을 때 자기에게는 시기심이 없고, 오히려 열등감이 많다고 느낀다. 그러나 그 열등감이 시기심으로부터 오는 것이다.

매사에 "이것이 옳은 것인가, 그런 것인가", "잘못 되면 어쩌나"를 많이 따지느라고 어떤 결정을 빨리 내리지 못한다. 운전을 하면서 길을 가다가도 네비게이션을 정확하게 숙지했다는 확신이 서지 않으면 네거리에서도 우왕좌왕한다. 이렇게 해도 되고, 저렇게 해도 되는 일에도 얼른 결정을 내리지 못한다. 그러나 자기가 옳다는 확신이 드는 일에는 흔들리지 않고 그 일을 계속한다. 개인주의적인 성향이 강할지라도 건강한 상태로 가면, 다른 사람의 감정을 잘 이해하고 동정해 주는 일이 많다. 8번의 리더십 못지 않게 은근하면서도 강하게 리더십을 발휘할 수 있다.

이렇게 되기까지에는 실수하는 경험을 많이 겪게 된다. 4번은 자기가 하려고 마음먹었던 일도 다른 사람이 시키면 그것을 놓아버릴 수 있다. 거절을 잘하는 사람들이라 4번과 함께 일하고 싶으면 이해시키는 일을 잘해야 한다. 그래서 4번은 공동체적으로 하는 일을 하기보다는 직업을 가져도 혼자 할 수 있는 일이 더 좋다.

개인의 힘을 강하게 가진 이들은 하나님을 의지하며, 물어보는 기도를 많이 해야 한다. 자기의 결정이 옳은 것처럼 고집을 부리지 말고, 다른 사람이 나에게 해 주는 일에 감사하는 마음을 가져야 한다. 흔히 4번들은 감사하다는 표현을 잘 하지 않아서 다른 사람들의 오해도 사며, 마음을 아프게 해줄 수도 있다. 그래서 하나님과 일치하는 삶을 중요하게 생각해야 한다. 하나님께 전적으로 의지하지 않으면 감정의 기복이 심해져서 옆의 사람들을 괴롭힐 수 있다. 세계적으로 유명한 화가나 조각가들이 하나님께 의지하여 만든 작품들이 인류에게 얼마나 좋은 역할을 해오는가 말이다. 개인적으로 이룬 일이 다른 사람을 유익하게 해주기도 하지만 자기 자신이 행복하게 잘 살 수 있는 것이다.

환상을 보고, 소명에 응답하며,
심판을 예언하고, 희망과 평화를 선포하는
이사야 선지자

김은희

(한양대학교 사회교육원 에니어그램 강사)

I. 이사야

1. 이사야의 행적을 따라서

이사야는 대예언자들 중에서도 손꼽히는 예언자이지만 그의 개인적인 삶을 알 수 있는 기록은 많지 않다. 다만 그가 예언자 아모스의 아들이며, 웃시야 왕 통치 기간에 있었던 사건들을 초기에서부터 후대의 이르기까지 기록하였다고 쓰여 있다. 역사가이기도 한 이사야는 유대 왕 웃시야, 요담, 아하스, 히스기야에 이르기까지 4대에 걸쳐 50여 년 동안 예언 활동을 하였다.

이사야서는 세 부분으로 나누어지는데 외세를 의지하려는 이스라엘에게 하나님을 의지하라고 선포하였던 제1 이사야, 성전과 예루살렘이 무너지고 황폐하였지만 위로의 말씀을 선포한 제2 이사야, 포로기 이후 새 하늘과 새 땅을 주실 것을 약속한 제3 이사야이다. 이사야서는 죄에 대한 책망과 심판을 선언한 말씀 그리고 희망의 말씀을 통하여 하나님의 거룩성을 강조하면서 동시에 인간의 죄성을 강조하고 있다.

예언자 가운데는 특별히 4번 유형이 많다고 하는데 그것은 아마도 그들의 예지와 영성을 통해 하나님과 깊이 교감하며 그분의 뜻을 깨달을 수 있는 영이 깨어있기 때문이라고 생각한다. 이사야가 그랬듯이, 4번 유형들은 한 번 자신이 옳다고 생각하는 일에는 주님이 주시는 영감에 따라 담대하고 단호하게 이상을 성취하려는 성향이 있기 때문이다.

이사야 예언자는 당대의 우상 숭배와 여호와를 떠난, 죄에 물든 유대 사회에 멸망을 경고하면서 동시에 회개하고 하나님께로 돌아오면 여호와 하나님께서 회복시키실 것이라는 희망을 선포했다. 이사야는 무지한 백성들의 잘못을 지적하고 경고하며, 올바른 해결 방법을 제시한 정의의 지도자이다. 동시에 죄를 회개하면 하나님의 계획에 따라 예수 그리스도를 이 땅에 보내셔서 우리를 고통과 죽음에서 구하여 주실 것을 '고난 받는 종에게 부치는 노래'로 예언한 희망의 예언자이다.

2. 이사야의 발자취를 따라서

희망과 평화를 전하는 이사야서에서 보여준 이사야는 건강한 4번의 예술적인 감수성과 섬세하면서도 온화하고 광대한 비전을 선포하는 예언자의 모습을 보여준다. 그러나 이사야서를 통해 4번 유

〈4-1 이사야〉 환상을 보고, 소명에 응답하며, 심판을 예언하고, 희망과 평화를 선포하는

형이 가진 이사야의 내면의 갈등 또한 보여주고 있다. 심판을 선포하며, 단호하고 엄격한 분위기는 4번 유형이 가진 흠결 없이 살려는 진정성이 하나님의 정의와 만나면서 분노로 표출되고 있다.

귀족 출신인 이사야는 세상을 바라보는 높은 식견을 가졌고, 그래서 자기 자신에 대한 프라이드도 하늘을 찌를 듯 높았을 것이다. 왕의 친척인 예언자 아버지를 둔 데다 그 자신이 역사가로서 궁중 서기관을 지낸 배경으로 미루어보아 이사야의 눈높이는 사회문제와 정치 그리고 국제정세에 이르기까지 당대 사회 현상을 객관적으로 볼 수 있는 통찰력이 탁월했다고 본다. 그러나 또한 개인주의적이며 개성이 강한 이사야가 자신의 도도한 죄성을 깨닫고 자기 입술이 불로 정화되어 회개하기 전까지는 보통 수준의 4번으로 살았을 것이라는 생각이 든다. 심미주의 특성을 가진 보통 수준의 4번은 민감하며 표현력이 독특하고 안으로 움츠러드는 유형이다. 표현력은 독특하지만 부정적인 면이 있고, 자기 내면에 빠져 있으며 변덕스럽다. 그래서 우리는 이 유형에게 개인주의자라는 이름을 붙였다.

이사야가 성전에서 홀로 기도하다가 하나님을 만나는 환상에서 '나는 입술이 부정한 사람'이라고 한 것으로 보아 그 당시에는 4번의 보통 수준에 머물러 있다고 보인다. 그리고 이 세상에 나보다 잘난 사람은 없고, 나는 남들과 다르고 특별하다며 평범을 기피하는 모습도 읽힌다. 그러나 "나는 무엇 때문에 사는가, 나의 정체성은 무엇이며, 나는 누구인가" 하는 고민으로 자기 몰두를 하면서 나르시시즘 (Narcissism)에 빠져 우울하고 침체되어 사회적인 접촉을 미루거나, 상황을 회피하다보니 4번의 격정인 시기로 인한 좌절도 있었을 것으로 보인다.

3. 이사야의 성장 배경

이사야의 어릴 때의 배경을 조심스럽게 유추해본다. 그 당시 왕족이나 귀족처럼 지체 높은 사람들이 그러했듯이 어린 이사야도 유모나 보모의 손에 맡겨져 성장했을 것이다. 그래서 어린 이사야는 부모로부터 애정과 스킨십이 부족하여 진정한 사랑에 목말라하며 자라지 않았을까? 가장 예민하고 상처받기 쉬운 부분을 이해받지 못하고 자랐기에 부모와의 사랑을 긍정적으로 경험하지 못하고 자란 4번이 된 것 같다.

보통 수준의 4번들은 부모에게서 버려졌다고 느끼고, 이해받지 못했다고 느끼며, 자신에게 뭔가 잘못된 것이 있다고 느끼면서 자기를 찾는 여행을 시작한다고 한다. 그래서 4번 유형은 항상 외로움을 느끼며 자신의 정체성을 나타내주는 적절한 되비추기(mirroring) 경험을 갖지 못했다고 느낀다.

자신이 어떤 일에 굳이 깊이 관여하지 않는 일이라면 자신은 그 일에 면죄부를 받았다고 생각하고 자신은 다른 사람과 기본적으로 다르다고 생각함으로써 자신의 정체성을 유지한다. 그래서 아무도 자신을 이해하고 사랑하지 않는다고 느끼는 개인주의 성향을 나타내고 자의식이 강하여 자기의 생각으로부터 물러서지 않는 고집 센 사람이 된다.

누구보다도 잘못과 결함에 민감한 4번 유형인 이사야에게, 당시 유다 왕국의 위기와 형식적인 종교의식 그리고 사람들의 위선과 타락은 너무나 심각하게 비쳤을 것이다. 입술이 정화되어 용서받는 경험을 한 이사야는 바로 하나님의 시각을 반영하여 이스라엘의 위선과 죄에 대해 하나님이 역겨워하신다고 선포하며 선민사상과 시온

주의에 사로잡혀 있는 백성들을 질책했다.

4. 거룩하신 하나님에 대한 신앙

통합된 4번은 대속과 해방의 은총을 경험하고, 성숙해지면서 직관력과 창의적 상상력이 높아진다. 이사야는 이러한 통합된 4번의 특징을 잘 드러낸다. 이사야는 자신의 이름처럼 "하나님이 구원이시다"라는 확신을 가지고 앗시리아 왕 산헤립이 하나님께 도전하는 것에 진노하며, 단호히 대응해서 추진력을 발휘해 예루살렘을 앗시리아로부터 구원하여 하나님께 받은 자신의 사명을 과감하고 당당하게 완성한다 .

이사야는 주님과 일치됨으로서 대속과 해방의 은총을 경험하고, 세상을 바라보는 높은 식견과 탁월한 능력을 소유하고 있었다. 이사야 6장 8절에 "내가 누구를 보낼까?" 하는 하나님의 부르심에, "제가 여기 있습니다"라고 즉각적으로 대답하는 이사야는 평균적인 4번 유형을 뛰어넘어서 하나님의 정의를 실현한다.

하나님의 부르심에 모세는 주저하였고, 예레미야는 괴로워했고, 요나는 도망가는 불건강한 모습을 보였는데, 건강한 이사야는 죄의 사함(이것이 너의 입술에 닿았으니, 너의 악은 사라지고 너의 죄는 사해졌다: 이사야 6:7)을 받은 후 진정으로 하나님과 일치를 이룸으로서 과거의 연민에 집착하던 것에서 벗어나 기본적인 두려움에서 자유로워지고, 마음이 가라앉은 통합된 4번의 덕목인 침착함을 보여 준다.

II 이사야와 나

1. 격정에 빠진 나

이사야는 아주 건강한 수준의 4번으로서 주님이 주시는 영감과 신성한 직관으로 주님의 말씀을 대언했지만, 나는 보통 수준과 불건강한 수준을 수없이 오르락내리락하는 4번 유형이다. 기본적으로 개인주의적인 성향과 우울함을 가지고 있고, 감정에 몰입될 때마다 그 자리에서 멈춰 서서 앞으로 나가지 못하고 부정적인 생각에 사로잡히곤 한다. 그럴 때는 내 안에 생각이 많아지고, 내가 자신을 이해할 수 없을 정도로 복잡한 감정으로 인해 자기연민에 빠지곤 한다. 내 내면에는 4번이 갖는 열등감과 우월감이 복잡하게 공존하고 있어서인지, 내 안에 있는 나르시시스적인 성향 때문인지 개인적으로 친밀한 사람들은 물론 모든 사람들에게 인정받고 사랑받아야 한다는 강박관념에 빠지게 된다. 또한 주변 사람들과의 관계 속에서 내 자신이 생각하는 합당한 대우를 받지 못할 때에는 분노하며 원통한 마음을 가지게 된다. 그럴 때마다 내 자신을 몰아세우고 심한 자기비판을 하며 열등감에 빠져버리면서 4번의 격정인 시기를 어김없이 드러내고는 한다.

2. 과거의 연민에서 벗어나는 나

말수도 없고 한없이 착한 아이였으며, 살면서 누구를 미워한 기억조차 없었던 내가 격정이 '시기'인 4번이라니 말도 안 된다고 생각했다. 그래서 1년 뒤에 에니어그램 검사지를 다시 해 보았지만 4번의 모든 문항에 동그라미를 치고 있었다. 본격적으로 에니어그램 공부를 시작하면서 아주 사소한 것에서부터 중요한 일에 이르기까지 내 마음속에 얼마나 시기심이 자주 일어나며, 그 시기심으로 인해 위축되면 머리가 뒤죽박죽이 되면서 아무 생각이 안 나고, 가슴은 콩당콩당 요동을 치면서 숨을 쉬기가 어려울 정도로 긴장과 불안에 떨게 되는 것을 알게 되었다. 그리고 스트레스 상황에서는 어떤 것에서 면제되었다는 무의식속의 특권의식과 평범한 것은 기피하는 높은 자존감은 어디로 사라져 버리고 시기심이 좌절감으로 옮겨와 자신을 공격한다. "너는 왜 그것을 못하니?", "너는 왜 그리 못났니?", "너는 그것을 잘 해낼 수 없니?" 하는 자기부정으로 자신을 몰아가는 것이다. 스트레스 속에 있는 4번들은 자기의 정체성을 만들어가는 데 있어서 피해의식에 쌓여있는 자신의 특정 감정만을 개발하여 다른 것은 거부하고 싶어 한다.

3. 나의 성장 배경

7형제의 대식구였던 우리 집에는 항상 친척들도 많았고, 손님들도 많았다. 아버지는 은행일로 집안에 신경 쓸 사이가 없으셨고, 엄마는 일곱 자녀와 손님들 뒷바라지에 힘들어했다. 언니, 오빠들은 각자 학교일로 바빴고, 몸이 약한 데다 외로움을 타는 나는 자주 학교를 결석하였다. 그러다 보니 친한 친구들도 별로 없었고, 그러다 학교에 가기 싫다고 생각이 들게 되면 실제로 배가 살살 아팠다. 4번 어린이는 외로움을 타면서도 혼자 있기를 좋아하고, 감수성이 예민하고, 공상을 잘한다고 한다. 이들은 몸과 마음이 아픈 것에 예민해서 마음의 상처에 남달리 민감하다고 한다.

4번에 대한 공부를 하고 보니 지금 생각하면 부모의 사랑이 부족하다 느껴져 관심을 끌려고 아팠던 것 같다. 4번은 양친 부모에게서 감정적으로 거리감을 느낀다고 한다. 그나마 잠깐씩 아버지가 나에게 관심을 가져주기는 했지만 어린 나에게는 그 사랑을 머리로는 알지만 가슴으로 느끼지 못하는, 내가 원하는 사랑에는 미치지 못했던 것 같다.

그렇게 학교를 가지 않았을 때는 안방 위 벽장에 올라가 고장 난 시계를 뜯어보거나 손재봉틀을 이용해 내 치마를 만들어 입고는 자랑했던 기억이 난다. 물론 어린아이가 잘 만들었다고 칭찬은 해주었겠지만 나는 칭찬 받았다는 기억이 남아있지 않다. 그 칭찬이 영혼 없는 빈말로 들렸던 것일까? 그 칭찬이 칭찬으로 들리지 않았던 것은 아마도 어린아이의 가슴에는 그 말들이 진정성 없는 대답이라고 느꼈음이라….

4. 생활 속의 에피소드

몇 년 전 공동체문화원에서 주최하는 에니어그램 세션을 할 때 이야기다. 나에게 음식 셋팅을 예쁘게 예술적으로 하는 달란트가 있으니 간식 셋팅을 담당해달라고 하였다. 내 나름대로 자부심을 가지고 열심히 준비해서 수강자들에게 봉사했다. 그런데 아무 말 없이 무표정하게 일하던 내 태도가 문제가 된 것 같다. 얼마 전 에니어그램 4번에 대한 공부를 함께 하면서 지금은 동료가 된 그들이 그 당시의 나의 첫인상에 대해 말해 주었다. 그 대답을 듣는 나에게는 내가 정말 그랬었나 하는 생각에 살짝 쇼크였지만 다들 재미있게 이야기하며 깔깔 웃었다. 나는 언니가 운영하는 가게에서 찬조 받은 핫도그를 셋팅만 해놓고는 아무 말도 없이 방에서 나가버려 사람들은 그것을 먹어야하는지 말아야하는지 고민되었다고 한다.

〈4-1 이사야〉 환상을 보고, 소명에 응답하며, 심판을 예언하고, 희망과 평화를 선포하는 맛있게 드시라고 한마디 정도 해주었으면 좋으련만 온몸에서 쌀쌀함이 느껴졌다고 한다. 잘 먹겠다는 말도 건넬 수 없을 정도로 부정적인 에너지를 느꼈다고 한다. 나로서는 묵묵히 예의를 갖췄다고 생각하였지만 지내놓고 보니 나의 격정에 사로잡힌 모습을 여지없이 드러낸 것이다. 나는 그 당시 개인적인 사정으로 문제가 있어 감정의 기복이 심했던 때였는데 아무도 나의 내면의 깊이나 민감성을 이해하지 못할 거라는 생각에 사람들과 말을 섞기가 정말 싫었다. 4번이 시무룩해 있거나 침울한 상태인 것은 관심을 받기 위해 상처받은 감정을 드러내는 것이라고 한다. 나의 슬픔을 함께 나누어줄 사람들을 찾아다니면서도 한편으로는 내 안에 보이지 않는 성을 쌓아놓고는 내 생각 속에, 내 격정에 빠져 스스로 쌓아올린 그 성에 갇혀서 그 성을 부수고 나를 만나러 오라는 무언의 손짓을 보내는 것일까? 이러한 감정 상태 때문에 사람들은 4번은 참으로 이해하기 어려운 사람이라고들 한다.

III. 나의 추구

고통을 느끼며 긴장하거나 스트레스를 받으면 특히 4번은 민감하게 느끼기 때문에 정신적 육체적으로 힘들어한다. 지금은 정말 드물게 일어나는 현상이지만 나는 감정이나 마음 아픈 일이 있으면 몸에서 반응을 한다. 잠도 잘 못자고 머리가 쑤시며 지끈거리고 체한다든지, 속이 탈이 나서 몇날 며칠 동안을 고생해야 했다. 심지어는 몸이 천근만근이 되어 드러누울 때도 허다했다.

이러던 내가 이제는 에니어그램을 공부하고 수련하며 학생들을 가르치는 입장인데, '내 자신 하나 컨트롤하지 못하고, 격정을 제어하지 못한다면 남을 기르칠 자격이 없지 않겠는가?' 하는 생각을 하게 되었다. 상처를 준 사람들에 대한 부정적인 감정을 붙들고 있으면서, 격정과 싸우며 그것을 스스로 치유하려고 시도만 한다고 격정이 사라지는 것이 아닌 것을 깨달아 가고 있다. 4번 유형의 사람에게 가장 필요한 덕목은 주님과 일치하는 것이다. 주님이 내 안에 내가 주님 안에 있는 하나님과의 일치를 통해 그분의 마음을 가슴에 새기기를 갈망하고, 또 그렇게 될 때 4번의 개인주의를 넘어서 주님께서 나에게 주신 소중한 달란트를 나눌 수 있음을 배웠다.

4번의 덕목을 살려 침착하고 평온하며 우아한 사람이 되기를 소망한다. 자신의 상처 속에 들어 있었던 이물질을 벗겨내고 결국엔 우아한 빛을 내는 진주를 품은 조개처럼 아름다운 빛을 발산하며, 믿음의 길을 멈추지 않고 걸어갈 수 있기를 기도하고 있다. 주님이 주신 은혜에 항상 감사하는 마음으로 살아가는 건강한 4번이 되기를 기도하며 이 글을 마친다.

요나(4번 유형)

하나님의 얼굴을 피하는 요나,
하나님의 명령을 수행하는 요나

최재숙
(공동체문화원 수련팀장)

I. 선지자 요나

요나는 기원전 8세기경에 활동했던 이스라엘의 선지자이다. 하나님은 요나에게 앗수르(앗시리아)의 수도 니느웨로 가라고 명하셨는데 요나는 이를 거역하고 다시스(스페인)로 도망가다가 배 위에서 풍랑을 만난다. 바다에 빠지게 된 요나는 커다란 물고기에게 삼켜져 3일 밤낮을 물고기 뱃속에서 지내다 회개 기도를 통해 극적으로 살아나게 된다. 물고기 뱃속에서 3일 만에 살아나온 요나의 이야기는 극적이면서도 그리스도의 죽음과 부활의 예시(豫示)로 여겨져 초기 그리스도교 시대부터 17세기에 이르기까지 성당의 천정화, 프레스코화, 카타콤, 석관 등에서 주요 모티브가 되어 많은 미술품으로 표현되기도 하였다.

선지자 요나는 열왕기에 기록될 만큼 하나님이 요나에게 직접 계시하시고 그 말씀을 이루어주시는(열왕기하 14:25) 하나님의 믿는 종이었다. 그럼에도 불구하고 요나는 선지자로서의 사명을 꾸준히 감당하고 감사하기보다는 하나님에게 불순종하고 불평하는 모습을 보여준다. 4번이 '시기'라는 격정으로 인해 감정의 기복을 경험할 때 자신의 일에 충실하지 못하고 자기만의 생각 속으로 빠져들어가 외부 세계와 차단된 채 홀로 지내는 것처럼, 요나도 선지자로서의 사명에 순종하며 충실히 수행하기보다는 자신의 분노를 정당화하고 하나님으로부터 멀리 달아나 홀로 있으면서 현실을 회피한다. 그러나 4번이 회개를 통해 '하나님과의 일치'를 이룰 때 감정의 균형이 이루어져서 침착하게 자신이 해야 할 일에 책임을 다하듯 요나도 물고기 뱃속이라는 절체절명의 위기 속에서 하나님께 나아가 회개함으로써 하나님의 명령을 수행하는 선지자로서의 사명을 감당하게 된다.

1. 요나의 격정과 현실 회피

선지자 요나는 앗수르의 수도 니느웨로 가서 회개를 선포하라는 하나님의 명령을 받았다. 그러나 요나는 하나님의 명령에 순종할 수 없었다. 앗수르는 주변의 약소국을 못 살게 구는 강대국으로 멸망당하는 게 마땅한데 그런 나라를 구원하라는 하나님의 명령을 요나는 받아들일 수 없었기 때문이었다. 더구나 이방인의 나라인 앗수르의 구원을 위해 니느웨로 가라는 것을 이해할 수 없었던 요나는 그 명령을 자신의 사명으로 받아들일 수 없었다. 그 당시 앗수르는 이스라엘이 조공을 바쳐야했던 강대국이었다. 더구나 주변의 약소국들을 꼼짝 못하게 하는 거대한 제국이었다.

4번은 자신보다 월등한 자 앞에서 움츠러들고 의기소침해진다.

나보다 뛰어난 자에게는 오히려 거리를 둠으로써 상대적으로 초라한 자신을 느끼지 않으려고 한다. 그래서 그 사람은 관심 밖의 사람이 되고 나와는 상관없는 사람이 된다. 잘 하든지 못 하든지, 옳은 일을 하든지 그른 일을 하든지 그것은 그 사람의 일일 뿐이고 남의 일일 뿐이다. 아마도 요나는 니느웨 성읍의 악독이 하나님 앞에 상달되었을지라도(요나 1:2) 그것을 안타까워하기보다는 나 몰라라 하고 싶었던 것 같다. 그래서 요나는 하나님의 명령을 거부하고 '하나님의 얼굴'을 피하여 다시스로 도망가려고 길을 떠난다. 니느웨 성읍을 향해 동쪽으로 가라는 하나님의 명령에도 불구하고 반대 방향으로 가는 배를 타고 다시스로 향한다.

요나는 하나님의 말씀을 대언하는 예언자이다. 하지만 격정에 사로잡혀 있을 때 요나는 하나님의 뜻과 명령을 어기고 자기가 하고 싶은 대로 숨고 도망치며 불순종한다. '시기'라는 격정은 '내가 그 일을 꼭 해야 한다'고 생각토록 하기보다는 '나 말고 다른 누군가가 하는 게 더 낫다'고 생각하게 만들어 그 일을 해낼 수 없도록 만든다. 그래서 요나는 하나님의 명령을 받았을지라도 '내가 그 일을 꼭 수행해야만 한다'는 확신을 갖기보다는 '내가 꼭 나설 필요가 있을까?' 하고 생각했던 것 같다. 오히려 요나는 니느웨로 가서 회개를 선포하라는 하나님의 명령에 화가 났다. 이방인인데다가 주변의 약소국을 못 살게 구는 니느웨가 멸망되어야 마땅한데 하나님의 자비로 니느웨가 용서를 받게 된다는 것을 받아들이기 힘들었고, 더군다나 다른 사람도 아닌 자기 자신으로 인해 니느웨가 구원을 얻고 잘 되는 것은 더욱 용납할 수 없었을 것이다. 그래서 요나는 하나님이 직접 계시하셨고 또 하나님이 믿는 종이었음에도 하나님을 저버릴 수 있었다.

2. 요나의 기피와 함정

요나는 하나님의 말씀을 대언하는 예언자임에도 하나님의 명령에 대해 가타부타 말도 없이 하나님으로부터 도망친다. 그리고 도망을 가던 중 요나는 큰 위기에 빠진다. 하나님이 바다 위로 큰 바람이 불게 하셨기 때문이다. 바다에 큰 풍랑이 일어 배가 거의 부서지게 되었고 배에 탄 사람들은 모두가 두려움에 사로잡혀 저희 신들에게 부르짖고 배를 가볍게 하려고 별짓을 다한다(요나 1:5a). 같은 배에 탄 다른 사람들은 위기 속에서 살아남기 위한 모든 조치들을 취하고 있는데 요나는 여기에 아랑곳하지 않고 배 밑창으로 내려가 누워서 깊이 잠이 든다(요나 1:5b).

4번은 부모의 사랑을 긍정적으로 경험하지 못했다. 부모와 감정적으로나 물리적으로 거리를 두어왔기 때문에 부모에게 하듯 사람들과도 거리를 두려는 경향이 있다. 사람들과의 거리를 두듯 4번은 스트레스를 심하게 받으면 현실을 외면한다. 왜냐하면 4번은 어려운 상황에 처하게 되면 그 상황에서의 요구나 필요로부터 자신은 면제되었다는 환상에 빠지기 때문이다. 그래서 요나는 바다에 큰 풍랑이 일어 배가 거의 부서지게 되고 어떻게 될지 알 수 없는 상황 속에서 사람들은 위기를 모면하기 위해 모두 분주하게 움직이고 있는데도 이에 아랑곳하지 않고 배 밑창으로 내려가 누워서 깊이 잠이 들 수 있었던 것이다. 요나처럼 4번은 자신이 무엇을 해야 하는지에 대해 자각을 하지 못하고 자기만의 세계에 빠질 수 있다. 그럼으로써 4번은 스스로 특별한 사람이 되는 것이다. 4번이 잠들어버린다는 것은*

---

* 9번과 4번은 스트레스가 심해지면 잠을 잔다. 9번은 스트레스를 피하려고 잠을 청한다면, 4번은 스트레스로 괴로워하다가 잠이 들어버린다.

어떤 일에 적극적으로 개입하지 않는다는 것이다. 무언가를 해야만 하는 상황임에도 자신이 해야 할 일로 받아들이지 않고 아무것도 하지 않는다는 것이다. 오히려 다른 사람들이 자신을 위해 해주어야 하는 일로 여기고 방관자처럼 현실을 회피하면서 홀로 특별한 사람이 되는 것이다.

배에 있는 사람들은 이런 재앙이 누구 때문에 내리는지 알아보기 위해 제비뽑기를 하였고, 요나가 제비로 뽑힌다. 그리고 요나는 하나님의 얼굴을 피하여 달아나고 있는 자신의 처지에 대해서 곧이곧대로 실토한다. 배에 탄 사람들이 "우리가 너를 어떻게 하여야 바다가 우리를 위하여 잔잔하겠느냐?"(요나 1:11b)고 물으니 요나는 "나를 들어 바다에 던지라. 그리하면 바다가 너희를 위하여 잔잔하리라. 너희가 이 큰 폭풍을 만난 것이 나 때문인 줄을 내가 아노라"(요나 1:12)고 대답한다. 제비로 뽑혔다는 것은 희생양이 되어 죽음을 맞이해야 될지도 모르는 순간이다. 그런데 요나는 생명의 위협을 받는 이 상황을 모면하기 위해 융통성 있는 임기응변으로 대처하기보다는 자신이 생각하고 있는 대로 '하나님의 낯을 피해 도망치고 있으며 풍랑의 원인 제공자'임을 솔직하게 자인한다. 그렇게 말을 하고 난 후 요나는 바닷물 속에 던져지고 만다.

4번의 함정은 진정성인데 진정성이라는 함정은 어떤 잘못이 있으면 그 잘못에 대한 대가를 반드시 치러야 한다고 믿게 만든다. 요나는 니느웨가 악독함으로 인해 멸망당해야 한다고 여겼던 것처럼 자신이 풍랑의 원인 제공자라 여기고 있었기 때문에 제비로 뽑힌 것에 대해 부당하다고 여기지 않고 스스로 책임을 져야 한다고 생각했던 것이다.

3. 요나의 회개 기도와 덕목

　요나는 큰 물고기에 먹혀 3일간을 죽은 목숨으로 물고기 뱃속에서 지낸다. 물고기 뱃속에서 고통 가운데 있던 요나는 하나님께 기도한다. 그리고 요나는 내가 받는 고난으로 말미암아 여호와께 부르짖었더니 주께서 내 음성을 들으시고 내게 대답하셨다고 고백한다(요나 2:2). 그리고 주의 목전에서 쫓겨났을지라도 다시 주의 성전을 바라보겠노라고 회개한다(요나 2:4). 요나는 물고기 뱃속이라는 절망적인 상황을 회피하지 않고 정면으로 대면했다. 현실을 회피하지 않았던 것이다. 그리고 절박함 속에서 하나님께 아뢰었고 하나님은 이에 응답하셨다. 요나가 하나님과의 일치를 이루었기 때문이다. 4번이 하나님과 일치될 때 정서적으로 균형이 이루어지고 침착함을 회복한다. 고통과 고난을 두려워하고 피하면서 스스로 면제되었다는 환상 속에 빠져 있는 것이 아니라 그와는 정반대로 고난을 직시하며 그 속에 담겨 있는 깊은 뜻을 끌어내어 창조적인 힘을 발휘하게 되는 것이다. 요나는 더 나아가 고통과 고난의 한가운데서 이미 감사와 찬양을 올린다(요나 2:9). 4번은 상처에 민감하고 상처를 잘 입지만 상처로부터 치유와 회복을 경험하고 다른 이에게도 감동을 주는 특징이 있는데 요나도 물고기 뱃속에서 4번의 그러한 특징을 보여주고 있는 것이다. 그리고 요나는 다시 육지로 보내어진다.

　하나님은 두 번째로 요나에게 임하여 "일어나 큰 성읍 니느웨로 가서 내가 네게 명한 바를 그들에게 선포하라"고 말씀하신다(요나 3:2). 큰 물고기에 먹혀 3일간을 물고기 뱃속에서 지내다가 다시 살아난 요나는 하나님의 말씀대로 일어나서 니느웨로 가 하나님의 명령을 수행한다. 4번이 격정에 사로잡혀있을 때에는 자신도 모르게 방종이 늘어나 하나님이나 사람들로부터 후퇴하여 숨는 버릇이 있다. 그러나 회개하여 건강해지면 자신감이 생기고 개성이 뚜렷해지면서 자기 계시적인 사람이 된다. 더 나아가 직관력까지 높아지는데 이런 상태에서 요나는 니느웨 성읍으로 들어가서 하루 동안 다니며 큰 소리로 "사십일이 지나면 니느웨가 무너지리라"(요나 3:4)며 회개하라고 외친다. 감정이 균형 잡혀있고 정서가 풍부해진 건강한 4번은 설득력이나 호소력이 크다. 그리고 4번은 아무 말 안 해도 다른 사람을 움직일 수 있을 만큼 텔레파시가 강한 사람이다. 그런 요나가 큰 소리로 회개를 선포하니까 회개의 역사가 크게 일어난다. 니느웨의 사람들이 감화되어 하나님을 믿고, 금식을 선포하고, 높고 낮은 자를 막론하고 굵은 베 옷을 입었던 것이다(요나 3:5). 그리고 그 일이 왕에게까지 들려 왕과 그의 대신들이 조서를 내려 니느웨 성읍의 사람이나 짐승이나 소 떼나 양 떼도 베옷을 입고 금식하며 회개를 하라고 선포하기까지 한다(요나 3:7-8). 하나님은 그들이 뉘우치는 것을 보시고 뜻을 돌이키시고 그들에게 내리겠다고 말씀하신 재앙을 내리지 않으신다. 요나는 하나님의 명령에 순종하였고 니느웨 성읍의 재앙을 막아낸 것이다.

4. 하나님의 은혜와 자비와 인애

니느웨로 가서 회개를 선포하라는 하나님의 명령을 수행한 후 요나는 하나님의 말씀에 순종하여 자신이 해낸 일에 대한 기쁨과 감사보다는 또다시 감정의 기복을 경험한다. 강대국인 니느웨가 멸망하지 않은 것에 대해 불평하면서 다시 격정에 사로잡히는 모습을 보인다. 하나님은 주변국을 괴롭히는 니느웨를 멸했어야 마땅한데 그렇지 않음을 보고 요나는 매우 싫어하고 성을 내었던 것이다(요나 4:1).

진정성이라는 함정에 빠진 4번은 너그럽지 못하다. 요나는 하루

종일 걸어 다니며 니느웨 성읍 사람들에게 회개하라고 외쳤음에도 니느웨 성읍 사람들에게 은혜로우시고 자비로우시며 노하기를 더디 하시고 인애가 크셔서 재앙을 내리지 아니하시는(요나 4:2) 하나님에게 내심 서운했던 것 같다. 그래서 요나는 하나님께 차라리 내 생명을 거두어 가시라고까지 요청한다. '사는 것보다 죽는 것이 더 낫다'는 것이다(요나 4:3). 진정성에 빠진 요나는 하나님이 하신 일이 옳지 않았다고 성을 낸다. 그러나 하나님은 요나에게 "네가 성을 내는 것이 옳으냐?"(요나 4:4)고 어느 것이 진정한 것인지에 대해 물으셨다. 하나님과의 일치가 안 된 요나는 아무런 대답 없이 니느웨 성읍에서 나아가 성읍 동쪽에 초막을 짓고 그 성읍에서 무슨 일이 일어나는가를 지켜보려고 했다(요나 4:5). 아마도 악한 니느웨 성읍 사람들이 하나님의 용서하심을 받고 얼마나 잘 사나 지켜보고자 했던 것 같다. 진정성에 빠져 있는 모습이라고 할 수 있다. 이런 요나에게 하나님은 박 넝쿨을 예비하여 주셨고(요나 4:6), 요나는 그늘을 만들어 주는 박 넝쿨에 크게 기뻐하였다. 그리고 또 하나님은 벌레를 예비하여 그 박 넝쿨을 갉아 먹게 하셨다(요나 4:7). 박 넝쿨이 사라져버리고 뜨거운 동풍과 해 아래에서 있게 되자 요나는 어려움을 헤쳐 나가려하기보다는 또 다시 '사는 것보다 죽는 것이 더 낫다'며 스스로 죽기를 구한다(요나 4:8).

4번은 감정적으로나 육체적으로 힘들어지면 그것을 극복하려하기보다는 '시기'라는 격정으로 인해 뒤로 물러나 쉽게 생을 포기하고 싶어하는데 요나도 그런 모습을 보여주고 있는 것이다. 그러자 하나님은 요나에게 "네가 박 넝쿨로 말미암아 성내는 것이 옳으냐?"고 물으셨고 요나는 "성내다가 죽기까지 할지라도 내가 옳습니다"(요나 4:9)라고 끝까지 굽히지 않으며 자신의 생각이 진정한 것임을 주장한다. 그러나 하나님은 이러한 요나에게 노하시는 것이 아니라 "네가 수고도 하지 않고 재배도 하지 않은 박 넝쿨이 하룻밤에 났다가 하룻밤에 말라버렸는데도 그 박 넝쿨을 아꼈거든 니느웨에는 좌우를 분별하지 못하는 자가 십이만여 명이요 가축도 많이 있는데 내가 어찌 아끼지 않을 수 있겠느냐"(요나 4:10-11)고 요나에게 하나님의 사랑을 이해시켜 주신다. 진정성이라는 함정에 빠져 하나님에게 성을 내는 요나에게, 하나님은 니느웨 성읍 사람들을 멸하지 않으셨던 것처럼 요나에게도 성을 내지 않으신다. 니느웨 성읍 사람들에게만 은혜로우시고 자비로우시며 노하기를 더디 하시고 인애가 크신 하나님이신 것이 아니라 요나에게도 똑같이 은혜로우시고 자비로우시며 노하기를 더디 하시고 인애가 크신 하나님이신 것이다.

II. 4번 유형인 나의 이야기

1. 선지자로 불리는 4번 유형

4번이 선지자 또는 예언자로 불리는 건 그만큼 직관이 뛰어나고 자신의 무의식과 연결되어 영감을 얻을 수 있는 유형이기 때문이다. 그래서 4번은 현실을 초월할 수 있는 가능성을 갖고 있는 선지자 또는 예언자로서의 사명을 지니고 있다고 할 수 있다. 그만큼 4번은 특별하다고 말할 수 있는 것이다. 그래서 4번은 늘 평범한 것을 기피하는 게 아닌가 싶다. 4번은 특별하기를 원하기 때문에 "나는 누구인가?", "나는 어떤 사람인가?"라는 질문을 스스로에게 늘 던진다. 뿐만 아니라 "내가 할 수 있는 일인가?", "내가 해야 할 만큼 가치 있는 일인가?"를 묻는 진정성에 빠지곤 한다.

2. 나의 격정, 기피, 함정

4번인 나의 격정은 '시기'이다. 다른 사람들에게는 좋은 것이 있지만 나에게는 그 좋은 것이 없다고 느끼는 것이다. 이것을 바꿔 말하면 좋은 것이 나에게만 있기를 원하는 욕망이다. 나에게 있어 좋은 것이란, 남들에게는 없는 유일무이한 능력이고, 최고인지 아닌지를 평가할 수 있는 직관이며, 진실을 꿰뚫어 볼 수 있는 지혜이다. 그래서 나는 특별한 사람이 되려고 '평범'을 기피하고 '진정성'이라는 함정에 빠져 참인지 거짓인지에 모든 관심을 쏟는다.

나는 특별한 것을 선택하기 위해 남들이 다하는 흔한 선택 앞에서 망설인다. 나를 '있는 그대로' 내보이기보다는 표현을 아끼면서 조심하기 때문에 때로는 신비롭다는 말을 종종 듣기도 했다. 그리고 그 말은 내가 특별한 사람이라는 말로 들려 그 말에 내심 흡족해했다. 나는 이렇게 특별한 것들을 추구하지만 내가 특별하지 않다는 생각이 나를 지배하기 때문에 현실에 만족하기 힘들었다. 특별한 것은 늘 저 멀리에 있었고, 평범한 현실로부터 내가 벗어나야 내가 가치 있는 존재가 되는 것으로 여기곤 했었다. 특별한 내가 되기 위해 평범을 기피하다 보면 스트레스를 더 받게 된다. 그러다보면 나는 더 움츠러들고 위축되어 사람들 앞에 내 모습을 보이지 않으려고 더 숨었다. 또 나만이 할 수 있는 특별한 일이 아니면 하지 않으려고 했다. 왜냐하면 내가 아닌 다른 누군가도 할 수 있는 일은 평범한 일이고, 평범한 일을 한다는 것은 내가 평범하다는 것을 의미하기 때문이었다. 그러나 나만이 할 수 있는 특별한 일이라는 것은 그다지 많지 않았다.

에니어그램이 나에게 알려준 것은 평범을 기피하면 기피할수록 나는 점점 더 평범한 일도 쉽게 해내지 못하는 평범한 사람보다도 못한 사람이 되어 간다는 것이었다.

4번은 매사에 그것이 진실인지 아닌지에 모든 관심을 쏟는다고 한다. 원인부터 결과까지 신뢰할 수 없고 납득할 수 없으면 진실성을 의심하게 된다는 것이다. 그래서인지 나는 어떤 일을 하기에 앞서 타당성과 당위성을 찾느라 추진력도 약하고 결단을 내리기까지 시간이 많이 걸린다. 내가 꼭 해야 할 일이라고 동의하는 경우가 드물기 때문에 어떤 일에 자발적으로 나서서 하는 경우도 별로 없었다. 이런 것이 바로 요나가 하나님의 얼굴을 피하고 하나님의 명령을 거부했던 것과 같은 것이라는 생각이 든다. 나는 삶의 매순간은 요나보다도 더한 불순종으로 일관되어 왔던 것이다.

어떤 4번이 과일가게 앞에서 어느 과일이 맛있을까 망설이다가 그냥 지나쳐버렸다고 한다. 나 역시 망설이던 순간들이 많이 있었다. 붕어빵을 팔고 있는 포장마차 앞을 지나가면서 붕어빵이 먹고 싶은데 여기 있는 붕어빵은 맛이 있을까? 선풍기 바람이 너무 센데 다른 사람들은 괜찮은 걸까? 이렇게 맞장구치고 싶은데 이 말이 맞는 걸까? 등등 이럴 수도 있고 저럴 수도 있는 건데 정답이 하나만 존재하는 양, 유일한 답 하나만을 찾으려 애쓰곤 했다. 객관식 문제에서 정답을 찾듯 유일한 그 무엇을 찾아내려는 것이다. 그래서인지 어떤 4번이 자신과 다른 생각을 누가 이야기하면 '내 생각이 틀렸나?' 하는 생각이 든다고 한다. 나 역시 내 생각이 틀렸을지도 모른다는 생각 때문에 내 생각을 당당하게 주장하지 못한다. 그러다가 '이건 아니다' 싶은 걸 보거나 '바로 이것이다'라는 생각이 들면 나를 주장한다. 진정성 때문에 이러지도 저러지도 못하고 있다가 진정성 때문에 강한 사람이 되는 것이다. 내가 알게 된 것, 내가 내린 결론을 그대로 밀고 나가는 것이다. 그래서 다른 사람의 의견에 귀를 기울이지 못하고 상대방의 요구에도 즉각적으로 반응하지 못한다.

이처럼 나는 진정성 때문에 새로운 상황 변화를 유연하게 받아들이지 못하고 융통성 있게 대처하는 데 서투르다. 니느웨 성읍 사람들이 회개를 해서 하나님이 용서하셨음에도 요나가 그들을 용서하지 못하고 오히려 하나님의 용서하심을 싫어하고 성을 내었던 것처럼 결국엔 마음속에 품어 왔던 생각을 내뱉고야 만다.

3. 나의 덕목은 침착

4번은 격정에 사로잡히기도 잘 하지만 또한 격정을 사로잡혀 있을 때조차도 거기서 놀라운 힘을 끌어낸다고 한다. 4번은 자신이 해야 할 일을 알고 있고, 또 자신이 스스로에게 무슨 짓을 하고 있는지 알고 있을 정도로 자신을 충분히 파악할 수 있기 때문이라는 것이다. 그래서 요나가 물고기 뱃속에 들어가서도 놀라운 통찰과 비전을 보이며 일어날 수 있는 힘을 보여주었던 것처럼 4번은 고통이나 좌절 속에서도 회개하고 변화될 수 있다고 한다. 요나는 고통과 고난 속에서 좌절하고 절망하기보다는 하나님께 부르짖으며 기도했다. 그런 요나의 회개에 하나님은 응답하셨고, 요나는 물고기 뱃속에서 나와 하나님의 명령을 수행할 수 있었다. 나 역시 견디기 힘든 상황이 닥친다 할지라도 요나가 하나님께로 돌아섰던 것처럼, 나를 비난하고 자책하기보다는 하나님 앞에 내가 하지 않고 있는 일이 무엇인지를 돌아보며 나의 삶에 충실하겠노라고 다짐해본다. 하나님으로부터 숨는 것이 아니라 하나님과 일치하지 않았던 것을 회개하면서 하나님이 나와 함께 하시기 때문에 나를 당당하게 드러내며 자신감을 가지고 내게 맡겨진 사명을 차분하게 감당하는 사람이 되고 싶다. 요나가 니느웨의 사람들을 감화시켜 회개하게 했던 것처럼 나도 감동적으로 설득할 수 있고 아무 말 하지 않아도 다른 사람을 움직일 만큼 텔레파시가 강한 사람이 되고 싶다.

침착하다는 것은 위축되지 않은 상태다. 이것을 달리 말하면 다른 사람들을 불편해하지 않는 것이다. '있는 그대로의 나'를 부끄러워하지 않고 사람들 앞에 나를 내보일 수 있는 것이다. 다른 사람이 지니고 있는 좋은 것들을 보며, 내 마음이 흔들리면서 다른 사람에 의해 내가 좌지우지 되는 것이 아니라 그냥 사실로서만 받아들이는 것이다. 이러한 상태가 바로 4번이 현실에 입각해 있는 모습이라고 생각된다. 감정의 소용돌이 속으로 빨려 들어가지 않고 현실에 존재하면서 현실에서 상대방보다 부족해 보일지라도 자신을 괜찮은 사람으로 받아들이는 것이다. 나도 잘할 수 있는 부분이 있음을 스스로 인정하면서 내면에서 무너지지 않는 것이다. 내가 어떤 존재이든 나를 받아들이는 것이고, 하나님이 보시기에 좋았던 것처럼 나를 보기 좋은 사람으로 받아들이는 것이다. 그렇게 나를 하나의 소중한 존재로 확신하고 상대방도 역시 또 하나의 소중한 존재로 받아들일 때 개인과 개인 간의 소중한 만남이 이어지는 것이 아닐까 싶다. 그래서 상대방과 상호작용하는 것에 부담을 느끼지 않고 함께 즐거워 할 수 있는 것이라고 생각한다.

건강한 4번은 개인으로서 자신을 선명하게 인식한다고 하는데 그럴 때 자기계시적인 사람이 되는 것이 아닐까 싶다. 나를 다른 사람들에게 드러낼 수 있으려면 내가 어느 위치에 있는지 내 역할을 분명히 알고, 내가 어떻게 행동해야 하는지 알아야 할 것이다. 그것은 부당한 말을 들었을 때 '내가 그냥 참으면 아무 일 없는데…' 하며 넘어가는 것도 아니고, 또 나를 공격해올 때 '왜 그러지?' 하며 위축되어 당황하는 것도 아니다. 상황을 분명하게 인식하고 그 상황을 계속 기억하면서 나를 선명하게 인식하고 있어야 한다. 그래서 내가 하나의 개인으로서, 내가 나로서 존재할 수 있어야 한다.

내 안에 잠재된 침착함이 회복되어 다른 사람에게 좋은 영향을 미칠 수 있는 사람이 되고 싶다. 진정성에 빠져 있는 경직된 강한 사람이 아니라 하나님과 일치되어 유연하고 너그러운 사람이 되고 싶다. 나의 행복이 다른 사람들에게 달려 있다고 여기며 다른 사람에게 의지하는 것이 아니라 이제는 다른 사람들이 나로 인해 행복해지길 원한다. 그것은 내가 특별해짐으로써 이루어지는 것이 아니라 단순하고 아무것도 아닌 것들을 소중하게 여길 때 이루어진다는 것을 에니어그램이 내게 알려 주었다. 그리고 그 순간이 바로 내가 특별해지는 순간이라는 것도 알게 되었다. 사소하기 때문에 소홀히 여기며 그냥 지나쳐버렸던 순간들이 바로 특별해지는 순간이고 감사의 조건들이 되는 순간임을 알게 되었다. 가족과 함께 있을 때, 친구들과 함께 있을 때 나의 말 한마디, 나의 미소, 나의 작은 배려가 그들을 행복하게 만들고 또 그로 인해 내가 행복해진다는 것을 알게 된 것이다. 이러한 삶이 바로 물고기 뱃속에 있던 요나가 하나님과 일치했을 때 바깥세상으로 나와 선지자로서의 사명을 감당했던 것처럼, 자기만의 세계에 빠져 외부와 단절된 채로 살던 4번이 하나님과 일치했을 때 다른 사람들과 침착하게 편안한 관계를 유지할 수 있게 되는 것이다. 그것이 바로 4번이 하나님의 얼굴을 피하는 삶이 아닌 하나님의 명령을 수행하는 삶이 아닐까 생각한다. 그래서 사람들과의 편안한 관계 속에서 자기 안에 내재된 소질을 꽃피울 수 있게 되고, 고통과 고난 속에 담겨있는 깊은 뜻을 끌어내는 과정 속에서 직관력이 높아지고 창조적인 힘을 발휘하면서 영감(靈感)을 통해 얻은 새로운 것을 사람들에게 전달하며 살아가게 되는 것이라고 말이다.

주님! 저는 제 감정을 불편하게 하는 사람을 멀리하고 싶은 유혹에 빠지곤 합니다. 주님으로 말미암아 제 마음이 침착함을 유지할 수 있도록 도와주세요. 제 주변에서 일어나는 일에 관심을 갖고 상황을 분명하게 볼 수 있는 지혜를 주시고, 하나님과 일치되어 사람들과 마음을 나누는 자가 되게 하옵소서. 아멘.

5번 이야기

에니어그램의 유형 이름이 여러 가지가 있으나 5번 유형은 관찰형이라고 말할 수 있다. 특성은 늘 사색을 하면서 사는 사람이다. 혼자 있기를 좋아하고 책을 읽거나 정보를 수집하는 것을 즐긴다. 그래서 '외딴 섬'이라는 별칭도 있다.

어릴 때부터 알고 싶은 것이 많아 선생님이나 어른들에게 질문을 많이 한다. 어릴 때 부모로부터 충분한 사랑을 받지 못하였다고 느꼈기 때문에 어른이 되어서도 무언가 자꾸 채워야만 된다고 생각하면서 살아간다. 그래서 이들은 공허해지는 것을 못 견디는 사람들이다. 욕심이 많다고도 말할 수 있다. 특히 지식을 채우기를 좋아해 새로운 책이 나오면 무조건 사는 사람들이다. 취미 생활이 음악이라면 음반을 사든지 오디오나 악기를 사 모으기도 한다. 집안에 이것저것 사 모아서 여기저기 물건이 널려 있으면서도 잘 치우지를 못한다. 다른 사람이 정리를 해놓으면 자기가 해놓는 대로 되지 않았을 때 불안을 느낀다.

텅 비게 될까 봐 불안해하다 보니 모든 생활에서 인색하게 된다. 친구들과 어울려 다니면서 음식을 사거나 커피값을 내는 것을 잘하지 못해 다른 사람들로부터 짜다는 소리를 듣기도 한다. 그러나 5번으로서는 자기가 생각하는 만큼 다 채워지고 나면 언제라도 내어주겠다는 생각을 하고 살기 때문에 자기의 인색함을 잘 인정하지 않는다. 자기의 지식을 나누어 주거나 다른 사람을 품어주고 사랑하는 것에도 인색함이 나타날 수 있다. 그래서 다른 사람으로부터 쌀쌀맞은 사람이라는 소리를 듣기도 한다. 하지만 건강해지면 손 크게 이것저것 잘 주기도 한다.

지식을 쌓아야 한다는 집착이 있어서 속으로 정보를 많이 집어넣어 놓았기 때문에 어떤 이야기를 할 때에는 간단명료하게 말을 잘하지 못한다. 친구들끼리 자유스럽게 애기를 할 때에도 서론, 본론, 결론을 따지며 말을 하는 경향이 있다. 글을 쓸 때에도 서론을 너무 길게 쓰기도 한다. 그래서 5번이 말을 시작하면 옆의 사람들이 "간단하게 말해!"라는 말을 자주 한다. 곁가지의 얘기를 오래 하다가는 주제에 대해 빗나가기 쉽기 때문이다.

5번이 사고형에 속하지만 감정 다스리기를 잘 못한다. 공동체 속에 있다가 자기의 감정이 다치면 그 자리를 박차고 나가 버려서 자기의 감정이 추슬러지지 않으면 오랫동안 소식도 끊고 지낼 수도 있다. 다른 사람이 자기를 도와주려고 적극적으로 나서면 자기를 압도하려고 한다는 오해를 할 수도 있다. 그리고 새로운 환경에 들어가면 그 환경을 이겨내기보다 거기에서 압도당할까 봐 두려워한다. 생각을 오래 하다 보니 행동하는 것이 늦다.

의심도 많아서 어떤 결론을 내려놓고도 잘 실행하지 못하기도 한다. 그러나 생각한 것이 정확하다고 느끼면 자기가 연구한 것으로 다른 사람에게 큰 도움을 주는 사람이다. 예술성도 있어서 창작예술을 하기도 하지만 5번은 주로 독특한 행위예술을 하는 사람들이 많다. 교수나 판사 등 차분하게 생각하며 다른 사람에게 도움을 주는 직업에 종사하는 사람들도 많다.

의심이 많지만 그것에 대해 신뢰가 생기면 숨어서 혼자 살던 생활을 청산하고 자기의 정체성을 찾아 행동하는 사람이 된다. 자기의 생각에서 벗어나 하나님의 섭리에 따르다 보면 모든 면에서 초연하게 되기 때문이다. 니고데모가 숨어서 예수를 따르는 사람에서 십자가 사건 후에 자기의 태도를 밝히는 것이 그런 것이다. 예수의 부활을 보고 난 도마가 그 먼 인도에까지 가서 선교를 했다는 얘기가 있는데, 5번이 회개를 하고 나면 큰일을 해내는 사람이 된다는 것을 증명해주는 것이다.

또한 5번이 건강해 지면 8번의 리더십 못지않게 멋있는 지도자가 될 수 있다. 요셉이 그 많은 시련을 하나님의 섭리 속에서 극복하고는 나라를 구하는 인물이 될 수 있듯이!

의심을 넘어선 초연

김영호

(도서출판 동연 대표)

성서에 나오는 인물 중에 에니어그램 5번의 전형을 요셉, 도마 그리고 니고데모로 꼽는다(김영은 목사). 요셉은 5번 유형의 완성된 인격체로, 도마는 5번의 격정이 잘 드러나는 인물로, 니고데모는 5번의 행동적 성품이 잘 드러난 인물로서 그려진다. 세 인물 모두 5번 유형의 특성이자 또한 함정인 신중함이 넘치는 사고형의 지식에 머물지 않고, 지식과 행동, 사유와 결단력이 겸비한 초연한 인물들이다. 그 중에서도 요셉은 5번의 통합적 모습, 성숙한 높은 경지의 전형을 나타내고 있고, 도마는 '의심하는 사도'로 특징지어진 5번 유형의 인색의 격정을 가장 잘 대변하고 있다. 그러나 그 의심을 거치고 나서는 누구보다 적극적이고 용감하게 사지(死地)를 마다하지 않고 인도에까지 가서 기독교를 선교한 모습도 보인다. 그와 유사한 맥락에서 니고데모도 예수께 찾아가 신념에 관한 솔직한 질문을 던지는 5번 유형의 특질을 보여주고 있으며 그리고 자기 확신을 가지게 되자 자신의 처지와 현재 신분의 희생을 감수하고서도 거침없이 용기 있게 신념을 실현하는 모습도 보여준다.

이런 5번 유형의 인물 중에서 성서(외경을 포함하지 않은 개신교 성서)에서는 유독 그 행적이 잘 기록되지 않았지만, 사도 도마를 통해 5번 유형의 한 측면을 살펴보려 한다.

I. '의심의 힘', 도마 이야기

신학과 지성을 적대시하는 한국교회의 풍토와 이성의 영역을 폄훼하여 도태시키는 한국교회 목회자들, 그들이 비신앙의 표상으로 삼는 인물이 도마이다. 보지 않고도 믿어야 하는데, 그렇지 못한 믿음이 없는 전형으로 취급당하는 인물 도마, 과연 그는 책망 받아 마땅할까? 합리적 의심을 죄악시하는게 타당한가? 의심의 질곡을 거친 이후에 더욱 진리에 열정적인 태도로 바뀌는 사례가 무수히 많지 않던가? 대충 얼버무리는 듯한 믿음은 길게 못 가나, 의심을 벗어난 확신은 공고하지 않던가? 증거 없는 맹목적인 믿음을 권장하고, 의심이나 회의를 지워버린 값싼 믿음만이 득세한 결과가 한국교회를 오늘의 이 지경으로 만들지 않았는가를 진지하게 묻고 싶다. 실은 도마의 사례, 도마의 등장으로 후대 인류에게 예수의 부활은 훨씬 더 합리적 사건으로 여겨졌다고 볼 수 있다. 예수를 따르던 제자였던 그가 예수 부활의 소식을 듣고는 "나는 내 눈으로 보고, 그 상처를 만지기 전에는 못 믿겠다"고 말한 그를 통해 불가사의한 기적의 사건이 공고한 신앙적 사실로서 자리잡았음을 볼 수 있다. 도마는 이 시대 한국교회가 가장 돌아봐야 할 예언자이다. 차라리 의심을 하라. 믿지 않은 것을 믿는 것처럼 얼버무리지 말고. 의심은 최종 목적이 아니다. 과정일 뿐.

신학자 폴 틸리히는 이런 설교를 한 적이 있다.

"모든 심각한 의심과 진리에 대한 실망 속에는 아직 진리에 대한 열정
이 작동하고 있습니다. 그러니 진리에 대한 당신의 불안을 너무 빨리
해소하려는 사람들에게 굴복하지 마십시오. 비록 그 유혹자가 당신의
교회이든 당신이 속한 당파이든 아니면 당신의 부모 때부터의 전통이
든 간에, 정말 당신 자신의 진리가 아니면 거기에 유혹되지 마십시오.
만일 당신이 예수와 함께 갈 수 없다면 모든 심각함으로 (진지한 회의
주의자인) 빌라도와 함께 가십시오."

이런 물음을 제기하면서 도마 다시보기를 시도한다. 앞서 일반적
으로 도마와 도마복음에 관한 자료를 먼저 살펴보기로 하자.

1. 역사적 인물 도마

디두모 유다 도마. '디두모'(Didymos)는 그리스어, '도마'(Thomas)
는 아람어/시리아어, 둘 다 '쌍둥이'라는 뜻이다. '쌍둥이'가 고유명사
가 아니기 때문에, '디두모 유다 도마'를 문자 그대로 하면 '쌍둥이 유
다'라는 말이 된다.

예수님에게 쌍둥이 형제가 있었다는 전설이 있기는 하지만, 여기
서 예수님의 말씀을 기록한 도마가 육체적으로 쌍둥이(김영운 목사는
도마를 이렇게 생각했다)라기보다 예수님과 함께 한 분 아버지에게서,
혹은 한 태에서 태어났다는 의미에서 예수님과 쌍둥이라 이해한 것
이 아닌가 생각해볼 수 있다(오강남 "도마복음 해설" 중에서).

위키 백과사전에 나오는 도마에 관한 자료는 다음과 같다.

토마스(Thomas, St Thomas the Apostle, Judas Thomas, Didymus) 또는 도마는 기독교의 사도, 특히 예수 그리스도의 열두 제자 가운데 한 사람이다. 아람어로 '쌍둥이'를 뜻한다. 도마는 갈릴래아 출신으로 게네사렛 호수에서 물고기를 잡는 어부로 일하다가 예수 그리스도의 제자가 되어 사도의 반열에 올랐다. _위키피디아(Wikipedia)

2. 복음서와 도마복음서에 나타난 도마

도마는 신중함과 사고의 감옥에 갇힌 자로서 5번 유형의 전형이다. 복음서에 '도마'라는 단어가 언급된 횟수는 여덟 번이다. 마태, 마가, 누가에 각 1회, 나머지 5회는 요한복음에 나온다. 그런데 마태, 마가, 누가에는 단 한 번, 예수의 제자들 이름을 단순히 모두 열거하면서 이름만 나올 뿐이다. 요한복음에서만 도마의 이야기가 상황 묘사와 함께 나온다. 그 유명한 일화인 "예수께서 도마에게 말씀하셨다. 너는 나를 보았기 때문에 믿느냐? 나를 보지 않고도 믿는 사람은 복이 있다"(요한복음 20:29)도 오직 요한복음에만 나온다. 왜 그럴까? 교회라는 제도가 만들어지기 시작하면서, 예수의 어록을 수집하여 복음서를 만들던 초대교회 시절부터 이미 의심하는 도마는 불편한 대상이 아니었을까? 결국 그래서인지 도마복음은 성경에 정경으로 채택되지 않고 외경으로 남아 있다. 반면 가장 그리스도교의 원론에 충실하고자 했던 종파이자, 관념화, 교권화, 교리화에 반대하며 중계자 없이 신과 직접 대면하고자 했던 요한공동체(김진호, 『급진적 자유주의자들 ― 요한복음』)의 요한복음에서는 4복음서 중에서 유일하게 도마의 행적을 그대로 기록하였다.

도마복음 13장에 나오는 구절로 도마를 다른 성서의 인물들과 비교해 보면 5번 유형 도마의 특질이 드러난다.

¹예수께서 그의 따르는 자들에게 가라사대, "나를 무엇엔가 비교해 보아라. 그리고 내가 무엇과 같은지 말해 보라." ²시몬 베드로가 예수께 말하였다: "당신은 의로운 천사 같나이다." ³마태가 예수께 말하였다: "당신은 현명한 철학자 같나이다." ⁴도마가 예수께 말하였다: "스승님이시여! 제 입은 지금 당신이 무엇과 같은지 전혀 언표(言表)할 수 없나이다"(복음서의 병행 구절로서 요한복음 14장 1-6절).

도마는 소위 현재 한국교회에서 말하는 믿음 좋은 제자가 아니고 까칠하고, 의심하고, 탐구하고 그리고 솔직한 사람이다. 감정이 이성을 함부로 넘어서지 않게 잘 단속하는 유형이라 말할 수 있다. 섣불리 권위에 복종하지 않고, 힘에 짓눌리지 않으려 하며, 대충 믿으려하지 않고 철저히 의심하되 만약 의심이 걷어지면 그 누구보다도 용감하게 그 일을 해나간다.

3. 도마 이야기

김영운 목사의 『에니어그램으로 보는 성서 인물 이야기』에서 설명하는 도마 이야기를 요약, 정리하여 본다. 그 핵심 내용은 모두 책에서 가져온 것이지만 필자가 설명을 부가했다.

생각하는 도마

예수의 쌍둥이 형제로 알려진 도마(이건 일설이고 정설이라 할 수는 없다)는 차분하고 사색적인 사람이다. … 예수와 동행하면서 다른 제자들에 비해 도마가 〈요한복음〉에서 자주 언급되는 이유는 그만큼 생각도 많고 관찰도 잘하거니와 솔직하게 표현도 잘하고 용기 있게 발언하기 때문이다(이런 개인적인 성품으로의 비교에 대해 본인은 다른 복음서와는 달리 요한복음이 도마에 대해 깊은 공감적 세계관이 있었을 것이라고 추측한다. 즉 개인에 대한 것이라기보다 사상적 공감대로 인한 것이라는 말이다).* 오늘날까지도 〈도마복음〉이 전해지는 것을 보면, 역시 도마가 예수에게 질문을 많이 했을 뿐 아니라. 예수의 물음에 대해 다른 제자들과 차별성을 드러내며 대답한 것을 알 수 있다. 그의 대답은 다른 제자들의 평범한 대답에 비해 독특한 지혜를 드러낸다.

의심하는 도마

전통적으로 도마는 '의심하는 도마'(Doubting Thomas)로 알려져 있다. 그것은 도마가 다른 제자들에게 "나는 내 눈으로 그의 손에 있는 못 자국을 보고, 또 내 손가락을 그 못 자국에 넣어 보고 또 내 손을 그의 옆구리에 넣어 보지 않고서는 믿지 못하겠소"(요한복음 20:25)라고 말했기 때문에 생긴 별명이다. 그런데 의심이 의심으로 끝나면 무의미하다. 의심이 믿음으로 이어진다면 이보다 더 좋을 수 없다.

부활하신 예수가 제자들에게 나타났을 때, "제자들은 주님을 보고 기뻐하였다"(요한복음 20:20)고 기록되어 있다. 두 번째로 나타났

---

* 오강남은 "도마복음 해설"이라는 「기독교사상」 연재 글에서 다음과 같이 요한(복음)과 도마(복음)의 상호 대비한다. "… 특히 〈도마복음〉을 그와 비슷한 시기에 쓰여졌으리라 생각되는 〈요한복음〉과 비교할 때, 둘 다 우리 내면의 '빛'(요 1:4)을 그리고 미래에 있을 종말보다는 '태초'(요 1:1)나 '지금'(요 5:25)을 강조하는 등 여러 면에서 비슷한 점이 많습니다. 그러나 특별히 다른 점은 요한복음이 '그를 믿는 자마다 멸망하지 않고 영생을 얻는다'(요 3:16)고 하거나 예수님을 '나의 주요 하나님'(요 20:28)으로 믿는 등 '믿음'(pistis)을 강조한데 반해 〈도마복음〉은 일관되게 '깨달음'을 강조하고 있다는 점입니다"(「기독교사상」 589호, 2008년 1월호).

을 때에 제자들의 반응은 특별한 언급이 없고, 다만 도마에게 다른 제자들이 "우리는 주님을 보았소"(요한복음 20:25)라고 말한 것으로 되어 있다. 두 번째로 나타났을 때, 그 자리에 없었던 도마가 오히려 적극적인 표현을 한다. 의심으로 말하자면, 의미 있는 의심이요, 탐구적인 의심이요, 사색적인 의심이다. 에니어그램 5번 유형의 전형적인 의심이다.

신앙하는 도마

도마가 비로소 고백한 "나의 주님, 나의 하나님!"은 평생의 경험과 지식 그리고 믿음이 하나로 수렴되어, '꽉 찬' 지성과 영성의 조화에서 우러나온 고백이었음을 볼 수 있다. 오늘날 우리는 고전적 표현인 '주 예수 그리스도, 하나님의 아들'이란 고백에 익숙하다. 그러나 주님의 부활을 믿지 못했던 도마가 "나의 하나님"이라 고백했을 때, 그것은 '코페르니쿠스적인' 대전환이었다. '의심하는 도마'에서 '신앙하는 도마'로의 대전환이다.

행동하는 도마

생각이 많은 5번 유형은 대체로 생각이 많아서 무슨 결정을 내리기 어렵지만, 자기 나름대로 판단하고 결정하게 되면, 심지어 남들이 이해하기 어려운 결정을 하거나 돌출행동을 할 만큼 특이한 면을 보인다. 드문 경우지만, 나사로가 죽었을 때 예수가 "내가 거기에 있지 않은 것이 너희를 위해서 도리어 잘 된 일이므로, 기쁘게 생각한다. 이 일로 말미암아 너희가 믿게 될 것이다"(요한복음 11:15)라고 말했을 때, 도마가 느닷없이 "우리도 그와 함께 죽으러 가자"(요한복음

11:16)고 제자들에게 말했던 일을 보라. 지금도 인도의 서해안 지역 케랄라(Kerala) 주 팔라요르(Palayur) 시에 성도마교회가 있다. 기원후 52년에 사도 도마가 세운 교회다. 이곳은 도마가 인도에 세운 일곱 교회 가운데 첫 번째 교회이자 인도에서 가장 오래된 교회다. 도마가 그 역사적인 신앙고백을 한 지 22년 만의 일이었다.

소위 반전이다. 가장 의심 많던 제자가 가장 용감하고 확신에 차 선교하는 장면이다. 생각-의심-신앙(확신)-행동으로 이어진다. 5번의 전형적인 성향이다. 신중 또 신중하여 돌다리도 두드려보고 안 건넌다는 말을 들을 정도이지만 확신이 들면 그 누구보다도 단호하게 행동하는 5번 유형. 물론 이런 행동으로 이어지려면 5번 유형 중에서도 건강한 상태일 경우이지만 말이다.

II. 도마와 나의 격정

1. 의심의 질곡

5번 유형의 특성, 특히 도마를 통해 본 특장점을 '의심의 힘'이라고 살짝 미화하였으나 그 장점이 곧 함정이기도 하다. 의심이란 대단히 불편한 일이다. 의심하는 자신도, 그 대상도 불편하다. 심지어 예수께서도 의심하지 않고 믿는 자의 복을 이야기하셨다. "예수께서 이르시되 너는 나를 본 고로 믿느냐 보지 못하고 믿는 자들은 복되도다 하시니라"(요 20:29). 기독교인으로 살면서 때때로 '의심 없이 믿는다면 얼마나 좋을까' 하는 생각을 하게 된다. 그런데 5번 유형에게는 그게 그렇게 안 된다. 많은 사람들의 여러 경우에 그렇겠지만, 특별히 5번 유형의 사람들에게 따라다니는 것이 의심이다.

5번의 함정은 지식이다. 지식은 사실 감정이나 지혜와도, 직관이나 통찰과도 다르다. 지식은 소위 객관성을 인정받은 통상적인 상식을 이른다. 객관화할 수 없는 모든 것들은 의심의 대상이 된다. 그로 인해 삶의 폭이 좁아질 수 있다. 보이는 것만 존재할 뿐이므로. 양날의 칼과 같이 5번 유형에게 지식과 의심은 장점이자 한계점으로 작용하기도 한다.

도마를 보자. 현대와 같은 과학의 시대가 아닌 신화의 시대인 기원 전후의 세대에 합리적이고 과학적인 의심을 하는 도마가 있다는 것이 신기할 정도다. '도대체 죽은 사람이 어떻게 살아난다는 말인가?' 이 얼마나 합리적인 의심인가? 복음서에 다들 죽었다가 살아났다고 해도 "아멘"하고 믿는 사람들 틈에 도마와 같은 제자가 있었다는 것이 그리스도교를 미신의 차원(?)이 아닌 합리성도 겸비한 종교로 서게 하는 데 혁혁한 공한을 했다고도 생각할 수 있지 않을까?

5번 유형의 특질로 의심하는 습관을 말하고 있는데, 달리 말하면 의심이란 5번 유형의 격정이라 말할 수 있다.

격정이란 자신도 어찌할 수 없는, 주체할 수 없는 것이다. 그래서인지 막상 자기 격정이 그런 지에 대해 인정하기가 어렵다. 무의식적인 방어기제라고나 할까. 나의 가장 치명적인 단점은 나도 모르는 새 잘 포장하여 철저히 감추어두기 때문일 것이다. 5번 유형의 격정은 '인색'이다. 인색이 꼭 스크루지나 자린고비 같은 물적인 것만은 아니다. 도대체 남을 인정하려 들지 않는 태도도 인색이다. 사실이든 진실이든 신념이든 섣불리 받아들이지 않는 것도 인색이다. 의심도 인색함의 일종이라고 볼 수 있다.

격정은 꼭 상승의 감정(조증) 형태로만 나타나지는 않는다. 울증(鬱症)처럼 가라앉은 무기력, 허무, 회의, 패배주의 등으로도 나타날 수 있다. 공동체문화원에서는 격정을 "단점이며 죄라고도 한다. 자기도 모르게 실수를 반복하게 하는 파괴적인 힘이며, 위기에 몰렸을 때 자기도 모르게 튀어나오는 부정적인 힘이다"라고 정의하고 있다. 즉, 내 속에 있는 파괴적인 힘의 일종이라는 말이다. 의심의 격정은 자아를 고양시키기도 하지만 그 지리한 아픈 과정은 사람을 피곤하게, 지치게도, 가라앉게도 한다. 밝은 회의주의자를 만날 수 있는 경우란 뿔 달린 토끼를 찾는 것처럼 불가능한 일일지 모른다.

III. 나의 격정과 고백

1. 5번 유형인 자신에 대하여

1981년 노벨문학상을 수상한 엘리아스 카네티의 그해 출간된 소설 『두뇌 없는 세상』(최근 개정판은 『현혹』이라는 제목으로 출간됨)이라는 책이 있다. 주인공은 서양인으로서 중국학을 공부하는 학자인데 자기 세계, 머리속에서만 살다가(1부-두뇌, 세상을 거부한다), 새 가정부가 들어오면서 그로 인해 자기 세계가 현실 속에서 무참히 파괴되는 현실을 보게 된다(2부-세계, 두뇌를 거부한다). 그 가정부가 현실적으로 무기력한 주인공에게 온갖 부정한 행동, 악행을 저지르는데 그에 대해 아무런 반응을 하지 못하고 당하는 주인공의 모습이 상세히 그려진다. 3부는 변증법적 귀결인데, 현실 세계에 눈을 뜨게 된 주인공이 가정부(부조리한 세상의 상징)를 대상으로 대립과 투쟁을 통해 자기실현을 이루는 과정을 그린다. 그러나 마지막 장면에 그는 도서관처럼 높이 쌓인, 중국학 책으로 가득 채운 자기 서가를 불태우고 만다(3부-두뇌, 세상 속에 있다). 마치, "이 방대한 지식이 무슨 소용이 있었다는 말인가?"라고 말하는 것처럼.

이 사례가 '5번 유형의 격정의 일단을 제시해 주고 있지 않은가' 하는 생각이 들어서 장황히 서술하였다. 자기 세계 속의 세상 만들기와 그 속에서 머무는 지식추구형 인간상의 한계.

나의 이야기로 돌아간다. 어릴 적 초등학교 시절 공부시간에 딴 생각을 많이 하고, 다른 데 쳐다보고 있는 적이 많아 단골처럼 통지표에 있던 말이 '주의가 산만하다'이었다. 사색적이어서 그럴까? 누구나 그렇듯이, 사실은 제일 참기 어려운 일이 별 새로운 것이 없는 말을 길게 할 때 아닌가? 아는 이야기를 구구절절이 하는 선생님의 수업에 나도 모르게 참지 못하고 딴청을 부린 것 같다. 그 시간에 다른 생각을 하는 게 낫겠다고 생각한 듯하다. 내가 5번이면서도 날개는 성실성으로 상징되는 6번이 아니고, 감성으로 상징되는 4번 날개인 탓이 아닐까 생각했다.

또 하나, 나는 모태신앙인이지만 기적과 부활 등이 정말 믿기지 않았다. 중·고등학교 시절 이런 걸 여과 없이 믿을 수 있는 주변 사람들을 보며 내 믿음 없음과 소위 성령의 은사를 못 받음을 자탄하며 성령의 은혜를 구한 적도 많다. 초등학교 시절부터 몇 차례 부모님을 따라다니며 부흥회에 참석하면서도 소위 은사를 구한 적도 있다. 그러나 내가 간절히 원하던 그 성령 체험을 내가 경험한 적은 없다. 믿기지 않은 일이 믿어지는 일은 정말 특별한 은총이겠다. 믿음의 뿌리보다 의심의 뿌리가 더 깊은 탓일까?

내게 가장 감명 받은 책을 들라면 나는 램프레히트의 『서양철학사』를 들기에 주저하지 않는다. 나는 그 책으로부터 방대한 서양철학자들을 통해 사고의 다양성, 사유의 유형을 배운 탓이다. 2학년 여름방학 때 철학과 친구를 비롯한 다섯 친구들과 매주 모여 강독했는데 그때의 감동을 잊을 수 없다. 플라톤, 아리스토텔레스, 데카르트,

스피노자, 흄, 칸트… 그들 사상을 하나하나 짚어가다 보면 그 말이 다 맞는 듯한데 다시 그걸 비판하는 다른 사상가의 말을 보면 또 그게 다 맞는 듯한 절대성의 희석과 상대성을 배운 매우 소중한 경험이었다. 그리고 사유의 다양성과 개별성을 철저히 깨달은 시간이었다. 소위 의심의 의심의 의심, 의심의 끝을 파고든 시간이었다고 말할 수 있다.

2. 나의 격정과 성찰

4번의 감성 날개를 쓰는 5번인 나는 지독히 외로움을 느끼면서 지냈음을 돌아본다. 특히 열 살 때 시골에서 인천으로 이사 오게 되면서 친구도, 환경도, 터놓을 대상도 없이 고독하게 지냈다. 학교에서 매 쉬는 시간마다 뒤편 복도 창가에 가서 산을 쳐다보며 고향에서의 추억과 나의 현재의 외로움과 서글픔을 달랬다. 중·고등학교 시절도 크게 달라지지 않았는데 그나마 자살이나 그런 생각은 하지 않은 것은 굳이 말하자면 신앙심에서라기보다는 그렇게 해야 할 이유를 못 찾아서 그랬다고나 할까. 대학 1학년 때 어느 선배가 폴 틸리히의 『존재에의 용기』를 읽어 보고 나서 자살에의 충동을 벗어났다고 해서 그 책을 읽었는데(그 후로 틸리히의 사상에 많이 공감하게 되었다) 내게도 그 책은 나의 현실과 내 상태를 재발견하도록 도와준 소중한 책이었다. 그 사례는 자살이라는 일이 지독히 감성적인 행위이지만 내게는 그렇게 해야 할, 납득할만한 타당한 사유를 찾아야만 했고, 다른 이들이 왜 그 어떤 책 때문에 자살을 안 했는지 기어코 알아야겠다는 5번의 특성의 단면이 드러난 것이라 할 수 있다.

4번 날개를 쓰는 5번 유형의 나를 곰곰이 생각해 보았다. "내게 직관이나 영성은 없는가? 직관이 들어올 여지가 없는가? 나는 그렇게 논리를 신봉하고 있던가?" 그것도 아닌 듯하다. 적어도 논리를 절대화하지는 않는다. 때로 내게도 직관적인 면이 있기도 한데, '나는 원래 그렇다'는 식의 규정이 나를 옭매고 있는 것은 아닐까 하는 생각도 든다. 내가 직관력이 결핍되었다는 말을 하니 연애 6년 결혼 29년을 같이 한 아내가 '당신, 직관력이 있어'라는 말을 해주었다. 그 말을 곰곰이 곱씹어 보았다. 나도 그렇지만 5번 유형이 일반적으로 수학을 좋아한다고 하는데, 수학이 사실은 그렇게 기계적이지 않다. 수학문제를 풀려다 보면 상상력이 필요하다. 수학경시대회, 수학올림피아드 같은 게 만약 숫자 계산만 필요하다면 계산기로 대신하지 뭐하러 그런 대회를 개최하겠는가? 수학은 동서남북에 있는 제반 이론들의 원리를 분해하고 응용하다가 어떤 지점에 모으는 고도의 직관력, 통찰이 필요하다.

그런데 또한 나는 아주 자주 '틀'을 만들려는 시도를 한다. 그리고 반복되는 일이 3회 이상이 되면 참지 못하고 기어코, 억지로라도 규칙성을 만들어낸다. 마치 수학적 귀납법을 찾듯이. 소위, 그래야 직성이 풀린다.

2015년부터 에니어그램을 본격적으로 만나면서 5번 유형인 내게 결핍된 '섭리'와 '은총'을 많이 생각하며, 또 이를 추구했다. 타인에게도 인사말로 '은총이 깃들기를' 축원하였다. 또 내게 인색함이 무엇인지도 골똘히 생각해 보았다. 인색이 주머니에 있는 돈을 꺼내지 않음만은 아니기에 남을 인정하는 일, 사유방식이 다른 사람을 무시하는 일, 무엇보다 내 존재 위에 무엇이 있다는 걸 도무지 인정하지 않으려는 교만이 인색함이 아닌가 생각하였다. 물론 쉬이 고쳐지는 않고, 또 아직 의문의 눈으로 위를 쳐다보기는 하지만.

대학생이 되어서야 〈데미안〉을 읽어본 나는 통학길에 음대에 다니는 고등학교 동창에게 '지와 사랑'에 대해 이야기했다가, "너는 그걸 이제야 읽었냐?", "지성과 감성이 같은 레벨(?)이라는 지극히 당연한 말을 왜 이제야 하는냐?"는 힐난을 들었다. 또 2학년 때는 내 절친이 권해 준 슐라이어마허의 책 『종교론』은 아무리 읽어도 눈에 안 들어와 포기했다. 그가 말한 "종교는 형이상학도, 도덕체계도 아니다. 종교는 그 모든 것을 뛰어넘는 본질적인 직관이며 감정이다"라는 '절대의존의 감정으로서의 종교' 사상이 이해되지 않아서였을까. 나는 아직도 여전히 감상을 다루는데 서툴고, 익숙지 않고 때로 무시하는 경향이 있는 것을 느낀다. 그리고 여전히 감성, 직관, 계시, 영성이라는 말에 선뜻 용해되지는 않는다. 다만 그렇다고 그 존재나 방식을 무시하려는 생각도 갖지 않지만. 사고형의 치명적 결함이 될 수 있는 감성부재를 보완하고 균형을 갖추는 것이 통찰의 길이 아닐까 하는 생각을 한다.

섭리와 영성에 대한 더 너른 지평에서의 영접과 내게 있을 감성, 직관력을 찾아가기로 한다. 모심이라고 할까. 초연한 경지에 이르는 바른 길, 통합으로서 더 너른 사유의 확장과 포괄적인 관계를 위해.

꿈을 따라 살아가는 요셉

이정섭

(대한에니어그램영성학회 회장, 한양대학교 명예교수)

I. 에니어그램의 적용과 요셉

1. 꿈장이 요셉

요셉은 밤에 자다가 꾼 꿈 이야기를 과시하면서 이야기하거나 남이 꾼 꿈도 해석을 잘하는 사람이다. 그는 형들과 어울리기보다는 동떨어져 있었고 형들과 소원한 관계였다. 더욱이 그는 형들의 허물을 아버지에게 일러바치곤 했다(창 37:2). 그의 관찰과 경계의 눈빛이 예사롭지가 않았고, 형제들과 나이 차이가 있다 보니 들에 같이 나가는 일도 뜸해져 결국 그는 외딴섬처럼 살았다. 그는 외로운 현실에서 눈을 돌려 하늘을 향해 무엇을 위해 살아야 할지 물었을 것이다. 어린 요셉은 형들이 자신에게 경배하며, 해와 달과 별이 자기에게 절하는 꿈을 꾸게 된다. 그는 형과 아버지에게 기이한 꿈 이야기를 하였고 형들은 시기심에 가득 차 열일곱 살 된 동생을 죽여 버리자고 합의하였다. 하지만 죽이지는 못하고 웅덩이에 버렸다가 이스마엘 상인에게 은 스무 냥에 팔아 버리고 만다. 그래서 그는 사랑하는 아버지 야곱과 동생 베냐민과 열 명의 형들과 긴 이별을 하게 된다.

2. 시련을 이기는 요셉

요셉은 형들의 시기로 인해 웅덩이에 던져졌다가 대상들에게 팔려 이집트로 가게 되었다. 임금의 경호대장 보디발에게 팔려간 요셉에게 여호와가 함께하므로 형통하였다. 이것을 지켜본 보디발은 자기 소유를 다 그의 손에 위탁하였다. 요셉은 시련을 극복하고 환경에 적응할 만큼 지식이 풍부한 전문가의 모습을 보인다. 보디발의 집사장으로 가정의 모든 일을 관리하게 된 요셉은 용모가 준수하고 잘생긴 미남(창 39:6)으로 보디발 아내의 유혹을 받게 된다. 이때 요셉은 지각 있는 관찰자로 상황 판단을 날카롭게 하여 그 유혹을 물리친다. 그러나 유혹에 실패한 보디발 아내는 심한 모멸감을 느낀 나머지 그를 모함해 감옥에 가두어버린다. 그러나 주님께서 그와 함께 계시면서 돌보아 주시므로 감옥 안에서도 간수장의 눈에 들게 하셨다(창 39:21).

3. 위기 관리자 요셉

요셉은 마침내 이집트의 총리대신이 되어 칠 년 가뭄의 위기를 극복하고 국난을 해결하며 이스라엘 백성을 살리는 위기 관리자의 능력을 드러낸다. 하나님을 신뢰하는 요셉은 탁월하지만 소박한 지도자로서 지식과 지혜 그리고 분별력과 통찰력을 발휘한다. 하나님이 계시하시는 바로 왕의 꿈 해석을 통해서 미래를 예측하고 대처하는 능력 있는 지도자로 나서게 된다.

4. 용서와 지혜의 요셉

나이 서른 살에 이집트 총리가 된 요셉이 형들과 다시 만나게 되었을 때 꿈에 그리던 가족을 만나는 감격을 가슴속 깊이 묻어 두고 냉정하고 침착하게 대처하고 있다.

마지막 형제 간의 재회 시에 그의 고백은 자책하는 형제들을 용서하며 "나를 팔아넘긴 형들보다 앞서서 하나님이 나를 여기에 먼저 보내셨으며 우리들의 목숨을 살려주시려고 그렇게 하신 것입니다"(창 45:4-5)라고 하였다.

II. 요셉의 격정 · 기피 · 함정 · 덕목

1. 격정: 인색

5번 유형은 지식과 정보에 대한 욕망이 크다. 그들의 격정은 인색인데 이것이 발전하면 탐욕이 된다. 객관적으로 충분히 알고 있는데도 더 알아야 한다며 스스로 충분히 알았다고 확신하기 전까지는 행동으로 옮기기가 어렵다. 그래서 돌다리를 두드려 보고 안 지나간다는 속담이 격정에 빠진 5번 유형에 해당한다.

어릴 적 요셉은 형들과의 관계가 소원했다. 아버지 야곱에게 형들의 잘못을 알렸을 때 형들이 화를 내고 미워했다. 그는 자신이 잘못을 했어도 사과하기 힘들고, 남의 잘못을 용서하기도 힘들어 한다.

왜냐하면 자기 마음을 내어놓는 것이 쉽지 않기 때문이다. 형들이 어떤 반응을 보일지 잘 알지 못하는, 감정적으로 접근하는 데 있어 인색함의 격정에 빠져 문제가 크게 발생하였다. 요셉은 형들을 충분히 살피고 화가 났음을 알면서도 더 파악해야 한다며 행동을 미루다가 시기를 놓쳐버린 것이다. 결국 그는 인색으로 인해 형들의 기분을 풀어줄 기회를 놓치면서 형들과 소원해졌고, 형들에 의해 노예로 팔려가게 되었다.

2. 기피: 공허

5번 유형은 어린 시절 부모와의 관계가 양가적이다. 좋기도 하고 싫기도 하고, 닮고 싶기도 하고 그렇지 않기도 하다. 늙은 부모의 막내아이처럼 애정을 받았으나 막상 그 애정을 느낀 경험이 적을 수 있다. 부모는 사랑했어도 그 사랑을 받는 자녀는 양가적으로 느낄 수 있다. 양가적이 되는 또 다른 경우는 부모님이 자녀를 사랑하는데도 부부 간에 서로 싸움을 자주하는 경우이다. 누구의 편이 될 수가 없어 엉덩이를 쑥 빼고 한발 물러서서 관찰하는 습성을 키우게 된다. 요셉 역시 늘그막에 얻은 아들로서 아버지 야곱이 다른 아들보다 더 사랑하는 아들이었다(창 37:3). 그러나 요셉은 어머니 라헬이 동생 베냐민을 낳다가 돌아가시자 큰어머니들에게서 난 형들에 비해 어머니의 빈자리를 많이 느꼈다. 아버지 요셉의 사랑이 있었지만 어머니를 그리워하며 사랑의 결핍을 느끼며, 마음 한가운데 빈공간인 공허함이 자리 잡고 있었다.

3. 함정: 지식

5번 유형에게는 늘 자신이 처해 있는 상황을 이해하는 것이 중요하다. 어려서부터 책을 보며 주위 환경 파악을 위해 알아야 한다는 지식의 강박, 함정에 빠진다. 관찰을 잘하고 하나의 주제에 대해 깊이 생각하며 궁금증도 많아서 자연히 분석이나 관찰, 질문을 잘한다. 질문은 하늘에 닿아서 꿈꾸는 자가 된다. 꿈장이는 이상주의자로서 생각이 많고 계획이 많은 이가 아니라 자신이 꾼 꿈을 잘 기억하며 그 꿈을 찾아가는 사람이다. 또한 남이 모르는 것에 민감하게 반응하며 가르쳐주어야만 한다는 함정에 빠진다.

어린 요셉은 형들이 무서워 그들을 날마다 관찰하다 보니 허물이 보였다. 그는 관찰한 것을 단지 아버지에게 알려주었던 것이 형들에게 미움을 사는 계기가 되었다.

또한 꿈 자랑을 하다가 형들의 미움을 더 사게 되는데 이는 심리적으로 공허한 것을 기피하기 위해 꿈으로 빈자리를 채워 넣었고, 자기가 꾼 꿈을 알려주려는 함정에 빠져 시련을 겪게 되었다.

4. 덕목: 초연

탐욕과 인색이라는 격정을 붙잡으면 5번 유형은 상황이나 환경을 잘 이해하고 현실에 개입하고 적응하는 힘이 있다. 요셉이 어릴 적 고향에서 격정에 빠졌을 때는 형들과 동떨어져 있으면서 그들을 대등한 관계로 받아들이지 못하고 위축되었었다. 그러나 이제 그는 감옥에서조차 다른 사람들을 대등하게 여기며 당당하게 대면하는 초연한 모습이 나타난다. 요셉은 아무리 힘겨운 상황일지라도 그것이 하나님의 섭리임을 믿게 되었다. 사람들에게 압도당할지 모른다는 두려움을 벗어나 하나님 섭리 안에 자신이 존재한다는 것을 알게 되었다. 힘든 위기가 사람에게서 온 것이 아니라 민족 구원과 사랑을 위해 하나님이 하신 일이기에 형들을 더 이상 미워하지 않고 용서하고 있다. 모든 고난을 통해 풍요롭게 하는 것이 하나님의 섭리임을 확인한다(창 41:51-52). 이제 가족의 구원사를 체득한 요셉은 이스라엘 민족의 구원을 비전으로 제시한다.

III. 나의 격정과 덕목

5번 유형인 나는 학벌 차이가 많으신 부모님 간의 갈등을 보면서 자랐다. 그리고 5남매 중 가운데인 나는 언니, 오빠에 비해 충분히 사랑받지 못한다는 생각 때문에 환경과 사람에 대해 가까이하기보다는 거리감을 두고 파악하고 분석해야 했다.

어머니는 내 위 오빠를 잃으시고 얼마 안 되어 나를 낳으셨다. 더욱이 아버지께서 친구의 빚보증을 서다가 경제적 타격을 입어 몸을 풀지도 못한 채 문제해결을 하러 다니셨다. 독자이신 아버지는 아들을 바라셔서 두 명의 남동생을 더 보셨다.

어머니는 고생을 모르고 자란 부잣집 외동딸로 병약하셔서 이 모든 환경을 감내하기가 버거웠을 것이고, 나는 이러한 어머니와 어린 시절을 보내었다. 다행히 부처님 가운데 토막이라는 말을 들으실 만큼 인자하고 따뜻한 아버지에게 의지하며 편안함이 내게는 위로가 되었다.

나는 어머니의 냉정하고 신경질적인 반응이 무엇인지 그리고 무엇이 문제인지 살피고 파악하려는 습성이 있었다. 그것이 지금도 스트레스 상황이 되면 지식과 생각 속으로 숨어들어가게 된다. 문제 상황을 지나치게 파악하다가 정작 반응할 적기를 놓치기 일쑤이다.

나는 부족해서 더 채워져야 하는 존재로 여기며 그것이 겸손인 줄 착각하며 살아왔다.

나의 여고시절은 이 허전함을 채우기 위해 하늘을 향해 무얼 위해 살아야 할까를 여쭈었다. 하나님이 주신 꿈은 하나님 나라를 이루어 가는 일이었다. 인간 지식을 넘어서는 섭리, 대자연과 더불어 한 사람 한 사람의 존재가 섭리의 결실체임을 알게 하시니 감사하다. 그 어떤 질문에도 반드시 답을 주시는 하나님께 귀 기울이며 더 이상 사람이나 환경에 압도되지 않으며, 아는 만큼 보이는 만큼 살아가는 초연함으로 살기 원한다.

나는 부족하다며 뒤로 물러서는 인색한 태도로는 아무리 조바심을 내어도 행동할 수 없다. 부족하여 더 채운 후에 하나님 나라를 이루는 일을 해야 한다는 겸손으로 위장된 위축에 빠지는 한 나는 더 이상 꿈을 이루어가는 게 아니다. 한 달란트 받은 사람이 그것마저 빼앗길까 두려워 땅에 묻어 두었다가 주인에게 돌려주었을 때 주인으로부터 장사의 본분은 남기는 것이라는 꾸지람을 들은 사람일 뿐이다. 주님의 부르심에 "이 부족한 제가요?"라며 엉덩이를 빼고 있는 제게 "아니 네가…"라 말씀하시는 주님 음성을 들으며 이웃을 향해 통하는 마음으로 부활하신 예수님이 가신 삶의 터전인 갈릴리로, 현장으로 나아가기 원한다.

나와 요셉의 격정과 덕목 비교

요셉의 5번 유형을 보며 일찍이 어머니 라헬을 잃고 큰어머니의 자식들인 형들 틈에서 아버지의 따뜻한 사랑에 의지해 형들의 상황을 살피면서 자기 존재를 지켜내며 하늘을 향하던 모습이 나의 어린 시절과 겹쳐 보인다.

나 역시 어머니는 계셨지만 내게 충분한 사랑을 주기에는 상황이 열악했었다. 오빠와 언니 그리고 고모들이 이미 재미있는 모임으로 살아왔던 틀에 내가 들어갈 자리가 없어서 본의 아닌 왕따를 당하는 기분이 들었다.

요셉도 열 명의 형들끼리 지어낸 구조에 합류하는 것이 쉽지 않았을 것 같다. 그도 역시 왕따를 당하는 기분이었을 것이고, 그 결과가 형들에 의해 노예로 팔리게 된 최악의 상황으로 이어졌다.

왕따를 당하게 되면 눈치를 보게 되고 위축이 되어 감정표현을 하는 데 인색해지고 소통이 부재하게 되면서 더욱 소외되어간다. 문제가 문제를 만들어 시련이 닥치게 된다.

요셉은 형들에 의해 노예로 팔려가는 시련을 겪었고, 나의 경우는 불교 집안에서 기독교를 만나게 되면서 한 집안에 두 종교가 있으면 안 된다고 많은 구박을 받으며, 가족으로부터 더욱 소외되었다.

요셉은 어려움을 극복하기 위해 기도를 드렸고, 꿈을 선물로 받는다. 그는 자신이 꾼 꿈을 잘 기억하며 꿈을 이루는 삶의 여정을 시작하였다. 하지만 가족과 집을 잃고 노예 신분으로부터 시작한다. 오로지 하나님만을 바라볼 수밖에 없는 일대일 인격적인 관계로의 초대를 받게 된다. 보디발 가정의 집사장에서 이집트 총리에 이르기까지 애매한 누명을 쓸지라도 개의치 않고 오로지 하나님 섭리와 동행하는 훈련을 받게 된다. 드디어 이스라엘 민족이 나아갈 곳으로 문을 열어주는 비전을 주는 개척자 5유형의 1수준의 모습을 보이고 있다.

요셉은 고난의 삶 가운데 번성케 하는 것이 하나님의 섭리임을 확인한다(창 41:51-52). 5번은 꿈과 비전을 제시하고 그 꿈을 따라 살아가는 꿈장이다.

요셉처럼 나도 꿈을 꾸는 경향이 있고, 그 꿈의 의미를 해석하려고 한다. 하나님께 왜 살아야 하는지 오랫동안 여쭌 후 주신 꿈의 의미를 찾아가는 중이다. 그러다보니 생각이 깊어지고 그 꿈이 어떻게 이루어질까를 기대하며, 하던 일이 정리되면 그곳에 안주하기보다는 툴툴 털고 일어나 그 꿈의 의미를 찾아 떠나는 경향이 있다. 가족으로부터 왕따 당하며 묵묵히 신앙을 지켜오던 시간이 흐르고 이제는 가족 모두가 신앙인이 되어 있음에 감사드리고 정결한 삶으로 드려지는 남은 시간이 되기를 기도드리며 하루를 시작한다.

6번 이야기

에니어그램 6번 유형은 수호형이다. 특징은 충실한 사람.

6번인 사람들을 처음 보면 별 거부감이 느껴지지 않고 편안하게 보인다. 다른 사람들의 청을 잘 들어주고 자기가 맡은 일을 충실하게 잘 해내는 사람이다. 이들이 기피하는 것은 일탈이기에 법을 어기거나 다른 사람 눈에 거슬리는 일은 하지 않으려 하기 때문이다. 학생이면 지극히 모범생이다. 다른 아이들은 수업에 빠져도 6번은 자리를 지키고 앉아 있다. 그러면서도 "나는 왜 이럴까?" 하며 생각한다. 회사 사원이라면 모범 사원일 것이다. 이들은 인정받지 못할까 늘 불안하다가 자기가 잘해 놓은 일을 권위 있는 사람이 인정해 줄 때 안심을 한다. 그러나 겉으로 보이는 것은 한없이 착하게 보이지만 이들의 속마음에서는 일을 잘하면서도 불평이 서려 있고, 늘 의심하는 마음이 생겨나고 있다. 6번이 자기를 표현할 때 보면 자기 마음속에는 항상 시끄러운 위원회가 열려 있다고 말한다. 그것은 6번의 격정이 공포이기 때문이다. 6번들은 공포라는 말을 싫어하며 차라리 격정을 말한다면 불안감이 더 좋다고 하기는 하는데 그것도 불안이라는 말 자체도 쓰기 싫어할 정도로 늘 불안하기 때문인 것 같다. 그러나 6번은 자기도 모르게 아직 생겨나지도 않은 일에 대해 부정적인 일이 생길까 봐 걱정을 하고 있다. 남의 집에 가서 잠을 잘 때 천장에 있는 전등 밑에서는 자지 않으려고 한다. 혹시 자다가 자기 위로 떨어질까 봐 걱정이 되기 때문이다. 6번이 엄마라면 학교에 가는 아이한테 "길 조심해라", "나쁜 음식 사 먹지 마라", "비 맞지 마라" 등 여러 가지 주의를 시키는데 아이에게는 이것이 엄마가 매일 하는 잔소리로 들리지만 엄마는 자기도 모르게 불안해서 그러는 것이다.

6번의 함정은 안전인데, 불안하기 때문에 안전한 조치를 미리 해놓으려고 한다. 이들은 법 테두리 안에서나 규칙이 정해져 있으면 마음 놓고 일도 잘하고, 편안한 마음으로 지낼 수 있다. 한계를 분명하게 지어놓을 때 안심이 된다는 뜻이다. 그러나 새로운 일을 꾸미거나 모험을 하기보다는 누군가가 미리 정해놓았거나 전에부터 해오던 일을 수행하는 것을 더 좋아한다.

이들은 자기가 좋아하거나 권위를 인정하는 사람에게 의지한다. 그러나 사람이나 법은 언제라도 변할 수 있기 때문에, 6번이 변하지 않는 가치, 즉 하나님을 의지하며 살아간다면 실수를 해도 받아들일 수 있고, 무엇인가 잘못될까 봐 두려워하지 않아도 될 것이다. 진정으로 하나님을 의지하는 사람은 여호수아와 같이 자기 보스를 의지하며 순종하며 살게 된다. 6번은 혼자 하는 일보다도 다른 사람과 같이 하는 일을 더 좋아하며, 또 잘한다. 그러나 퇴화하면 자기 혼자 일을 많이 맡아 놓고는 그 일을 다 마무리하지 못하여 놓치는 일도 생긴다.

하나님을 진정으로 의지하면 용기가 생기게 되며, 공포를 몰아낸다. 그리하여 그 어떤 환경에서도 자기의 인생을 자기가 독립적으로 살 수 있게 되며, 멋있는 일을 수행할 수 있게 된다. 6번 유형 성경 인물인 베드로의 여러 가지 실수도 자기도 모르는 불안 때문에 저지른 것이고, 후에 성령을 받고 하나님만 의지하고 살고부터는 그 누구보다도 용기 있게 살지 않았던가! 조용히 자기 임무만 수행하며 성실히 살아가던 6번도 용기가 생기면 안중근 의사처럼 그런 큰일을 할 수 있게 된다.

굳세고 용감하여라
— 6번이여 용기를 갖자

박미례
(한양대학교 사회교육원 에니어그램 강사)

I. 여호수아

1. 충실한 여호수아

성서의 수많은 인물 가운데 가장 충실한 사람을 뽑으라고 한다면 아마 여호수아일 것이다. 여호수아는 이스라엘 백성들이 애굽에서 학대받으며 노예생활하고 있을 때 민족의 영도자인 모세를 가까이에서 보좌하며 살았다. 그는 에브라임 지파 눈의 아들로 태어나 85세에 모세의 후계자가 되어 이스라엘 지도자가 되었다. 110세에 고향 에브라임 산간 지역 딤낫세라에서 죽을 때까지 절제하며 청렴하고도 충실한 삶을 살았다.

1번 유형인 모세는 완벽을 추구할 뿐만 아니라 격노하는 특징을 가지고 있다. 그런 지도자 밑에서 일하는 보좌관은 많은 인내심과 절제가 필요하다. 만약 모세의 반복되는 격노에 여호수아가 그때마다 반응을 보였더라면 둘 사이의 관계는 위태로워졌을 것이고 결국 깨어지게 되었을 것이다.

여호수아의 본명은 호세아였는데, 모세가 각 지파 가운데서 지도자 한 사람씩(민수기 13:2) 뽑아 가나안 땅을 탐지하려 보낼 때 그를 여호수아라고 불렀다. 여호수아는 '여호와의 구원'이라는 뜻이다. 모세는 여호수아의 충성심과 함께 잠재적인 지도자로서의 품성을 알아보았을 것이다. 에니어그램 6번 유형은 충실한 사람이요 질서와 규칙과 명령을 잘 따르는 수호자이다. 그래서 6번 유형들 중에서는 유독 한 나라의 지도자인 대통령이 많다고 한다. 미국의 리처드 닉슨, 로버트 케네디, 조지 부시 등이다.

여호수아는 40년 동안이나 모세의 보좌관 생활을 하면서 그의 권위에 순응하고 순종하였다. 그 과정에서 그는 모세의 지도력과 영성을 배웠고, 준비된 지도자로서의 자질을 갖추게 되었다. 결국 하나님은 모세에게 "너는 눈의 아들 여호수아를 데리고 오너라. 그는 영감을 받는 사람이다"(민수기 27:18)라고 말씀하셨고, 여호수아는 하나님의 부르심을 받아 지도자가 되었다. 모세가 세상을 떠난 후, 이스라엘 백성을 이끌고 가나안 땅으로 들어가며 정착하는 동안 수없이 많은 어려움을 이겨낼 수 있었던 것은 이때 수련하며 쌓은 결과물일 것이다.

2. 격정으로 인한 두려움과 공포

충실한 여호수아는 모든 것을 잘 할 수 있는 능력이 있었음에도, 마음속에는 늘 불안과 두려움이 있었을 것이다. 더욱이 하나님 앞에서야 할 때 이런 두려움이 더 심했을 것이다. 그래서 모세가 죽은 뒤에 주님께서 눈의 아들 여호수아에게 말씀하셨던 것이다(여호수아 1:1). "굳세고 용감하여라"(여호수아 1:6), "오직 너는 크게 용기를 내어라"(여호수아 1:7), "내가 너에게 굳세고 용감하고 명하지 않았느냐! 너는 두려워하거나 낙담하지 말아라. 네가 어디로 가든지 주, 나 하나님이 함께 있겠다"(여호수아 1:9). 하나님이 여호수아에게 여러 차례 강조했던 말씀을 통해 볼 수 있듯이 여호수아에게는 용기와 담대함이 필요했을 것이다.

6번 유형이 누군가를 신뢰하는 믿음이 생길 때는 그 누구보다도 앞장서서 나갈 수 있을 뿐만 아니라, 어렵고 힘든 일들도 극복할 수 있는 강력한 힘을 가지게 된다. 여호수아가 사람을 두려워하지 않고 하나님을 믿고 의지했을 때는 진정한 용기와 충실한 사람으로 자신이 가야 할 길을 갈 수 있었지만, 믿음이 흔들리고 약해질 때는 사람들에게 속아서(정복 과정에서 기브온 주민들에게 속아 넘어간 일) 이스라엘 백성들에게 원망을 들었고, 이스라엘이 남과 북으로 분열되는 씨앗을 남기게 되었다. 그리고 여호수아는 우유부단한 행동으로 후계자를 육성하지 못하였다. 그 결과 그가 죽은 뒤인 사사시대에는 큰 혼란이 야기되었다. 여호수아가 '현재'에 진정으로 충성했다면 미래지향적 역사의식을 가지고 성찰하면서 여호수아 이후 시대를 내다보는 바른 분별과 선택, 결단을 했을 것이다.

3. 덕목으로 향하여 가는 용맹한 여호수아

하나님이 여호수아에게 "너와 함께 하며, 너를 떠나지 아니하며, 버리지 아니하겠다"(여호수아 1:5)라고 약속하신 말씀 속에는 여호수아 내면의 깊은 심리적 필요가 반사된 것이다. 여호수아가 하나님이 주신 그 말씀을 날마다 마음 판에 새기고 확인하며 나아갈 때에는 진정한 용기가 생기고 올바른 지도력이 발휘되었다. 이스라엘 백성들이 가나안 땅으로 들어갈 때 느꼈던 불안과 공포가 여호수아에게도 같은 무게로 다가왔을 것이다. 더욱이 그는 이스라엘 백성들을 이끌고 가야 할 리더십으로 인하여 더 큰 책임과 무게가 느껴졌을 것이다. 그러나 여호수아는 백성들의 마음을 움직여서 공포를 뛰어넘게 인도했다. 여호수아 안에 있는 참 된 용기가 발휘된 것이다. 6번 유형이 진정한 용기를 가지게 되면 마음속의 불안과 걱정, 두려움이 점차 사라지고 진정으로 하나님을 의지 할 수 있게 된다. 그러면 용기와 지혜가 조화를 이루어 여호수아처럼 멋진 지도력을 행사할 수 있게 되는 것이다.

여호수아는 지식과 정보의 필요성을 알았기에 다른 사람들과 대화하고 경청하는 사람이었으며 백성들과 함께 가는 지도자였다. "모세와 함께 있던 것처럼 너와 함께 있다는 사실을 그들이 알게 하겠다"(여호수아 3:7)라고 약속한 하나님에 대한 믿음과 신념이 백성들과 함께 길을 걸으며 이스라엘 백성들을 하나님께 충성하도록 이끌었다. 또한 여호수아는 스스로 절제하며 하나님의 명령에 순종하였기 때문에 인간적인 욕심을 버리고 청렴하고 검소하게 백성들과 함께 살았다. 하나님께 충성하며 백성들에게도 충실한 여호수아의 고별사는 이런 그를 잘 나타내 준다. "당신들이 어떤 신들을 섬길 것인지를 오늘 선택하십시오. 나와 나의 집안은 주님을 섬길 것입니다"(여호수아 24:15). 여호수아의 소박하고 담대한 신앙고백은 우리 모두에게 하나님께 향하는 갈 수 있는 믿음의 조상이다.

II. 여호수아와 나

6번 유형들은 사고형의 사람들로서 안정을 추구하면서 기존에 알고 있는 지식이나 또는 익숙한 것들을 지키며 살아가기를 원한다. 새로운 것을 받아들이기 힘들고, 새로운 일이 생기면 유연하게 받아들이지 못한다. 그러다 보니 6번들은 스스로에게 어떤 틀이 주어지기를 원하고 그 틀이 있어야 행동하는 데 훨씬 마음 편하게 일을 추진할 수 있다. 그러다 보면 이들은 창의적인 일보다는 주어지는 일들을 잘하는 편이다.

그러나 6번들은 하나님을 의지하게 되면 자기 자신도 믿을 수 있게 되고 다른 사람들을 믿을 수 있는 충실한 사람들이다. 자기를 신뢰하듯이 다른 사람을 신뢰할 수 있기 때문에 안정된 공동체를 이루면서 성실하고 책임감 있게 삶을 살아간다. 또한 6번들은 남에게 의지하려는 것에서 벗어나 독립성 있게 삶을 살 수 있고 어느 누구에게도 의지하지 않고 자기의 소신대로 행동하며 살아갈 수 있다.

1. 여호수아의 격정과 나의 격정

주님의 종 모세가 죽은 뒤에, 주님께서 모세를 보좌하던 눈의 아들 여호수아에게 말씀하셨다. "나의 종 모세가 죽었으니, 이제 너는 이스라엘 자손 곧 모든 백성과 함께 일어나, 요단강을 건너서, 내가 그들에게 주는 땅으로 가거라. 내가 모세에게 말한 대로, 너희 발바닥이 닿는 곳은 어디든지 내가 너희에게 주겠다"(여호수아 1:1-3). 하나님의 말씀이 어찌 보면 여호수아에게는 공포였고 큰 위기였을 것이다.

모세의 그늘에서 주어진 일에만 충실하였던 여호수아가 갑자기 모세를 대신하여 지도자가 된 것이다. 그는 모세가 죽기 전에는 하나님과 모세의 인정을 받으면서 믿음과 충성을 다 하면서 살았을 것이다. 그러나 이제는 하나님의 명령으로 이스라엘 민족을 가나안 땅으로 데리고 가야 하는 리더십이 그에게 주어지고 있는 것이다. 아마도 그는 당황하고 두려웠을 것이다.

6번들의 격정은 공포이다. 버려질까 봐 두려움이 늘 도사리고 있기 때문에 안정된 삶을 요구한다. 그러다 보면 나에게 갑자기 주어지는 일들, 생전 해보지도 못하는 일들 앞에서는 두려움이 앞선다. 나는 집안 사정으로 인하여 결혼한 남동생 내외와 어머니를 모시고 수년간 같이 살다가 최근에 독립하게 되었다. 처음에는 혼자 살려고 하니까 엄청난 두려움과 공포가 나에게 밀려왔다. 여호수아에게 하나님은 "두려워하지 말라, 놀라지 말라"라고 하셨던 것처럼 나에게도 이런 위로의 말씀이 필요하였던 것이다. 그 기간 동안에 계속 기도하면서 나를 단련시켜 나갔다. 지금은 독립하여 잘 살고 있다.

2. 여호수아의 기피와 나의 기피

6번들은 주어진 틀 안에서 지내려는 성향 때문에 일탈을 잘 하지 못한다. 여호수아는 하나님과 모세에게 충성하면서 주어진 일에만 책임감 있게 살았을 것이다. 모세가 죽은 후 여호수아에게 하나님이 보여주신 약속의 땅으로 이스라엘 백성을 데리고 가야 했던 '하나님의 명령' 그 자체가 자기를 벗어난 어떤 일에 도전하는 일탈일 것이다. 나도 역시 내 틀 안에 갇혀 사는 경우가 허다하다. 늘 하던 일에서 새로운 일이 생기면 우선 거부하는 마음부터 든다. 사람들과 관계 속에서도 늘 하던 대로 하지 않고 뭔가가 바뀔 때에는 표현하지 않지만, 내 속의 나는 그것을 쉽게 허락하지 않는다.

그러나 여호수아가 그렇듯이 나 역시 "굳세고 용감하여라. 내가 이 백성의 조상에게 주기로 맹세한 땅을, 이 백성에게 유산으로 물려줄 사람이 바로 너다"(여호수아 1:6), 이 말씀을 나의 신앙고백으로 받아들인다. 여호수아의 참된 용기가 이스라엘 백성을 가나안 땅으로 인도하였듯이 힘이 없고 무능한 나 일지라도 하나님의 능력이 나와 함께 한다면 놀라운 역사가 일어날 것이다.

3. 여호수아의 함정과 나의 함정

6번들은 격정인 공포 때문에 늘 불안하기에 지금의 안전을 확신할 수 없어서 또 다른 안전을 찾은 함정에 빠져 버린다. 아마도 여호수아에게도 안전과 안정이 중요했을 것이다. 이스라엘이 백성이 하나님께 죄를 지어 아이 성에서 패하였다. 왜냐하면 아간이 하나님과 맺은 언약을 어겼고, 전멸시켜서 주님께 받쳐야 물건을 도둑질하여 가져갔으며 또한 거짓말을 하였기 때문에 하나님께서 진노하셨다. 그때에 여호수아가 아뢰었다. "주 하나님, 우리 백성을 요단강 서쪽으로 잘 건너게 하시고는, 왜 우리를 아모리 사람의 손에 넘기어 멸망시키려 하십니까? 차라리 우리가 요단강 동쪽에서 그대로 살았더라면 좋을 뻔하였습니다"(여호수아 7:7)라고 항의하였다.

일반적으로 우리에게 무슨 일이 일어나면 그 이유가 무엇인지 먼저 물어야 함에도 불구하고 여호수아는 '우리가 요단강 동쪽에서 그대로 살았더라면 좋을 뻔하였습니다'라는 생각과 말을 하나님께 항의하듯이 뱉어내고 있는 것이다. 평상시에는 하나님을 믿고 의지하면서 잘 따르고 있는 여호수아이지만, 어떤 힘든 일이나 어려운 일이 봉착하게 되면 그의 내면 깊은 곳에 내재되어 있었던 불안감이 올라와 믿음이 사라지는 것이다.

　나 또한 마찬가지다. 삶의 어려운 일이 생길 때, 나의 흔들림은 지속된다. 주님은 내 곁에 사라지고 오직 나 홀로 세상을 걸어가고 있는 것이다. 주님이 내 손을 놓은 것이 아니라 내가 주님의 손을 놓고 걷고 있는 것이다. 내 안전이 중요하고 내 삶의 터전이 중요하고 내 일이 중요하게 되는 것이다. 성실함과 충실함으로 걸어가던 나는 없어지고, 조급하고, 의심하고, 호전적이며, 책임감이 없는 나로 전락하고 말아버린다.

　그러나 하나님의 말씀을 경청한 여호수아는 다시 믿음을 회복하여 하나님 말씀에 순종하였듯이 나 또한 하나님을 전적으로 믿고 의지하다 보면 용감하고 굳센 6번이 되어 있지 않을까!

III. 내 안에 갇혀 있는 두려움이 나를 아무것도 할 수 없게 한다

　에니어그램 6번 유형은 어린 시절 아버지를 의지하며 인정받고 살았거나, 반대로 독재자적인 위치에 있는 보호자로부터 부정적인 영향을 받는 경우, 또는 어린아이가 보호받지 못한 환경에서 자랐을 가능성이 높다. 6번 유형인 나는 어린 시절 늘 보호해 주는 누군가를 찾고 혼자서 무엇인가를 하는 것을 두려워했다. 지금도 확실한 근거지가 없거나 믿음이 없는 곳은 여행가는 것을 꺼려하고 심지어 혼자 영화관을 가는 것도 하지 않는다. 확실하게 주어지지 않는 일들이나 새로운 일들을 추진하는 것을 힘들어 한다. 두려움을 벗 삼아 새롭게 할 수 있는 일들이 있음에도 불구하고 나의 틀 안에 갇혀 익숙한 일들만 하는 경향이 있다. 그래서 발전이 없는 내 자신에 늘 불만을 품고 사는 것 같다.

6번 유형인 나는 1번 유형의 상사를 십여 년 정도 모신 적이 있었다. 내가 모시던 상사는 전형적인 1번 유형답게 완벽한 성격의 소유자로서 모든 일에 완벽을 추구하신 분이셨다. 또한 그분은 완벽함이 다른 사람에게도 잣대가 되어 화를 잘 내셨다. 그러나 그분이 추구했던 높은 이상과 올바른 개혁을 향한 가르침을 보면서(여호수아처럼 충실한 보좌관은 되지 못하였지만) 존경하는 마음을 늘 가지고 있었다. 그 당시 완벽해 보였던 상사를 대하는 나의 마음은 '두려움'과 '어려움'이었다. 내가 만약 좀 더 일찍 에니어그램을 공부했다면 성숙하고 충실한 여호수아처럼 더 많은 부분에서 상사를 이해하고 순종하며 충직한 보좌관으로 일했을 것이라 생각을 잠시 해본다.

미래에 대한 두려움 때문에 지금 내 앞에 있는 현재를 제대로 살지 못한 경험을 나도 가지고 있다. 내 진로 문제를 놓고 고민하고 있을 때, 어떤 분께서 나에게 앞으로 노인 복지가 유망하다며 노인 복지 대학원을 들어가라고 추천해 주셨다. 그분의 제안이 상당히 타당해 보였기에 나는 가톨릭 대학원 사회복지 노인학과에 들어갔다. 그런데 입학한 후에 공부를 하면서 노인 복지가 내 적성과는 맞지 않는다는 사실을 알게 되었다. 노인복지 대학원을 어찌어찌 해서 졸업은 했지만, 결국 지금은 전공과는 전혀 상관없는 다른 일을 하고 있다. 스스로 내 인생의 길을 깊이 고민하고 하나님의 뜻을 찾았다면, 내 적성에 맞는 공부를 했을 것이고 지금은 좀 더 행복한 현재를 살고 있지 않을까 생각해 보았다.

에니어그램을 공부하면서 6번 유형인 나는 개인보다는 공동체적인 삶을 더 깊이 인식하고 살아간다. 이것은 어쩌면 6번 유형이 특별히 공동체적인 삶을 편하게 인식하고 그 속에서 자신의 삶을 찾기 때문이 아닐까 생각한다. 그러나 이러한 공동체적인 삶을 더 인식하고 살아간다고 해서 하나님의 은총 안에 살아가는 것은 아닐 것이다. 여호수아가 늘 하나님을 믿고 의지하게 될 때, 용기를 얻어 참된 지도자가 되었듯이 내 속에 있는 내가 하나님의 뜻을 찾고 의지할 때, 진정한 '내'가 되고 다른 사람들과의 관계가 회복되며 용기 있게 나의 삶을 개척할 수 있지 않을까 생각하며 이 글을 마친다.

두려움을 넘어선 용기

이영진
(창천교회 부목사)

I. 베드로

1. 베드로의 행적

성서의 등장인물 가운데 베드로만큼 많은 사람들에게 알려진 제자도 없을 것이다. 그는 예수님의 열두 제자 가운데 대표로, 4복음서 가운데 가장 많이 또 적극적인 모습으로 등장한다.

어부였던 베드로는 예수님의 부름을 받았고, 이후 예수님의 수제자로 예수님을 가장 가까이에서 모시게 된다(마태복음 4:19-20). 이런 베드로의 모습을 성서는 '너무나도 인간적인' 모습으로 그리고 있다. 베드로는 누구보다 먼저 앞에 나섰고, 이러한 행동이 실수와 실언으로 이어질 때가 많았다. 때로는 누구보다 용감해 보이기도 했지만, 때로는 맹목적이고 무모해 보일 때도 있었다. 하지만 그는 한번 믿고 따르기 시작하면, 끝까지 따라가는 충성스런 사람이었다.

하지만 '안전'이라는 함정에 스스로 빠진 베드로는, 세 번이나 예수님을 모른다고 부인한다(마태복음 26:69-75). 자신의 모습에 실망한 채 다시 돌아간 디베랴 호수에서, 자신을 포기하지 않고 찾아오신 예수님을 만난 이후 베드로는 변화된다. "내 양을 먹이라"(요한복음 21:17)는 예수님의 사명을 받아 충성스럽게 감당하는 초대교회의 지도자로 서게 된다.

2. 베드로에게 나타난 격정, 공포(두려움)

에니어그램 6번 유형의 격정은 '공포', 즉 '두려움'이다. 6번은 내면 깊은 곳에 걱정과 염려를 가지고 있다. 이러한 걱정과 염려가 강해지면 '공포'와 '두려움'으로 발전하게 된다. 그래서 6번은 '안전'을 갈망한다. 자신을 보호해줄 수 있는 권위자에게 의존하며, 자신을 지켜줄 수 있는 공동체에 속하는 것에서 안정감을 느낀다. 자신을 보호해 주고 지켜주는 '안전'을 위협하는 존재가 나타날 때, 자신도 인식하지 못했던 격정이 표면 밖으로 드러나게 된다.

6번 유형으로서 베드로의 격정은 예수님께서 수난과 부활을 예고하시던 장면에서 잘 드러난다. 예수님께서 "예루살렘에 올라가… 많은 고난을 받고 죽임을 당하고 제삼일에 살아나야 할 것을 제자들에게 비로소 나타내"셨을 때(마태복음 16:21), 성서는 베드로가 "예수께 대들었다"(마태복음 16:22, 새번역)고 기록하고 있다.

예수님은 때가 되어 자신이 감당해야 할 사명을 제자들에게 전하셨다. 그런데 베드로는 그런 예수님을 이해하지 못했다. 단지 이해하지 못하는 것에서 끝나지 않았다. 예수님을 붙들고 항변하며, 예수님께서 가셔야 하는 길을 가로막았다(마태복음 16:22). 결국 예수님은 이런 베드로를 "사탄아 내 뒤로 물러가라, 너는 나를 넘어지게 하는 자로다"(마태복음 16:21)라고 강한 어조로 꾸짖으셨다.

놀라운 점은 이 모든 일이 "주는 그리스도시요 하나님의 아들이 시니이다"(마태복음 16:16)라는 베드로의 고백 직후에 발생했다는 사실이다. "어떻게 이런 귀한 고백을 올려드리고, 이와는 정반대의 행동을 할 수 있었을까?" 누군가는 이런 생각을 할지 모른다. 혹은 이런 베드로의 모습이 누군가에게는 불안정하고, 균형 잡히지 않은 것처럼 느껴질지도 모른다.

쉽게 이해할 수 없는 베드로의 이런 행동은, 6번 유형의 격정인 '두려움'과 '공포'라는 렌즈(lens)를 통해 바라볼 때 비로소 이해할 수 있게 된다.

6번 유형은 권위자에 대한 '의존적 성향'을 가지고 있다. 베드로에게 예수님은 자신의 안전을 지켜줄 권위자인 동시에 미래에 자신을 지원해줄 든든한 존재였다. 베드로는 자신을 지켜줄 수 있는 권위자인 예수님께 의존했고, 예수님 곁에 있을 때 스스로 안전하다고 느꼈다. 당연히 베드로는 자신의 안전을 위해서, 자신의 권위자에게 인정받기 위해서 누구보다 열심히 일하고 최선을 다해 충성했다.

이런 베드로에게 예수님의 고난과 죽음에 대한 예고는 자신의 안전에 대한 강한 '위협'으로 다가왔을 것이다. 베드로는 자신이 잃어버릴지 모를 '미래의 안전' 대한 염려와 불안, 두려움과 공포로 인해 예수님께 분노하며 대들었던 것이다. 베드로는 누구보다 충성스럽게 예수님을 따른 제자였지만, 결과적으로 이 충성은 예수님에 대한 '진정한 충성'이 아닌 자신의 안전을 위한 '맹목적 충성'임이 밝혀지는 순간이었다.

이후에도 '자신의 안전'을 위협하는 사건을 만날 때마다, 격정에 휘둘리는 베드로의 모습을 쉽게 찾아볼 수 있다. 마태복음 26장에서 예수님은 십자가의 고난을 당하시기 직전에 베드로와 야고보, 요한을 데리고 겟세마네 동산에 오르셨다. 그리고 그곳에서 기도하셨다. 성서는 그때 예수님을 잡으러 온 무리가 나타났고, "예수와 함께 있던 자 중의 하나가 손을 펴 칼을 빼어 대제사장의 종을 쳐 그 귀를 떨어뜨리니"(마태복음 26:51)라고 기록하고 있다. 요한복음에서는 칼을 뺀 이 사람이 바로 베드로라고 말한다(요한복음 18:10). 베드로는 한결같이 '자신의 안전'을 위협하는 상황을 만날 때마다 예상치 못한 돌출 행동을 보였다. 결국 베드로는 다른 제자들과 함께 예수님을 버리고 도망치고 만다(마태복음 26:55).

그럼에도 불구하고, 충실한 유형인 베드로는 끝까지 예수님의 뒤를 밟았다. 베드로 안에 있는 충실함이, 예수님께서 잡혀가신 대제사장의 집 뜰까지 자신을 이끌었다. 하지만 그곳에서 베드로는 예수님을 모른다고 세 번이나 부인하고 만다(누가복음 22:57-60). 누가복음은 베드로가 예수님을 세 번 부인한 순간 "주님께서 돌아서서 베드로를 똑바로 보셨다"(누가복음 22:61, 새번역)고 기록하고 있다. 베드로가 예수님을 배반한 순간 예수님과 베드로의 눈이 마주친 것이다. 이후 베드로는 밖으로 뛰쳐나가 심히 통곡하고 울었다(누가복음 22:62). 절대로 부인하지 않겠다던 자신의 맹세가 무너지는 순간, 예수님과 눈이 마주친 그 배신의 순간, 베드로는 자신의 충성이 예수님에 대한 '진정한 충성'이 아닌, 자신의 안전을 위한 '맹목적 충성'임을 깨달았던 것이다. 그렇게 지금껏 자신의 삶 속에서 지켜왔던 충성이 '자신의 안전을 위함'이었음을, 자신의 권위자에게 '인정받기 위함'이었음을 비로소 알게 되었다. 격정의 소용돌이가 일어나 벗겨진 가면 밑에 숨겨져 있던 자신의 민낯을 마주하게 된 것이다.

3. 두려움을 넘어선 용기

이후 베드로는 철저한 실패와 절망 가운데 자신의 옛 삶으로 돌아갔다(요한복음 21:3). 그렇게 돌아간 삶의 허무함 가운데, 부활하신 예수님께서 다시 찾아오셨다. 두려움으로 인해 도망친 자신을 다시 찾아오신 예수님을 본 베드로는, 단숨에 바다에 뛰어든다(요한복음 21:7). 자신을 포기하지 않으시고 다시 찾아오신 예수님을 만난 후, 베드로는 변화된다. 그분의 '변하지 않는 사랑' 안에서 베드로는 '진정한 안전'을 경험하게 된다.

그리고 오순절 마가의 다락방에서 성령을 경험한 베드로는 완전히 새로운 사람으로 거듭나게 된다(사도행전 2:1-4). 영혼의 가장 깊은 곳에서 말씀하시는 성령의 음성을 신뢰하며 살아가는, '두려움을 넘어선 용기'를 갖게 된다.

베드로는 6번 유형답게 제도와 질서를 수호하고 교회를 지키며, 담대하게 예수 그리스도의 가르침과 하나님 나라의 복음을 전하는 충성스런 사람들의 대표적 인물이 되었다.

II. 나의 고백

1. 베드로를 통해 본 나

6번 유형에는 어려서부터 모범적이고 '충실한 사람'들이 많다. 6번 유형은 질서, 규칙, 명령 등을 잘 지키며 순응하는 사람들이기 때문이다. 6번 유형의 사람들은 이런 것들로부터 벗어나는 '일탈'을 기피한다. 그러면서도 내면의 깊은 곳에는 "왜 나만 이렇게 충실하게 규칙을 지켜야 하는가?"라는 의구심을 가지고 있다. 베드로가 그랬던 것처럼 이 의구심이 강해지면 불안해지고, 그 불안이 더 발전하면 두려움과 공포로 변한다. 두려움과 공포는 전혀 예상치 못한 '돌출행동'으로 이어진다.

에니어그램 6번 유형인 나는 어려서부터 큰 말썽 없이 자라왔다. 사회에서 정해 놓은 '법률적, 도덕적 규범'들을 지키기 위해 끊임없이 노력하며 살아왔기에 그럴 수밖에 없었던 것 같다. 어린 시절 사회 안에는 어떤 보이지 않는 선이 있다고 생각했는데, 그 선을 밟거나 넘지 않아야 한다는 무의식이 내면 깊이 자리잡고 있었던 것 같다. 그래서 다른 사람들에게 나는 늘 '모범적이고, 성실한 아이'로 비춰졌다.

나는 늘 나의 가장 큰 장점을 '성실함'이라고 생각하며 살아왔다. 예를 들어, 초등학교 시절부터 고등학교를 졸업할 때까지 단 한 번의 지각과 결석 없이 늘 개근상을 수상한 것이다. 어렸을 때는 알지 못했지만, 지금 돌이켜보니 6번 유형의 특징인 '충실함'과 '공동체 의식'이 결합되어 나타난 자연스런 현상(現象)이 아닌가 생각한다.

2. 두려움에 갇혀버린 자아(自我)

겉으로 보이는 모습과는 다르게, 나는 혼자 머릿속으로 일어나지도 않은 수많은 생각들을 떠올리며 걱정하고 근심했다. 특별히 미래에 대한 두려움이 많았다. 대학 시절에는 "미래에 내가 무엇을 할 수 있을까?", "앞으로 나는 안정된 삶을 살아갈 수 있을까?", "내가 이 길을 선택한 것은 올바른 선택이었나?"와 같은 걱정을 스스로 떠안고 불안해했다.

물 위로 걷게 해 달라고 했다가 "바람이 불어오는 것을 보고, 무서움에 사로잡혀서, 물에 빠져 들어가게"(마태복음 14:30, 새번역)된 베드로처럼 모든 삶의 순간 끊임없이 고민하고, 의심하며, 회의(懷疑)했다. 늘 머릿속에서는 수많은 생각들이 복잡하게 얽혀 공청회가 열렸다. 그 시절의 나는 알 수 없는 미래에 대한 막연한 두려움 속에서, 거친 파도와 성난 바람이 휘몰아치는 바다에 빠져가는 베드로와 같았다. 그렇게 한줄기 빛이 들어오지 않는 심연의 깊은 바다 속에 내 영혼이 빠져 있을 때, 나는 절망했다.

그때 내 삶 최초의 '일탈'이 일어났다. 그 일탈은 바로 자전거로 전국일주(全國一周)를 해보겠다며 세상 속으로 뛰어든 것이다. 나 자신을 보호해줄 수 있는 '안전한 가정, 교회, 학교'를 떠나 처음으로 홀로 서보는 경험을 하게 되었다. 여행 가운데 수많은 어려움을 만났고, 그 속에서 나와 동행하시고 나를 지키시는 하나님의 손길을 느낄 수 있었다.

이후 다시 돌아간 내 삶의 자리에서, 디베랴 호수에 있던 베드로를 찾아오셨던 예수 그리스도를 만나게 되었다. 베드로가 경험했던 오순절 마가 다락방의 체험을 하게 되었다. 한 순간도 나를 떠나지 않으셨던 그분의 사랑 안에서 누리는 '진정한 안전'을 경험하게 되었다. 내 영혼의 깊은 곳에서 나에게 말씀하시는 그분의 음성을 따라 사는 삶이 무엇인지 조금씩 배워가게 되었다. 그렇게 불안해하며 두려워하던 나는, 하나님 안에서 누리는 평화를 누릴 수 있게 되었다.

3. 하나님을 신뢰하는 믿음

특별히 6번 유형에게는 '하나님을 신뢰하는 믿음'이 중요하다. 6번 유형은 하나님을 의지할 때 변화되며, 진정한 용기를 '덕목'으로 갖게 된다. 자신 안에 계신 하나님을 진정으로 신뢰할 때, 자신의 존재 중심에서 스스로를 신뢰할 수 있게 된다. 끊임없이 외부로부터 안전을 추구하던 6번이 변화하여, 존재의 중심에서 자신을 이끌고 계신 하나님 안에서 안전을 느끼며 담대하게 나가게 되는 것이다.

언젠가 선배 목회자 한 분이 미래를 걱정하고 근심하던 나에게 기억에 남는 말씀을 해주셨다. "하나님을 신뢰해. 보이지 않는 아버지를 믿고 따라가. 그러면 빛이 보일 거야." 그 말을 들을 당시에는 하나님을 신뢰한다는 것이, 믿고 따른다는 것이 무엇인지 알지 못했다. 정확히는, 깨닫지 못했다. 오히려 마음 안에 반발심만 생길 뿐이었다. 그로부터 많은 시간이 지나지 않아 '내 안에 계신 하나님'을 신뢰한다는 것이 무엇인지, 마음 깊이 깨닫게 되는 사건이 있었다. 그리고 주님께서 내 안에 살아계시며, 말씀하시고, 인도하고 계심을 경험하게 되었다.

이 과정을 통해서 하나님을 신뢰하는 믿음이 한 겹, 두 겹 쌓여가고 자라갔다. 믿음은 눈에 보이는 사람과 환경을 바라보는 것이 아니라, 눈을 들어 하나님을 바라보는 것임을 알게 하셨다. 내 안에 계신 주님의 음성 가운데 찾아오는 평안이 무엇인지를 경험하게 하셨다. 참으로 감사한 일이다.

4. 공동체를 위한 헌신

복음서 안에서 베드로는 늘 불안정하고 돌출 행동을 잘하는 부족한 제자의 모습으로 그려진다. 다른 제자들과 부딪히고 다투며, 때로는 예수님께 성을 내며 대들기도 한다. 결국 베드로는 예수님을 부인하는 비굴한 모습을 보이기도 했다. 하지만 예수님께서는 이런 베드로에게 "너는 베드로다. 나는 이 반석 위에다가 내 교회를 세우겠다"(마태복음 16:18, 새번역)고 말씀하셨다. 그리고 "하늘나라의 열쇠"

(마태복음 16:19, 새번역)를 맡기셨다. 부족한 베드로에게 감당할 수 없는 사랑과 은혜를 주신 것이다. 인간적인 눈으로는 쉽게 이해되지 않는 일이다.

6번 유형의 특징 중 하나가 공동체를 위한 헌신이다. 6번 유형은 자신이 속한 공동체에 헌신함으로써 안전이 유지되기를 원하는 특징이 있다. 이러한 특징은 책임감과 성실함으로 나타나며 건강한 공동체, 제도를 위해 다른 사람과 협력하며 일하게 된다. 6번 유형이 건강해질수록 자신의 내면 안에서 진정한 안전을 느끼기 때문에, 자유롭게 다른 사람들을 지원하며 다른 사람의 지원을 받을 수 있게 된다. 공동체 안에서 사랑을 주고받으며 자신과 다른 사람들을 위한 진정한 의미의 협력을 이루게 된다. 예수님께서는 6번 유형이 가진 특징인 '공동체를 위한 헌신'을 알고 계셨으리라. 그래서 변화될 베드로를 기대하시며 '반석' 위에 교회를 세우시고, '하늘나라의 열쇠'를 맡기셨던 것은 아닐까 생각한다.

나에게도 공동체를 위해 헌신하려는 6번의 특징이 그대로 나타난다. 어린 시절 내 꿈은 아름답고 건강한 가정을 이루는 것이었다. 왜 그렇게 생각했는지 그때는 몰랐는데, 공동체의 가장 작은 단위인 가정 안에서 안정감을 느끼고 싶은 6번 유형의 본능이 무의식중에 나타난 것이라는 생각이 들었다. 또 내가 속한 공동체들에서는 큰일, 작은 일을 가리지 않고 최선을 다하려고 했던 기억이 떠오른다. 특별히 교회 안에서는 주님께 충성한다는 마음을 가지고 최선을 다해 헌신했다.

5. 두려움을 넘어선 진정한 용기

베드로는 결국 예수님을 따라 순교하기에 이른다. 성경에는 나타나 있지 않지만, 교회사의 전통에서는 마지막 순간 예수 그리스도와 똑같이 십자가에 달릴 자격이 없다며 베드로 스스로 거꾸로 십자가에 달리기를 자청했다고 전해진다. 이 순교의 고백 속에 예수님께 대한 베드로의 사랑과 충성이 그대로 담겨 있으리라.

이 글을 쓰고 있는 나 자신도 이 세상을 살아가는 동안 주님을 사랑하는 마음으로 충성스럽게 맡기신 사명을 감당하기를 소망한다. 그리고 주님을 다시 뵐 그날에 "잘하였다. 착하고 충성된 종아"라는 기쁨의 칭찬과 함께 주님께서 나를 안아주시고 맞아주시기를 간절히 원한다. 이 세상을 살아가는 동안 내 안에 계신 주님을 신뢰하는 믿음 안에서 '두려움을 넘어선 진정한 용기'를 가지기를 소망하며 이 글을 마친다.

"내가 너와 함께 있으니, 두려워하지 말아라. 내가 너의 하나님이니, 떨지 말아라. 내가 너를 강하게 하겠다. 내가 너를 도와주고, 내 승리의 오른팔로 너를 붙들어 주겠다"(이사야 41:10).

7번 이야기

에니어그램 7번 유형은 이상주의형이다. 현재를 즐기면서도 항상 앞으로의 더 나은 미래를 꿈꾸면서 산다.

특징은 팔방미인인데 현재 자기가 하고 있는 일에 만족을 하지 못하고 또 다른 일을 찾아서 이것도 해보고, 저것에도 관여하고 하다 보니까 취미도 많아지고, 자연스럽게 할 줄 아는 일이 많아지게 된다. 음악을 좋아하게 되면 음악회에도 많이 다니고, 음반도 사들이고, 음악을 듣는 기구도 여러 가지 사게 된다. 그러다가 미술에 관심을 가지게 되면 저번에 관심 가졌던 음악은 찬밥 신세가 되어버리고 미술 쪽에 푹 빠진다. 그러니 전문적으로 할 수 있는 별로 없다.

에니어그램 7번 유형의 격정은 탐닉인데, 한 가지 일을 잡으면 다른 일에는 별 상관 안하고 그 일에 푹 빠지게 된다. 그러나 그 일에 만족을 얻지 못하기 때문에 지금 푹 빠졌던 일을 오래 지속하지 못하고 또 다른 일에 또 푹 빠지게 된다. 어떤 사람은 새로운 물건 사기에 푹 빠진다. 홈쇼핑을 보면 이미 자기가 가지고 있는 물건이라도 또 사고 또 사 재어 놓는다. 레벨이 내려가게 되면 술에 빠지거나, 노름, 마약 등 약물 중독에 빠져서 병원 신세를 져야 한다.

에니어그램 7번 유형이 기피하는 것은 고통인데, 감정적으로 참기 힘든 일이나 힘든 일을 감내해내지 못하고 그것을 피하려고 한다. 그래서 7번은 다른 사람에게 상담을 해주기를 힘들어한다. 어떤 친구가 와서 자기의 어려움을 얘기하게 되면 조금 듣고 있다가는 "야 야~ 우리 술이나 한잔하러 가자"라고 하면서 이야기를 끊고는 식당 으로 데리고 가는 식이다. TV에서 무서운 장면이 나오면 눈을 감아 버리거나 아슬아슬한 운동경기도 지켜보기 어려워한다. 옛날 2002 년 월드컵을 할 때 옆에서 축구경기를 같이 보던 사람이 결국에는 밖으로 나가버리는 것을 보았다.

에니어그램 7번 유형의 함정은 이상주의인데, 언제나 새로운 프 로그램을 만들며, 지금보다 더 재미있는 일이나 더 나은 일이 없나를 생각하다가 현재에 충실할 수 없고, 현재의 행복이나 감사를 놓칠 수 가 있다. 심심한 것을 견딜 수 없을 뿐더러 한 번에 여러 가지를 할 능력이 있다. 현재의 행복이 뺏길까 봐 하는 두려움이 있다. 어릴 때 엄마에게 어떤 형태로든 뺏긴 경험이 있는 아이가 7번이 될 수 있다. 엄마는 자기 정성을 다하여 아이를 키운다고 하면서도 막상 아이의 의견을 물어보거나 존중하기보다는 일방적으로 엄마 마음대로 아이 에게 잘 해 주는 경우 아이가 7번 유형이 될 가능성이 많다. 그래서 엄마는 나름대로 있는 정성 없는 정성 다해서 아이를 키웠지만 아이 는 엄마에게 소극적이 될 수 있다.

에니어그램 7번 유형이 회개해야 할 부분은 '자기 마음대로 이것 저것 일을 만들기보다는 하나님의 창조에 동참하는 마음과 태도'를 가지는 것이다. 그렇게 하면 7번은 부산스러운 생활로부터 해방될 수가 있다(세계적으로 유명한 성 프란시스가 회개한 7번으로 꼽을 수 있 다). 그렇게 되면 이것저것 복잡함을 떠나 맑은 정신으로 하나의 일 에도 감사함을 가질 수 있게 된다. 7번은 좋은 일이 있으면 자기 혼자 가지지 않고 다른 사람에게도 그 좋은 것을 함께 누릴 수 있는 사람 이 된다.

맑은 정신의 열성가

박미성

(공정무역 트립티 상임이사)

I. 성서에 기록된 느헤미야

성서에 나타난 7번 유형인 느헤미야는 열정적인 지도자로서 돋보이는 인물이다. 하가랴의 아들 느헤미야는 포로로 끌려간 유대인의 후손으로서 페르시아의 아닥사스다 황제에게 "술을 따르는 일을 맡았다"(느헤미야 2:1). 대제국의 황제에게 총애를 받던 대신이란 자리에서 일신의 행복에 탐닉해 살 수도 있었다. 느헤미야는 동생 하나니와 그 일행에게서 사로잡혀 오지 않고 예루살렘에 남아 있는 동포들과 예루살렘의 형편을 들었다. 그들의 말할 수 없는 고생과 피폐해진 사정을 알게 됐을 때, 그는 "주저앉아서 울었다." 그는 "슬픔에 잠긴 채로 며칠 동안 금식하면서, 하늘의 하나님께 기도하며 아뢰었다." 느헤미야는 왕이 기분 좋을 때에 마침내 자신이 예루살렘으로 돌아가서 성벽을 쌓도록 간청했다. "자신의 조상이 묻혀 있는 유다의 그 성읍으로 저를 보내 주셔서, 그 성읍을 다시 세우게 하여 주십시오."

"꿈은 혼자 꾸면 꿈이고, 여럿이 꾸면 현실이다"라는 말이 있다. 누군가에게서 나오는 창의력이 여럿에게 공감을 불러일으키고 이를 함께 공유하게 되면, 그 꿈은 비전이 되고 그 비전은 실현된다. 느헤미야는 예루살렘 재건을 꿈꾼다. 현지답사를 하고 실행 계획을 세우며 성벽과 성전 수축을 포함한 예루살렘 재건사업을 추진한다. 이 모든 과정에서 느헤미야의 창의성이 번득이며 남들이 생각하지 못하는 면까지 살피며 관리한다. 피폐해진 상황에서 좌절과 절망에 빠진 사람들은 더 나은 삶을 원하긴 하면서도 타성에 젖은 삶에서 탈출하지 못한다. 그들은 상황이 전개될 때마다 불평불만을 드러낸다. 느헤미야는 그들의 고충을 창의적으로 처리하며 지도자의 면모를 새롭게 보여 준다.

고통 받는 민중들에게 신뢰받는 지도자는 고통분담에 탁월하다. 느헤미야는 민중들의 "울부짖음과 탄식을 듣고" 의분을 느낀다. "그들이 울부짖는 내용을 신중하게 살핀 다음에, 귀족들과 관리들에게 어찌하여 같은 겨레끼리 돈놀이를 하느냐고 호되게 나무랐다." 느헤미야는 지도자층들의 반발과 음해를 차단하며 개혁을 성공시키기 위해 자신의 주머니를 털어 보이면서 말한다. "이 서약을 지키지 않는 사람은 하나님이 그 집과 재산을 이렇게 다 털어버리실 것입니다." 그러자 거기에 모인 모든 사람이 '아멘'하며 주님을 찬양하였다. 느헤미야는 상상하기 어려운 개혁을 마무리하고자 스스로 총독으로서 녹을 받지 않기로 결단하기에 이른다. 스스로 '무임봉사'를 실행하면서 누구라도 따를 수밖에 없는 고결한 지도력을 높인다. 그는 '노블레스 오블리주'를 창의적으로 실행한 지도자의 본보기다.

"나의 하나님, 내가 이 백성을 위하여 하는 모든 일을 기억하시고,

은혜를 베풀어 주십시오." 이는 하나님에게 인정받는 일을 하겠다는 느헤미야의 맑은 정신과 깊은 영성이 묻어나는 기도라 하겠다. 그는 사람들을 의식하고 인기에 영합하거나 자만과 허영에 빠지는 것과는 거리가 있었다. 우리는 그에게 스트레스도, 자기과시도 이겨내는 절제의 힘이 있음을 본다. 맑은 정신을 살리는 경지에 이르면 중용과 절제의 미덕을 한껏 살리게 된다. 전통과 혁신의 조화가 빚어내는 창의성과 맑은 정신을 지닌 느헤미야는 하나님에 대한 사랑과 사람을 행복하게 하려는 마음을 하나로 알고 살았던 것 같다.

고통 받는 민중들의 삶과 고난의 한가운데로 들어선 느헤미야가 그들을 긍휼히 여기는 마음은 신앙과 기도의 구체적 표현이나 다름 아니다. 그는 스스로 지도력의 패러다임을 세우면서 동시에 지도력을 공유하려고 각 분야의 지도자를 세운다. 이는 권위주의적인 지도자가 아닌, 권위 있는 지도자의 모습이다. 무엇보다 느헤미야가 드러낸 중용과 절제의 지도력은 전통과 혁신의 조화로 나타났다. 그 상징적인 일이 초막절의 재발견이다. 그는 역사와 전통을 재발견함으로써 고난에 동참하는 공동체를 회복시켰다. 말씀의 나눔을 사랑의 나눔으로 발전시켰다. 절망을 희망으로 옮기는 변화를 일으켰다. 개인의 변화를 넘어 사회와 역사의 변화를 일으킨 느헤미야는 이 모든 것을 돌이켜 본 뒤에, 우리는 언약을 굳게 세우고, 그것을 글로 적었으며, 지도자들과 레위 사람들과 제사장들이 그 위에 서명하게 했다. 그는 스스로 결단할 뿐 아니라 모든 지도층이 함께 서명하도록 함으로써 공동체 결의로 언약을 세웠다.

II. 7번 유형으로 본 느헤미야

김영운 목사에 의하면 7번 유형은 '이상형'으로 그 특성은 '팔방미인', '맑은 정신의 열성가'라고 한다. 일반적인 상태에서 7번 유형은 자신의 고통은 물론 남이 고통당하는 이야기조차 피하려는 성향이 있다. 7번 유형은 활기찬 성향으로 만족을 추구하기에 즐길 거리를 찾아 깊이 빠져들어 탐닉하며 고통을 잊으려 한다. 재미없고 지루한 것을 못 견디며 고통을 기피한다. 이는 흔히 먹고 마시고 놀고 즐기는 쪽으로 기운다고 한다. 열정이 격정으로 작용하는 상황이다. 그러나 느헤미야는 이와는 대조적으로 고국의 피폐한 상황을 알고는 자신의 행복을 위해 고통을 피하기보다 적극적으로 끌어안고 대처하기 시작한다. 그는 마음속에 지닌 열정이 사랑으로 바꾸어, 창의적인 생각과 신앙이 맑은 정신과 배합되어 고난을 극복하는 방향으로 나아간다.

느헤미야가 아무리 고국을 아끼고 사랑하는 마음이 지극했다고 해도 페르시아 황제 밑에서 누리던 지위를 뒤로 하고 제국 변방인 예루살렘에 가서 성벽을 쌓는 일에 나선다는 것은 간단한 일이 아니었다. 여기에는 느헤미야가 갖고 있는 7번 유형의 속성이 잘 나타난다. 7번 유형은 낙천적이고 이상주의적이기 때문에 현재에 어떤 일을 하고 있는데도 불구하고 동시에 또 다른 이상을 꿈꾸면서 살아간다고 한다. 다른 사람들이 따라가기 힘들 정도로 끊임없이 일을 벌이고 추진한다. 동시다발적으로 일하는 데 익숙하다고 한다. 에너지가 넘치기도 하거니와 관심의 폭 또한 남달리 크다. 7번 유형은 자유분방하며 모험심이 강하다고 한다. 게다가 꿈도 잘 꾸고 계획도 잘 세운다. 도전 정신 또한 강하다. 이들은 쉽게 싫증을 느끼고 무엇이든지 잘 바꾸기 때문에, 집중력을 높여서 그 꿈을 실현하는 게 쉽지 않다. 느헤미야는 7번 유형이기에 자신이 갖고 있는 열정에 모험심이 더해져서 누구도 따르기 힘든 결단을 했고 이것을 싫증을 내지 않고 끝까지 실천하였다.

7번 유형은 어떤 일에서나 다른 사람들과 함께 움직이게 하는 힘이 있다. 창의성이 나타나면 그 힘은 더 커진다. 어려서부터 상상력이 풍부하고 꿈을 잘 꾸던 7번 유형이 그 꿈에 창의력을 더하면 비전으로 발전한다. 이들은 아는 것이 많아서 지식과 정보에 큰 에너지를 더하면서 계획을 실현할 수 있다. 7번 유형인 느헤미야는 고국에 대한 정보를 바탕으로 예루살렘 재건을 꿈꾼다. 마침내 왕의 허락을 받아 예루살렘에 도착한 느헤미야는 성벽과 성전 수축을 포함한 예루살렘 재건 사업을 추진한다. 이 모든 과정에서 느헤미야의 창의성이 번득인다. 왕의 윤허를 받는 일에서부터 성벽을 쌓는 사람들을 관리하고 독려하는 일, 그리고 반대파들을 물리치는 일까지, 느헤미야는 7번 유형으로서 창의력을 발휘하여 남들이 생각하지 못하는 면까지 살피며 관리한다.

열정이 많고 낙천가이며 다재다능한 7번 유형은 넘치는 에너지까지 겸비했으나 탐닉하고 몰두하다가 쉽게 싫증을 느끼고 방향을 바꾸는 약점이 있다고 한다. 그러나 느헤미야는 맑은 정신으로 비전과 목표에 집중해서 누구도 따르기 어려운 경지에 이르렀다. 느헤미야는 맑은 정신을 살려 중용과 절제의 미덕을 살려 하나님에 대한 사랑과 사람을 행복하게 하려는 마음을 하나로 알고 살았다. 맑은 정신의 지도자 느헤미야는 과단성 있게 예루살렘 전체를 새롭게 바꾸었다. 수문 앞 광장에서 대회를 열고, 백성들에게 율법을 읽어주며, 학자 에스라로 하여금 이를 해설하며 가르치게 했다. 이렇게 초막절을 재발견하고 그 의미를 새롭게 심화함으로써 그는 친교공동체를 새롭게 강화한다.

7번 유형으로서 느헤미야는 매우 높은 단계로 성숙함을 보여주고 있다. '빼앗길까 봐'라는 두려움에 빠져 탐닉이라는 격정에 휩싸이는 단계를 넘어서고, 7번 유형이 기피하는 고통을 스스로 선택하여 권력의 자리에서 예루살렘으로 향하였다. 7번 유형이 빠지기 쉬운 '이상주의'라는 함정에 빠지지 않고 자신이 꾼 이상을 실제로 그대로 예루살렘 성벽을 재건하였고, 죄책고백에서 친교공동체로 이어지는 과정에서 제도 개혁과 더불어 영성의 갱신과 회복을 도모하여 하나님의 창조역사에 동참하였다. 이렇게 성숙한 느헤미야는 맑은 정신이란 경지에 도달하여 자기도 행복하고 다른 사람도 행복하게 만든 성숙한 7번 유형을 전형적으로 보여주고 있다.

느헤미야는 이처럼 보기 드문 7번 유형의 지도자지만 전통과 선민사상의 틀을 깨지 못한 한계를 보여준다. 그는 갈등을 극복하고 반대자들을 설득하는 등 위기에 대처하며 성취하는 능력을 발휘했지만, 이스라엘 공동체 안에 들어와 있는 이방인들, 심지어 유대인과 결혼을 하여 살던 이방인까지도 추방하도록 조치한다. 이스라엘 역사에서 가장 위대하다고 평가받는 솔로몬 왕까지 하나님을 거역한 큰 죄를 짓게 된 것은 이방 여자와 결혼한 것이 그 원인이라고 주장했다. 이는 마치 원리주의자의 열광주의적 행동과 같다. 열정이 지나치면 격정으로 나타나는 사례이다. 한국의 기독교인들이 순혈주의를 강조하면서 국제결혼한 여성들에게 포용하지 못하도록 하는데 이런 느헤미야의 영향은 없었을까? 물론 당시 고통 받았던 유대 상황을 보면 그러한 선민사상을 뛰어넘기가 쉽지는 않았을 것이나 성숙한 7번 유형인 느헤미야이기 때문에 안타깝다.

III. 7번 유형의 나

7번 유형은 어머니가 똑똑하고 적극적이어서 사랑은 하면서도 간섭하고 개입하는 까닭에 만 여섯 살을 전후해 어머니와 부정적인 관계를 경험한 기억이 있다. 특히 어머니에게 물건이나 애정, 꿈을 빼앗긴 경험이 있어서 박탈감을 잘 느끼기 때문에 끊임없이 만족을 추구하는 성향이 강하고 좋아하는 것에는 푹 빠진다.

대가족 속에서 살았던 나의 어린 시절은 별 불편함과 어려움이 없이 자라났다. 꼭 부정적인 기억을 하라고 하면 피아노가 치고 싶어 학원에 보내달라고 했더니 보내달라는 피아노 학원은 안 보내시고 그 당시 "YWCA" 유치원을 보내주었고, 아들을 바라시던 어르신들 때문에 어릴 적 내 머리는 늘 빡빡머리였고, 유치원 복장은 남자아이들처럼 바지를 입히고 싶으셨는데 마땅치 않으셨는지 치마바지를 입히셨던 기억이다. 그 후로 남동생 둘이 태어나고 나는 이모들이 좋아하는 삐삐머리나 두 갈래 땋은 머리로 지냈었다. 대가족은 나에게 많은 것을 배우게 했다. 할머니, 이모, 삼촌, 언니, 오빠, 아빠, 엄마, 동생들…. 그리고 때마다 서울에 오시면 지내고 가시는 일가들…. 불편함보다는 날마다 즐거웠다. 깨알 같았던 아빠 의학서적들도 끼고 살았고, 세계사, 한국사 이야기들은 닳고 닳도록 읽어댔다. 매달 나오는 과학 월간지, 학생 월간지들도 꼼꼼하게 읽고 스크랩해 보관할 줄 아는 착실한 학생이었다. 그러나 어릴 적부터 똑똑하다고 칭찬만 듣던 나는 지적 교만함에 빠져 있었던 것 같다. 학교에서 시험지를 백지로 내거나(다 아는데 왜 쓰냐고…), 학교운동장에서 발표회를 할 때면 나는 늘 아이들과는 조금 다른 것을 선택하고는 했다(그냥 발표회인데 나는 유난을 떨며 영어이야기를 한다든지…). 그 지적 상태를 지금도 유지했어야 했는데…. 아쉽다.

아빠 신앙이 희미해지면서 엄마와 우리 삼남매 신앙생활도 타격을 입었다. 엄마에게 교회 금지령이 내려졌고, 우리 삼남매도 눈치를 보면서 신앙생활을 해야 했다. 어려운 중에 신앙은 더 자라나던가? 아마도 그랬던 것 같다. 부모님은 내 삶의 선택을 늘 존중해주셨다. 그 결정은 언제나 옳은 것은 아니었지만, 지금 나의 선택 상황에서 결단할 수 있는 용기는 선택의 실패가 주는 선물이 아니었나 싶다.

남편을 만나고 어쩌다가 사모가 되어 목회자 자리에 조력자가 되면서 내가 할 수 있는 일은 아무것도 없었다. 첫 속회를 참석하러 가는 길에는 기도를 외워가야 했고(사모가 되어서 술술 기도하기에는 너무 놀랐다), 성경암송대회, 성경퀴즈대회에서 우승하던 지적 자존심은 신앙생활을 조언하는 것에는 아무 도움도 되지 못했다. IMF가 터지면서 울산의 목회지에는 30명의 아이들이 사택에서 함께 지내게 되었다. 아이들과 지내는 것은 어렵지 않았다. 큰 교회에 가서 쌀과 김치를 얻어다가 매일 고추장 넣은 김밥을 만들어 먹으면서도 아이들과 지내는 것은 매일 즐거웠다. 그 아이들과 공부방도 하고 소풍도 다니고 중창대회에 나가 상도 받고…. 아마 대가족 속에서 살았던 경험이 사람들과의 관계를 만들어 나가는 데는 많은 도움이 되었던 것 같다(나는 이때 사모의 자리보다 고아원 선생님을 했으면 더 잘 했을 듯…).

남편이 인도하는 예배가 좋았다. 함께 기도하면서 울고, 떼쓰고, 성경을 정독하고, 신앙 서적과 상담 서적을 읽어가면서 나는 내가 잘 할 수 있는 달란트를 발견해내었다. 사람들을 행복하게 할 수 있었다. 그것은 어렵다고 생각할 때, 부정적인 생각들을 할 때, 격려하고 긍정에너지를 나누는 것이었다.

그렇게 10년의 시간을 목사의 아내로, 조력자로 살다가 드디어 지금의 한벗조합, 서울외노센터, 트립티 일을 다시 시작하게 되었다. 다듬어지지 않았던 나의 7번 유형의 성향들이 세공되어 조금씩 빛을 발하기 시작했다. 모임이나 조직에서 "혼자 꾸면 꿈이고 여럿이 꾸면 현실이다"는 말처럼 함께 일을 이루어나가는데, 긍정적인 에너지로 꿈이 현실이 되는 역사들을 만들어나가고 있다.

IV. 느헤미야처럼 이상주의자가 아니라 이상을 실현하고 싶어

정치력과 영성의 조화를 이룬 느헤미야는 맑은 정신과 열정이 배합된 리더십을 보인다. 포로로 끌려간 페르시아에서 대제국의 총리대신이 되었으면서도 그는 도탄에 빠진 고국의 백성들을 위해 목숨을 걸고 기도한다. 예루살렘을 복구하고 개혁하는 느헤미야에서 나는 '맑은 정신의 열성가', 지성과 감성과 영성이 조화된 지도자상을 보게 된다. 7번 유형인 느헤미야처럼 맑은 영혼이 되려면 아직도 멀었지만 낙천적이고 이상적이며 꿈이 많고 행복과 만족을 추구하는 성향이 내게도 있다. 나도 느헤미야처럼 성숙한 7번이 되기 위해 내 자신을 되돌아보고자 한다.

7번 유형은 '빼앗길 봐'라는 두려움이 항상 있다고 한다. 나는 어머니에게 물건이나 애정, 꿈을 빼앗긴 경험이 별로 없다. 그렇지만 이것도 해보고 저것도 해보는 것으로 보아서는 내가 알지 못하지만 그런 점이 내 무의식에 없다고는 할 수가 없다. 나는 여러 가지를 잘하기 때문에 '만능선수'라는 별칭이 있다. 특히 부서진 기계를 만지면 거의 내가 수리할 수 있을 정도이다. 내 남편은 나를 '박말썽'이라고 부른다. 물론 농담이지만, 농담 속에 진실이 있을 수 있다. 내 생각으로 내가 말썽을 부린 적은 없지만, 남편 눈에 그렇게 보인다면 진지하게 고려해야 할 것이다. 나는 새 물건을 보면 꼭 갖고 싶어 하지 않는다. 비교적 검소한 생활을 하고 있다. 그렇지만 내 내면에서 어떤 탐욕에 빠져 있는지 되돌아보면 전혀 탐욕이 없다고 할 수는 없을 것이다. 여기저기에 탐닉하지 말고 맑을 정신으로 있어서 하겠다. 왕국에서 편하게 지낼 수 있던 느헤미야가 본인의 비전을 향해 결단한 것처럼 나도 나의 사명을 향해 탐닉을 벗어나 열정적으로 나아가고자 한다.

7번 유형은 활기찬 성향으로 만족을 얻기 위해 쉬지 않고 움직이며 다닌다고 한다. 재미없고 지루한 것을 못 견디며 고통을 기피하게 된다고 한다. 실제 내 삶을 되돌아보면 활기차게 움직이며 다닌 것은 맞지만, 그렇다고 고통을 기피하지는 않은 것 같다. 결혼을 하여 빈민촌 막사에서 신혼살림을 시작한 것이나, 울산에서 가난한 아이들을 집에서 돌본 것이나, 이후 한벗조합, 트립티에서 일한 것 등 모든 것이 쉽지 않은 삶이었다. 나는 이러한 일을 하면서 결코 쉽게 싫증을 내지 않았다. 적어도 몇 년, 아니 십 년 넘게까지 하고 목회자 사모로서 그리고 직장에서 활동가로서 지금도 내 몫을 담당하고 있다. 그렇지만 7번 유형이 새롭게 시작을 잘하는 데 반해, 끝마무리가 약할 가능성이 농후하다고들 하니 느헤미야처럼 성벽을 잘 쌓고 개혁을 완성할 때까지 이런 일들을 잘 마무리해야 하겠다.

7번 유형의 함정은 '이상주의자'라고 한다. 내가 낙천적이고 이상주의자인 것은 맞는 것 같다. 그렇지만 내가 다른 사람들이 따라 하기 힘들 정도로 끊임없이 일을 벌이고 추진하고 있을까? 오히려 나는 다른 사람들이 제시하는 이상을 따라하다 보니 정말 손발이 안 보일 정도로 힘들게 일하고 지칠 때가 적지 않다. 지금 나는 쉼이 필요하다. 느헤미야는 예루살렘에 도착하여 사흘 동안

쉬고 나서 아무 것도 말하지 않고 홀로 무너진 성벽을 돌아보는 등 충분히 준비한 후 사람들에게 하나님께서 자신에게 들려준 것을 이야기했다. 그랬더니 사람들이 힘을 내어 기꺼이 그 일을 시작하겠다고 다짐하였다. 나는 말을 재미있게 하고 있지만, 속으로는 화가 치밀어서 나도 모르게 거칠게 말을 할 때가 있다. 또 내 주장이 강해 남의 말에 주의를 기울이지 않고 내 고집대로 한다는 이야기를 들은 적이 있다. 사람들과 충분히 소통해서 이상주의자가 아니라 느헤미야처럼 이상을 실현하는 자가 되고 싶다.

7번 유형인 나는 내가 추구하는 행복과 만족을 현재 삶과 조건 속에서 찾아 내가 갖고 있는 창의성을 발휘하고 싶다. 맑은 정신의 덕목을 살려 남아있는 생애를 나도 행복하고 또 모두를 행복하게 할 수 있는 일들을 여전히 찾을 것이고, 여전히 현실이 되게 할 것이고 그렇게 인생을 마감하고 싶다.

압살롬(7번 유형)

생각 많은 나르시스트

박찬남
(정동제일교회 사회교육관 총무)

I. 압살롬, 성서의 7번 유형의 인물

압살롬의 이름은 미국 작가 윌리엄 포크너(William Falkner)의
소설『압살롬, 압살롬!』으로도 잘 알려져 있다. 이는 다윗 왕의 아들
로 태어나 자신의 친 누이동생을 성폭행한 이복형을 살해하고 아버
지에게 반역한 불효의 아이콘인 압살롬에 빗대어 쓴 소설이다.

압살롬은 다윗과 갈릴리 호수 동쪽의 그술 왕 달매의 딸인 마아가
의 셋째 아들로, 헤브론에서 출생하였다. 타의 추종을 불허할 만큼
아름다운 용모와 출중하고 화려한 언변을 가졌으며 부러울 것 없는
그였지만, 왕권 계승자이자 이복형인 암논이 자신의 친누이 다말을
능욕하고 버린 것에서부터 그의 불행이 시작되었다. 아버지 다윗 왕
이 죄를 범한 암논에게 특별한 징계를 취하지 않는 상황에서 2년간
마음으로 증오를 키우던 압살롬은 암논을 꾀어 암살하고, 외조부에

게로 도망하여 3년여를 피신한다. 아들 압살롬을 그리워한 부친 다윗과 화해했지만 진정한 용서를 받지 못한 채 2년이나 지나도록 아버지를 만나지조차 못하자 반기를 들어 아버지를 내쫓고 스스로 왕위에 오른다. 예루살렘 성을 차지하고 아버지의 후궁과 동침하는 패륜을 저지른 압살롬은 이기는 듯했지만, 충성스러운 다윗 왕의 신하의 지략에 꼬여 군대에 몰리어 도망하던 중 10kg에 달하는 머리카락이 상수리나무에 걸려 다윗의 신하, 요압의 칼에 죽고 만다.

1. 나르시스트 압살롬

7번의 유아기 기원은 어머니(양육자)와의 부정적 경험에서 비롯된다. 압살롬의 아버지는 다윗 왕이요, 어머니는 이웃나라 그술 왕 달매의 딸로서 공주인 마아가다. 왕인 아버지와 공주인 어머니를 두었던 압살롬이었지만 어머니 마아가는 스스로 아들을 사랑한다고 하면서도 정작 돌보고 양육하는 일은 아랫사람에게 미루었던 것으로 보여진다. 어머니가 애정과잉, 과보호 간섭하는 경향이 있으면 그것으로 인해 나르시즘이 강한 7번 유형이 된다. "온 이스라엘에 압살롬처럼, 머리끝에서 발끝까지 흠 잡을 데가 하나도 없는 미남은 없다"라고 성경(사무엘하 14:25)에 기록될 만큼 출중한 외모를 지닌 압살롬은 왕자로 떠받들어지며 무엇이든 하고 싶은 대로 하고 부러울 것도 거칠 것도 없이 살게 된다. 고통을 피하고, 맛있는 것, 재미있고 즐거운 일을 쫓아다니며 나르시즘은 커졌지만 양육자(어머니)와의 관계는 소극적, 정적인 상태에 머무르게 된다.

2. 치밀한 음모자 압살롬, 반역자 압살롬, 불효자 압살롬

스트레스를 받으며 격정에 사로잡힌 7번은 어딘가에 빠져들고 탐닉하며, 격한 분노를 동반하는 공격적인 성격을 갖게 된다. 게다가 깊이 생각하려 하는 스트레스 때문에 반격정(antipassion)에 사로잡히며 부정적인 음모를 꾸며 상황을 해결하려 한다. 압살롬은 친누이 다말이 암논에게 욕보임을 당하고 쫓겨나자 다윗 왕이 암논에게 징벌(정의의 실현)하리라고 기대하고 기다렸다. 그러나 2년이 지나도록 아무런 조치가 없고 오히려 율법을 지킨 자신이 암논보다 못한 처우를 받자 치밀한 계획을 세워 암논을 암살(정의 실현)한다. 이후 음모는 더욱 발전하여 암논을 제거한 것에 만족하지 않고 본인이 스스로 왕이 되고자 한다.

학자들은 사람들이 흔히 생각이나 이성에 따라 행동하기보다 본능에 따라 행동하며, 생각이나 이성은 그 본능적 행동을 합리화하는 쪽으로 쓴다고 한다. 스트레스를 받고 비통합적인 상태에서 본능에 따라 목표를 정하고 그것을 위해 음모를 꾸미지만, 방향 설정이 바르게 되어 있지 않은 탓에 아무리 치밀해도 그 음모는 목표를 이루기보다는 파국으로 간다. 압살롬의 음모가 반란으로 이어지는 과정이 그랬다. 다윗과 진정한 화해가 이루어지지 못한 압살롬은 마음속의 가시지 않은 미움, 원망, 불만을 아버지와의 전쟁으로 표출한다. 결국 자신과 아버지 다윗 왕 사이에 화해를 주선했던 요압과 그 부하들에 의해 압살롬은 비극적 최후를 맞게 되었다. 아들들이 죄를 지어도 용서하고 화해하며 측은지심을 지녔던 아버지 다윗 왕에게 자식의 죽음으로 인한 말할 수 없는 슬픔(斷腸之哀), 불효를 저지르게 되었던 것이다.

처음부터 자신의 이익을 위해 압살롬이 아버지인 다윗을 죽이고

자 하였던 것은 아닐 것이다. 압살롬이 자신이 옳다, 정당하다는 생각의 질주, 하면 할수록 확장되어지는 계획 세우기를 멈추었다면, 정죄와 자의적인 정의 실현보다는 하나님을 의지하고, 주권적 인도하심에 순종하였다면 하나님께서는 바른 영성으로 압살롬을 생명으로 이끌어주셨을 것이다.

II. 7번 유형인 나의 고백

에니어그램의 세 가지 유형 중 사고형(5번, 6번, 7번)은 감정, 행동보다 사고기능이 앞서며, 침착하게 분석한다. 7번은 사고형에 속하지만 아주 실용적이고 동시에 일을 실행하며 빠르게 행동으로 옮기기 때문에 사고형으로 보이지 않을 때도 있다. 생각이 앞서기에 앞일을 예견하여 주변에서 쓸데없이 앞장서 걱정한다는 핀잔을 듣기도 하고, 즉흥적이라 변덕이 심하다는 말을 듣기도 한다.

7번의 유아기 기원은 양육자와 분리되었다는 감정의 경험에서 비롯된다고 한다. 충분한 보살핌을 받지 못했다는 깊은 좌절감에 빠진 어린 시절의 7번은 자기 스스로 얻어낸 것으로 자신이 받지 못한 양육에 대한 보상을 받으려 하고, 내면의 좌절, 결핍, 두려움들을 억제할 수 있는 흥밋거리를 찾음으로써 부정적인 감정과 갈등이 의식 위로 올라오지 않도록 하여 스스로를 만족시켜 나아간다. 3살 무렵 어머니를 잃은 나는 성년이 지나서야 정이 많고 대장부처럼 대범했던 어머니의 이야기를 먼 친척 할머니로부터 들을 수 있었다. 내가 7번의 성격을 갖게 된 것이 어느 날 갑자기 사라져버린 어머니의 부재에서 비롯된 좌절과 불안 때문이었는지, 아니면 성격이 강하고 드센 어머니가 나를 다그치거나 당신의 방식대로 몰고 갔던 탓인지 그 이유를 명확하게 알 수는 없다. 다만 양육자(어머니)의 갑작스러운 부재로 인한 좌절, 강한 어머니에 대한 부정적인 기억이 어떤 열악한 상황에서도 희망을 놓지 않는, 자신의 능력으로 꾸준히 스스로 만족스러운 현실로 만들려는, 생각 많은 나르시스트(압살롬과 나, 다수의 7번으로)로 만든 것일 수도 있겠다. 이제 스스로 생각할 나이가 된 내가 이유가 어쨌든 잠재의식 속에만 남아 있는 (어찌된 연유인지 어린 시절의 나에 대한 기억은 통으로 들어내진 것처럼 사진으로만 존재한다) 어머니를 사랑하고 어린 시절의 슬펐던 나를 인정하며 화해한다면 어떤 처지에서도 만족할 수 있는, 진지한 성찰과 더불어 감사하는 사람으로 살 수 있을 것 같다.

7번의 격정은 탐닉이고 기피는 고통이다. 먹기를 좋아하고, 맛집을 많이 알며 재미있는 일을 많이 만든다. 하루 저녁에 세 팀이나 약속을 해놓고 친구를 만나는 사람도 있다. 취미가 많기 때문에 할 일도 많고 심심하거나 괴로운 일은 견디기 힘들어한다. 그래서 다른 사람의 고민을 잘 들어 주지 못한다(감정이입으로 인한 고통 회피). 앞으로 생길 일에 대해서는 무조건 잘될 것이라는 생각을 하고 본다. 7번이 느끼는 지루함은 환경이 충분한 자극을 주지 않기 때문에 자신의 불안과 부정적인 감정, 고통에 직면하게 됨에서 비롯된다. 나는 어떠한 과제나 큰 행사를 마치고 무위(無爲)의 시간이 오면, 즉 아무 자극이 없는 상태가 오면 안도감과 동시에 이유 없이 불안하고 괴로웠다. 끊임없는 정체 모를 상념들이 머릿속에서 소용돌이치며 알 수 없는 우울감과 초조함을 느끼곤 했다. 또 조금만 지루하거나 흥미가 없어지면 바로 장소를 이탈하거나 이탈할 수 없을 경우 다른 생각이나 허용이 되는 작은 행동을 하곤 했다. 그래서 강의나 교육수강 중에

덜그럭거리며 가방을 정리하거나, 일정 정리 같은 딴짓을 하는 것이다. 그렇다고 강의 내용을 놓치거나 하진 않는다. 질문 시간에는 누구보다 더 열심히 궁금한 것을 질문한다. 듣기는 하되 태도는 산만하다. 탐닉이란, 소유하려는 탐욕과는 달리 즐거운 경험에 몰입하기 위해 다양한 것을 수집하고 맛보려는 욕구라고 한다. 그리고 그것이 감각이든 감정이든 자극이든 깊이 몰입하지 않는다. 그래서인지 그런 경험을 통해 어떤 수준에 도달하기 어렵다. 그냥 새로운 것, 평범하지 않은 것, 다양한 체험이 나를 유혹한다. 계절이 바뀌어 옷장을 정리할 때면 입지도 않은 옷들, 구매한 기억조차 희미한 새 옷들이 줄줄이 나온다. 포장을 뜯지도 않은 주방용 소형가전제품들이 가지런히 정리되어 싱크대를 채우고, 나이가 들어감에 따라 새로운 운동용품들이 한 종목씩 늘어나지만 나는 여전히 입문 상태이다. 그러나 쌓여가는 물건들을 볼 때면 나는 역설적으로 행복하다.

7번의 함정은 이상주의이다. 7번은 현재 하고 있는 일이나 경험에 만족하지 못하고 앞으로 올 사건이나 일이 현재의 문제를 해결해주고, 개선해주기를 바라면서 미래를 기다린다. 몸은 현재이나 생각은 늘 다음에 있다. 잘못된 선택을 하지 않기 위해 그리고 나에게 최선인 것을 놓치지 않기 위해 끊임없이 생각하고 계획한다. 미래에 대해 생각하는 것이 잘못은 아니지만 끊임없는 미래에 대한 생각은 현재와의 연결을 잃어버리게 하고 현재의 문제에 직면하기 어렵게 만든다. 현재의 직장 또는 결혼 생활이 여러 면에서 나쁘거나 문제점이 없음에도 불구하고, 오히려 안정적이고 자극이 없다는 이유로 최상의 이상적인 직장이나 결혼 생활을 놓치고 있는 것은 아닌지 불안해하며 슬퍼하는 것이다.

생각 속에서 행복한 7번인 압살롬은 자극을 쫓아 더 큰 계획을 세우고 확장하여 왕위찬탈까지 이른다. 그러나 끝없는 자극은 결국 몸을 지치게 하고 감정을 피폐하게 만들어, 바른 판단을 어렵게 했다. (자동으로) 쉼 없이 예측하고, 구상하기를 즐겨 하는 나는 부지런히 계획하는 이런 모습이 장점이라고 생각하고 있었다. 하지만 7번의 이러한 특성이 오히려 현실에서 실존적으로 살아야 하는 나를 어렵게 만든 것이다.

7번은 보통의 수준에서도 추진력, 성취욕이 강하고 습득하고자 하는 욕망이 강하여 조금만 지나쳐도 과도하게 몰입한다. 그러므로 7번에 있어 끊임없이 솟아나는 격정을 어떻게 다루느냐는 문제는 매우 중요하며, 깊이 있게 사고하고 관찰·분석하여 조화와 균형을 추구하여야 바른 길로 나아갈 수 있다. 기질적으로 가장 열정이 많고, 항상 최상의 상태를 생각하는 7번은 관습적으로 부여된 권위에 도전하고 배우고 익힌 가치가 삶에서 실증되고 구현되길 바란다(이상주의). 또한 끊임없이 계획을 세워 실현시키는 성격이며, 일을 벌이는 것을 두려워하지 않는다. 고통, 제한, 규제를 거부하며 두려움, 걱정을 무의식적으로라도 피한다(비현실적). 환경이든, 자기 자신이든, 직면한 부정적인 것, 때로는 잘못된 것도 금방 용서하며 합리화 하곤 한다. (보살핌을 받지 못함 깊은 좌절감으로 인해) 비극은 피하고 희극을 좋아한다. 지루한 것을 참을 수 없다, 부풀려진 긍정과 낙천주의로 실수나 실패를 직면하지 않고, 논리적, 객관적으로 합리화한다. 세상의 모든 가능성은 열려 있다고 생각하며 살아온 것이 7번의 함정이었다는 것을 에니어그램 공부를 하며 알게 되었다. 이제 나는 희망하고 기도한다. 생각의 질주가 멈추기를, 항상 충분하지 않다는 두려움과 초조함에서 자유로워지기를, 다른 사람을 모욕하는 것으로 좌절감과 분노를 표현하지 않기를, 흥미로운 것을 찾아 헤매지 않게 되기를, 조용히 평정을 갖고 하느님 안에서 중심을 찾았을 때 행복하다는 것을.

7번의 회개는 창조에 동참이며, 덕목은 맑은 정신이다. 늘 바쁘고 에너지가 넘치는 7번은 그 분주함 속에 자신의 행동에 대한 죄책감과 후회를 누르고 있다. 다른 사람에게 상처를 주는 것도 원치 않지만 자신의 고통이나 내면의 불안에 직면하기는 더욱 두렵다. 나는 고통과 박탈감이 나를 슬프게 할 때 당황하고 도망가기보다는 말씀으로 무장하고, 기도로 깨어 있어 나의 격정과 함정에 빠지지 않고 그 감정에 직면하려 한다. 또한 의도적으로 일상적인 것에서 충만감과 감사함을 느끼려고도 한다. 상념 속의 이상적인 미래를 좇아 나를 소비하지 않고 현재에 감사하며, 있는 그대로 느끼고 만족하려는 것이다. 그렇게 함으로써 하나님이 나에게 주신 일상이 선물이며, 내면으로부터 밀려오는 기쁨과 감사 속에 살게 될 것이라고 생각한다.

8번 이야기

　8번 유형은 대결형이다. 협조하기보다는 대결하여, 싸워서 이기면서 일을 해결하려는 성향이 깊다.

　특성은 지도자이다. 어릴 때부터 골목대장 노릇을 하며 친구들 사이에서도 리더처럼 행동을 한다. 어머니와의 관계가 좋기도 하고 싫기도 하는 양가적인 감정이 있다. 어른이 되어서는 효자 노릇을 하는 사람이 많은데 그것도 자기가 직접 하기보다는 다른 사람을 시켜서 한다. 어린 시절에 고생을 심하게 했다고 느끼거나 어떤 학대를 경험해 본 사람이 독립적이 되어 자기는 자기가 지켜야 한다는 힘을 키워 온 사람이 8번이 될 수 있다. 어릴 때 병을 심하게 앓은 사람도 8번이 된다.

　이들은 약한 것을 아주 싫어하며, 자기도 강하게 할 뿐만 아니라 자녀들이나 부하들을 강하게 다루어야 제대로 자란다는 생각을 한다. 강하게 하지 않으면 다른 사람들이 치고 들어온다는 불안감이 늘 있기 때문이다. 그래서 남에게 꿀리는 것을 아주 싫어한다.

　격정은 정욕인데 모든 것이 자기중심적이고, 자기 생각대로 밀고 나가려고 한다. 기도 세고, 목소리도 크고, 힘도 세고, 크고 많고 고급스러운 것을 좋아한다. 돈을 좋아하고, 권력도 쥐고 싶어 하고, 성욕도 강하며, 온 천하를 쥐려는 욕망이 강한 사람들이다. 정치를 하거나 사업을 하는 사람이 많고, 종교 지도자들에게도 8번이 많이 있다.

함정은 정의인데, 다른 사람이 약한 자를 억누르는 것을 그냥 보아 넘기지 못한다. 그러다가 정의를 위하고 민주주의를 위하여 투쟁하다가 또 다른 폭력을 행사할 수도 있다. 8번 유형은 사람들에게 '뜨거운 동정심'을 가져야 사람을 사랑하는 사람이 된다. 또 8번은 일을 중요하게 하는 사람인데 일과 사람에 대한 사랑을 잘 조화를 할 수 있어야 한다. 그러려면 모든 일을 계획하면서 하나님께 묻는 기도를 많이 해야 한다.

소박한 지도자가 되어 그에게 허락한 공동체가 상생할 수 있는 길로 이끌 수가 있다. 소박하다는 말은 권위주의자가 되지 않는다는 의미도 있다. 하나님이 시켜서 하는 일이라면 섬기는 지도자로 살면서 얼마든지 행복감을 느낄 수 있다.

소박한 일꾼

윤명선
(식구공동체교회 담임목사, 공동체문화원 원장)

I. 에니어그램 8번 유형

대결형이다. 협조하기보다는 대결하여, 싸워서 이기면서 일을 해결하고자 하는 성향이 깊다. 특성은 지도자이다. 어릴 때부터 골목대장 노릇을 해오며 친구들 사이에서도 리더처럼 행동을 한다. 어머니와의 관계가 좋기도 하고 싫기도 하는 양가적인 감정이 있다. 어른이 되어서는 효자 노릇을 하는 사람이 많은데 그것도 자기가 직접 하기보다는 다른 사람을 시켜서 한다. 어린 시절에 고생을 심하게 했다고 느끼거나 어떤 힘든 일을 경험해 본 사람이 독립적이 되어, 자기는 자기가 지켜야 한다는 힘을 키워 온 사람이 8번이 될 수 있다. 어릴 때 병을 심하게 앓은 사람도 8번이 된다. 8번이 건강할 때에는 다른 사람들에게 직접적으로 개입하여 사랑을 베풀 줄 안다. 순박하고 충실하며 자기 확신에 찬 생활을 할 줄 안다. 그렇게 살다보니 자연히 권위가 있어진다. 그러나 8번이 불건강해지면 남을 지배하면서 통제하려 든다. 남을 의심하기를 잘하고 자기중심적이다. 직설적이고도 과격한 말을 잘하게 된다.

8번의 기피

약한 것을 아주 싫어하는 이들은 자기도 강하게 할 뿐만 아니라 자녀들이나 부하들을 강하게 다루어야 제대로 자란다는 생각이 있다. 강하게 하지 않으면 다른 사람들이 치고 들어온다는 불안감이 늘 있기 때문이다. 남에게 꿀리는 것을 아주 싫어한다. 자신에게 어려운 일이 생기거나 집안에 슬픈 일이 생겨도 겉으로는 잘 이겨내는 척한다. 마음을 모질게 먹으면서 참아 내다보니 다른 사람과의 관계가 유연해지지 못하게 된다.

8번의 격정

격정은 정욕인데 모든 것이 자기중심적이고, 자기 생각대로 밀고 나가려고 한다. 기도 세고, 목소리도 크고, 힘도 세고, 크고 많고 고급스러운 것을 좋아한다. 사치와 허영에 빠지기를 잘하고 자기가 갖고 싶은 물건을 많이 사 모으기도 한다. 돈을 좋아하고, 권력도 쥐고 싶고 성욕도 강하고, 온 천하를 쥐고 싶어 하는 욕망이 강한 사람들이다. 정치를 하거나 사업을 하는 사람이 많고 종교 지도자들에게도 8번이 많이 있다.

8번의 함정

함정은 정의인데 다른 사람이 약한 자를 억누르는 것을 보아 넘기지 못한다. 각 유형의 함정의 개념은 모두 좋은 단어이지만 그것이 지나치다 보면 함정에 빠지게 되어 있다. 자기 식구들이나 부하들의 복지를 위해서 힘쓰기를 잘하면서 그들이 불의에 희생당하지 않게 보호한다. 그러다가 정의를 위하고 민주주의를 위하여 투쟁하다가 또 다른 폭력을 행사할 수도 있다. 배신감과 거부감을 많이 느끼게 되며 정의를 행하려다가 오히려 이 세상이 잔혹하다고 느낄 수 있다.

8번의 덕목

사람들에게 '뜨거운 동정심'을 가져야 사람을 사랑하는 사람이 된다. 8번은 사람 자체보다 일을 중요하게 생각하는 사람인데 일과 사람에 대한 사랑을 잘 조화를 할 수 있어야 한다. 그러려면 모든 일을 계획하면서 하나님께 묻는 기도를 많이 해야 한다. 자칫하면 정의를 위한다면서 자기 마음대로 행사할 수 있는 위험이 있기 때문이다. 8번에게는 큰 꿈이 있고 다른 사람들, 즉 나라를 위하여 살고 싶은 뜻이 있는 사람이기에 소박한 지도자가 되어 그에게 허락한 공동체가 상생할 수 있는 길로 이끌 수 있어야 한다. 소박하다는 말은 권위주의자가 되지 않는다는 말도 된다. 하나님이 시켜서 하는 일이라면 섬기는 지도자로 살면서 자기도 행복하고 다른 사람들에게도 행복을 나눠주는 일을 할 수가 있게 된다.

II. 바뀌는 다윗

1. 어린 시절의 다윗

어릴 때부터 엄마 치마폭에 쌓여 있으려고 하지 않고 자기 일은 자기가 하려고 하는 성향이 있는 아이가 8번 유형인데 다윗이 이런 아이였다. 성경에 이런 이야기가 있다.

> "여호와께서 사무엘에게 이르시되 내가 이미 사울을 버려 이스라엘 왕이 되지 못하게 하였거늘 네가 그를 위하여 언제까지 슬퍼하겠느냐, 너는 뿔에 기름을 채워 가지고 가라 내가 너를 베들레헴 사람 이새에게로 보내리니 이는 내가 그의 아들 중에서 한 왕을 보았느니라 하시는지라"(삼상 16:1).

사사 시대를 지나면서 이스라엘 백성들이 자기 나라에도 왕이 있기를 원하였다. 사실 하나님께서 처음에는 왕을 세우는 것을 별로 탐탁지 않게 생각하셨지만 백성들이 자꾸 원하기에 나중에는 제사장인 사무엘에게 사울이라는 청년을 소개하며 그에게 왕이 될 기름을 붓게 하셨다. 제사장은 하나님과 직접 커뮤니케이션이 되는 사람이고, 이는 하나님이 시키시는 대로 백성을 다스려 왔는데 그런 제도를 마다하고 왕을 세우려 하니 하나님께서는 백성들이 하나님을 버린다고까지 말을 하셨다. 그러나 결국에는 하나님께서도 이를 받아들여 사울이 왕이 되게 하셨다. 그러나 사울은 자기 마음대로 하는 왕이 되어 하나님 눈에서 벗어났다. 사무엘은 속이 상해서 슬퍼하고 있었는데 하나님께서는 사울을 왕으로 삼으신 것을 후회하시면서 사무엘에게 다시 말씀하신다.

이 하나님의 명령을 받고 제사장 사무엘은 왕이 될 사람을 찾으려 이새의 집으로 갔다. 그의 아들들을 일곱 명이나 만나 보았지만 왕으로 기름을 부을 아들이 아닌 것 같아서 난감해하고 있는데 이새가 말한다, 들에 나가서 양을 치고 있는 아들이 한 명 더 있다고. 다윗을 불러와서 보니 그는 눈이 아름답고 외모도 준수한 홍안의 소년이었다. 주께서 말씀하셨다. "바로 이 사람이다, 어서 그에게 기름을 부어라." 사무엘이 기름 뿔병을 가져다가 그 형제들 중에서 다윗에게 기름을 부었다. 그러자 주의 영이 그날부터 계속 다윗을 감동시켰다(사무엘상 16:1-13).

보통 집안의 막내라면 온 식구들의 사랑을 받으면서 버릇없이 살아갈 수 있는데, 다윗은 일곱 형이 있는 막내로서 오히려 집안일을 도맡아 한 것 같다. 형들은 다 집에 있는 데도 막내가 들에 나가 양을 돌보는 목동 노릇을 하면서 지낸 것을 보니 그리 귀함을 받지 못하면서 8번으로 자라난 것 같다. '형들의 무시를 받을 수도 있고, 심부름도 많이 시키지 않았을까?' 하는 생각이 든다. 어떤 8번은 어릴 때 형들에게 많이 맞고 자랐다고 하는데, 어린 소년을 밖으로 내보내 양을 치게 했다면 다윗이 자기를 편하게 지켜주지 못한 엄마와의 관계도 썩 좋았을 것 같지가 않다. 8번의 엄마와의 관계는 좋기도 하고 싫기도 한데 아직 다 자라지 못한 소년이 혼자 양을 치면서 엄마가 그리울 때 다정한 사랑을 제대로 못 받았을 것 아닌가 싶다.

2. 도망자 다윗

이렇게 해서 왕의 후보로 점지된 다윗은 10년 동안 시련과 도전으로 훈련을 받았다. 사울로부터 여호와의 영이 떠나게 되니 그는 악령에 시달리게 된다. 전국적으로 알려서 수금을 타는 사람을 구하여 사울 왕의 병을 고치려고 하던 중 다윗을 알아내고는 그를 궁전으로 불러들이게 되었다. 다윗이 사울 앞에서 수금을 타니 악령은 물러가게 되고 사울이 그를 좋게 여겼었다. 그러나 가까이 지내게 하면서 여러 가지로 힘든 일이 많이 생겼다. 8번의 7번 날개의 다윗은 용맹스러운 목동이기도 하면서 수금을 잘 타는, 음악과 시를 좋아하는 사람이다. 다윗이 사울에게 한 말이 있다. "사자나 곰이 양떼에 달려들어 한 마리라도 물어 가면 곧바로 뒤쫓아 가서 그 놈을 쳐 죽이고, 그 입에서 양을 꺼내어 살려내곤 하였습니다"(사무엘상 17:34-35). 8번의 용감한 성격인 자기 경험을 말하는 것이다. 목동 생활을 하면서 하나님을 경외하는 신앙심도 키워나갔을 것이다.

그때에 블레셋 사람들이 싸움을 걸어와 사울을 비롯해 온 이스라엘 사람들은 떨고 있었다. 저쪽 산 쪽에서 진을 친 블레셋 사람 중에서 키도 크고 몸집이 큰 골리앗이라는 장군이 머리에는 놋 투구를 쓰고, 몸에는 비늘 갑옷을 입고, 다리에는 놋 각반을 쳤고, 어깨에는 놋 단창을 메고, 길고도 무거운 방패를 들고나와서 이스라엘을 모욕을 하는데 아무도 나서는 사람이 없었다. 이때에 소년 다윗이 자기가 나서 보겠다고 하였다. 다윗의 맏형인 엘리압이 "들판에 있는 몇 마리도 안 되는 양은 누구에게 떠맡겨 놓았느냐? 이 건방지고 고집 센 녀석아"(사무엘상 17:28)라고 하면서 다윗을 지지하지 않았다. 다윗이 전장에 나가기를 자원한다는 말을 사울이 듣고 어린 소년이 어떻게 하느냐고 걱정을 하였지만 다윗은 자기의 뜻을 명확하게 말하였다. 양을 칠 때에 사자나 곰이 와서 양을 몰아갈 때 끝까지 따라가서 양들을 지키며 용맹을 키우던 일, 특히 여호와 하나님의 현존을 느끼는 그는 이스라엘을 블레셋으로부터 구원해주실 것을 표현하였다. 여러 가지 우여곡절 끝에 거인인 골리앗과 다윗이 싸우도록 허락을 받았다. 그는 사울이 입힌 거추장스러운 무장한 옷이나 무기를 다 벗어 버렸다. 목동의 지팡이를 들고 시냇가에서 돌 다섯 개를 골라서, 자기가 메고 다니던 목동의 도구를 주머니에 집어넣은 다음, 자기가 쓰던 무릿매를 들고, 그 블레셋 사람들에게 가까이 나아갔다(사무엘 상 17:40). 골리앗 앞으로 빨리 달려간 다윗은 돌멩이를 던져 골리앗의 이마에 맞추었고 그는 비틀거리며 쓰러졌다. 돌에 맞은 골리앗이 쓰러진 후에 다윗이 그에게 달려가서, 그를 밟고 서서, 그의 칼집에서 칼을 빼어 그의 목을 잘라 죽였다.

8번 대결형인 다윗은 짐승들과 늘 싸우던 태도와 마음가짐 그대로 골리앗을 대할 수 있었던 것이다. 8번은 정의가 함정이 될 정도로 정의감이 많은 유형이다. 나라를 사랑하는 마음이 투철해지면 이것저것 따지지 않고 단순하게 그 일에만 에너지를 모을 수 있다. 특히 8번은 위기에 처하게 되면 더 차분해지면서 자기의 능력을 발휘할 수 있다.

이 일로 인해 인기가 오른 다윗 때문에 사울왕은 그를 시기하고 의심하기 시작하였다. 수금을 타고 있는 다윗에게 사울이 창을 던지기도 하고, 다윗을 죽이려는 계략을 꾸미며, 그를 사위를 삼은 것도 그 계략 가운데 하나이다. 다윗은 사울로부터 혹독한 시련을 당하며 죽을 고비도 여러 번 넘겼다. 그러나 다윗이 사울을 죽일 수도 있는 기회가 있었으나 다윗은 사울을 죽이지 않았다. 다행히 다윗의 아내나 사울의 아들인 요나단과는 아버지와의 관계를 떠나 친하게 지내면서 오히려 다윗을 도와주었다.

다윗이 골리앗을 물리치고 나서 요나단의 마음이 다윗의 마음과 하나 되기 시작하여 그를 자기 생명과 같이 사랑하게 되었다(삼상 18:1). 요나단이 자기가 입었던 겉옷을 벗어 다윗에게 주고 자기의 군복, 칼, 활과 띠도 주었고 사울은 다윗을 군대장으로 삼았다. 그러나 다윗이 가는 곳마다 지혜롭게 행하면서 승승장구하자 여인들과 백성들이 다윗을 찬양하니까 사울은 그를 더욱 두려워하게 되었다. 그러나 요나단은 자기 아버지인 사울이 다윗을 죽이려고 할 때마다 다윗을 구해주곤 하였다. 그러다가 전장에서 요나단이 그의 아버지인 사울과 그의 세 형제들과 함께 죽었다는 소식을 다윗이 듣게 된다. 사울이 그렇게 다윗을 죽이려 했는데도 다윗은 사울과 요나단의 죽음을 슬퍼하며 노래를 짓는다.

"오호라 두 용사가 전쟁 중에 엎드려 졌도다. 요나단이 네 산 위에서 죽임을 당하였도다. 내 형 요나단이여! 내가 그대를 애통함은 그대는 내게 심히 아름다움이라. 그대가 나를 사랑함이 기이하여 여인의 사랑보다 더 하였더라"(삼하 1:25-26).

아버지 사울과 다윗은 원수 같은 사이인데 그 아들 요나단은 다윗과 함께 이렇게 가까이 지낼 수 있다는 것은 참 기이한 일이다. 하나님께서 인연 맺어 주신 것으로, 다윗이 복 받은 사람인 것이다. 그리고 8번의 7번 날개는 사람들과의 사이에서 친화력이 강하게 있는데, 한 번 만나면 형제나 식구같이 지낼 수 있는 깊은 사귐을 가질 수 있다. 8번이 건강하면 다른 사람을 위하는 능력이 크게 있고, 그것을 배반하지 않는 사람이면 함께 어울려 행복하게 살게 된다.

사울이 왕으로 있던 때에 다윗은 박해를 참아내며 유랑생활을 견뎌가며 자신의 대결심과 복수심을 이겨내며 영성을 키운 시기였다. 8번의 특성 중에 자기를 해치는 사람을 반드시 보복하는 경향이 있는데 다윗은 사울에게 그렇게 할 수 있는 기회가 있었는데도 보복을 하지 않으며 격정을 다스려 낼 수 있었던 것을 보면, 자기를 목숨처럼 아껴 주었던 요나단의 사랑의 힘도 있었을 것이다.

3. 통치자 다윗 왕

사울 왕이 블레셋 사람들과의 길보아 전투에서 죽은 후에 유다 사람들이 다윗을 찾아와 왕으로 세우기 위한 기름을 붓고 다윗이 그 뒤를 잇게 되었다. 10년 동안 고난과 연단의 기간을 지나며 용맹, 지략, 신앙을 키우면서 인격과 리더십을 형성한 준비된 통치자로 나서게 되었다. 그는 유대와 이스라엘을 위한 내치는 물론, 블레셋 사람들까지 섬멸하는 통치자가 되었는데 그것은 빈틈없이 계산하는 지략과 영성이 배합되었기 때문이었다. 용맹한 전략가이지만 아랫사람에게는 뜨거운 동정심을 가진 아량이 넓은 소탈한 지도자이기도 했었다. 이스라엘 왕으로써 다윗 성을 쌓고, 여기저기 옮겨 다니던 하나님의 궤도 다윗 성으로 옮겨 놓았다. 아들들끼리의 싸움, 아들의 반란 등 여러 가지 일이 있었고, 후대 사람들이 그를 영웅이라고 칭할 수 있을 정도로 그의 일생은 전쟁을 많이 치루었다.

왕의 자리가 탄탄해지면서 그가 변하게 되었다. 다윗 왕이 힘이 생기고 나니 오만이라는 격정에 빠져 버렸다. 자기도 모르게 " 누가 나를 건드려? "라고 하게 되었고, 들끓는 정욕으로 자기 신하의 부인을 빼앗는 일까지 저지르게 되었다. 그러면서 음모를 꾸며 그 부하를 죽이기까지 한다. 그러나 선지자인 나단이 나타나 이런 다윗을 책망하게 되고, 회개하게 되어서 다시 바뀌게 된다. 사람은 환경에 따라 겸손해질 때도 있고, 오만해질 때도 있다. 소년 시절부터 청년의 시기에 그렇게 혹독한 시련을 이겨냈는데도 자기 위에 아무도 없다고 생각이 들면 야비한 일을 저지를 수 있는 불건강한 인격으로 변할 수 있다. 그러나 8번은 자기 마음대로 하고 싶은 생각을 벗어나 다른 사람들에게 '뜨거운 동정심'을 가질 때 자기를 죽이려는 사람들까지도 감싸 안는 소박하고 순수한 지도자가 될 수 있다. 다윗의 일생에는 격정과 덕목이 교차되는 일이 많았음을 볼 수 있다. 사람의 눈으로 보기에는 험한 죄를 많이 짓기도 했지만 또한 돌이켜서 하나님 앞에 바로 서려고 노력하는 점도 장점이라고 할 수 있다. 또한 중요한 것은 메시아인 예수의 조상인 다윗에게 항상 임하여 계시는 하나님의 능력을 볼 수 있다는 것이다.

III. 다윗과 나의 기도

어릴 때부터 리더 자리에서 살아온 나는 다른 사람을 위한다는 명목으로 정의를 행하기 위한 일을 하다가도 내 마음대로 안 될 때에는 '버럭' 화를 내어버리고 만다. 다윗의 기도를 보면서 같은 8번으로써의 닮은 점(?)을 찾아보고 싶다. 다윗처럼 사람을 죽인 적은 없지만 장난처럼 하면서 보복을 행하곤 하였다. 나는 제대로 경쟁을 해본 적이 없다. 항상 내가 자신을 최고의 자리로 올려놓고는 오만하게 살았기 때문이다. 8번의 격정을 정욕이라고 말하는데 그것은 모든 것을 자기 마음대로 하기를 원하는 것이다. 다른 사람을 위해서 일을 한다고 하면서도 사람에 대한 동정심을 갖기보다는 자기 생각이 우선으로 나오는 것이다. 나는 마음이 여려서 주저주저하면서 일을 잘 못하는 사람보다, 성격이 좀 못 되도 일을 척척 잘하는 사람이 더 좋다. 그 얘기는 사람에 대한 사랑이 없다는 것이다. 하나님이 나에게 어떤 일을, 어떤 마음으로 하라고 시키시는지를 묻기 전에 내 눈에 뜨이는 일을 막 하면서 살아온 것이다. 강한 힘이 있어야 정의를 실천할 수 있는 줄 알고 약함을 인정하지 않으려고 하니까 사람의 관계 속에서 긴장감과 대결이 끊이지 않았었던 것 같다.

다윗의 일생을 보니까 어릴 때부터 독립심이 강한 아이로 키워졌고 용맹스러운 것은 정의심의 발로가 아닌가 싶다. 격정인 강한 정욕 때문에 복잡한 일을 많이 당하기도 한 것이다. 8번은 자기 자신을 지키기 위해서라기보다 나라를 위해서는 자기의 목숨을 버릴 수도 있는 정의감이 있기에 겉으로 보기에는 강한 것만 있는 것처럼 보이나 속은 여릴 수도 있고, 문학이나 음악 등 예술적인 면도 많이 있다. 그러기에 시를 쓰고, 수금도 타고, 사울의 아픔이나 병을 고쳐주기도 한다. 그러고 보면 나도 강한 사람의 이미지로 살고 있지만 음악을 좋아하고, 춤추기도 좋아하고, 그림을 그리면서 단체적으로 그림 전시회를 한 적도 있다. 불의를 행하며 잘 못사는 사람에게는 강하게 대하지만 불행한 처지에 있거나 약자라고 생각되는 사람에게는 사랑을 쏟는다. 나에게 잘못을 저지른 사람에게도 뒤에서 원수 갚는 일은 없다. 그것은 나를 지키는 내 자존심이 허락하지 않기 때문이다. 다윗이 굴속에서 사울의 뒤에 앉아 있을 때 그를 죽이지 않고 옷자락만 살짝 베어내었다는 이야기를 충분히 이해할 수가 있다.

그러나 이렇게 겉사람(성격)을 보는 것보다 다윗이 회개할 때의 심정은 어땠나 생각을 해보게 된다. 부하인 우리야의 아내 밧세바가 목욕하는 것을 우연히 본 다윗은 그 여인을 자기에게로 데리고 오게 해 성폭행을 저지른 것이다. 그것도 모자라 그 여인의 남편을 전장터로 내보내 죽게 하고 자기의 여자를 만들었다. 이 엄청난 죄를 지은 것을 보고 하나님께서는 선지자 나단으로 하여금 다윗을 찾아가 야단을 치게 하셨다. 여기에서 다윗은 정신을 차리고 깨어난 것이 아닌가 싶다. 정치를 잘하는 왕이 자기 신하의 아내를 빼앗는 행위는 자기가 지금 무슨 짓을 하는지를 생각하지 못하는 것, 즉 격정에 휘말려 있다는 증거이다. 격정(죄) 속에 휘말려 있으면서 자기가 하는 행위에 대해 의식을 하지 못하는 상태를 에니어그램에서는 '잠자는 상태'라고 말한다. 영적으로 잠자는 상태에 있을 때에는 자기 자신도 해치고 다른 사람에게도 상처를 주면서 모두를 불행에 빠지게 한다. 이러한 자기 상태를 깨닫고 회개를 하면 깨어나게 된다. 에니어그램에서의 회개는 자기의 상태를 인식하고 고백하는 일이다. 정욕에 휩싸여 밧세바를 범한 다윗이 나단의 말을 듣고 깜짝 놀라 깨어나서는 얼마나 창피하고 자기 자신이 혐오스러웠을까? 그 당시에는 아내를 여럿을 둘 수 있는 사회였지만 정의를 외치는 8번이 불의한 방법으로 일을 저질렀다는 것을 생각하면 참 부끄러운 일이다. 밧세바가 낳은 아이가 병을 앓게 되었는데 그때 다윗은 금식을 하며 심히 울면서 기도를 하였고, 그 아이가 죽고 나서는 그 운명을 받아들인 것 같다.

나는 정의라는 함정에 빠져, 오만한 자리에 앉기를 잘하는 사람이다. 8번의 7번 날개인 나는 다른 사람들을 도와주고 다른 사람들의 달란트를 잘 발견하여 그가 그답게 살 수 있도록 도와주는 일을 잘하는 편이다. 그러나 일을 제대로 잘못하거나 교만을 떠는 사람을 보면 가만히 있지를 못한다. 특히 나를 억울하게 하는 사람을 얼른 용서하지 못하고 그 사람 때문에 스트레스를 받기도 한다. 그 자리에서 버럭을 해버리거나 그 사람에게는 다시는 도움을 주지 않는다. 직접적으로 잘못을 지적해버리기 때문에 상대방의 자존심을 건드리게 된다. 자존심을 다치면 자기가 잘 못 했더라도 고치려고 하는 마음을 닫아 버리게 된다. 좀 더 다정하고 친절한 마음으로 사람을 대하지 못하기 때문에 정의를 위한다는 것이 또 다른 불의를 저지르는 일을 하게 된다.

에니어그램으로 공부를 하고 보니 단체의 리더나 목사는 강하고 위대한 지도자이기보다 자기의 약함을 인정하면서 다른 사람의 약함에 동참하는 사람이어야겠다는 생각이 든다. 일을 많이 하는 데에서 벗어나 사람들을 사랑하는 사람이 되는 것이다. 그렇게 하기 위해서는 쉬지 말고 기도하는 삶이어야 하겠다. 다윗은 기도를 많이 한 사람이다. 시편을 통하여 자기의 심정을 여호와께 아뢰며 도와달라며 외쳤었다. 원수를 자기가 갚지 못하니 여호와께서 대신 갚아 달라는 요구를 한 것을 보면서 나도 한때는 그런 기도를 많이 하였다. 억울한 일을 당하거나 나를 헤치려고 모함하는 사람이 생기면 다윗처럼 하나님께 그들을 다스려 달라고 요구하였었다. 지금 돌아보면 분노와 앙심을 가지고 시편에 빗대어 기도한 것들이 부끄러워진다.

여호와여! 나의 대적이 어찌 그리 많은지요! 일어나 나를 치는 자가 많으니이다. 많은 사람이 나를 대적하여 말하기를 그는 하나님께 구원을 받지 못한다 하나이다. 여호와여! 주는 나의 방패시요 나의 영광이시요 나의 머리를 드시는 자이시니이다. 내가 나의 목소리로 여호와께 부르짖으니 그의 성산에서 응답하시는도다. 내가 누워 자고 깨었으니 여호와께서 나를 붙드심이로다. 천만인이 나를 에워싸 진을 친다하여도 나는 두려워하지 아니하리이다. 여호와여! 일어나소서. 나의 하나님이여! 나를 구원하소서. 주께서 나의 모든 원수의 뺨을 치시며 악인의 이를 꺾으셨나이다. 구원은 여호와께 있사오니 주의 복을 주의 백성에게 내리소서. 아멘(시편 3편).

8번의 기도가 이루어지려면 내 마음대로 하는 기도가 아닌, "어떻게 할까요?"라고 해야 한다. 강해지려고 애쓰기보다는 나의 모자람과 약함을 인정하면서 하나님과 사람들에게 도와달라는 요청을 해야 한다. 나 혼자 정의로운 척하는 오만에서 벗어나 다른 사람의 심정을 알아차리려는 노력을 해야 한다. 나는 다른 사람의 마음을 잘 헤아리지 못한다. 그 사람의 겉으로 나타내는 일의 결과로 사람을 판단하는 죄를 짓고 산다. 선지자 나단이 다윗에게 와서 다윗의 죄를 지적할 때 회개를 한 것처럼 다른 사람에 대한 '뜨거운 동정심'이 없음을 항상 회개해야 한다. 그렇게 되면 소박하고 참된 리더가 될 수 있을 것이다.

낮고 작은 믿음을 가지고 주님의 뒤를 졸졸 따라가는 삶을 살아가고 싶다. 일을 많이 하면서 기뻐하는 것보다 내 이름이 하늘의 생명 책에 기록된 것으로 기뻐하라는 주님의 말씀을 늘 새기면서 살아갈 것이다(눅 10:17-20). 그렇게 살면 우리 속에 계시는 주님께서 우리에게 이 땅 위에 하나님 나라 건설을 하는 일꾼으로 삼아 주실 것을 믿는다. 이런 사람이 점점 많아져서 사랑이 많은 작은 공동체가 여기저기 새롭게 태어났으면 참 좋겠다.

에 스 더 (8 번 유 형)

대결하는 지도자에서 소박한 지도자로

한국염

(한국기독교장로회 목사, 정의기억연대 운영위원장)

사람들 중에는 도전하기를 좋아하는 사람들이 있다. 자신감과 결단력이 있으며 놀라운 의지력과 활동력으로 카리스마를 발휘해 주변 환경과 세상을 변화시키는 사람들이 있다. 이들은 대부분 에니어그램 8번 유형으로서 '대결형 지도자'로 정리할 수 있다. 사람들이 에니어그램 8번 유형이 되는 것은 어린 시절에 "독립적으로 살아야 생존할 수 있다"는 자기 생존과 방어전략에서 비롯된다. 부재, 거부, 배신 등 부모와의 이런저런 관계로 어릴 때부터 어른이 되어야 했던 경험이 8번 유형으로 형성된다고 한다. 그 결과 어릴 때부터 자기주장과 모험심, 독립심이 강하고 구속과 체제를 거부하는 성향으로 자란다. 삶의 슬로건도 "자기 일은 자기가 하자!"에 가깝다.

이렇게 독립적이고 결단력도 있고 카리스마도 있지만 성숙하지 못할 경우 문제를 일으킨다. 대결형 지도자로서 에니어그램 8번은 남의 통제는 받기 싫어하면서 자기는 통제하려고 하기 때문에 힘이 있으면 남을 지배하려는 단점이 있다. 모든 유형에 본능적으로 기피하고 싶은 숨은 격정(강박충동)이 있는데 에니어그램 8번 유형은 '약함'을 기피해 '강함'을 추구하고, '정의'라는 함정에 빠져 자기가 정의라고 생각하는 것을 위해서는 수단과 방법을 가리지 않은 정욕이라는 격정에 사로잡힌다. 힘, 권력이라는 것은 자칫 오만과 탐욕으로 이어지기 쉬운데, 이 격정을 조절하지 못하면 파멸로 이어진다. 힘에 대해 본능적으로 민감한 8번이 회개하는 것은 사람들에 대한 '뜨거운 동정심'을 갖는 것이다. 뜨거운 동정심으로 자기 마음대로 휘두르고 지배하려는 격정을 회개할 때 에니어그램 8번 유형은 '대결형 지도자'에서 소박한 덕목을 갖추는 지도자로 변할 수 있다. 성서의 인물 중 에니어그램 8번 유형은 다윗, 에스더, 헤롯을 들 수 있다고 하는데, 에스더를 통해서 8번 유형을 알아보기로 하자.

I. 대결형 지도자 여걸 에스더

1. 성서에 나타난 에스더의 행적

에스더서는 자기 유대민족을 구한 공적과 하만의 압제에서 벗어난 부림절의 유래를 전하기 위해 기록된 것이다. 에스더의 히브리 이름은 도금양이라는 식물의 이름을 뜻하는 '하랏사'였으나 바빌론의 사랑의 여신(성애의 여신) '이슈타르'(아세라)라는 이름으로 불렸다. 에스더라는 이름으로 불린 것을 보면 에스더의 용모가 매우 아름답고 요즈음 말로 섹시했던 것 같다. 유대가 멸망하고 페르시아에 끌려간 포로민으로서 일찍 부모를 여의고 삼촌 모르드게의 양딸이 되어 자랐다. 페르시아 왕후 와스디가 축출당하자 페르시아 왕 아하스에로 두 번째 왕비가 되어 몰살 직전에 있는 자기 민족을 구한 위대한 인물이다. 성서는 절대군주 왕의 명령을 어겨 생명을 구한 세 명의 여성들의 이야기가 나오는데 바로 왕의 명령을 어기고 히브리 사내 아이들을 살려낸 히브리 산파 십브라와 브아, 이방인이 오면 신고하라는 여리고 왕의 명령을 어기고 여호수아를 숨기고 탈출시켜 이스라엘 가나안 입성을 가능케 한 라합 그리고 "죽으면 죽겠습니다" 하고 아하수에로 왕 앞에 나아간 에스더. 특히 목숨을 걸고 왕 앞에 나아가 자기 민족을 구해낸 에스더의 이야기는 민족 사랑의 모범으로 제시되었다. 이스라엘은 해마다 부림절 전통으로, 한국기독교장로회 여성들은 삼일절 전야를 '에스더 기도의 날'로 삼고 나라를 위한 기도회를 하는 전승으로 이어지고 있다(요새 물의를 빚고 있는 극우 에스더 기도와는 전혀 다름). "죽으면 죽으리라!" 하고 민족의 구원을 위해 목숨을 건 에스더는 나라 사랑의 귀감이 되고 있다. 에니어그램 상으로 보면 민족의 지도자로서 대단한 지도자의 위상을 보여주고 있지만, 힘이 남용되고 오용되면 어떤 일이 생기는지 권력 지향적 8번 유형의 문제를 잘 드러내주기도 한다. 하만의 손에서 자기 민족을 구한 것은 좋은데 힘을 남용해 하만에 대한 증오심으로 많은 페르시아 사람들을 몰살하는, 무자비한 폭력성을 보여줌으로 에니어그램 8번의 위험을 경고하고 있다.

사족으로 에스더서에 '하나님'이란 말이 한 번도 안 나온다고 마르틴 루터가 에스더서를 싫어했다는데, "사람을 강조하면 하나님을 잊을 수 있음을 경계한 말"이라는 김영운 목사의 말도 일리가 있겠지만 가부장적인 루터가 에스더가 '순종하는 모습이 아니라 민족의 영웅으로 부각된 부분이 걸려 그렇게 싫어한 것이 아닐까?' 하는 생각이다.

2. 민족의 지도자로서 에스더의 격정과 함정

1) 생존 본능과 생존 전략에 강한 에스더

권력 지향적인 에니어그램 8번의 특색은 상대적으로 다른 유형에 비해 생존 전략을 세우는 데 강하다. 자기에게 필요한 것은 어떻게 해서라도 손에 넣거나 성취해야 하는 기질이 강하다. 그만큼 자기 보존에 본능적으로 민감하며, 그에 필요한 지식과 능력을 갖추는 데도 남보다 빠르고 강한 면모를 보이고 강인한 성격으로 자란다고 한다. 왕비 후보가 된 에스더는 삼촌 모르드개(에스더서에 나타난 모르드개의 모습을 보면 모르드개도 8번 유형인 듯하다)의 말에 따라 생존 전략으로 자기 민족과 혈통을 밝히지 않는다. 유대인임이 밝혀지면 왕후 후보에서 탈락될 게 뻔했기 때문이다. 궁중에 들어온 에스더는 왕의 내시 헤개를 자기편으로 끌어들여 왕후로 선택받는 데 용이하도록 했고, 모르드개를 통해 아하수에로 왕을 죽이려는 음모를 고발해 왕의 신임을 얻었고, 하만의 손아귀에서 자기 백성을 구하고자 백성을 금식기도하게 한 다음, 왕 앞에 나가 잔치를 열어 왕의 마음을 자기편에 서게 하고, 하만을 함정에 몰아넣어 급기야는 사태를 역전시켜 자기 민족을 구한 여러 가지 수행 작전은 생존 전략에 강한 8번 유형의 모습을 잘 드러내준다.

2) 약함을 기피하고 "죽으면 죽으리라"고 도전하고 대결하는, 위기에 강한 에스더

사람들 중에는 문제가 생기면 회피하는 사람들도 있다. 그러나 약함을 기피하는 에니어그램 8번 유형은 위기에 처하거나 문제가 생기면 도전하고 공격적으로 대결한다. 이 모습을 에스더를 통해 잘 볼 수가 있다. 하만에 의해 자기 민족이 몰살당할 위기에 처하자 에스더는 "죽게 되면 죽겠습니다" 하고 각오를 세운다. 자기 스스로 금식을 단행하고 백성을 한 곳에 모아 금식하게 하고, 결연한 의지를 갖고 왕 앞에 나간다. 8번 유형은 평소에도 지혜를 번득이며 강자의 이미지를 나타내는데 위기 상황에서는 더욱 빈틈없는 모습을 보인다고 한다. 목숨을 걸고 왕 앞에 나간 에스더는 잔치를 통해 머뭇거림 없이 하만의 악행을 고발해 자기 백성을 살린다. 자기 행동과 말에 자신감, 결정적이고 단호한 태도로서 위기 상황에서도 움츠러들지 않는 게 8번 유형이다. 위기 앞에서 에스더는 목숨을 걸었고 그 결과 유대 백성은 구원받았고, 안전하게 살게 되었다. 자기 사람들은 자기가 돌보아야 한다는 에니어그램 8번 유형의 책임감이 잘 드러난다.

3) 정의라는 함정에 빠져 학살을 감행한 에스더

에니어그램 8번 유형의 함정은 정의다. 정의는 모든 사람이 추구해야 하는 것인데 정의가 함정이라는 것은 모순이 있다. 그런데 에스더를 보면 왜 8번에게서 정의가 함정인지가 잘 드러난다. 에스더가 민족을 위해 목숨을 걸 각오를 한 것은 남의 나라에 포로로 잡혀와서 신음하고 있는 자기 백성이 몰살까지 당해야 한다는 데 대한 뜨거운 안타까움도 동기가 되었겠지만 기본적으로는 하만의 불의에 항거하는 정의감에서다. 하만이 한 대로 하만을 매달고 자기 민족을 구원한 것까지는 정의로운 행동이었다. 그러나 모르드개가 하만의 자리에 앉게 되고 왕의 권력을 위임받아 자기 민족을 괴롭히던 수산 성의 백성들에게 보복을 하는 모르드개와 에스더의 모습은 8번 유형이 가진 권력이 얼마나 파괴적으로 흐를 수 있는지를 잘 보여준다. 힘을 가졌다고 제멋대로 하는 '정욕'이란 격정에 사로잡히면 파괴적인 모습으로 표출될 수밖에 없다. 죽임을 당한 이들의 재산을 건들지 않았다는 것으로 정의로운 복수라고 주장할 수도 있겠지만, 생명에 대한 무자비함이 깔린 정의 구현은 폭력이 됨을 에스더의 복수는 잘 보여주고 있다. 힘없는 자기 민족을 살리려는 정의를 실현하려다 또 다른 불의, 무자비한 폭력을 행사할 수 있어서 정의가 8번의 함정이 되는 것이다.

4) 뜨거운 동정심으로 회개하고 소박하고 순수한 덕목으로!

에니어그램 8번이 가진 힘은 자칫 오만과 정욕의 격정, 정의라는 함정에 의해 파괴적인 힘이 될 수 있다. 에스더가 생명에 대한 뜨거운 동정심이 있었다면 복수라는 이름으로 그 많은 사람들을 몰살하지 않아도 되었을 것이다. 연민과 동정심 없는 정의는 파괴적인 복수혈전을 불러온다. 강한 지도자는 많은 능력을 발휘할 수 있다. 그러나 겸손하게, 낮은 자들을 섬기는 소박한 지도자가 되지 못할 경우 상대와 대결해 이겨야만 직성이 풀리는 파괴적 지도자가 될 수밖에 없다. 힘을 가져야 한다는 강박관념에서 벗어나 소박한 지도자로 만족할 때 지도자로서 유종의 미를 거둘 수 있을 것이다. 연민과 동정심 없는 정의는 파괴적인 복수혈전을 불러온다. 내 힘이 아니라 하나님의 힘에 나를 맞추어나갈 때, 힘을 가져야 한다는 강박관념에서 벗어나게 된다. 에스더와 모르드개가 쟁취한 권력으로 자기 백성을 구하는 데만 썼더라면 좋았을 텐데! 죽음의 함정에서 구원받은 것으로 만족하고 아량을 베푸는 지도자가 되었으면 좋았을 텐데! 에스더가 한 권력 남용과 오용의 결과를 보면서 지배하고자 하는 욕심, 강함을 추구하는 데서 뜨거운 동정심으로 약자를 보호하고 섬기려는 자세로 살아가는 덕목의 소중함을 배우게 된다.

II. 에스더를 통해 나를 들여다보다

1. 나의 어린 시절

어릴 때부터 독립적으로 자란 아이가 8번 유형이 된다고 한다. 나는 6세 전후의 일은 도통 기억이 없다. 추론할 수 있는 것은 일제시대 초등학교 선생이었던 어머니는 똑똑하다는 그 한 가지 이유로 무일푼 남편과 결혼했고, 사상의 자유를 찾아 남하하는 남편을 따라 남한에 왔다. 한국전쟁 통에 남편이 죽자 전쟁 과부로 나를 키우느라 무진장 고생을 했다는 점이다. 피난 가서 살던 충청도 회인이라는 곳에서 정착을 했는데 가진 것이 없다 보니 어머니가 남의 농사일을 거들거나 새우젓 항아리를 이고 다른 동네에 가서 새우젓을 팔러 다니던 기억이 난다. 이렇게 힘든 와중에도 초등학교 교사였던 어머니는 내가 초등학교 입학하기도 전에 한글을 가르쳤고, 초등학교 입학하자 다른 아이들이 한글 공부하는 깍두기 공책에 한자를 쓰게 했다. 집이 가난했으니 시계나 라디오가 있을 리가 없는데도 나는 학교에서 가정환경 조사를 할 때 라디오 있는 사람, 재봉틀 있는 사람 손들라고 하면 손을 들곤 하였다. 거짓말인 줄 알면서도 기죽기 싫어 손을 든 것이다. 담임선생님은 그게 거짓인 줄 알았지만 공부를 잘한 탓인지, 내 자존심을 이해한 탓인지 야단을 치지 않으셨다. 우리 엄마는 나를 강하게 키웠다. 1등을 해도 백점 1등이 아니면 칭찬을 듣지 못했다. 그래서 온 동네가 나를 부러워하는데도 나는 엄마로부터 한 번도 공부 잘했다고 칭찬을 들어본 일이 없다. 밖에서는 은근히 자랑을 한다는 소리를 듣기는 했지만. 이런 엄마 밑에서 자란 나는 엄마가 대단하다고 생각하면서도 싫어하는 양가적 감정을 갖고 있다. 엄마를 닮은 탓인지, 아니면 내 유형 탓인지 나도 엄마처럼 칭찬에 인색하다.

8번 유형의 아이들은 자기주장과 모험심이 강하기 때문에 곧잘 어른들에게 야단을 맞을 수 있는 상황을 만들어낸다고 하는데, 내 어린 시절을 돌아보면 엉뚱한 짓을 많이 벌였다. 키도 작은 주제에 동네 큰 언니들 따라 강에 갔다가 물에 빠져 죽을 뻔도 했는데, 그 후 오기로 헤엄치는 것을 배웠다. 비록 개헤엄이지만. 또 하나 죽도록 맞은 일은 딱지 사건 때문이었다. 배운 교과서를 찢어내어 딱지를 접어 쌀 항아리 뒤에 숨겨두었는데, 어머니가 쌀을 꺼내다가 딱지를 발견하고는 뜯어보았다. 집에 종이가 없는데 딱지가 잔뜩 쌓였기 때문이었다. 그 일로 종아리가 붓도록 매를 맞았는데, 도망도 가지 않았다. 다 배워 내 머릿속에 다 있는데 교과서를 찢었기로서니 그게 매 맞을 일인가? 억울하다는 생각에서였다. 나중에 어머니에게 들으니 때릴 때 도망을 갔으면 좋겠는데 기어코 맞고 있으니 야속하더란다.

이북 출신인 어머니는 피난지에서 어느 정도 자리가 잡혔을 때 신문에 난 모자원 광고—자녀를 공부시켜주겠다는—를 보고 나를 공부시키겠다고 일념으로 무작정 상경을 하였다. 그때부터 생존을 위한 어머니의 고생과 내 고생이 시작되었다. 어머니가 행상을 해서 먹고 살았다. 그 와중에도 어머니는 야간 신학교를 다녔으니 내가 독립적으로 자랄 수밖에 없는 여건이었다.

가난하게 자랐다고 해서 나는 돈에 연연하지도 않고 돈보다는 의미와 명예를 더 추구했다. 내가 명예를 좋아한 것은 어려서부터 몸이 약해 힘이 없었고, 가난해 돈도 없었으니 가질 수 있는 것이란 '명예'밖에 없었기도 하거니와 그 명예가 내 자존심을 살려주었기 때문이다. 가난한 것 빼고는 무남독녀로 혼자 자라 차별을 받아 본 일이 없으니 남 앞에서 기죽지 않았고, 또 기죽기도 싫어하며 자기주장도 강하고 고집도 세며, 강하게, 독립적으로 자랐다. 그런데 목사가 되려고 신학교를 갔는데, 여자는 목사가 될 수 없다니, 얼마나 화가 났겠는가? 그때부터 나의 차별반대 여정이 시작되었다.

2. 에스더와 나

나도 에스더처럼 에니어그램 8번 유형이다. 에스더처럼 나도 생존 본능과 생존 전략이 강하다보니 그에 필요한 지식과 능력을 갖추는 데도 빠르고 강한 면모를 보인다. 어떤 일이 닥쳤을 때 본능적으로 위기나 문제를 들여다보고 그동안 갖춘 정보나 지식으로 대처를 한다. 임기응변으로 문제를 해결하는 경우도 있지만, 사건이나 문제가 생기면 그 문제를 회피하지 않고 직면해 문제를 해결한다. 문제를 해결하기 위해 치밀한 전략을 세우곤 한다. 나이가 들면서 에너지가 떨어져 전보다는 못하지만 에스더에게서 나타난 8번의 기질이 나에게도 있다.

그러나 에스더는 민족이 위기에 직면하자 목숨을 걸고 나섰지만 나는 정의를 위해 싸워야 한다고 하면서 목숨을 걸지는 못한다. 어쩐 일인지 그동안 나를 돌아보면 집회에 수없이 가는데도 한 번도 감옥에 간 일도 없고, 잠시 자리를 비운 사이에 사람들이 잡혀가거나 했다. 현장의 끈을 놓지 않는다 하면서도 정작 심각한 자리에는 빠져 있는 나를 보면서 가야바 법정 주위에서 서성이는 예수 제자들의 모습을 연상하곤 한다. 내가 남에게는 "죽기 아니면 까무러치기로 하면 안 될 게 없지!"라는 말을 잘 하면서 정작 나는 "죽으면 죽으리이다" 하고 나가지 못한다. 비겁한 탓이다. 이런 점에서는 에스더의 결단력과 지도력이 부럽다.

이렇게 목숨을 걸고 결단할 수 있는 에스더가 부럽기도 하지만, 다른 한편에서는 동의하지 않는 점이 있다. 나는 민족을 구한 에스더와 모르드개가 복수한다고 페르시아 사람들을 학살한 사건을 보고 놀랐다. 일제하 친일세력을 제대로 청산하지 못했기 때문에 많은 문제를 야기하는 우리나라를 보면서 에스더와 모르드개의 입장을 두둔하고 싶을 때도 있다. 그러나 '미워하는 자를 없앨 날'까지 만들어 남의 나라 백성을 몰살하는 데는 동의할 수 없다. 에스더처럼 그런 권력의 자리에 있으면 달라질까? 사람에 대한 뜨거운 연민이 없다면 나도 정도의 차이는 있을망정 에스더처럼 무자비한 폭력을 휘두르는 지도자가 될지 모른다. 에스더를 경계로 삼아야겠다.

에니어그램 8번 유형의 함정은 '정의'라고 한다. 에니어그램 8번은 "강한 사람에겐 약하고, 약한 사람에게는 강하다"고 하는데, 어찌 된 일인지 나는 반대로 강한 사람이 약한 사람을 괴롭히는 것을 보면 화가 난다. 내가 교회여성운동이나 여성운동, 민중운동, 이주여성운동을 하고, 데모도 잘 하는 것을 보면 사람들이 묻는다. "이 일을 하는 힘이 뭐냐?" 그러면, "난 원래 반골기질이 강해요. 내 힘의 원동력은 불의에 대한 분노이고요. 분노는 나의 힘이지요"라고 대답한다. 알고 보니 나의 이런 성향들이 구속과 체제를 싫어하는 에니어그램 8번 유형에서 기인한 것이다. 문제는 정의감이 있는 것은 좋은데, 내 정의감에는 뜨거운 동정심이 빠져 있다. 뜨거운 연민 없는 정의감으로 행동하다 보니 가슴보다는 머리로 하는 행동들이 많다. 나는 종교여성운동과 여성운동, 이주여성운동을 평생 해왔다. 자연히 '인권'이라는 단어를 입에 달고 산다. 컴퓨터로 '인권'이라는 단어를 치게 될 때가 많은데 가끔 인권에 'ㄴ'이 빠져 '이권'이 되는 경우가 있다. 이때마다 '내가 이권 때문에 이 일을 하는 건 아닌가?' 하고 묻게 된다.

에니어그램 8번이 새사람이 되기 위해서는 뜨거운 동정심으로 소박한 지도자가 되는 것이다. 반평생을 인권운동을 해온 사람으로 고백하자면 나는 소박하기보다는 권위적인 지도력을 발휘해왔다. 권위주의자가 되지 않기 위해 노력했지만, 상대방의 소리를 경청하고 대화를 하기보다는 내 주장을 설득하는 식으로 지도력을 펼쳐왔다. 이론적으로는 대화법도 알지만, 실제에서는 내 의견을 내세우는 경우가 많다. 그 밑에는 내가 옳다는 오만이 깔려 있다. 그러니 소박한 지도자상과는 거리가 멀다. 잘난 척하고 싶고 내 지도력이 우월함을 인정받고 싶은데 소박한 지도력이라는 말이 들어올 여지가 없다. 솔직히 소박한 지도력이라는 것이 성에 차지 않는다. 그러니 구원에서 멀다.

"중요한 것은 우리가 얼마나 많은 활동을 수행하느냐 하는 것이 아니라 얼마나 열렬한 사랑으로 행했느냐?"라고 한 마더 테레사의 말이 생각난다. 바울의 말처럼 사랑, 즉 뜨거운 동정심이 없으면 아무 것도 아닌 것이다. 또 다른 기본적인 나의 문제는 뜨거운 동정심이 없다는 것이다. 사람들은 약자를 위해 싸워온 내 활동을 보면서 내가 사회적 약자에 대한 뜨거운 동정심이 많을 것으로 생각한다. 실상은 그렇지 못하다. 텔레비전 프로그램이나 영화에서 불쌍한 사람이 나오면 눈물을 흘리지만, 정작 그런 당사자 개인 앞에 서면 눈물이 나지 않는다. 생명에 대한 뜨거운 사랑, 고통 중에 있는 사람에 대한 뜨거운 연민은 내 일생의 화두다. 내가 나를 에니어그램 8번으로 정한 것 중 하나는 내 안에 '뜨거운 동정심'이 없음을 가장 큰 문제로 알고 있기 때문이기도 하다. 에스더에게서 보듯이 뜨거운 동정심 없이 하는 정의는 분명 함정이다. 솔로몬 법정에 선 진짜 어머니처럼 자식의 생명에 대한 뜨거운 사랑 때문에 자기 자식임을 포기하는, 자궁이 떨림을 알 정도로 그런 연민을 갖는 사람이 되도록 기도할 수밖에 없다. 생명에 대한 뜨거운 동정심이 없이 정의의 이름으로 복수를

자행한 지도자 에스더를 거울삼아 뜨거운 동정심으로 소박한 지도
자가 되도록 내 존재를 변화시키고 싶다.

"하나님, 완악하고 오만한 저를 불쌍히 여겨 뜨거운 동정심이 넘치게
하소서!"

"나의 마음을 맡아 주관하시고 완악하고 교만한 것 변케 하여 주소서."

9번 이야기

　　에니어그램 9번 유형은 평화주의자이다. 자신의 내면의 평화는 물론 다른 사람과의 평화가 깨지는 것을 원하지 않는다. 그것은 바로 다른 사람과 세상으로부터 영향도 받지 않고, 영향력도 미치고 싶어 하지 않는 것이다. 즉 9번의 평화는 환경과 적극적인 관계를 맺지 않음으로써 얻게 되는 평화인 것이다. 9번에게 있어서 감정에 휘둘린다는 것은 평화가 깨진다는 것을 의미한다. 그래서 현재 일어나는 일에 적극적으로 개입하기보다는 무감각, 무관심, 무덤덤함을 유지함으로써 자신의 감정을 일정하게 유지하려고 한다. 때로는 9번이 꽤 바쁘게 활동하기도 하는데 그런 활동은 그냥 시간을 때우기 위한 활동인 경우가 많다. 시험을 앞두고 시리즈물을 계속 본다거나 과제물 제출을 앞두고 핸드폰에 몰두하는 등, 자신이 해야 할 일은 하지 않고 다른 일로 바쁘게 지낸다. 9번은 당장 해야 할 중요한 일을 하지 않고 미루는데 이것이 바로 나태이다. 아무리 급한 일이 있어도 느긋하며 대답도 늦게 하고 말도 천천히 한다. 잠이 많아서 약속시간에 늦기를 잘한다. 처리해야 할 일이 있을 때 미루고 미루다가 막판에 가서야 한다. 입사지원서를 접수시킬 경우 자기소개서를 마감시간 직전에 아슬아슬하게 완성해서 제출하면서도 여유 있는 모습을 잃지 않는다. 그래서 옆에서 지켜보는 사람의 애간장을 태운다.

　　9번은 갈등을 기피한다. 그래서 새로운 변화를 받아들이기보다는 익숙한 것만을 하려고 한다. 새 옷보다는 늘 입던 옷이 편하고, 뮤지컬이나 영화를 반복해서 보는 것을 좋아한다. 잘잘못을 가려야 할 일이 생기게 되면 상대편의 잘못일지라도 먼저 사과를 하면서 문제를 덮어버리려 한다. 서운한 일을 당해도 '그럴만한 사정이 있겠지' 하면서 긍정적으로 생각하며 아무렇지 않은 듯한 모습을 보인다. 누군가가 부탁을 해오면 들어줄 의사가 없는데도 '아니오'라고 거절하지 않고 '예'라고 대답을 해놓고는 아무것도 하지 않는다. 갈등이 생길까 봐 두려워 당장은 다른 사람의 말을 따라주지만 결국에는 자기 하고 싶은 대로 하는 고집스러움이 있기 때문이다. 9번은 스트레스가 심해질수록 더 단단한 차단벽이 내려지고 내면세계로 움츠러든다. 주변에서 일어나는 일이나 사람들과 연결되지 않은 채 혼자만의 평화를 유지하기 때문에 다른 사람들과의 관계에서 갈등이 생겨나고 평화가 깨진다.

9번은 자신을 내세우려 하지 않고 스스로를 중요하지 않은 사람이라고 생각한다. 그래서 자신의 일에 열심을 다해 최고의 성과를 이루려 노력하기보다는 80% 정도만 이루면 된다고 여기며 그런 자신에게 만족해한다. 반면에 다른 사람을 이상화하기 때문에 남이 잘 되면 자신의 일인 양 기뻐한다. '너는 너'고 '나는 나'라는 경계가 불분명하다고 할 수 있다. 뿐만 아니라 9번은 좋은 게 좋은 거라는 생각으로 일처리를 하기 쉽다. 그래서 어떤 사람과 함께 하기로 했던 일을 갑자기 다른 사람과 그 일을 할 수도 있고, 서로 분담해서 일을 하기로 약속해 놓고 상대방이 해야 할 일까지 다 해버려 상대방이 뒷북을 치게 하는 상황을 만들 수도 있다.

9번은 하나님의 무조건적인 사랑을 받고 있음을 깊이 있게 느껴야 한다. 나태라는 격정으로 인해 하나님의 사랑을 간과하게 했음을 깨닫고 이미 무조건적인 사랑을 받아 온 존재임을 받아들일 때 자기 자신은 물론 다른 사람에게까지 무조건적인 사랑을 줄 수 있는 사람이 된다. 자신을 사랑하기 시작한 9번은 다른 사람에게서만 좋은 면을 발견하던 것에서 자신에게서도 좋은 면을 발견하기 시작한다. '내 까짓 게 뭘 하겠어'라며 자신을 더 이상 비하하지 않고 자기 발전을 위해 힘을 쏟게 된다. 아무것도 하지 않으려던 것에서 은근과 끈기를 갖고 무엇이든 적극적으로 참여하는 부지런한 9번이 된다. 갈등이 두려워 자신의 문제도 감당하지 못하던 9번이 주변 사람들에게 무조건적인 사랑을 베풀 수 있게 됨에 따라 다른 사람의 이야기에 귀를 기울여 경청하고 헌신함으로써 다른 사람의 문제를 해결하고 치유시키는 진정한 평화주의자가 된다.

평화주의자가 아니라
행동하는 평화의 사람으로

최헌규

(하늘품교회 담임목사)

I. 요나단

1. 성서에 기록된 요나단

요나단은 이스라엘 초대 왕인 사울 왕의 맏아들로서 다윗과 대단한 우정관계를 맺었다. 사울의 블레셋 전투에서 요나단은 어린 나이에 블레셋 군사 20명을 물리친 일로 성서에 처음 등장한다. 다윗도 어린 나이에 블레셋 대장 골리앗을 쓰러뜨렸다. 사울 앞에 나타난 다윗을 보고 요나단은 마음이 끌려 다윗과 절친한 친구가 되었다. "요나단은 제 목숨을 아끼듯이 다윗을 아끼어, 그와 가까운 친구로 지내기로 굳게 언약을 맺고, 자기가 입고 있던 겉옷을 벗어서 다윗에게 주고 칼과 활과 허리띠까지 모두 다윗에게 주었다"(사무엘상 18:3-4). 요나단은 사울 왕의 세 아들 가운데 장자요, 군대의 천부장으로서 장군이다. 요나단이 속으로 자기를 사랑하듯 다윗을 아끼는 마음이 있어도 신분과 권위의 상징인 겉옷과 무기, 띠까지 모두 다윗에게 준 일은 말로 설명할 수 없는 극진한 대접이다.

성서에는 요나단이 다윗을 자기 목숨처럼 아꼈다고 기록하고 있다. 사울 왕은 다윗이 백성에게 많은 인기를 얻자 다윗을 시기하였다. 요나단은 아버지를 다윗을 감싸주고 보호해주려고 애썼다. 아버지 사울이 다윗을 죽이려 하자 요나단은 아버지 편에 서지 않고 다윗을 탈출시켰다. 요나단은 다윗이 무사히 도망갈 수 있도록 계획을 짜고 다윗을 살려 주었다. 요나단은 다윗을 구하려다 아버지 사울에게 창으로 찔려죽을 위기에 처하기도 했다. 마지막으로 요나단은 다윗과 호레스 광야에서 만났다. 이때 요나단은 다윗이 이스라엘의 왕이 될 것이라 하며, 자기는 다윗의 밑에 있겠다고 했다. 응당 사울에 이어 자기가 이스라엘 왕이 될 수 있는 자리에 있으면서도 다윗에게 왕의 자리를 양보할 정도로 다윗에 대한 우정이 깊었다. 요나단은 이후 길보아 전투에서 블레셋에 맞서 싸우다 전사하였다. 나중에 이 사실을 알게 된 다윗이 요나단의 유골을 베냐민 땅에 있는 기스에 이장하였다. 다윗에 대한 요나단의 우정은 후에 우정의 대명사로 불리고 있다.

사울은 "악한 영이 사울을 괴롭혔다"(사무엘상 16:14)고 했듯이 정신질환을 앓고 있었고, 8번 유형의 격정에 사로잡혀 음모와 조작, 복수를 일삼았다. 요나단은 그런 아버지이자 임금인 사울을 대하면서도 놀라울 정도로 침착하고 고상하게 신의와 품격을 지켰다. 다윗을 자신의 사위로 삼고도 까닭도 없이 죽이려고 들며 정신없이 구는 아버지이지만, 요나단은 끊임없이 관용하여 사울 왕에게 탄원했다. "다윗이 무슨 못할 일을 하였기에 죽어야 합니까?"(사무엘상 20:32)

고 정면으로 항변하였다. 요나단은 아버지 사울 왕을 도와 무수한 전쟁에서 공을 세웠다. 그러나 그는 언제나 처음처럼 한결같은 마음으로 살면서 충실하였다. 요나단이 블레셋 전투에서 그의 아버지 그리고 두 형제와 함께 전사했는데, 이 모습을 다윗은 다음과 같이 노래했다. "사울과 요나단은 살아 있을 때에도 그렇게 사랑하며 다정하더니, 죽을 때에도 서로 떨어지지 않았구나!"(사무엘하 1:23). 버리고 도망치고 싶은 아버지를 끝까지 사랑하고 지켜 준 요나단의 신의와 사랑이 더욱 돋보인다.

2. 9번 유형으로 본 요나단의 사람됨

김영운에 의하면 9번 유형은 '행동하는 평화주의자'라고 한다. 9번 유형은 남을 불편하게 할까 봐 목소리조차 크게 내지 않고 부드러운 어조로 말한다. 갈등을 피하고 평화를 만들며 화해를 이루는 것을 중요하게 생각한다. 이것이 지나치면 심리적 나태에 빠져 일을 미루거나 아무것도 하지 않으며 눈을 감거나 자게 된다. 9번 유형의 전형을 보여줄 사람으로 요나단을 능가할 인물을 성서에서 달리 찾기가 어려울 정도라고 말할 수 있다. 요나단은 히브리 성서에 나오는 인물 가운데 가장 고상하고, 티 없이 맑고 매력적이며, 자기부정을 사랑과 관용으로 나타낸 빼어난 인물이다. 이제 9번 유형의 특징으로 요나단을 보고자 한다.

9번 유형의 격정은 나태라고 한다. 요나단은 항상 근면하게 살아와서 거의 이런 격정이 보이지 않는다. 사무엘상 14장 27절에 보면, 흠잡을 데 없는 요나단도 지치고 스트레스를 받을 때 실수하는 모습이 그려져 있다. 벳아웬 전투 중에 사울이 지친 군인들에게 금식 명령을 내렸다. 이 명령을 직접 듣지 못한 요나단은 "벌집에 든 꿀을 찍어서 빨아먹었다"고 기록되어 있다. 사실 요나단이 사울 명령을 직접 듣지 못했기 때문에 이러한 요나단의 행동을 실수라고 보기에는 어려운 측면이 있다. 요나단이 왕명을 어긴 죄로 죽을 목숨이 되었을 때에 군인과 백성들이 그를 지킨 것을 보면 오히려 요나단이 항상 근면하게 살아온 것을 더 명확히 알 수 있다. "이스라엘에게 큰 승리를 안겨준 요나단을 죽여서야 되겠습니까? 절대로 그럴 수는 없습니다"(사무엘상 14:45).

9번 유형은 갈등을 기피한다고 한다. 대체적으로 어렸을 때부터 평화롭게 자랐기 때문에, 어쩌다 갈등이 생기면 정면으로 대결하지 못하고 피하다가 더 큰 갈등을 일으킨다고 한다. 성숙한 9번인 요나단은 갈등을 기피하기는커녕 적극적으로 갈등에 대처하고 있다. 다윗을 탈출시킬 때도 그랬다. 아버지 사울이 다윗을 죽이려고 할 때, 요나단은 "그가 무슨 못된 짓을 하였기에 죽어야 합니까?"(사무엘상 20:32)라고 말하다가 사울이 던진 창에 찔려 죽을 뻔한 위험도 겪었다. 요나단은 어떤 상황에서도 꺾이지 않고 끊임없이 기회를 살피면서 사울과 다윗을 화해시키려고 시도하였다. 이런 모습을 보면 그가 9번에서 나타나는 갈등을 기피하는 것이 아니라 적극적으로 갈등에 대처하는 인물임을 알 수 있다.

9번 유형의 함정을 자기겸비라고 한다. 평화주의자이면서 보존주의자이기에 현상을 유지하려는 마음으로 변화가 일어나는 일에 관여하지 않으려고 한다. 그 정도가 심해지면 "그래, 네 까짓 게 무얼 해"라고 자기비하라는 함정에 빠진다고 한다. 그러나 요나단은 지극히 겸손한 사람이면서 자기비하에 빠진 모습은 전혀 보이지 않는다. 요나단은 사울 왕을 도와 나라를 튼튼히 세우며 블레셋 공격과 압박에서 이스라엘을 해방시켰다. 그는 권력과 지위를 확보하고 있었으며, 왕위 계승이 보장되는 위치에 있었다. 부하 군인들과 백성들에게서 존경과 사랑을 한 몸에 받기도 했다. 이런 그가 "다윗이 이스라엘 왕이 될 것이며, 자기는 그의 버금가는 자리에 있고 싶다"고 말하고 실제로 그렇게 실천하는 모습을 볼 때 요나단이 자기 겸비의 사람이면서 자기비하에 빠지지 않은 인물이라는 점을 잘 알 수 있다.

9번 유형이 변화를 위해서는 무조적적인 사랑을 해야 한다고 한다. 요나단은 실제로 이러한 변화를 실천한 인물이라고 할 수 있다. 다윗이 요나단의 사랑을 다음과 같이 노래했다. "나의 형 요나단, 형 생각에 마음이 아프오, 형이 나를 그렇게도 아껴주더니, 나를 끔찍이 아껴 주던 형의 사랑은 여인의 사랑보다도 더 진한 것이었소"(사무엘하 1:21). 이렇게 요나단이 살뜰하고 자상하게 다윗을 사랑했기에 사울과 요나단이 동성애를 하지 않았나 의심할 정도였다. 요나단은 부왕이 다윗 목숨을 노리자 위험을 무릅쓰고 다윗을 탈출시키고 왕위 계승권까지 포기하면서 다윗을 지켰다. 왕위 계승권이 있는 요나단이 "자네는 반드시 이스라엘 왕이 될 걸세. 나는 자네의 버금가는 자리에 앉고 싶네"(사무엘상 23:17)라고 말한 것을 보면, 그가 얼마나 무조건적인 사랑을 실천하는 인물인지 가늠할 수 있다.

9번 유형의 덕목은 근면이라고 한다. 9번 유형이 갈등을 피하려고 남을 답답하게 여길 정도로 소극적인 평화를 이루던 것에서 벗어나 무조건적인 사랑을 하게 되면 근면의 덕목으로 온전한 평화를 이룰 수 있게 된다고 한다. 요나단은 모든 것을 수용하고 품을 수 있는 놀라운 저력으로 행동하는 평화주의자가 된 전형을 보여준다. 요나단이 왕명을 어기고 죽을 목숨이 되었을 때 군인과 백성들이 사울에게 탄원하여 살려낸 것을 보면 그가 전투에서 열심히 참여한 것을 짐작할 수 있다. 사울 왕도 "무슨 일을 하고자 하면 사전에 크고 작은 일을 모두 요나단에게 이야기했다"(사무엘상 20:2)고 할 정도이니 아무리 아들이라고 해도 요나단이 근면하지 않고서는 부왕 사울에게서 이런 대접을 받지 못했을 것이다.

9번 유형이 에니어그램의 대표요 상징이라는 말이 있다. 9번 유형의 대표적 인물로서 요나단만큼 조화와 균형을 이루고, 힘이 있으면서도 절제하며, 약자를 돌보고 관용하고 배려를 잘 하는 인물을 찾을 수는 없을 것이다. 나이, 지위, 권력을 따지고 보면 요나단은 다윗보다 모든 것이 우위에 있었다. 그런데도 늘 스스로 다윗을 높여주었을 뿐 아니라 모두가 다윗을 더 크게 생각하도록 했다. 요나단은 원만하고 통합적이면서 힘의 균형과 절제를 온몸으로 보여준 전형이라고 할 수 있다.

II. 요나단과 나

1. 나의 에피소드

1) 유년기

농촌에서 자란 나는 많은 사람들로부터 사랑을 받고 자랐다. 나는 유년시절의 아픔이나 상처에 대한 기억은 하나도 없다. 나의 오른쪽 약지 손가락은 다듬이질하는 홍두깨로 맞아 지금 기형이 되었다고 하는데 나는 이에 대해 전혀 기억을 하지 못한다. 하지만 더 어렸을 적에 사진관에 가서 돌 사진을 찍었던 기억은 지금도 또렷하다. 예배를 마치고 엄마 등에 업혀 사진관에 갔다. 내가 똑바로 머리를 들지 못하자 엄마가 뒤쪽에서 내 목을 바로잡고 사진을 찍었던 장면을 기억할 수 있다. 이것이 어떻게 가능한 것인지 지금도 궁금하다. 이렇게 어린 시절에 내가 사랑을 받았던 기억들은 대체적으로 상세하게 기억하고 있다. 내가 9번으로 형성된 것은 어린 시절 주변 사람들로부터 많은 사랑을 받았기 때문이 아닐까 생각한다.

2) 청소년기

초등학교에 다닐 때에 가끔씩 학교 강당에서 영화를 보았다. 나는 영화를 본 날은 항상 꿈을 꾸었다. 그 꿈은 한 번으로 끝나지 않았고, 시리즈가 되어 계속될 때가 많았다. 나의 꿈은 영화 속에서 주인공이 되어가는 그런 식이었다. 어떻게 내가 본 영화 속의 주인공이 될 수 있을까를 몇 날을 생각하며 꿈을 꾸었다. 그러면서 자연스럽게 나는 영화 속의 주인공처럼 살고 싶은 생각을 하였다. 영화 속 주인공들은 자기 앞에 있는 어려움을 극복하고, 무너진 가정을 바로 세우는 일들을 하였다. 나도 어떤 문제가 생기면 그 문제를 잘 해결할 수 있는 사람이 되고 싶었다. 그래서인지 나는 선생님이나 친구들로부터 관심을 별로 받지 못하는, 소외 받는 친구들과 가까워지려고 하였다. 또한 다른 사람이 아픔을 당하는 것보다는 차라리 내가 아픔을 당하는 편을 선택하였다.

그 시절에는 학교에 내는 월사금이 있었다. 농촌에 살던 나의 친구들은 월사금을 제 때에 내기 위해서 납부일이 오기도 전에 일찍부터 부모님을 조르기 일쑤였다. 나는 그러는 친구들을 이해할 수가 없었다. "돈이 없어서 못 주는 것인데 왜 저렇게 부모님을 힘들게 하지?" 나도 가끔은 월사금을 제 때에 납부하지 못해 선생님에게 앞으로 불려나가는 일도 있었다. 하지만 나는 이 일이 전혀 창피하지 않았다. 오히려 부모님을 조르지 않은 것을 스스로 뿌듯하게 생각하였다.

3) 청년기

신학교를 마치고 작은 교회의 전도사로 사역을 하게 되었을 때, 내게 초등학교 시절 보았던 영화 속의 주인공처럼 살 기회가 찾아왔다. 갑작스런 사고로 아버지가 돌아가시게 되었다. 나는 농촌에서 사는 어머님의 짐을 조금이라도 덜어드리고 싶었다. 나는 막내 동생을 서울로 불러와 책임을 지겠다고 하였다. 한 달에 십만 원을 받는 사례비로는 불가능한 일이지만 나는 시도하였다. 하지만 이 책임은 오래가지 못했다. 또 한 번은 남편 없이 외동아들을 키우는 권사님이 자신의 아들을 나에게 부탁하였다. 나는 그 권사님의 부탁이 부담스럽기보다는 내가 또 영화 속의 주인공이 될 수 있는 기회처럼 생각하였다. 그 아이와 오랫동안 함께 살고 싶었지만 반 년 만에 끝나고 말았다.

이런 나의 모습을 보면 분명 내게는 어렵고 약한 자들을 생각하며 그들과 함께 잘 살고 싶은 마음이 있다. 하지만 이러한 나의 생각이 성공적으로 잘 수행되었다고 할 수는 없다. 그 이유는 나의 마음을 지키기 위해서 내가 성실히 수행해야 할 일들을 준비하지 못하고, '잘 되겠지'라는 막연한 기대감에 맡겨버렸기 때문일 것이다.

2. 요나단에게서 배운다

에니어그램 9번 유형인 나는 "어떻게 하는 것이 잘 사는 것인가?"를 끊임없이 물으며 살아왔다. 하지만 나는 질문만 하였지 그 질문에 대해 성실하게 대답을 하지 못하였다. 왜 질문만 하고 성실한 대답을 하지 못하였을까? 역시 9번의 격정인 게으름이 나를 사로잡고 있었기 때문이다. 정말로 중요한 것을 제 때에 결정하지 못하였고, 결정을 하였다고 할지라도 그것을 위해 무엇을 준비해야 할 것인지를 깊이 생각하지도 않은 것 같다. 그저 "어떻게 되겠지?"라는 막연한 기대감으로 대치해버리는 경우가 다반사였던 것 같다. 순간순간 땜질을 하듯 살아온 것이다.

9번 유형의 덕목은 근면이다. 내 마음속에 있는 평화가 나의 삶 속에서 아름다운 꽃으로 피어나기 위해서는 "잘 되겠지"라는 막연한 기대감으로는 한계가 있다. 좀 더 세밀하게 계획하고 준비해야 할 것이다. 돌이켜 보면 나는 문제를 만났을 때에 처음에는 그 문제를 해결하기 위해 시도를 하지만 해결이 되지 않으면 그 문제를 피하였다. 9번 유형의 기피가 항상 작동하였던 것이다.

지금 나에게 중요한 것은 우선순위를 정하여 무엇을 할 것인가를 정하는 일이라고 생각한다. 그리고 그 정한 일이 잘 마무리되기 위해서 어떻게 해야 할지를 세부적으로 계획하고 준비하는 훈련이 필요한 것 같다. 그럴 때에 나는 생각 속에 머무르는 평화주의자가 아니라, 진정한 평화의 사람으로 거듭날 수 있지 않을까?

성숙한 9번의 전형이라고 볼 수 있는 요나단을 보면서 나는 이런 결심을 해본다.

요나단은 다윗을 죽이려고 분노한 사울에게 그것을 회피하지 않고 정면으로 그 부당함을 고했다. 그 대가로 부왕 사울이 던진 창에 찔려 죽을 뻔했다. 이런 요나단의 모습은 어렵고 힘든 일이 있으면 그것을 늘 회피해왔던 나에게 새로운 도전을 하게 한다. 이제부터는 그런 나의 과거와 결별하고자 한다. 나는 문제가 점점 커져서 도저히 어떻게 하지 않으면 안 될 때까지 문제를 외면하고 무시해왔다, 그 결과 진정한 평화가 아니라 소극적인 평화에 머물 때가 많았다. 진정한 평화를 위해 요나단처럼 위험이 온다고 해도 그 위험을 감수하면서 적극적으로 행동하고자 한다.

나는 늘 남을 위로하느라 바빴다. 다른 사람들과 잘 지내느라 불평불만이 있어도 참고, 하고 싶은 말이 있어도 참고 억눌러 왔다. 목회를 하기 때문에 교인들에게 불 불만을 하고 싶지 않았고 특히 가정에서도 부인과는 더 그러했다. 이런 점들이 때로 나를 무척 힘들게 했다. 요나단을 보면서 진정 내 모습을 회복하고 싶어졌다. 자신을 깊이 들여다보면서 나의 느낌과 감정, 자신의 필요와 욕구를 확인하고 그것을 존중하고 싶다. 내 자신이 행복해져서 그러한 행복이 이웃에게 전해져서 요나단이 다윗에게 한 것처럼 내 주변과 세상 사람들이 진정한 평화를 맛볼 수 있도록 일하고 그들의 아픈 마음을 달래고 치유하는 사람이 되고 싶다.

행동하는 평화주의자 바나바와 동행하다

정태효
(성수삼일교회 담임목사, 내일의집 원장)

9번 유형 바나바를 보며 나도 바나바처럼 '행동하는 평화주의자 정태효'를 꿈꾸게 되었다.

바나바는 그리스도를 영접한 후 자신의 모든 재산을 팔아 교회에 헌납하고 헌신적인 믿음의 길을 갔으며, 예루살렘 초대교회가 교회로서의 면모를 갖추게 하는 데 구심점 역할을 했다.

사도행전 9장 26-27절 "사울이 예루살렘에 가서 제자들을 사귀고자 하나 다 두려워하여 그의 제자 됨을 믿지 아니하니"라는 내용이 있다. 사울이 그리스도인들을 핍박하는 선봉자였기에 사람들이 사울을 믿지 못하는 상황이었는데 바나바는 사울을 사도들에게 인도하여 '복음을 증거 하는 자'로 만들었다. 또 그는 사울과 싸워가며 조카인 마가 요한을 데리고 선교여행을 갔다. 만약 함께 데리고 가지 못했다면 "박해로 공동체가 와해하고 그리스도를 믿는다"는 것이 무엇인지 회의(懷疑)하는 독자들이 많았을 것이다.

마가는 '그리스도의 고난과 제자도'를 강조했다. 마가복음의 기록 목적은 "실패한 제자들을 다시 세워나가시는 예수님의 주도권"을 보여 주기 위한 것이다.* 따라서 우리는 마가복음의 저자로 알려진 마가가 베드로의 통역관이며, 또 바나바의 조카(골 4:10)일 뿐 아니라, 베드로와 바울의 동행자였음을 확인할 근거를 가지게 되었다.

사도행전 11장 19-26절은 안디옥교회 설립 과정을 전해주고 있다. 예루살렘은 스데반의 순교를 기점으로 혹독한 박해를 당했을 때, 바나바는 사울을 다소에서 데리고 가 박해로 인해 흩어진 그리스도인 가운데 안디옥에 머문 사람들에게 1년간 둘이서 큰 무리를 가르쳤다. 그리고 이들은 안디옥에서 비로소 그리스도인이라 일컬음을 받게 되었다. 안디옥교회는 이방의 세계 가운데 처음 세워졌고, 복음의 세계 확장의 선교적 전초지로서 역할을 크게 감당했으며, 예루살렘교회와 쌍벽을 이룰 만한 훌륭한 교회로 성장했다. 사도행전 기록자는 바나바의 신앙을 "성령과 믿음이 충만한 자라"고 했다. 훌륭한 신앙인은 충만한 믿음과 성령 충만한 사람이다.

나도 바나바에 비할 바는 아니지만, 믿음의 선각자들을 닮아가는 도상에 선 사람으로, 한국교회와 나라와 사회에서 처음 시작한 일이 많았다. 나를 드러나게 하는 것보다 하나님의 뜻과 섭리가 드러나기를 바라 어떤 사람이든 그 일을 통해 '하나님의 정의가 하수처럼 흐르는 일'이라면 그 일을 최선을 다해 도왔다. 사람을 세우는 일을 주저치 않았고, 또 나에게 성령이 함께하셔서, 감동이 오면 어떤 난관과 어려움 속에서도 그 일을 앞장서서 감당해 왔다.

---

* 언어적 · 역사적 · 신학적으로 주해한 마가복음, [서평] 박윤만 〈마가복음〉(킹덤북스).

I. 성서로 본 바나바

1. 바나바의 배경

바나바는 구부로(Cyprus)*에서 출생한 헬라계 레위지파 유대인으로, 본명은 요셉(Joseph)이다. 레위지파의 자손으로 부유한 환경 속에서 사랑받으며 성장했다. 레위지파는 하나님의 일과 성전에 봉사하는 자들로 바나바의 유아기 양육 환경은 그가 건강한 9번으로 자라는 데 중요한 역할을 했을 것으로 여겨진다. 어릴 때부터 좋은 부모님으로부터 온유한 성품으로 양육되었다는 것을 유추해볼 수 있다.

그가 처음 사도행전 4장에 소개된 모습은 사도들이 인도하는 기도회에 참석하여 큰 은혜를 받고, 그 은혜에 감사하여 자신의 밭을 팔아서 하나님께 드리는 섬김의 삶을 통하여 많은 사람들에게 알려졌다. 후에 그의 이름(별명)을 사도들이 바나바(칭찬을 듣는 사람)라 명했다.

바나바는 사도행전에서 성령과 믿음이 충만한 사람으로 알려졌고, 바울을 예루살렘교회에 소개해서 선교사로 파송하는 일에 큰 공헌을 한 사람이다. 그는 아름다운 신앙생활과 덕스러운 삶을 살아낸 사람으로 바울과 더불어 이방인들을 전도하기 위해서 선교여행을 떠났다.

---

* '사이프러스'라 불리며 항구 도시 실루기아 남서쪽 약 100km 지점에 위치한 지중해의 섬이다. 바나바와 사울이 본격적인 이방 선교를 위해 안디옥교회로부터 파송 받은 뒤 처음으로 선교 사역을 시작한 곳이다. 이곳은 바나바의 고향이기도 하며(행 4:36), 지중해에서 시실리, 그레데에 이어 세 번째로 큰 섬이다. 구부로는 B.C. 57년에 로마에 합병되어 로마 파견 총독에 의해 통치되었다.

바나바는 여러 가지 수식어를 붙여도 전혀 어색하지 않는 사람으로 물질과 삶을 통해 권면하고 위로하는 사람(파라클레시스, Encourages), 위로의 아들(Son of encouragement)이었다. 위로하며 격려하며 변호하며 보호해주는 그야말로 모든 것을 주는 사랑의 사람이었다.

초대교회 모임의 중심이었던 마가가 그의 생질이었기 때문에(골 4:10) 예루살렘교회에서 그의 위치도 상당했을 것이란 상상을 해볼 수 있다. 바나바는 열두 사도 외의 사람으로 그렇게도 많은 이들에게 감동을 주며 교회의 기둥처럼 살았으며, 평신도나 성직자 모두에게 구별 없이 추앙받는 사람으로서 성서 속의 인물인 건강한 9번의 모습을 보인다. 성경에는 그를 '착한 사람이요 성령과 믿음이 충만한 자'라고 묘사한다(사도행전 11:24).

2. 바나바의 격정(Passion)과 갈등, 덕목

1) 바나바의 격정과 갈등

갈등을 기피하는 속성이 어떻게 작용하고, 정신 심리적 나태라는 격정을 어떻게 다루는가에 따라 큰 차이가 난다. 1차 전도여행 중 일에 대해 엄격한 바울은 마가와의 불화로 2차 전도여행에 마가와 함께 가기를 반대한다. 이 문제로 조카인 마가를 옹호하다가 바나바는 바울과 다툰 후 결별한다. 9번은 갈등 상황이 닥치면 강박적으로 갈등을 회피하려다 판단력이 흔들리는 경우가 많다. 건강한 9번인 바나바도 달리 보면 조카를 옹호하려다 더 큰 전도 사명을 감당해야 하는 동역자와 갈라서게 되는 지경을 만들었다는 비판을 받을 수 있는 대목이다.

또한 사람들과의 관계를 중시하는 9번은 그 때문에 사람들로부터 분리되는 것에 대한 불안을 갖는다. 일에 대한 능력은 뛰어나지만 사람과의 관계보다는 일에 대해 지나치게 엄격한 바울에게 바나바가 마가를 옹호할 때 바울은 몹시 답답했을지 모른다. 그래서 그들은 심히 다툰 끝에 각자의 길을 가게 된 것이다.

평화주의자이면서 관계를 중요시하는 9번인 바나바에게 조카 마가와의 결별을 주장하는 바울이 부담스러웠을 것으로 느껴진다. 일보다는 관계에서 의미를 찾는 바나바가 마가를 택한 것은 결별에 대한 불안이기보다 9번의 당연한 선택으로 보인다.

배려심이 많고, 상대방의 입장을 자신의 일처럼 깊이 공감하는 9번은 사람들 사이에서 갈등을 중재하는 역할을 자처한다. 바나바의 중재는 사울이 바울이 되게 한 중요한 계기가 된다. 사울은 다마스쿠스로 가는 길에 빛 가운데 부활하신 예수님을 만나 회심하고 새로운 소명을 받는다. 그러나 교회와 신도들을 극심하게 박해하고 순교자 스데반이 돌에 맞을 때 사령집행관처럼 지켜보았던 그동안의 행적들로 많은 성도들은 그를 믿지 못하고 두려워했다.

이때 바나바는 사울을 데리고 사도들에게 가서 적극적으로 변론하고 보증함으로써 사도와 신도들을 설득했다. 자신이 오해받을 수도 있는 위기 속에서도 사울을 위해 중재하고 성도들을 설득할 수 있었던 것은 그에 대한 두터운 신임이 전제되었기 때문인데, 이 일을 통해 평소 9번 유형 바나바의 삶의 태도를 엿볼 수 있다.

2) 바나바의 덕목

(1) 자기 비하를 벗어난 하나님의 사람

예루살렘교회에서 이방 지역 전도를 위해 바나바를 안디옥으로 파송했을 때 그는 사울이 이방인의 전도에 뛰어난 능력이 있음을 생각한다. 그리고 스데반의 순교 후 다소에 피신해 있는 사울을 데려와 함께 사역하기를 격려한다. 그는 사울의 능력을 높여 지도자의 자리에 있게 하고 자신은 평신도로 남는다.

바나바의 이런 점이 사도 바울을 있게 했지만 이는 자신이 바울 뒤에 가려진 이유이기도 했다. 타인의 능력을 인정하며, 높이고, 자신은 물러나는 점은 9번이 건강할 때의 겸손과 관용이다. 하지만 보통 수준일 때는 자신의 능력이 뛰어난 경우에도 자기비하에 빠져 자신에게 주어진 기회조차도 놓치는 소극적이며, 무기력한 모습을 보이게 되는데 바나바는 자기비하가 아니라 철저하게 하나님의 사람으로 사울의 능력을 살려낸다.

(2) 무조건적인 사랑의 사람 바나바

고린도전서 13장은 사도 바울이 그의 동역자인 바나바를 생각하면서 기록했다는 일설이 전해진다. 사도 바울은 매우 이지적인 인물로 매우 날카로운 사람이며, 논리적이고 지성적인 사람이었다. 이런 사람들이 그러하듯이 다른 사람들을 잘 이해하지 못하고 매우 호전적이고 공격적인 사람이었다. 그럼에도 바나바는 사도 바울의 모든 면을 잘 품고 이해해서, 다른 사람에게 그의 모든 면들을 부드럽게 이해하고 소개시켜 준 사람이었다. 사도 바울이 다메섹 도상에서 변화를 받아 예수 그리스도에 대하여 증거하려고 할 때 사람들은 사도 바울을 믿지 않았다. 오히려 "사도 바울이 우리를 잡아다가 옥에 가두고 죽이려 해" 하고 오해했을 때 바나바는 사도 바울을 기독교 사회 무대에 등장시키고, 적극적으로 소개하고, 세례 요한처럼 그의 길을 열어줌으로, 그가 사역을 감당할 수 있도록 한 사람이었다.

그들은 각기 다른 능력이 있었음에도 불구하고 서로를 비교하지 않고 에베소교회에서 같이 목회를 하였을 뿐만 아니라, 같이 파송을 받아 선교사 사역을 하였다. 바나바의 조카 마가를 선교여행에 데리고 가는 문제로 선교활동을 하는 중에 헤어져 다음 선교활동에는 같이 떠나지 못하고 헤어졌지만 그럼에도 불구하고 그 둘의 사랑과 우정은 근본적으로 깨어질 수 없었다. 사도 바울은 자신의 성품과 바나바의 성품을 생각할 때 "사랑이라는 것은 이런 것이구나"라고 깨달아서 오늘 고린도전서 13장을 기록했다고 한다.

(3) 근면의 사람 바나바

바나바는 성경에서 '착한 사람이요 성령과 믿음이 충만한 자'라고 묘사한다(사도행전 11:24). 그는 레위지파의 자손으로 부유한 환경 속에서 사랑받으며 성장했다. 레위지파는 하나님의 일과 성전에 봉사하는 자들로 바나바의 유아기 양육 환경은 그가 건강한 9번으로 자라게 하는데 중요한 역할을 했을 것으로 여겨진다.

바나바는 그리스도를 영접한 후 자신의 모든 재산을 팔아 교회에 헌납하고 헌신적인 믿음의 길을 갔다. 그는 예루살렘 초대교회가 교회로서의 면모를 갖추게 하는데 구심점 역할을 했고, 잘 나서지 않으면서도 묵묵히 자기 할 일을 다 하고, 자신보다 하나님의 일과 교회를 먼저 생각하였다. 그래서 바나바는 사도들과 신도들의 두터운 신임으로 지도자가 된다. 그는 자신의 공을 내세우기보다 헌신적으로 섬기는 모습에서 비권위주의적이며, 관계를 소중히 여긴다.

바나바는 행동하는 평화주의자이다. 그가 드러내는 무조건적인 사랑의 힘이 근면으로 이루어져 평화를 만드는 원천적인 힘이 되었다. 이 사랑의 힘 때문에 그가 있는 곳에 평화가 이루어졌다. 그런 의미에서 김영운 목사님은 바울을 도운 바나바가 더 큰 인격의 평화주의자였다고 하신다.

II. 바나바와 나

1. 나의 어린 시절

화사하고 평화로운 유년시절의 나에 대해 어른들은 재롱덩이로 애교도 많았다고 한다. 광주 금남로 끝자락인 수창국민학교 관사에 살았을 때는 "정 선생 집은 항상 웃음소리가 그치지 않는다"는 소릴 인근의 사람들로부터 들었다. 나는 살아가면서 부모님이 한 번도 싸우는 것을 본 적이 없는, 1남 6녀의 둘째 딸로 유년기는 할머니까지 계신 집안에서 사랑을 듬뿍 받았던 양육 환경은 건강한 9번으로 자라기에 부족함이 없었다.

여고시절까지 아버지에게 한 말씀만 들어도 닭똥 같은 눈물을 흘렸던 나는 평화로운 환경 속에서 가난했어도 가난한지조차 모르는 전형적인 9번의 건강한 유형으로 성장했다.

실패 속에서 격정인 나태로 전향한 나의 갈등을 기피한 경험은 중 ·고교 시절로 이어져 시험 보기 전에 준비가 제대로 안 되면 책으로 도피를 해서 자신의 평화를 유지하곤 했다.

어려서부터 지금까지 부모님 말씀이나 어른들의 말씀에 거역한 적이 없었고, 부모님도 내가 요청하는 것에 대해 어떤 거절도 없으셨기에 자연스럽게 평화주의자로 성장해왔다. 평소에 엄마가 내 이름자 마지막 글자인 효도 효(孝)자를 들어 "효녀 딸이지" 하시면 두말 않고 순종했다. 최근 천국 입성하신 아버지도 "내가 효(孝)자를 넣어 이름을 태효라 지었기에 효도를 받는다"고 하셨다.

중 ·고교 시절엔 이름이 남자 이름 같아 싫기도 했는데 내가 예수님을 믿고부터는 나는 내 이름 풀이를 "나라 정(鄭) 클 태(泰: 크다. 넉넉하다. 편안하고 자유롭다), 효도 효(孝)를 풀어서 하나님 나라에 크게 효도하는 사람이다"고 해석하면 사람들이 끄덕끄덕했다. 이름 조차도 9번 유형의 성격 형성에 중요하게 작용한 것 같다.

중학교 2학년 담임은 역사 선생님으로 '송강정철 14대 후손'인 나에게 굉장한 자부심을 심어주셨다. 그리고 학교에서 IQ 검사를 했는데 반에서 2번째로 IQ가 좋았다. 공부하지 않는다고 해 시험을 봤을 때 성적이 월등히 좋지 않으면 무조건 맞았던 기억이 있다. 그럼에도 시험 때마다 준비는 제대로 하지 않고 다른 짓을 했다. 즉, 문제에 직면하기보다는 자신의 격정인 나태로 빠졌다. 내가 해야 할 시험공부를 하기보다 나의 내면의 평화를 찾아 문학전집과 무협지를 읽어댔다. 이런 심리적인 나태와 숫자 개념 없음은 광주여고를 가서도 여전했다.

아버지께서 재수해서 전남여중·고를 거쳐 국립대학을 가든지, 여상을 나와서 아버지를 돕든지 하라던 제안을 했는데, 이를 따르지 못하고 광주여고를 와버려 죄송했었다. 그런 와중에 가정교과 담당인 담임선생이 '기능장'에 나가는 사람은 학교에서 양재학원에 보내준다는 말에 솔깃해 여고를 졸업해서 아버지를 도울 수 있다는 희망으로 학교를 다니면서도 학과가 끝나면 양재학원을 즐겁게 다녔다. 그 이유도 1남 6녀에 할머니까지 10명인 가족을 책임져야 하는 아버지를 도와서 가정의 평화를 이루고 싶은 마음이 강했었다.

여고시절 양재학원에 다니는 바람에 공부할 기회를 잃어버린 나는 대학을 갈 생각은 없이 반 애들의 독서카드를 빌려 한국문학전집과 세계문학전집을 독파했고, 아무도 독서지도를 해주지 않아 무협지에 빠졌다. 나의 격정은 나태인데, 나태가 아무것도 안 하는 것이 아니라 당장 해야 할 일보다는 나의 마음의 평화를 찾아 책을 읽는다든지, 전혀 다른 일로 도피해 있는 것이다.

9번 유형인 나는 무의식적으로 평화를 찾아간다. 집안의 어려운 상황 속에서 나는 집안의 평화를 위해 부모님 앞에 거역할 줄 모르는 딸로 언니와 동생을 먼저 챙기는 삶을 살아왔다.

학교 다닐 때도 청소시간에 청소하지 않고 노는 친구에게 먼지털이라도 갖다 주어 함께 참여하도록 했다. 무의식적으로 평화를 갈망하는 나는 친구들의 불만을 사전에 막았던 것 같다. 그리고 연애상담이나 무언가 상담을 해주길 잘해서 갈등관계 해소를 즐겨 했다.

여고시절 우연하게 앙드레김 이야기를 여성지에서 보고 나는 대학보다는 서울 가서 국제복장학원에 다닐 것을 결심했다. 광주교육대학을 떨어지자 난 즉시 서울로 와서 국제복장학원을 다니면서도 '내가 무엇을 해 입을 것인가?' 하는 생각보다는 언니나 동생에게 '무슨 옷을 해줄 것인가?'가 나의 과제였으리만치 나 중심보다는 가족우선의 소극적인 평화주의자였다. 이화여자대학교 앞 '무아의상실' 디자이너로 다니게 되었을 때 집안에서 잔소리를 들어본 적 없었던 내게 주인이 잔소리하지, 손님이 눈치 주지, 공장에선 공장대로 기술자들의 근성에 시달려 최초로 엄청나게 스트레스를 받았다. 나는 이런 갈등을 이기려고 또 하나의 나태의 반작용으로 교회에 나갔다.

III. 바나바를 통해 나를 들여다본다

1. 바나바처럼 나도 듬직한 편이다

평화주의자로 자라난 9번 유형은 대단한 에너지를 지니고 살면서도 편안하다. 강인하면서도 겉보기에는 편한 까닭에 듬직하다. 성서 인물들 가운데 바나바처럼 공을 세운 사람도 흔치 않건만 그는 특별한 관심을 갖고 깊이 들여다보지 않으면 그냥 지나치기가 쉽다.

바나바는 평화를 만드는 사람의 전형적인 패러다임이라 하겠다. 바울이 교회 안에 등장했을 때 바나바는 우선적 위치에 있었다. 그가 주선해서 바울의 자리가 마련됐다. 사도행전에서도 계속해서 "바나바와 사울은" 하고 기록하며 바나바를 먼저 언급할 정도다.

나도 바나바처럼 사실 한국교계나 사회에 괄목할만한 일들을 많이 했지만 나를 드러내고 싶지는 않다. 그냥 선배들이나 주변 사람들이 분명하게 함께 했는데도 자기 공적만 자랑하거나 기록된 것을 보거나, 나는 빠져 있고 마치 혼자의 공로처럼 나와 있는 글들을 보면서 '참 남자들이란 하나같이 자기 공로와 공적 세우기에 여념이 없구나' 생각하며 그냥 대수롭지 않게 넘어갔다. 그러나 내가 절대로 빠지지 않고 꼭 나서서 하는 일들이 있다. 그것은 하나님의 정의가 훼손되거나 평화와 평등을 이루는 데 필요한 일인데, 누군가 문제제기하고 나서지 않을 때는 과감하게 나선다. 그리고 평등, 평화의 길이라면 나는 돌아보지 않고 하나님의 정의가 하수처럼 흐르도록 해왔고, 그 일이 잘 되도록 앞장서거나, 적임자를 추천하고 내세워 그 일의 지도력이 세워지도록 돕는다.

9번 유형은 똑똑하고 잘생긴 사람조차 남의 눈에 잘 띄지 않는다고 한다. 뭐든지 속으로 끌어들이며 간직하고 드러내지 않으려는 속성이 강하기 때문이다. 셋을 지니고 열의 효과를 살리는 사람은 건강한 9번인 반면, 열을 가지고도 셋을 쓰는 것 같은 인상을 주는 사람은 6번*으로 퇴화한 9번 유형인 것 같다.

---

* 9번이 지나치게 스트레스 받으면 6번처럼 불안으로 가득차서 변덕스러워지고 자신없어 한다.

2. 바나바처럼 나도 나름대로 관용적이다

대범한 유형으로 모함을 겪거나 억울한 일을 당할 때도 하나님께서 보시기에 그 사람이 어떤 사람인가를 생각하면서 나의 억울함을 삭힌다. 그리고 두 번 다시 원망이나 낯 찌푸리는 법 없이 잘 지낸다. 그리고 처음엔 어떤 사람이 나쁜 짓을 했지만 차후에 그들이 잘못을 뉘우치거나 본인과 나만 느낄 정도로 사과를 해도 받아들이고, 표시 내지 않고 지낸다.

9번 유형은 기본적으로 모든 것을 수용하는 컨테이너 타입인데 '좋은 게 좋다'는 식으로, 갈등을 기피하기 때문인지, 매사에 사람과의 관계에선 그 사람을 세우기에 하나님께서 얼마나 애쓰셨는가를 생각하며 새롭게 그가 거듭나는 것을 보며 감사해 한다. 그분들이 그동안 살아왔던 자신의 모습에서 자기 격정을 벗어나 새롭게 길을 가는걸 보면 가장 보람을 느낀다.

9번 유형이 소극적인 땐 체념하며 수용한다고 한다. 그러나 바나바처럼 건강한 9번 유형은 적극적으로 수용한다. 그때 관용이 특징적으로 나타난다. 관용은 다른 것도, 틀린 것도, 모자라는 것도 다 받아들인다. 있는 그대로 받아들인다. 거기서 멈추면 체념이다. 그러나 틀리고 다르고 모자란 것을 알면서도 받아들이되 비판보다는 대안을 찾아주는 적극성을 띠면 관용이 된다.

프랑스어로 '똘레랑스'(tolerance)라 표현하는 관용은 오차, 인내, 허용 범위를 아우르는 말이다. 틀린 줄 알면서도 다음 순간 더 잘할 것을 내다보며 참아주며 기다리는 것이다. 바나바는 이런 관용을 가지고 사도 바울도 포용했고 마가에게도 관용을 베풀었다. 나도 내 친구들에게 관용하게 전도해서 권사나 목사가 되게 했고, 목사가 바르게 서도록 도왔다. 또 민중교회인 성수삼일교회 목사가 나에게 물려주었듯이 나도 지인들을 다시 오게해 함께 서도록 도왔다. 사역지가 필요한 선배에게 교회에 설교 목사로 서게 했고, 노숙인 사역을 20년이 되도록 해올 수 있었던 이유도 9번 유형으로서 내가 가진 관용의 장점 때문인 듯하다. 다양한 성격유형의 사람들로 2% 무언가 부족해 몸과 맘이 힘들었던 노숙인들이 제 각각의 참 자기모습으로 회복해 가는 모습들을 보면서 새로운 힘과 원동력을 얻어 20년을 한결같이 해왔던 것 같다.

평화를 만드는 사람인 9번 유형이 통합을 이룰 때 '무조건적 사랑'으로 대단한 근면과 활동 에너지를 드러내는 것을 우리는 기억한다. 물리적인 힘보다 더 큰 힘이 사랑의 힘이다. 바나바가 드러내는 무조건인 사랑의 힘이 평화를 만드는 원천적인 힘이다. 이 사랑의 힘 때문에 평화가 이루어진다. 나도 지난 20년의 여성노숙인모자쉼터를 섬기면서, 민중교회를 하면서, 또 야학, 어린이집, 우리들공부방, 지역아동센터, 내일의집, 여성노숙인모자쉼터를 운영하면서 이 세상의 모순이란 모순을 총체적으로 경험했지만 누구보다도 근면하고 성실하게 이 사역을 감당하며 하나님의 사역자로 섰다. 바나바를 공부하면 할수록 '어쩌면 이렇게 닮고 싶은 분일까?' 하면서 그나마 내가 약간이라도 닮은 점이 있다는 생각이 들어 기뻤다.

3. 바나바와 내가 다른 점

'바나바는 성령 충만한 사람이었다'(행 11:24)는 표현은 그가 하나님 앞에서나 사람들 앞에서 인정을 받았고, 또 그만큼 공헌했음을 말해준다. 관용하는 사람은 분별력과 결단력이 있으면서도 상대방을 배려하고, 역지사지의 자세로 감정이입과 공감을 잘하는 사람이다. 바나바가 그런 사람이라 하겠다.

그런데 나는 꼭 집어서 문제를 해결하려는 경향이 있다. 공감해주기보다 오랫동안 상담해주던 버릇 속에서, 공감에 앞서 문제의 본질을 먼저 콕 짚어내는 나를 본다.

　바나바처럼 역지사지로 생각해 보는 것도 잘하나, 너무나 만고풍상을 겪으면서 내 몸과 마음이 굳을 대로 굳어 공감보다는 지적하는 나에게서 벗어나려고 한다. 그 훈련을 페이스북에서 댓글 달기를 하면서 훈련을 하고 있다. 나도 모르게 습관처럼 '정답!' 하던 것에서 이제는 성령님의 도우심을 받아 한걸음 물러나 객관적으로 보면서, 혹시 습관적으로 콕 집어내는 말을 하다가도 다시 생각해 보고 얼른 앞으로 가 공감어린 말을 쓴다. 정답만 콕 집어내는 나의 말에 동조하는 숫자보다, 공감 있는 곳에 더 많은 "좋아요"를 누르는 걸 본다.

아브라함, 인격의 완성

김미영

(행복한음악치료 소장)

I. 아브라함, 9번 유형

1. 믿음의 조상 아브라함

아브라함은 세계의 3대 종교인 기독교, 유대교, 이슬람교에서 공통적으로 믿음의 조상이라 칭해진다. 그런 만큼 '믿음'하면 아브라함이다. 아브라함을 믿음의 조상으로 여기는 가장 큰 이유는 그의 믿음이 초연함과 무조건적인 사랑으로 나타났기 때문이다. 에니어그램은 우주적 상징이다. 그 정점에 9번 유형이 자리한다. 그리고 좌우에 6번 유형과 3번 유형이 자리한다. 믿음의 조상들이 여기에 꼭 맞는다. 아브라함이 9번 유형으로 정점에 있고 그 아래 좌우에 6번 유형인 이삭과 3번 유형인 야곱이 자리한다. 마치 에니어그램은 믿음의 조상들을 설명하기 위한 것처럼 되어 있다.

99세가 된 아브람에게 하나님께서 나타나셨다. 하나님은 아브람에게 "하나님 앞에서 완전하라"고 명령하신다. 하나님께서는 아브람이 민족의 아버지가 될 것을 약속하시며 그의 이름을 '아브라함'으로 개명하였다.

창세기 12장을 보면, 하나님이 아브람에게 "네가 살고 있는 땅과 네가 난 곳과 너의 아버지의 집을 떠나서, 내가 보여주는 땅으로 가거라"(창세기 12:1)라고 말씀하셨을 때, "아브람은 주님께서 말씀하신 대로 길을 떠났다"(창세기 12:4)고 기록되어 있다. 미지의 세계로 나가는 것은 꿈과 모험을 동시에 요구한다. 그 위에는 무엇보다도 믿음이 요청된다.

일흔다섯에 고향집을 떠나라는 하나님의 명령에 순종했으며 롯과 모든 가족을 데리고 길을 떠났다. 아브라함에게 있어서 하나님의 말씀은 절대적이다. 아브라함은 안락하고 익숙하고 편안하고 가장 살기 좋은 고향집, 메소포타미아의 갈데아 우르를 떠난 일을 시작으로 끝없는 여로, 끊임없는 모험과 순례의 길을 걸었다. 100세에 하나님의 약속으로 얻은 아들 이삭을 모리아 산에서 제물로 드리는 '미완성의 제사'도 드렸다.

모든 종류의 상황 속에서, 모든 종류의 사람들과 더불어 사는 것, 끊임없이 그들에게 반응하지 않는다는 의미에서 더불어 사는 것이다. 이런 지혜를 가장 잘 살릴 수 있는 성격 유형이 9번 유형이다. 그들의 최고의 상태에서 드러내는 특징은 믿음의 조상 아브라함이 최고의 상태에서 드러낸 특징과 비슷할 듯하다. 그들은 아주 건강할 때 침착해지며, 대단한 마음의 평온과 순전한 만족감을 지니고 산다. 마음이 평안할 때 아브라함이 그러하듯이 건강한 9번 유형은 마음이 열려 있고 정서적으로 안정되며 평온하다. 그들은 수용력이 있고 참을성이 있고 점잖으며 허세를 부리지 않고 순진무구하다. 소박하고 순전히 좋은 사람이다.

    믿음의 조상인 아브라함이 비록 이름이 바뀌기 전 아브람일 때 일이기는 하지만 너무나 '인간적인' 모습을 보인 적이 있다. 프레더릭 뷰크너(Frederick Buechner)가 표현하듯이 일종의 팔불출이다. 그는 이렇게 말한다. "세상에, 평생을 두고 남에게 국 국물을 쏟으며 사는 사람을 슐리멜이라 하고, 밤낮 국 국물을 쏟게 하는 사람을 슐레모츨레라 한다면, 아브라함이야말로 슐레모츨레이다." 이런 모습이 제일 먼저 드러난 곳은 이집트로 자신의 아내 사래를 누이로 속이는 부분이다.

2. 아브라함의 격정 — 나태

    성서의 기록을 보면 하나님의 말씀에 따라 길을 떠나 이집트에 가까이 이르렀을 때 그의 아내 사라에게 "당신이 나의 아내라는 것을 알면, 나는 죽이고 당신은 살릴 것이오. 그러니까 당신은 나의 누이라고 하시오"(창세기 12:11-13)라고 하였다. 이것은 보존형인 9번 유형에게는 너무나 당연한 일일지 모른다. 하지만 속임수를 쓴 것이다. 에니어그램 일반을 보면 속임수는 3번 유형의 격정이다. 그런데 아브라함이 속임수를 쓴 것이다. 9번 유형은 퇴화하면 6번 유형의 격정 속으로 들어가서 공포와 불안을 드러낸다. 그런데 9번 유형이 반격정에 사로잡히면 3번 유형의 격정으로 빠지는데 이는 퇴행보다 더 위험하다. 아브라함이 여기에 빠진 것이다. 에니어그램 9번 유형은 편안한 사람으로 순종적이며 남들과 잘 지내려는 성향이 강하다. 평소에 건강할 때는 침착하고 안정적이며 평온하던 9번 유형이 평상심을 잃고 자기 고착에 빠져서 강박충동에 떠밀리기 시작하면, 초점의 대상을 잃고 상황을 극복하기 위한 노력에 대해 내키지 않으며, 무관심하고 게으르게 머뭇거리기만 하면서 문제가 제풀에 꺾여 사라질 때까지 발뺌하며 피한다. 그들은 현실을 '꺼버리기' 시작하고 자신들이 보고 싶지 않은 것은 잊어버린다. 그러면서 문제가 저절로 풀리거나 누군가 해결해주기를 바란다. 이것은 격정인 나태로 나타나기 때문이다. 기다려도 되지 않을 때 직접 나서지만 때가 늦을 경우가 많다.

3. 아브라함의 기피 — 갈등

어려서부터 말썽을 잘 일으키지 않고 편안하게 살아온 9번 유형은 만 여섯 살까지 부모의 사랑을 고루 받아서 갈등을 비교적으로 모르고 자란다. 이들은 부모의 애정도 적극적으로 경험하며 자라기 때문에 부모 같은 사람이 되고 싶어 하고, 부모처럼 살려는 마음을 지니게 된다. 그래서 평균상태만 있어도 고분하고 남들과 잘 지내려는 성향이 강하다. 따라서 9번 유형은 갈등에 민감하고 또 약하기도 하다. 그래서 갈등을 기피하려는 성향이 강하다. 그러나 이들은 남들과 관계를 유지하길 대단히 원하기 때문에 결국을 갈등을 해소시키며 극복하려는 노력을 하게 된다. 원형심리학에서도 말하는 것처럼 갈등도 위기와 마찬가지로 이겨내고 나면 이전보다 더욱 발전하고 성숙할 만큼 변화한다.

아브라함이 끝없는 여로를 가며 수많은 갈등을 극복하고 변화를 거듭한 것이 마침내 하나님과의 언약을 맺는 데까지 이르렀으리라. 하나님이 은총을 베풀어도 그것을 감당할만한 마음의 그릇과 응답의 자세를 갖추는 것도 사람의 몫이다.

세상일에는 양면성이 있다. 그러나 이면을 놓고 보면, 사심 없이 주는 경우가 있고 이와 대조적으로 안 주면 불이익을 당할까 봐주는 경우도 있다. 아브라함이 이집트 사람들에게 사래를 내준 것이 후자에 속한다면, 롯에게 "물이 넉넉한 것이 마치 주님의 동산과도 같고, 이집트 땅과도 같았다"(창세기 13:10)는 요단의 온 들판을 양보한 것은 전자에 속한다고 할 수 있다.

평화주의자인 9번 유형은 소극적으로 말하자면 갈등을 피하기 위해 무엇이든지 줄 수 있는 사람이다. 그들은 평상심을 유지할 때에도 그래서 남의 부탁을 거절하지 못한다.

9번 유형은 관성의 법칙이 강하게 작용한다. 한번 눌러 앉으면 계속해서 그 자리를 고수한다. 아브라함이 하나님의 말씀에 따라 길을 떠나고 끝없는 순례도 행동의 관성으로 부지런을 떨며 쉬지 않는 9번 유형의 특성이다.

누구에게나 상상하기조차 힘든 일이지만, 에니어그램 9번 유형은 길을 떠나고 이사하고 움직이는 것이 상대적으로 어려운 사람들이다. 새로운 환경, 새로운 관계, 새로운 일 모두가 갈등을 불러일으키는 요인이기에 적응하기가 쉽지 않다. 새로운 사람을 만나는 일도 부담스럽다. 일상에서도 누군가 찾아와 인사를 청하면 수인사는 해도 좀처럼 자기편에서 먼저 다가가는 일은 드물다. 에니어그램 9번 유형은 4번 유형이나 5번 유형과 함께 움츠러들고 위축되기 쉬운 사람들이다. 한번 눌러 앉으면 계속 그 자리를 고수하고 현상 유지에 강한 사람이다. 아브라함이 하나님을 믿고 순종하며 길을 떠나기는 했으나 죽음을 생각할 만큼 긴장하고 스트레스를 받으며 내면의 갈등을 느꼈을 때 흔들리는 모습이 바로 왕을 속이는 모습에서 볼 수 있다.

다른 사람과 잘 지내고 참고 견디고 양보하고 하는 것은 갈등을 피하기 위한 소극적인 행동이다. 에니어그램 9번 유형은 갈등을 기피하는 성향 때문에 우유부단하거나 미루기를 잘하고, 뭔가 결단력을 보이고 선택을 내려야 할 때 스트레스를 받는다.

4. 아브라함의 무조건의 사랑 ― 근면

에니어그램에서 9번 유형의 색깔은 빨간색으로 모든 것을 포괄하고 수용하는 색깔이다. 아브라함의 무조건적인 사랑은 아브라함이 롯에게 비옥한 땅을 양보한 일뿐 아니라, 타락한 도성 소돔을 위해 기도하는 데서 그 극치를 이루며 나타났다.

하나님의 말씀에 따라 안락하고 익숙하고 편안하고 가장 살기 좋은 고향집을 떠나 끝없는 여로, 끊임없는 모험과 순례길을 걸었다. 길을 떠나는 것을 동경하면서도 떠나려면 발이 떨어지지 않는다. 누구에게나 상상하기조차 힘든 일이지만 에니어그램 9번 유형에게는 더욱 어렵다. 미지의 세계로 나가는 것은 꿈과 모험을 동시에 요구하며 아브라함에게 필요한 것이었다. 무엇보다도 믿음이 요청된다.

100세에 하나님의 약속으로 얻은 아들 이삭을 모리아 산에서 제물로 드리는 '미완성의 제사'도 드렸다.

무조건적인 사랑은 아브라함이 롯에게 비옥한 땅을 양보한 일 뿐만 아니라 타락한 도성 소돔을 위해 기도하는 데서 그 극치를 이루며 나타났다. 아브라함은 자기가 살지도 않을 뿐 아니라 저주받을 만큼 타락한 다른 도성을 위해 인격과 실존을 걸고 기도한다.

아브라함은 "땅에 사는 모든 민족이 너로 말미암아 복을 받을 것이다"(창세기 12:3)라는 말씀을 이루려는 삶을 살았던 것이다. 무조건적인 사랑으로 남을 돕는 9번 유형의 특징을 나타낸 일은, 주변국의 여러 왕들이 소돔과 고모라를 쳤을 때 롯을 구하는 아브라함의 행동에서도 잘 나타난다.

9번 유형들은 사람들이 편안하게 느끼도록 해 주고 집단을 조화롭게 하며, 사람들을 모은다. 마음이 편안해질 때 아브라함이 그러하듯 건강한 9번 유형은 마음이 열려 있고 정서적으로 안정되며 평온하다. 그들은 건강 할 때 침착해지며 마음의 평온과 만족감을 지니고 산다. 자율성과 성취감을 느끼고 자신과 일치하며 산다. 역설적으로 말하자면 자신과의 일치 때문에 다른 사람들과 깊은 관계를 만드는 능력을 키워야 한다.

평화주의자인 9번 유형은 소극적으로 말하자면, 갈등을 피하기 위해 무엇이든 줄 수 있는 사람이다. 그러나 그들이 건강해져서 통합의 방향으로 이행하면 무조건적인 사랑으로 행동하며 적극적으로 사심 없이 주거나 양보한다. 나의 유익보다 남의 이익을 먼저 생각하는 너그러움이 돋보이는 사람이 된다.

II. 나의 이야기

평화주의자인 9번 유형들은 다른 어떤 유형보다도 스스로와 다른 사람들을 위해서 내면과 외부의 평화를 추구하려고 애쓴다. 9번 유형이 있는 곳에 평화가 깃든다.

이들은 잘 참고 견디는 마음이 크고 양보도 잘한다. 그리고 무엇이든지 잘 끌어안고 품는다. 어떤 것도 수용하는 힘이 크기에 컨테이너 타입이라고도 한다.

9번 유형의 보존형이며, 특성은 화해자이며, 격정은 나태, 기피는 갈등, 함정은 자기겸비, 회개는 무조건적인 사랑, 덕목은 근면이다.

1. 격정과 함정

9번 유형인 나의 격정은 나태이다. 이때 나태는 정신심리적에서 기인한다. 약속되고 중요한 일을 하기 전에 그 중요한 일을 위한 작업들을 한다. 즉 평소에 하지 않던 청소를 하거나 화분에 물을 주거나, 잠시 그 일이 완성된 후의 것을 상상하기도 한다. 그러다 정작 중요한 일은 시간이 다 되어서 서두르며 쫓기듯이 한다.

9번 유형들의 시간관도 독특하다. 머릿속에 출발 시계는 없고 도착 시계만 있다. 약속시간에 늦는 경우가 많다. 그러나 시간 약속을 잘 지키는 부지런한 9번 유형은 관성의 또 다른 면을 드러내는 사람들로 행동의 관성이다. 부지런을 떨며 쉬지 않고 움직이는 것이다. 아브라함의 끝없는 순례도 이런 관점에서 볼 수 있다. 나는 시간 약속을 잘 지킨다고 생각했는데 이것이 격정이며, 빠르게 움직이고 늦지 않아야 한다는 일종의 행동의 관성인 것이다. 바로 왕을 속이는 아브라함에서 보듯이 평소에는 침착하고 안정되며 평온하던 9번 유형이 평상심을 잃고 상황을 극복하기 위한 노력을 내켜하지 않고 무관심하고 게으르며 머뭇거린다. 나는 집안에 여기저기 물건들이 널려져 있으면 그것만 치우고 다른 것도 그때 상황에 따라서 불편하면 치운다. 눈에 뭔가 보여서 보니 먼지였다. 발로 한번 쓱 문지르고는 나중에 치우자 지금은 다른 할 일이 있어 하며 게으름 피운다.

스트레스를 받으면 침묵을 하거나, 멍 때리고 있기도 하며, 잠시 그 상황에서 빠져나와 자신과 상황을 분리시킨다. 그리고 나를 안정시키고 평화를 가져다 줄 행동이나 상황을 만든다. 정작 해야 할 일은 하지 않고 다른 일에 집중하거나 오히려 더 바쁘게 움직인다. 그리고 침묵을 지킴으로서 주변을 힘들게 하며, 멍하니 아무것도 하지 않고 있기도 한다. 그리고 "이미 발생한 일이고, 내가 해결할 수 없는데 할 수 없지 뭐" 하며 포기하거나 그대로 둔다. 나의 생각과 의견을 말하기 전에 "제가 잘 몰라서 그러는데", "제가 공부가 짧아서", "저의 생각이 맞는지 모르지만…" 등등 이런 말을 미리 하고 본론을 들어가는 경우가 많다. 나는 "나는 잘 모르겠어요", "생각 좀 해 볼께요"라는 말을 하면서 나의 이기적인 생각을 한다. 이런 말은 갈등을 미리 회피하면서 겸손을 가장한 함정인 자기겸비에 빠지는 것이다.

2. 기피, 갈등

9번 유형의 기피는 갈등이다. 대체적으로 가정에서 평화롭게 살아서 갈등을 모르고 자랐기 때문에 갈등이 생기면 대처하지 못하고 피하다가 더 큰 갈등을 부르기도 한다.

나는 어려서부터 그야말로 존재감이 제로였다. 친구들 사이에서도 있는 듯 없는 듯 지냈다. 나의 의견보다는 웃음으로 나의 답을 대신했고, 친구들의 결정에 동참했다. 나중에는 나의 의견을 물어보지도 않게 되었다. 이렇게 남들에게 맞추고 자기주장을 잘 하지 않다가 나중에 별일 아닌데도 화를 내기도 한다.

학창시절에도 별 문제를 일으키지 않고 부모님, 선생님, 주변의 의견에 별로 반대를 하지 않았다. 의견에 따르거나 싫으면 가만히 있는 것으로 대답을 대신했다. 이렇게 내가 수동공격을 하거나 자기겸비에 빠지는 것은 사람들과의 갈등이 싫어서 수동적인 모습을 취하는 것이다. 나는 화가 날 때 입을 다물고 말을 하지 않는 것으로 상대방을 공격한다.

나는 감정에 인색하다는 말을 들었다. 내가 잘 표현을 하지 않고 좀 더 친근하게 다가가지 않기 때문에 상대방이 자신과 친밀한 관계를 유지하는 것을 싫어한다고 생각하기 때문이다. 나는 싫어하기 때문이 아니라 갈등을 피하기 위해서 표현에 인색할 수도 있다.

또 나는 음식을 나누거나 나의 물건을 나누어 쓰는 것도 편하지가 않다. 왜냐하면 다른 사람의 입맛에 맞을지, 나누어 준 물건을 좋아할지를 모르기 때문이다. 괜히 불편하게 해서 갈등을 일으키고 싶지 않기 때문이다. 같은 공간에 있으면서도 눈도 마주치지 않고 오래 동안 말을 하지 않는 경우도 있었다. 화가 난 상태에서 상대방에게 말로 공격을 하지 않고 침묵을 지키는 나의 모습을 이성적이고 합리적이며 장점이라고 생각했었다. 이것이 상대방에게 상처를 주고 눈치를 보게 만든다는 것을 나중에 알아차리고 사과를 했다.

나는 언니에게 교복을 물려받는 것이 당연하고, 고등학교를 졸업하고 엄마가 새 옷을 마련해줄 때도 언니에게 양보했다. 내가 착해서라기보다 갈등을 피하고 평화를 유지하기 위한 소극적인 양보라는 것을 에니어그램을 공부하면서 알았다.

나의 평화와 안정을 위해 갈등과 긴장을 피하려고 다른 사람들을 답답하게 하고, 소극적인 평화를 이루려던 것에서 벗어나 무조건적인 사랑을 함으로 위장된 평화가 아닌 진정한 평화를 이루어야 한다.

3. 회개와 덕목

무조건적인 사랑이 회개이다. 소극적인 평화를 이루려던 것에서 벗어나 무조건적인 사랑을 하게 되면 근면의 덕목인 온전한 평화를 이루게 된다.

아브라함이 엘람 왕 그돌라오멜과 그와 동맹한 주변국의 여러 왕들이 소돔과 고모라를 쳤을 때, "그들은 롯까지 사로잡아가고, 그의 재산까지 빼앗았다"(창세기 14:12). 이 소식을 전해들은 아브라함은 "집에서 낳아 훈련시킨 사병 삼백열여덟 명을 데리고"(창세기 14:14) 쫓아가서 롯을 구했다. 막강한 연합군 앞에서도 두려움 없이 사병을 이끌고 가서 용맹하게 싸울 수 있었던 것도 평화를 만드는 사람답게 무조건적인 사랑으로 남을 돕는 건강한 9번 유형의 특징이 나타난 것이라 하겠다.

나는 일을 하면서 몸과 마음이 불편한 사람을 많이 만났다. 어제까지 만났지만 오늘은 못 만나는 호스피스 병동 사람들, 대소변을 살펴주어야 하는 경우, 처음 본 폐쇄 병동, 술에 취해 도끼를 들고 와 행패를 부리는 사람, 4학년 남학생이 노처녀라 부를 때 "왜 어린 총각인 네가 노처녀라고 하는지 근거를 말해봐"라고 했던 카리스마 강했던 어린 학생, 부부싸움을 "쌍방이 피의자예요"라고 했던 어느 부인, 조폭 등등. 그동안 칭찬과 감사만 있었던 것이 아니다. 비난과 책망도 있었다. 이럴 때 나는 마음이 요동을 쳤다. 그렇다고 그것을 그들에게 표현할 수는 없었다. 몸이 힘들 때 더 힘들고 자존감이 낮아졌다. 나는 몸이 건강해야 마음이 건강함을 알고, 내가 좋아하고 나의 자존감을 세워주는 행동과 일을 하며 나를 다스렸다. 그 중에 기도도 포함된다. 내가 평안과 안정을 주어야 할 사람들에게 도리어 나의 안부를 걱정시키는 것이 옳지 않다고 생각했다. 주기적으로 나의 감정 상태를 살핀다. 나는 사람을 만나고 함께 나누는 작업을 좋아한다. 나의 일을 매우 사랑한다. 좋아하는 것을 위해 나에게 집중하고 불편하게 하는 것들에 조금은 거리를 두면서 나를 건강하게 한다.

하나님 제가 저의 도움이 필요한 사람을 만나고 일을 할 때 진정한 애정과 무조건적인 사랑으로 도움이 되는 사람이 될 수 있도록 하겠습니다. 제 마음의 평안과 위험한 상황에서도 나보다 그들의 불편함과 어려움을 보겠습니다.

Enneagram

성서 인물과 나의 고백으로 쓴
에니어그램

공동체문화원 소개

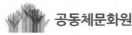 공동체문화원

1. 국내

* 서울 YWCA 대학생부 에니어그램 수업(2002~2005)
* 한국여신학자협의회 청년 영성수련(2002~2005)
* 기독여성살림문화원 영성수련(2012. 2. 1박 2일)
* 예장총회목회자 영성수련(2012. 1일 수업)
* 몽골인목회자사모 에니어그램 교육(2013. 2. 1일 수업)
* 부스러기사랑나눔회 에니어그램 교육
  — 직원 에니어그램 캠프(2013. 8. 1박 2일)
  — 직원 에니어그램 교육(2013. 9회)
* 이천공동체
  — 목회자 에니어그램 캠프(2013. 5. 1박 2일)
  — 목회자 에니어그램 수업(2013. 5회)
* YWCA 보육교사 에니어그램 교육(2015. 4. 1박 2일 교육)
* 수원YWCA 에니어그램 교육(2015. 6. 18~25. 2일 교육)
* 한양대 음대와 협력하여 군부대 방문:『기독교인들이 쓴 에니어그램』으로
  강의 및 위문 공연(2017. 2. 4)

2. 해외

* 캐나다 토론토 에니어그램 교육(2015. 3. 1일 교육)
* 미국 LA 일본인공동체 에니어그램 교육(2015. 3. 2일 교육)

3. 학회

* 대한에니어그램영성학회 영성수련
  — 제5기 영성수련 기초과정 교육(2014. 7. 2박 3일)

─ 제3기 영성수련 심화과정 I 교육(2014. 11. 토요일 3주 과정)
* 대한에니어그램영성학회 강사수련회 주관
　　─ 제1차(2014. 8. 1박 2일)
　　─ 제2차(2014. 10. 1박 2일)
* 대한에니어그램영성학회 창립4주년 기념학술대회 "에니어그램 영성, 그
　　의미와 실천"에 대한『가슴 중심의 영성』실천 방법 연구 발표(2014. 8.
　　19).
* 대한에니어그램영성학회 창립6주년 기념학술대회.『구르지예프의 자기관
　　찰과 자기기억』연구 발표(2016. 8. 18)

4. 교육

* 대학다솜학교 에니어그램 수업(2007~)
* 부스러기사랑나눔회 공부방 신나는 다솜학교 에니어그램캠프(2008~
　　2009): 로뎀민들레, 예은 신나는집, 안양 동안센타
* 동소문교회 행복한다솜학교 에니어그램 교육(2014. 5~2015. 4)
* 아힘나평화학교 에니어그램 교육(2016. 3~월 1회 1일 교육)
* 한양대학교:
　　─ 간호학부 에니어그램 교육(2012. 1박 2일)
　　─ 간호대학원 에니어그램 교육(2012. 1박 2일)
　　─ 간호대학원 에니어그램 전공 박사과정 좌담회(2012~2013. 3회)
* 극동대학교 간호학부 에니어그램 교육(2014. 8. 1일 교육)
* 한양대학교 서울 학부 기초과정
　　─ 제1기(2017. 9~12. 16주)
　　─ 제2기(2018. 3~6. 16주)
　　─ 제3기(2018. 9~현재. 16주)
* 한양여자대학교 학부 기초과정
　　─ 제1기(2018. 3~6. 15주)
　　─ 제2기(2018. 9~현재. 15주)

* 한양대학교 에리카 학부 기초과정
  ― 제1기(2018. 9~현재. 15주)
* 한양대학교 서울 사회교육원 기초과정
  ― 제1기(2016. 9~12. 15주)
  ― 제2기(2017. 3~6. 15주)
  ― 제3기(2017. 9~12. 15주)
  ― 제4기(2018. 3~6. 15주)
  ― 제5기(2018. 9~현재. 15주)
* 한양대학교 에리카 사회교육원 기초과정 및 심화과정
  ― 제1기(2017. 3~6, 12주. 2017. 9~12, 12주. 2018. 3~6, 12주.
  2018. 9~현재, 12주)

5. 교회

* 선린교회 에니어그램 학부모 교육(2008. 7. 1일 교육)
* 새문안교회 연합찬양팀 영성수련(2012. 8. 1박 2일)
* 주은교회 에니어그램 교육(2014. 8. 1일 교육)
* 정동교회 강원지역 목회자 리트릿 에니어그램 교육(2014. 9. 2박 3일)
* 정동교회 에니어그램 교육
  ― 제1차(2015. 12. 5. 1일 교육)
  ― 제2차(2016. 12. 3. 1일 교육)
* 한양대학교회 목회자 영성세미나
  ― 제1차(2015. 11. 24~25)
  ― 제2차(2016. 11. 23)
  ― 제3차(2017. 9. 27)
  ― 제4차(2018. 9. 19)

6. 에니어그램학교

* 에니어그램학교 화요반(2013. 9~)

* 에니어그램학교 목회자 1반(2015. 11~)
* 에니어그램학교 목회자 2반(2017. 3~)

7. 영성수련

* 공동체문화원 회원 에니어그램 영성수련(2009~)
* 에니어그램 영성수련
  - 제1기(기초과정: 2013. 7. 3박 4일)
  - 제2기(기초과정: 2013. 12. 3박 4일)
  - 제3기(기초과정: 2015. 1. 토요일 3주)
  - 제4기(심화과정 I: 2015. 5. 토요일 3주)
  - 제5기(특별과정 I: 2015. 7. 토요일 2주)
  - 제6기(심화과정 II: 2015. 8~9. 토요일 3주)
  - 제7기(목회자과정: 2015. 8~10. 일요일 8주)
  - 제8기(정동교회: 2015. 10. 1박 2일)
  - 제9기(심화과정 III: 2016. 1. 토요일 3주)
  - 제10기(기초과정: 2016. 4. 토요일 3주)
  - 제11기(심화과정 I: 2016. 7. 토요일 3주)
  - 제12기(심화과정: II 2016. 11. 토요일 3주)
  - 제13기(목회자 기초과정: 2017. 1. 월요일 3주)
  - 제14기(영유아교사 기초과정: 2017. 2. 수요일 3주)
  - 제15기(기초과정: 2017. 3. 토요일 3주)
  - 제16기(심화과정 I: 2017. 5. 토요일 3주)
  - 제17기(심화과정 II: 2017. 7. 토요일 3주)
  - 제18기(심화과정 III: 2017. 11. 토요일 3주)
  - 제19기(기초과정: 2018. 1. 토요일 3주)
  - 제20기(한국YWCA연합회 기초과정: 2018. 1. 1박 2일)
  - 제21기(태국 치앙마이 선교사 기초과정: 2018. 2. 3일 교육)
  - 제22기(심화과정 I: 2018. 4. 토요일 3주)
  - 제23기(한양여대 2018-1. A1)

— 제24기(한양여대 2018-1. A2)

— 제25기(한양대 2018-1. 서울)

— 제26기(심화과정 II: 2018. 7. 토요일 3주)

— 제27기(한양여대 2018-2. A1)

— 제28기(한양여대 2018-2. A2)

— 제29기(한양대 2018-2. 에리카)

— 제30기(한양대 2018-2. 서울)

8. 에니어그램 슈퍼바이저

* 제1기(2017. 9~12. 4회)

* 제2기(2018. 3~6. 4회)

9. 에니어그램 수련 여행

* 2017. 7. 2~7. 7(태국 치앙마이)

* 2017. 8. 23~8. 24(경주 감포: 8번 여행)

* 2017. 12. 26~12. 27(주기철 손양원 성지순례)

* 2018. 2. 4~2.14(태국 치앙마이 선교사 3일간 교육 포함)

* 2018. 7. 9~7. 11(굴업도)

10. 공동체문화원문고 시리즈

*『기독교인들이 쓴 에니어그램 1』책 발간(2017. 1. 1)

* 공동체문화원 에니어그램 수련과정을 책으로 집필 중(2011~)

*『나를 알아가는 에니어그램』책 발간(2018. 3. 5.)

*『성경과 에니어그램 — 비우면 주신다』책 발간(2018. 6. 29.)

*『성서 인물과 나의 고백으로 쓴 에니어그램』책 발간(2019. 2.)

*『에니어그램 유형별 자기 고백』시리즈 발간 예정(2019. 3.)

참고문헌

1. 국내 단행본

공동체문화원 엮음. 『기독교인들이 쓴 에니어그램』. 동연, 2017.

김영운. 『에니어그램 ― 내 안의 보물찾기』. 올리브나무, 2007.

김영운. 『에니어그램으로 보는 성서 인물 이야기』. 삼인, 2013.

송명자. 『발달심리학』. 학지사, 2008.

이훈구. 『성격은 이렇게 형성된다』. 법문사, 2010.

황인숙. 『엄마! 나도 마음이 있어요』. 신진리탐구, 2010.

2. 해외 단행본

Richard Rohr & Andreas Ebert. *THE ENNEAGRAM ―A CHRISTIAN PERSPECTIVE*. New York: The Crossroad Publishing Company, 2008.

Riso, D. R. & Hudson, R. *Understanding the Enneagram: the practical guide personality types*. New York: Houghton Mifflin Company, 2000.

_____. *The Wisdom of The Enneagram*. New York: Bantam Books, 1999.

_____. *Personality Types: Using The Enneagram for Self-Discovery.* New York: Houghton Mifflin Company, 1996.

3. 번역서

게오르게 이바노비치 구르지예프. 『놀라운 사람들과의 만남』. 샨티, 2012.

돈 리차드 리소/권희순 역. 『에니어그램활용』. 知와사랑, 2005.

돈 리차드 리소 · 러스 허드슨/주혜명 역. 『에니어그램의 지혜』. 한문화, 2004.

_____/구태원 외 역. 『에니어그램의 이해』. 드림넷미디어, 2012.

_____/윤운성 외 역. 『에니어그램 성격유형』. 학지사, 2010.

레니 바론 · 엘리자베스 와겔리/에니어그램 코칭 인스티튜트 역. 『나와 만나는 에니어그램』. 마을 살림, 2012

록산느 호우-머피/한국에니어그램연구원 역. 『에니어그램 코칭』. The9, 2014.

리처드 로어 · 안드레아스 에베르트/이화숙 역. 『내 안에 접힌 날개』. 바오로딸, 2009.

마리아 비싱 외 2인/박종영 역. 『자아발견을 위한 여행』. 성바오로, 2000.

모나 코츠 · 주디스 셜/이영옥 외 역. 『부부코칭 에니어그램』. 스토리 나인, 2017.

미국정신분석학회 편/이재훈 외 역.『정신분석 용어사전』. 한국심리치료연구소, 2002.
비어트리스 체스넛/김세화 외 역.『에니어그램 27하위유형』. 한국에니어그램협회,
　　2017.
산드라 매트리/이정섭 외 역.『에니어그램의 격정과 덕목』. 포널스, 2016.
　　　　/황지연 외 역.『에니어그램의 영적인 지혜』. 한문화, 2016.
아우구스티누스/김평옥 역.『고백록』. 범우사, 2002.
에리히 프롬/최혁순 역.『소유냐 존재냐』. 범우사, 2010.
에릭 H. 에릭슨/송제훈 역.『유년기와 사회』. 연암서가, 2014.
엘리자베스 와겔리/정환종 외 역.『해피엔딩 에니어그램』. 스토리 나인, 2017.
　　　　/김현정 역.『에니어그램으로 보는 우리 아이 속마음』. 연경문화사. 2013.
클라우디오 나란조/윤운성 역.『에니어그램 사회—세상과 영혼을 치료하기』. 한국에
　　니어그램 교육 연구소. 2012.
P. D.우스펜스키/오성근 역.『구르지예프의 길』. The9, 2012.

4. 기타

공동체문화원.「에니어그램 영성수련 워크북」. 2013-2017.
공동체문화원.「다솜학교자료」. 1998-2015.
공동체성서연구원.「에니어그램 영성수련 워크북」. 2000-2012.
김영운.「굴지예프와 에니어그램 지혜」. 한국에니어그램협회 추계학술대회 기조강연,
　　2012.

글쓴이 소개

김미영
음악치료사
명지대 대학원 음악치료학과 졸업
(전) 명지대 강사, 카프병원 음악치료
(현) 행복한음악치료 소장
정립회관 음악치료사

김영호
연세대 신학과 졸업
출판편집인
도서출판 동연 대표

김은희
공동체문화원 회원
한양대 음악대학 졸업
미국, 포루투갈, 네팔, 영국, 폴란드, 뉴질랜드, 태국, 노르웨이 공공외교 참여
한양대학교 에리카 에니어그램 강사, 한양대학교 사회교육원 에니어그램 강사

김종수
느티나무교회 목사
아우내재단 이사장
1923한일재일시민연대 대표
한신대에서 신학·기독교교육학(M.A) 학위
한신대학교 교양학부 외래교수

김헌래
등불감리교회 담임목사
까페외할머니 대표
감리교 신학대학교 및 신학대학원 졸업

박미례

공동체문화원 총무

가톨릭대 사회복지대학원 노인복지학 석사

한양대학교 사회교육원 에니어그램 강사

한양대학교회 스텝

(전) 작은교회 스텝, 대한문화아카데미 스텝

박미성

사회적기업 트립티 상임이사

한벗조합 이사

박찬남

공동체문화원 회원

이화여대 사회학과 졸업

정동제일교회 사회교육관 총무

박해나

공동체문화원 회원

연변대 과학기술대학 서양학부 교수

이화여대 기독교학과 졸업

미국 나성 SAT 학원 운영

Walnut school Administrative coordinator

Korean-American center social worker

윤명선

공동체문화원 원장

이화여대 교육학과 졸업

이화여대 일반대학원 기독교학과 수학

에니어그램 전문강사

다솜학교 창립

식구공동체교회(예장) 담임목사

윤미단

(전) 대한성공회 사제

대한성공회 장흥어린이치유센타 원장

(현)공동체문화원 상담팀장

윤인중

한신대학교 졸업
인천평화교회 목사
에큐메니안 운영위원장
한양대학교 에리카 교양학부 에니어그램 강사

이영진

감리교신학대학교 대학원 졸업
Claremont School of Theology, D.Min. 과정 중
(전) 한양대학교 교목, 한양대학교회 부목사
(현) 창천교회 부목사

이정섭

한양대 명예교수
한양대 간호학과 졸업
이화여대 간호학 박사
대한에니어그램영성학회 회장
한양대학교 사회교육원 에니어그램 강사
(전) 한양대 간호학부 교수
(전) 정신간호학회 회장

전규자

늘푸른교회 담임목사
J's 두손치유 힐링캠프 대표
한신대학교 교역과 졸업
경기대 대체의학대학원 수기치료 전공

정태효

한일장신대 사회복지학과 졸업(사회복지사)
한림대사회복지대학원 가족치료학과 수료
성수삼일교회 담임목사
여성노숙인쉼터 내일의집 원장
우리들공부방지역아동센터 대표
우리학교와 아이들을지키는 시민모임 공동대표

최경원

공동체문화원 리더십팀장

미 코네티컷대학교 피아노과 졸업

이화여대 일반대학원 기독교교육 석사 수료

한양대학교 본교, 에리카, 한양대학교 사회교육원 에니어그램 강사

다솜학교 교사

최재숙

공동체문화원 수련팀장

이화여대 화학과 졸업

이화여대 신학대학원 석사

(논문 "에니어그램과 폴 틸리히의 존재신학: 유한성 자각과 존재의 변화")

에니어그램 전문강사

최정의팔

사회적기업 트립티 대표

서울외국인노동자센터 설립자

(사) 와일드플라워 글로벌유스 이사장

공정무역운동 활동가

최헌규

한신대학교 신대원 졸업

하늘품교회 담임목사

한벗조합 이사

사회적기업 트립티 이사

(사) 와일드플라워 글로벌유스 이사

한국염

정의기억연대 이사 겸 운영위원장

한국이주여성인권센터 설립자, 전 상임대표

한국정신대문제대책협의회 공동대표 역임

한국기독교장로회 목사